Start-up Management

창업경영학

문승렬 · 장제훈 저

publishing and culture
피앤씨미디어

머리말

창업경영학은 새로운 사업을 창업하고 운영하는 과정에서 필요한 이론과 실무를 연구하는 학문입니다. 주로 스타트업, 소기업 및 중소기업의 창업과 성장 전략을 다루며, 경영학, 경제학, 마케팅, 재무, 조직관리 등의 요소가 융합된 학문입니다.

최근 우리나라의 경제 흐름은 점점 심화되어 사회적 문제로 부각 되어지고 있으며, 이것은 단순한 경기 회복만으로 해결되지 않을 것으로 볼 수 있다. 기술 발전과 산업 변화에 맞춰 새로운 일자리 창출, 직업 교육 강화, 노동시장 개혁, 사회 안전망 강화 등의 종합적인 접근이 필요하다 하겠습니다. 이러한 시대에 실업문제를 해결하고 개선하기 위해 '창업 열풍'이 점점 고조 될 수 있도록 정부의 통합적 대안 모색이 있어야 하겠다.

창업은 남녀노소를 불문하고 제2의 인생을 개척해 나갈 수 있는 매력 있는 도전의 장이다.

한국인의 도전적인 성격이 창업 특성에 적합할 뿐만 아니라 창업 아이디어와 콘텐츠가 다양하게 표현되어 가고, 풍부한 예비 창업 인력, 창업기업 지원 시책 등의 다양한 환경이 제도화되고 있는 우리나라는 창업 천국이라고 할 수 있다.

이러한 창업환경에 비하여 가장 중요한 문제는 예비 장업자늘에게 풍부한 시장의 트렌드 분석, 문제 해결 방식, 새로운 기술 활용 등을 통해 창업지식을 심어줄 수 있도록 본 도서를 통해 길라잡이가 될 수 있을 것으로 생각된다.

또한, 본서는 창업경영학 분야의 아이디어의 발굴부터 사업계획, 자금조달, 마케팅 전략, 조직관리 등 창업의 전반적인 과정을 체계적으로 학습하고, 창업가가 직면할 수 있는 다양한 도전과 문제를 해결할 수 있는 능력을 기르는 데 중점으로 집필하였다.

창업은 종합예술이라고 한다.

앞으로도 창업의 시작에서 성공까지 예비 창업자 여러분들의 참신한 아이디어를 수렴하여 성공할 수 있는 창업경영학의 길을 보완하고 넓혀 가는데 최선을 다하겠다.

본서가 완성되기까지 물심양면으로 지원을 아끼지 않으신 피앤씨미디어 출판사의 임직원께 고마움을 잊을 수가 없습니다.

피앤씨미디어 출판사의 무궁한 발전을 기원합니다.

2025년 2월
본관 연구실에서
여러분의 희망의 청사진 생각하며

저자 일동

본서의 구성

본서는 예비 창업자들에게 21세기를 선도할 수 있는 창업가 정신(Entrepreneur Ship)을 개발하는 방법과 적응력, 기술을 교육하는데 지침서가 되도록 하기 위해 시작하였다.

본서의 구성은 다음과 같다.

제 I 편은 창업이론 부분으로 창업에 관한 기초이론과 개념을 알기 쉬운 내용의 사례 중심으로 흥미롭게 구성하였다.

제1장 창업의 개념적 내용을 설명하였으며,

제2장 창업가로서 창업의 기초이론으로 창업에 관심이 있는 미래 창업가가 가지고 있어야 할 지도력 내용으로 수록하였다.

제3장 창업 지원제도로서 정부와 지자체의 지원제도에 관한 내용을 집중적으로 수록하였다.

제 II 편은 실전 창업 부분으로 예비 창업자들의 청사진과 창업 길라잡이 역할을 무난히 해결할 수 있도록 구성하였다.

제4장 창업절차로서 절차의 효율적으로 수행하는 경우와 그렇지 못한 경우를 비교해 보면서 설명하였다.

제5장 사업타당성분석을 통해 성공 가능성을 합리적으로 분석·평가를 설명하였다.

제6장 사업계획서를 통하여 사업의 내용, 경영방침, 기술성 및 전망, 수익성, 필요자금 조달 및 운영계획, 인력 충원계획 등을 정리하였다.

제7장 벤처기업의 창업에서는 기업가 정신, 첨단기술, 신생기업, 위험신호, 사회적 네트워킹등을 상세하게 수록하였다.

제8장 e-Business는 전자적 기반을 통해 이루어지는 개인, 기업이나 정부 등 경제활동의 주체들이 전자상거래, 포털서비스 및 콘텐츠 사업 분야 등 상거래에서 경영관리 활동에 이르기 까지 웹 환경에서 수행하는 일련의 글로벌 정보 경영활동의 장단점 등을 설명하였다.

제9장 대학생 창업으로서 다양한 학문적 배경을 기초로 다양성과 융합성이 결합하여 기업가 정신을 바탕으로 수익창출을 위한 방법을 수록하였다.

제10장 재택창업시스템의 관련된 회사설립 및 운영에 관해 설명하였다.

마지막 제11장으로 1인 창조기업, 실전 방법을 설명하였다.

- 부록
- 찾아보기

창업을 하기 전에 스스로에게 물어야 할 10가지 질문

① 나는 이 일에 맞는 사람인가?

이 사업을 성공시키는 데 도움이 될 만한 재능과 경험을 가지고 있는지 자신의 약점을 정리해 보고 자신의 강점 활용과 약점 보완을 자문(自問)해 보라.

② 이 일이 사람들이 정말로 필요로 하는 일인가?

누가 이 상품이나 서비스를 구입 할 것이며 왜 필요로 하는지 자문해 보라. 고객의 니즈가 없으면 실패할 수 밖에 없다.

③ 이 일로 돈(money)을 벌수 있는가?

이 사업이 출발하고 굴러가는 동안 충분한 이익을 얻을 수 있는지 자문해 보라.

④ 사업계획(business plan)을 가지고 있는가?

모든 일이 계획대로 이루어지는 것은 아니지만 계획을 세우는 것은 도움이 되는 일이다. 대출을 받거나 투자 유치에도 제대로 된 계획서가 있어야 한다.

⑤ 사업을 이끌어나 갈 자금(capital)이 있는가?

일반적으로 새로운 사업에는 당초 예상한 것보다 많은 자금이 소요된다.

⑥ 가족(family)이 이 일을 지원 하는가?

직계 가족과 사업계획에 대해 토의하고 그들의 지원을 얻어내는 것은 매우 중요한 일이다.

⑦ 이 사업의 차별점(differentiation)은 무엇인가?

경쟁사와 비슷하지는 않는지, 자신만의 차별화 포인트를 가지고 있는지, 왜 고객들이 경쟁사가 아닌 자신을 선택할 것인지 자문해 보라.

⑧ 세일즈 및 마케팅 전략(marketing strategy)은 무엇인가?

표적시장은 어디이며 어떻게 거기에 접근할 것인지, 사전에 목표 고객을 대상으로 테스트를 해볼 수 있는지 자문해 보라.

⑨ 자신의 약점과 경험부족을 보완하고 도와줄 동료나 친구의 지원 네트워크를 가지고 있는가?

성공적인 창업을 위해서는 무엇보다 파트너십이 중요하며, 조언하고 후원해 줄 사람들과의 네트워크가 있는지 자문해 보라.

⑩ 플랜-B를 가지고 있는가?

사업이 계획대로 되지 않을 때 자신과 사업을 위한 대체전략을 자문해보라. 사업이 계획대로 되지 않을 때 자신과 사업을 위한 대체전략을 자문해 보라.

B2C. 폴 슬로안(Paul Sloane). 10 Questions To Ask Yourself Before You Start Your Own Business 번역요약

국내 기업가치 1조원 돌파 이력기업 및 현재 유니콘기업 현황

기업명	분야	CB insights	현재 유니콘기업	비고
옐로우 모바일	모바일	○	○	
엘앤피코스메틱	화장품	○	○	
두나무	핀테크	○	○	
비바리퍼블리카	핀테크	○	○	
야놀자	O2O서비스	○	○	
위메프	전자상거래	○	○	
지피클럽	화장품	○	○	
무신사	전자상거래	○	○	
에이프로젠	바이오	○	○	
쏘카	카쉐어링	○	○	
컬리	신선식품 배송	○	○	
직방	부동산 중개	○	○	
버킷플레이스	전자상거래	○	○	
리디	콘텐츠플랫폼	○	○	
아이지에이웍스	빅데이터플랫폼	○	○	22년 신규
A사(기업명비공개)	도소매업	×	○	
티몬	소셜커머즈	×	○	
당근마켓	진자상거래	×	○	
빗썸코리아	핀테크	×	○	
메가존클라우드	클라우드서비스	×	○	22년 신규
여기어때컴퍼니	O2O서비스	×	○	22년 신규
오아시스	신선식품 새벽배송	×	○	22년 신규
시프트업	모바일게임개발	×	○	22년 신규
우아한형제들	O2O서비스	△	×	M&A

CJ게임즈	게임	△	×	M&A
쿠팡	전자상거래	△	×	IPO(美, NYSE)
크래프톤	게임	△	×	IPO(코스피)
하이브	엔터테인먼트	×	×	IPO(코스피)
카카오게임즈	게임	×	×	IPO(코스피)
더블유게임즈	게임	×	×	IPO(코스피)
펄어비스	게임	×	×	IPO(코스피)
잇츠한불	화장품	×	×	IPO(코스피)
32개		15개	23개	

※ 참고 △ : 과거 CB insights에 유니콘기업으로 등재됐으나 제외된 기업

자료 : 중소벤처기업부, 2022.

차　　례

제 1 편　창업이론

제 1 편

창업이론

제1장

창업의 기초이론

창업(Entrepreneurship)은 새로운 비즈니스 아이디어를 바탕으로 기업을 설립하고 운영하는 과정입니다. 성공적인 창업을 위해서는 시장, 비즈니스 모델, 자금조달, 운영전략 등을 이해해야 한다.

I 창업의 개념

창업이란 말 그대로 기업을 새로이 창조하는 일이다. 학문적으로 보면 인적·물적 자원을 결합하여 기업목적을 달성하기 위하여 상품이나 서비스를 조달, 생산, 판매하거나 그와 부수된 활동을 수행하는 것으로 정의할 수 있다. 실무적으로 보면 개인 또는 집단이 돈과 사람을 자원으로 하여 새로이 사업을 개시하는 것을 창업이라 한다.

창업이란 용어는 'Entrepreneurship'에서 번역되어 사용되고 있는데, 중소기업 창업지원법에서는 "창업이라 함은 새로이 중소기업을 설립하는 것을 말한다."라고 규정하고 있다.

창업의 정의는 다양하지만 슘페터(Schumpeter) 교수의 경우, 창업을 '창조적 파괴'의 힘으로 간주하고 있으며, 그의 연구업적은 기업과 기업가에 관한 연구에 큰 영향을 미쳤던 것으로 알려지고 있다. 연구 학자들의 창업에 대한 정의를 살펴보면 공통적으로 등장하는 단어를 찾을 수 있는데, 그것은 '새로움, 창조, 변화'라는 단어들이다. 중소기업 창업지원법에 따르면 창업이란 '새로이 중소기업을 설립하는 것'을 말하며 다음 각 호에 해당되지 아니하여야 한다.

① 타인으로부터 사업을 승계하여 승계 전의 사업과 동종의 사업을 계속하는 경우
② 개인 사업자인 중소기업자가 법인으로 전환하거나 법인의 조직변경 등 기업형태를 변경하여 변경 전의 사업과 동종의 사업을 계속하는 경우
③ 폐업 후 사업을 개시하여 폐업 전의 사업과 동종의 사업을 계속하는 경우

알아두기

✻ 타인으로부터 사업을 승계하여 동종의 사업을 계속하는 경우란?

원시적으로 사업을 새로이 개시하지 않고 기존의 사업을 인수하여 같은 종류의 사업을 계속 영위하는 경우 중소기업을 새로이 창설하는 효과가 없으므로 창업의 범위에서 제외

[사 례]

- 상속이나 양도에 의해 사업체를 취득하여 동종사업을 계속하는 경우
- 폐업한 타인의 공장을 인수하여 동일한 사업을 계속하는 경우
- 기존 공장을 임차하여 기존의 사업과 동종의 사업을 영위하는 경우(다만, 사업승계인 경우에도 다른 종류의 사업을 영위하는 경우는 창업에 해당)

✻ 법인 전환 · 조직 변경 후 동종의 사업을 계속하는 경우란?

단순히 조직을 변경함으로써 형식상의 창업절차만 있을 뿐 실질적으로는 중소기업의 창설효과(0+1=1, 1+1=2)가 없는 경우는 창업의 범위에서 제외

[사 례]

- 개인 사업자가 법인으로 전환 또는 합명회사, 합자회사, 유한회사, 주식회사 상호 간 법인 형태를 변경하여 동종의 사업을 계속하는 경우
- 기업을 합병하여 동종사업을 영위하는 경우 등(다만, 조직변경 전후의 업

종이 다른 경우는 변경 전의 사업을 폐지하고, 변경 후의 사업을 창업으로 인정)

✻ 폐업 후 사업을 개시하여 동종사업을 계속하는 경우란?

사업을 폐업한 후 같은 종류의 사업을 재개하더라도 창업으로 보지 않음

[사 례]

- 사업의 일시적인 휴업이나 정지 후에 다시 사업을 재개하는 경우
- 공장을 이전하기 위해 이전 전 장소의 사업을 폐업하고, 새로운 장소에서 사업을 재개하는 경우(다만, 폐업을 한 후에 사업을 재개하더라도 폐업 전의 사업과 다른 업종의 사업을 새로이 개시하는 경우에는 창업으로 인정)

▶ 사례별 창업인정 여부

주 체	사업장소	사 례		창업여부
A개인이	갑 장소에서	갑 장소에서의 기존사업을 폐업하고	B법인 설립하여 동종업종 제품을 생산	조직변경
			B법인 설립하여 이종업종 제품을 생산	창 업
		갑 장소에서의 기존사업을 폐업않고	B법인 설립하여 동종업종 제품을 생산	형태변경
			B법인 설립하여 이종업종 제품을 생산	창 업
A법인이	갑 장소에서	갑 장소에서의 기존 사업을 폐업하고	B법인 설립하여 동종업종 제품을 생산	위장창업
			B법인 설립하여 이종업종 제품을 생산	창 업
		갑 장소에서의 기존 사업을 폐업않고	B법인 설립하여 동종업종 제품을 생산	형태변경
			B법인 설립하여 이종업종 제품을 생산	창 업
A개인이	을 장소에서	갑 장소에서의 기존사업을 폐업하고	B법인 설립하여 동종업종 제품을 생산	법인전환
			B법인 설립하여 이종업종 제품을 생산	창 업
		갑 장소에서의 기존사업을 폐업않고	B법인 설립하여 동종업종 제품을 생산	창 업
			B법인 설립하여 이종업종 제품을 생산	창 업
A법인이	을 장소에서	갑 장소에서의 기존사업을 폐업하고	B법인 설립하여 동종업종 제품을 생산	사업승계
			B법인 설립하여 이종업종 제품을 생산	창 업
		갑 장소에서의 기존사업을 폐업않고	B법인 설립하여 동종업종 제품을 생산	창 업
			B법인 설립하여 이종업종 제품을 생산	창 업
A가 (법인 개인)	을 장소에서	갑 장소에서의 기존사업을 폐업하고	다시 A명의로 동종업종 제품을 생산	사업이전
			다시 A명의로 이종업종 제품을 생산	창 업
		갑 장소에서의 기존사업을 폐업 않고	다시 A명의로 동종업종 제품을 생산	사업확장
			다시 A명의로 이종업종 제품을 생산	업종추가

주)	1. 업종구분은 한국표준산업분류의 세분류(4자리)를 기준으로 함 2. “갑” 장소는 기존사업장, “을” 장소는 신규사업장 3. “갑” 장소와 “을” 장소는 사회통념과 창업지원법의 취지 등을 감안할 때 공장확장으로 인정할 수 없을 정도의 거리를 충분히 유지한 경우 4. “B”법인은 “A”가 출자한 법인임 5. “기존사업을 폐업하고”란 사업자등록을 반납 또는 취소 조치함을 말함	

▶ **사례별 공장 창업기업에 대한 세액 및 부담금감면**

구분	지원내용
법인세/소득세	과밀억제권역외 창업기업4년간 50%감면
등록세	법인등록세 면제
취득세	창업4년 이내 취득한 사업용 재산면제
재산세	창업4년 이내 취득한 사업용 재산면제 창업5년 이내 취득한 사업용 재산50%감면
증여세	창업자금(30억)증여세 5%부과후 상속세를 정산

✻ 동종사업으로 보지 않는 경우란?

위 3가지 경우에 해당되는 같은 종류의 사업을 하더라도 사업개시 전의 기존 업종과 세 분류를 달리하는 업종을 추가하여 사업을 새로이 개시하는 경우에는 다음의 산식에 의하여 산출된 비율이 100분의 50 이상인 경우

$$\frac{\text{업종을 추가한 날부터 당해년도 말까지의 추가업종 총매출액}}{\text{업종을 추구한 날부터 당해년도 말까지의 총매출액}} \times 100$$

다만, 이상의 창업범위에 대한 정의는 주로 법률적 지원이 뒤따르는 일정규모 이상의 경우에 해당되는 것이며, 개인적으로 소수의 인원과 자금으로 새로이 사업을 개시하는 경우와는 전혀 다르다. 소규모 개인사업을 창업할 경우 창업에 따른 법률적 지원은 특수한 예외를 제외하고는 거의 전무하다고 할 수 있다.

1. 창업의 동기

창업의 동기는 개인적인 동기와 사업적인 동기 두 가지로 분류해 볼 수 있다.

(1) 개인적인 동기

① 독립감 달성

개인이 창업하는 데 가장 중요한 동기로 작용하는 것은 상사의 간섭이나 통제로부터 벗어나서 독립감을 얻을 수 있다는 점이다. 실제로 중소기업 소유자를 대상으로 한 어느 조사에 의하면, 응답자의 72%가 자기 사업을 함으로써 가장 좋은 점이 독립감이라고 응답했다.

중소기업가들은 자신의 사업에서 주도권을 행사하기 위해 자율을 원하는 경향이 있고, 이러한 자유는 중소기업의 장점 중 하나인 높은 혁신성과 융통성을 발휘하도록 해 준다. 결국 창업을 하게 되면 직장에서 일할 경우 누릴 수 없는 만족감을 느낄 수 있다.

② 부의 축적

많은 사람들이 필요한 소득을 얻기 위해 창업을 한다. 예를 들어 퇴직자는 퇴직 후 받는 일정 연금을 보충할 수 있을 정도면 충분하다고 느낄 수 있다.

한편 어떤 사람들은 많은 부를 축적하기 위해 창업을 하기도 한다. 실제로 자기 사업을 하는 것이 직장에 취업하여 일정 급여를 받는 것보다 부를 축적하고 누릴 수 있는 가능성이 훨씬 높다.

③ 가족부양

중소기업 경영자들은 이익에 대한 욕구 못지 않게 가족에 대한 배려에 의해 사업을 시작하기도 한다. 부모님이 여생을 편히 보내도록 하기 위해서 학업을 마친 학생이 고향으로 돌아가는 경우 또는 부모가 돌아가심으로 해서 가업을 물려받는 경우가 그 예이다. 또 최근 명예퇴직, 조기퇴직, 정리해고 등으로 인하여 창업을 결심하는 주된 이유도 가족부양에 있다고 볼 수 있다.

④ 자신만이 생산할 수 있는 제품의 제공

'필요는 발명의 어머니'라는 속담은 새로운 사업을 시작할 때 적용되기도 한다. 실제로 경제발전의 상당 부분이 소규모 기업에서 나온 혁신에서 비롯되었다. 종업원 수 측면에서 비교해 볼 때, 소규모 기업들은 대기업보다 신제품을 2.5배 정도 더 많이 생산한다. 에어컨, 비행기, 자동차, 즉석카메라, 제트엔진, 헬리콥터, 식빵, 진공관, 지퍼, 컴퓨터 등 수많은 제품들이 소규모 기업의 창의성이나 창업에서 비롯되었다.

(2) 사업적인 동기

기업가가 수행해야 하는 목적 가운데 중요한 것은 서비스, 이윤, 사회적 기여, 성장목적이다. 이러한 목적들은 상호 관련되어 있다. 예를 들면 서비스 목적은 이익목적을 달성하기 위해 수행된다. 그러나 이익은 사업이 서비스와 사회적 목적에 부합되어야만 달성된다. 성장은 이익과 사회적 목적에 영향을 받는다.

① 서비스 목적

일반적으로 사업의 목적이 소비자에게는 합리적인 가격으로 생산자에게는 일정 이윤을 보장해 주는 선에서 제품이나 서비스를 생산함으로써 소비자가 만족할 수 있도록 봉사하는 것이다. 따라서 창업을 원하는 사람은 최우선의 목적을 서비스에 두어야 하고, 이윤은 자연적인 결과로서 추구하여야 한다.

② 이윤목적

이윤이란 위험감수에 대한 일종의 보상이며, 자유경제체제를 유지하는 중요한 요소 중 하나이다. 이윤은 새로운 일자리를 창출하고 새로운 설비를 도입하며 신제품을 개발하는 데 사용된다. 그러나 이윤은 저절로 창출되는 것이 아니고 고객의 욕구를 만족시킴으로써 창출된다. 또한 이윤은 기업의 영속성을 유지하는 데도 필요하다.

③ 사회적 목적

사회적 목적이란 고객이나 종업원은 물론 공급자, 정부, 지역사회 등 이해관계를 가지고 있는 모든 집단을 배려하는 것을 의미한다. 중소기업가들은 신뢰감을 줄 수 있어야 하고 이윤창출을 해야 함은 물론 모든 이해관계자들의 이해를 고려해야만 한다. 이윤과 사회적 목적이 반드시 상호 대립적인 것은 아니다. 중소기업들이 가지는 또 하나의 중요한 사회적 기여는 종업원들에게 소속감, 일체감, 단결심을 제공한다는 점이다.

④ 성장목적

다음 질문을 스스로에게 던져 보면 자신이 얼마나 성장에 관심이 있는지를 파악할 수 있다.

- 내 사업이 소규모인데, 만족하고 있는가?
- 내 사업이 성장해서 대기업과 경쟁하기를 바라는가?
- 나는 안정이나 생존을 추구하고 있는가?
- 나는 노력이나 투자를 고려할 때 '만족할 만한' 수준의 이익을 바라는가. 아니면 이윤극대화를 추구하는가?

한편, 케이시와 왓슨(Keasey and Watson)은 다른 연구자들의 실증조사를 인용하여 불만족스러운 직장에서 떠나고 싶은 욕망, 자신의 기업을 독자적으로 경영해 보고 싶은 욕구, 자신의 특수기능과 재능을 발휘하고 싶은 욕망 등 많은 비경제적인 요인도 창업의 주요 동기가 되고 있음을 제시하고 있다.

우리나라 중소기업 창업가들의 창업동기를 살펴보면, 주로 개인적인 동기에 의해 창업을 하는 것으로 나타나고 있다.

중소기업 연구 및 지원기관 자료에 따르면 자신의 능력 및 성취욕구충족(48.7%), 기술적 아이디어의 사업화(35.9%)가 중요한 창업동기로 작용하고 있다고 말했다. 또 개인의 연구에서도 주요 사업적 연고 및 거래처가 생겨서(29.6%), 새로운 아이디어가 생겨서(24.2%), 다니던 직장의 전망 부족 및 자아실현을 위해서(23.5%) 등으로 응답함으로써 개인적인 요소들이 창업동기에서 중요한 비중을 차지하고 있는 것으로 나타났다.

▶ 예비 창업자들의 창업 동기 이론적 배경

동기는 개인의 특정한 행동 이유를 이해할 수 있으며, 동기부여는 일반적으로 모든 행동의 원동력으로 볼 수 있다. 창업 의도의 선행변수로 알려진 창업 동기는 창업 성공의 큰 영향 요인으로 창업 의사결정에 많은 영향을 미친다. 창업자들은 자아실현, 재정적 성공, 혁신, 독립 및 인정 등의 동기에 의해 창업을 시작하게 된다. (Krueger, Reilly and Carsrud, 2000; Watson et Al. 1998).

자아실현은 창업가가 관심을 보이는 목표를 추구하는 것이며, 재정적 성공은 더 많은 돈을 벌고 재정적 안정을 확보하려는 개인의 의도로 설명된다. 독립은 자유, 지배, 시간 활동의 유연성이 관련된 개인의 바람이며, 혁신은 새로운 것을 성취하려는 개인의 의도이며, 인정은 지위를 확보하고 지지를 받고, 가족 친구나 지역사회의 인정을 받으려는 개인의 의도이다(정대용 외, 2012).

창업 동기는 창업 성공에 직·간접적으로 미치는 영향 관계를 밝히고자 창업자 특성과 함께 복합적으로 연구됐다(Shane et Al. 2003; Collins et Al. 2004; 유봉호, 2013). 창업자의 심리적 특성에서 연구되는 주요 동기 변수로 목표를 달성하고자 하는 성취욕구, 높은 위험에도 불구하고 추진하는 위험감수성, 지각된 불확실한 상황에서 인내하는 모호함에 대한 인내 성향, 사건의 발생이 자신의 노력이나 영향력으로 결정할 수 있다고 믿는 내적 통제, 어떤 역할이나 직무를 수행할 수 있다고 믿는 자기효능감 등이 있다(Shane et Al. 2003; Solesvik, 2013). 환경적 요인으로는 정부 정책, 사회경제적 조건, 창업이나 경영 기술, 재무적 지원, 비재무적 지원, 사회적 인식 등이 있다(정대용 외, 2012).

창업 동기를 두 가지의 주요한 이유에 따라 풀(pull) 또는 푸시(push) 요인으로제시하였다(Gilad and Levine, 1986; Segal et al. 2005; Williams, 2009). 풀요인은 독립, 자기기업 소유, 높은 수입의 기대 등과 같은 내적인 강한 열망으로 사업을 시작하는 동기이다.

푸시요인은 직장불안정, 불충분한 수입에 따른 추가 수입필요 등 외부의 부정적인 영향으로 인해 사업을 시작하는 동기이다. 또한 창업동기에 따라 기회형 창업가와 필요형 창업가 유형으로 구분되어진다. 기회형 창업가는 개인적 동기와 독립적 관점에서 자신의 사업을 시작하는 사람, 필요형 창업가는 고용 불만족, 직업적

제한 때문에 자신의 사업을 시작하는 사람을 말한다. 필요형 창업가는 실업의 위협과 같은 푸시 요인에 의해 동기부여 되며, 기회형 창업가는 자율성, 도전, 수입기대 등과 같은 풀 요인에 의해 동기부여 된다(Hessels, Gelderen and Thurik, 2008).

청년 창업자들을 대상으로 창업동기를 조사한 결과 경제적 요인보다 비경제적 요인이 더욱 크게 작용하고 있다. 창업동기는 자아실현, 직장생활에서 독립성과 자유, 사회공헌 등이 더 많은 수입과 같은 경제적 요인보다 높게 나타났다(양현봉, 박종복,2011)

2. 창업의 경제적 역할

(1) 인간의 풍요로운 삶에 기여

성공적인 창업은 사회가 필요로 하는 값싼 양질의 제품을 생산·공급함으로써 인간의 생활을 보다 편리하게 만드는 데 이바지한다. 그럴 뿐만 아니라 성공적인 창업은 삶의 현장인 노동의 기회를 확대하고 보다 향상된 근로조건과 급여수준을 높이는 데 작용함으로써 인간의 풍요로운 삶에 이바지한다.

(2) 새로운 이익과 가치 창조 기여

성공적인 창업은 새로운 이익과 가치를 창조하는 데 기여한다. 창업을 통해 개인 사업자는 자신의 사적 이익과 재산을 증식할 수 있으며, 기업은 기업의 이익과 기업가치(기업의 부)를 증대시킬 수 있다. 그리고 사회 전체적으로는 창업이 국민총생산을 증대시키고, 국가의 부를 증대시키는 데 기여한다.

(3) 제품의 국제 경쟁력 향상의 기여

성공적인 창업은 기술개발을 촉진하고 제품의 국제 경쟁력을 향상시켜 수출증대에 기여하며 수입대체 효과를 가져온다. 즉, 현대와 같은 경쟁상황에서 기업이 살아남을 수 있는 두 요건은 우수한 제품을 생산할 수 있는 기술수준과 생산성을 높이는 것이다. 신기술과 특허를 이용하여 신제품을 생산하는 데에, 특정부품이나 제품의 질을 고급화시켜 세계적인 상품을 만드는 데 있어서 경쟁적인 창업활동이 기여하는 바는 크다.

Ⅱ 「조세특례제한법」상 창업의 적용범위

「조세특례제한법」상의 적용대상 업종을 영위하는 중소기업으로서 '창업으로 보지 않는 경우'에 해당하지 않아야 한다.

※ 창업기업 세제 지원대상 (적용 범위)

(1) 창업 중소기업 세액감면 (조세특례제한법 제6조)

➩ 대상 : 창업 후 5년 이내의 중소기업
➩ 세액 감면율 : 수도권 50%, 비수도권 100%
➩ 적용 업종 : 제조업, 소프트웨어 개발, 연구개발업 등 (일부 제외 업종 존재)

(2) 창업벤처기업 지원 (조세특례제한법 제13조)

➩ 대상 : 벤처기업으로 인증받은 창업 기업
➩ 혜택 : 법인세 및 소득세 감면, 연구개발 투자비 세액공제 등

(3) 창업 투자 세액공제 (조세특례제한법 제16조)

➩ 대상 : 창업기업에 투자하는 개인 및 법인
➩ 혜택 : 투자금의 일정 비율을 세액에서 공제

1. 적용대상 업종

1. 제조업
2. 광업
3. 부가통신업
4. 연구 및 개발업
5. 전문디자인업
6. 방송법에 의한 방송사업
7. 방송프로그램제작업
8. 광고업

9. 공연산업(자영예술가 제외)
10. 과학 및 기술서비스업
11. 정보처리 및 기타 컴퓨터운영 관련업
12. 엔지니어링 사업 : 「엔지니어링기술진흥법」에 의한 엔지니어링활동(기술사의 엔지니어링 활동 포함)을 제공하는 사업
13. 물류산업 : 운수업중 화물운송업, 화물취급업, 창고업, 화물터미널운영업, 화물운송주선업, 화물포장업, 화물검수서비스업, 화물형량서비스업 및 「항만법」에 의한 예선업과 기타 산업용 기계장비 임대업 중 파렛트 임대업
14. 영화산업 : 영화 및 비디오 제작업, 영화 및 비디오 제작관련 서비스업, 영화배급업에 한다.
15. 관광진흥법에 의한 관광숙박업 · 관광객이용시설업(전문휴양업과 종합휴양업) · 국제회의 · 유원시설업
16. 「노인복지법」에 의한 노인복지시설을 운영하는 사업
17. 「무역거래기반조성에 관한 법률」에 의한 무역전시산업
18. 「학원의 설립 · 운영 및 과외교습에 관한 법률」에 의한 직업기술분야를 교습하는 학원

2. 창업으로 보지 않는 경우 (조세특례제한법 제6조 및 관련 규정)

다음과 같은 경우에는 법적으로 창업으로 인정되지 않습니다.

① 기존 사업의 단순한 승계 (사업 인수)

➪ 타인의 사업을 인수하여 동일한 업종을 운영하는 경우
➪ 기존 기업의 자산, 부채, 인력 등을 그대로 이어받아 사업을 운영하는 경우
➪ M&A(기업 인수 · 합병)로 기존 회사를 인수하는 경우

A라는 음식점을 새로 창업하면 인정
기존 음식점을 그대로 인수하여 운영하면 창업으로 인정되지 않음

② 동일 사업자의 사업 형태 변경

➪ 개인사업자가 법인을 설립하는 등 형태만 바꾸는 경우

➪ 기존 사업을 폐업하고 유사한 사업을 다시 시작하는 경우

개인사업자가 완전히 다른 업종으로 신규 사업을 개시하면 인정
기존 개인사업자가 법인으로 전환하여 계속 운영하면 창업으로 보지 않음

③ 기존 기업의 일부 사업부문을 분리하는 경우

➪ 기존 법인에서 일부 사업부를 분리하여 신규 법인을 설립하는 경우

➪ 모회사에서 자회사로 특정 사업을 이전하는 경우

전혀 새로운 업종으로 별도 창업을 하면 인정
기존 기업의 한 부서를 분사하여 법인을 새로 만들어도 창업이 아님

④ 조세 감면을 목적으로 한 위장 창업

➪ 세금 감면을 받기 위해 가족 명의로 법인을 새로 설립하는 경우

➪ 기존 사업자의 배우자 또는 직계존비속이 유사한 사업을 개시하는 경우

창업자가 독립적으로 사업을 운영하면 인정
기존 사업주의 배우자가 유사한 업종의 회사를 새로 세우면 창업이 아님

⑤ 제외 업종에 해당하는 경우

➪ 부동산업, 금융업, 사행성 산업(도박·카지노), 유흥업 등은 창업으로 인정되지 않음

➪ 「조세특례제한법 시행령」에서 정한 업종이 아니면 세제 혜택 대상에서 제외됨

IT 스타트업, 제조업 창업은 인정
부동산 임대업, 유흥업은 창업으로 인정되지 않음

※ 창업으로 인정받기 위한 주의사항

➪ 완전히 새로운 사업을 개시해야 함

➪ 기존 사업을 인수하거나 형태만 바꾸면 안 됨

➪ 법적으로 허용된 업종 내에서 창업해야 함

(1) 사업의 승계

합병·분할·현물출자 또는 사업의 양수를 통하여 종전의 사업을 승계하거나 종전의 사업에 사용되던 자산을 인수 또는 매입하여 동종의 사업을 영위하는 경우.

다만, 종전의 사업에 사용되던 자산을 인수 또는 매입하여 동종의 사업을 영위하는 경우에 당해 자산가액의 합이 사업개시 당시 토지와 건물 및 기계장치 등 사업용자산의 총가액에서 차지하는 비율이 100분의 30 이하인 경우를 제외한다.

(2) 개인기업의 법인전환

거주자가 영위하던 사업을 법인으로 전환하여 새로운 법인을 설립하는 경우

(3) 폐업 후 사업 재개

폐업 후 사업을 다시 개시하여 폐업전의 사업과 동종의 사업을 영위하는 경우

(4) 사업의 확장 및 업종 추가

사업을 확장하거나 다른 업종을 추가하는 경우 등 새로운 사업을 최초로 개시하는 것으로 보기 곤란한 경우

3. 창업기업 세금혜택

창업기업은 「조세특례제한법」을 통해 다양한 세금 감면 및 공제 혜택을 받을 수 있습니다. 특히, 중소기업 및 벤처기업을 대상으로 세제 지원이 강화되어 있어 창업 전에 미리 확인하면 큰 도움이 됩니다.

창업기업이 받을 수 있는 세제 혜택은 법인세·소득세 감면, 창업 투자 세액공제, 취득세 감면, 연구개발(R&D) 세액공제 등이 있습니다.

혜택 종류	주요 내용	근거 법령
법인세 및 소득세 감면	창업 후 5년간 세액 50~100% 감면	조세특례제한법 제6조
취득세 감면	창업기업이 사업용 부동산 취득 시 75% 감면	지방세특례제한법 제58조
창업 투자 세액공제	창업기업에 투자 시 일정 비율 세액공제	조세특례제한법 제16조
연구개발(R&D) 세액공제	연구개발비에 대해 세액 공제	조세특례제한법 제10조
고용창출 투자세액공제	창업기업이 신규 고용을 창출하면 세액공제	조세특례제한법 제29조

※ 창업기업 법인세·소득세 감면 (조세특례제한법 제6조)

➪ 창업 후 5년 이내의 중소기업

➪ 벤처기업 및 창업기업

➪ 수도권: 법인세·소득세 50% 감면

➪ 비수도권(지방): 법인세·소득세 100% 감면

➪ 서울에서 창업한 IT 스타트업 → 5년간 법인세 50% 감면

➪ 지방(부산·대전 등)에서 창업한 제조업 → 5년간 법인세 100% 감면

➪ 금융업, 보험업, 부동산업, 유흥업, 도박·카지노 등 사행성 산업

※ 취득세 감면 (지방세특례제한법 제58조)

➪ 창업 후 4년 이내의 기업이 사업용 부동산을 취득할 경우

➪ 창업보육센터 입주 기업

➪ 취득세 75% 감면

➪ 등록면허세 75% 감면

➯ 창업 후 3년 차에 사업 확장을 위해 사무실을 매입하면 취득세 75% 감면

※ 창업 투자 세액공제 (조세특례제한법 제16조)

➯ 창업기업에 투자하는 개인 또는 법인

➯ 창업벤처기업 및 기술혁신형 창업기업

➯ 투자금의 10%~30%를 세액에서 공제

➯ 벤처캐피탈이 창업기업에 1억 원 투자하면 최대 3천만 원 세액공제 가능

※ 연구개발(R&D) 세액공제 (조세특례제한법 제10조)

➯ 연구개발(R&D) 활동을 수행하는 창업기업

➯ 벤처기업 및 기술혁신형 중소기업

➯ 연구개발비의 20~30%를 세액 공제

➯ AI 기술 개발을 위해 1억 원을 연구비로 사용하면 2천만~3천만 원 공제 가능

※ 고용창출 투자세액공제 (조세특례제한법 제29조)

➯ 창업기업이 신규 고용을 창출한 경우

➯ 제조업, IT업, 연구개발업 등

➯ 1인당 700만 원~1,500만 원 세액공제

➯ 신입사원 5명을 채용하면 최대 7,500만 원 세액공제 가능

※ 세제 혜택을 받기 위한 요건

➯ 창업 후 5년 이내에 신청해야 함

➯ 법적으로 인정되는 중소기업 및 벤처기업이어야 함

➯ 업종이 금융업, 부동산업, 유흥업 등에 해당하면 혜택을 받을 수 없음

➯ 세제 혜택을 받기 위해 세무서 및 창업진흥원 등에 신청해야 함

창업기업은 법인세 감면, 취득세 감면, 투자 세액공제 등 다양한 세제 혜택을 받을 수 있습니다. 다만, 신청 기한 및 업종 제한이 있으므로 사전에 철저한 준비가 필요합니다.

(1) 창업중소기업이란

① 수도권 과밀억제권역외의 지역에서 창업하는 중소기업으로서 제조업, 광업, 부가통신업, 연구 및 개발업, 과학·기술서비스업, 전문디자인업, 방송사업, 방송프로그램제작업, 엔지니어링사업, 정보처리 및 컴퓨터 운용 관련업, 물류산업, 영화산업, 공연산업, 관광숙박업, 관광객이용시설업, 국제회의업, 유원시설업, 광고업, 노인복지시설 운영업, 무역전시산업, 직업기술분야 교습학원을 영위하는 기업

② 창업 후 2년 내에 벤처 확인을 받은 기업

③ 창업보육센터 사업자로 지정받은 자→창업자에게 작업장 등 시설을 저렴하게 제공하는 창업보육센터로 지정된 사업자

수도권 내 다른 권역과 비교

권역	주요 지역	규제 수준	창업 세제 혜택
과밀억제권역	서울, 인천 일부, 경기 일부	강한 규제 (제조업 제한, 세제 혜택 축소)	법인세 50% 감면
성장관리권역	용인, 화성, 남양주 등	일부 규제	법인세 감면 가능
자연보전권역	경기 북부·동부(양평 등)	개발행위 거의 불가	세제 혜택 제한

(2) 감면기간 및 감면비율

창업 후 최초로 소득이 발생한 연도(사업개시 후 5년이 되는 날까지 소득이 발생하지 않는 경우 5년이 되는 날이 속하는 과세연도)와 그 후 3년간 법인세 또는 소득세의 50%를 매년 감면한다.

$$감면세액 = 법인세\ 산출세액 \times \frac{감면소득}{과세표준} \times 50\%$$

① 다만, 창업후 2년 이내에 창업벤처중소기업으로 확인받은 경우에는 벤처기업으로 확인받은 날 이후 최초로 소득이 발생한 과세연도(사업개시 후 5년이 되는 날까지 소득이 발생하지 않는 경우 5년이 되는 날이 속하는 과세연도)와 그 후 3년

간 감면을 받게 되며,

② 감면기간 중 벤처기업의 확인이 취소된 경우에는 취소일이 속하는 과세연도부터 감면을 적용하지 아니한다.

4. 취득세 · 등록세등 지방세 감면

(1) 등록세 면제

① 창업중소기업의 설립등기에 대한 등록세 면제

(창업중에 벤처기업으로 확인받은 경우 확인받은 날부터 6월 이내에 행하는 법인설립등기 포함)

② 창업일로부터 2년 내에 취득한 사업용 자산의 등기에 대한 등록세 면제

(창업벤처중소기업은 벤처기업으로 확인받은 날로부터 2년 이내에 취득한 사업용 자산의 등기에 대한 등록세가 면제된다.)

(2) 취득세 면제

① 창업일로부터 2년내 취득하는 사업용 자산에 대한 취득세 면제

② 창업벤처중소기업은 벤처기업으로 확인받은 날로부터 2년 이내에 취득한 사업용 자산에 대한 취득세 면제

(3) 재산세 감면

창업중소기업 및 창업벤처중소기업은 창업 후 5년간 재산세의 50% 감면

쉬어가기

창업에 대한 세금지원 내용 요약

구 분	지원내용
법인세(소득세) 감면	• 수도권 과밀억제권역외의 지역에서 창업한 중소기업 등에 대하여 창업후 소득발생연도부터 4년간 매년 납부할 법인세(소득세)의 50% 감면
등록세 면제	• 창업후 2년내 취득한 사업용재산에 대한 등록세 면제 • 창업중소기업의 법인설립등기에 대한 등록세 면제 (창업중에 벤처기업으로 확인받은 경우 6월내 행하는 법인설립등기 포함)
취득세 면제	• 창업후 2년내 취득한 사업용자산에 대한 취득세 면제
인지세 면제	• 창업 후 2년간 금융기관의 융자관련문서에 대하여 인지세 면제
재산세	• 창업후 5년간 재산세 50% 감면
창업기업 투자에 대한 소득공제 등	• 중소기업창업투자조합 및 벤처기업 등에 출자한 금액의 15% 소득공제 • 벤처기업에 출자한 주식을 5년 이상 보유하다가 양도하는 경우 양도세 비과세

※ 국세청, 국세정보 발간책자. 중소기업 창업과 알기쉬운 세금

Ⅲ 창업의 중요성

1. 세계를 뒤엎는 창업 열기

미국과 유럽 등에서는 20대는 물론 10대들까지 창업 전선에 가세하고 있다. 지금 세계는 창업 열풍에 휩싸여 있고 이로 인해 E세대(Entrepreneurs Generation)라는 신조어까지 생겼다. 졸업 후 안정된 직장에 취직하기보다는 창업에 우선순위를 두는 세대라는 뜻이다.

왜 이렇게 세계는 창업 열기로 뜨거운 것일까?

(1) 기업가들의 위상이 강화되는 추세

냉전시대에는 정치논리가 강했지만 지금은 경제가 국가의 장래를 좌우하는 시대이다. 세계 각국 정상회담의 주제도 언제나 통상을 비롯해 경제문제가 큰 비중을 차지한다.

세계적으로 성공한 기업가가 극진한 대접을 받는 현실에서 야망을 가진 젊은이들이 창업을 통해 세계적인 기업가로 성장하려는 포부를 갖는 것은 당연한 일인지도 모른다.

(2) 단기간에 성장할 수 있는 분야들이 속속 등장

석유화학이나 섬유, 기계 등 과거의 전통산업으로는 창업 후 단기간에 세계를 석권하기 어려웠다. 국내의 경우도 어떤 회사가 세계적인 기업으로 성장하려면 적어도 창업자의 평생이 소요됐거나 2세, 3세가 승계한 다음인 경우가 많았다. 그러나 정보통신, 특히 인터넷과 같이 설비투자보다도 아이디어나 서비스 제공방식에 의해 승부가 결정되는 사업들은 초단기간에 세계 시장을 석권할 수 있다. 야후(Yahoo) 같은 회사가 대표적인 예이다.

(3) 창업열기를 부추기는 신화적 창업사례

세계 산업의 흐름이 장치산업 위주에서 지식정보산업으로 이행하면서 단기간에 성공한 창업 사례들이 속속 등장하고 있다. 이들은 겨우 서른 안쪽 나이에 그 분야에서 영향력을 갖춘 사람들로 부각되고 있다. 마이크로소프트의 빌 게이츠를 비롯해 전 세계에 포진해 있는 정보통신 분야의 강자들이 창업을 꿈꾸는 후배들을 성공무대로 유인하고 있다.

(4) 소규모 투자로 승부할 수 있는 시대

아무리 창업이 매력적이라 해도 자본금이 많이 든다면 오늘날과 같은 창업열기를 가져오지 못했을 것이다. 고도로 발달된 자본주의 시스템은 투자가치를 찾아 큰 돈이 움직이는 시장구조를 만들었다. 성공가능성이 있는 아이디어라면 쉽게 투자가를 만날 수 있는 환경이 미국을 중심으로 점점 발달되고 있는 것이다.

(5) 인터넷 발달에 따른 비즈니스 환경 조성

인터넷의 발달로 세계는 무경계화가 급진전되고 있다. 비즈니스에 전 세계를 대상으로 개인이 사업을 전개할 수 있는 환경이 만들어지고 있다. 괜찮은 아이템이라면 인터넷을 통해 전 세계를 상대로 영업할 수 있으며, 잠을 자는 동안에도 끊임없이 주문받을 수 있다.

(6) 창업에 대한 국가적 지원 확대

오늘날 국민경제에 영향을 끼치는 것은 꼭 규모가 큰 기업만은 아니다. 아이디어를 바탕으로 하는 중소기업이 오히려 국가적 부가가치를 창출하는 데 큰 힘을 발휘할 수 있으며 고용확대에도 큰 도움이 될 수 있다. 그렇기 때문에 지금 미국 등 많은 국가들은 젊은이들의 창업을 적극 지원하는 추세이다.

(7) 창업에 대한 사회적 인식 변화

창업을 바라보는 사람들의 시선이 바뀌는 것도 창업 열기에 큰 영향을 준다. 고리타분하게 관료나 법률가로 성장하려고 시험을 준비한다거나 그 분야에서 성장하기 위해 발버둥을 치는 것보다도 젊은 사업가로 세계 시장을 좌우하는 것을 더 가치 있게 생각하는 풍조가 생겨나고 있다. 실제 미국에서는 대법원장 이름을 모르는 사람은 많아도 빌 게이츠를 모르는 사람은 없을 정도로, 성공한 창업가는 국민적 영웅으로 부각되고 있다.

이와 같이 창업은 전 세계적으로 가장 관심이 많은 분야이다. 지금 우리나라도 고용불안과 취업난으로 창업하는 사람들이 늘고 있지만, 이런 세계적 창업 열기를 이해하고 장려하지 않으면 언젠가 더 큰 어려움에 직면할지도 모른다. 직원이 몇 만 명이나 되는 국영기업보다 그 인원의 절반에도 못 미치는 벤처기업이 더 큰 부가가치와 영향력을 갖는 세상이 되었기 때문이다.

2. 고부가가치형 지식산업이 각광

세계적인 창업 열풍의 이면에는 전통적인 창업개념이 파괴되고 비즈니스 영웅이 수시로 교체되고 있다는 특성이 내포되어 있다.

빌 게이츠나 스티븐 스필버그처럼 기발한 아이디어를 가진 사람들이 성공한 창업가의 모델로 인식되고 있다. 그리고 이들 외에도 앞으로 몇 년 사이에는 들어보지도 못한 사람들이 새로운 기업을 일으켜 성공한 영웅들로 다시 부각될 것이다.

전통적인 창업자들이 평생을 통해 일가를 이루고 늙은 다음에 평가를 받았던 것과 달리 이들의 성패는 이르면 20대에서 늦으면 40대 전후에 판가름 나고 있다. 그 이유는 오늘날 주류가 되고 있는 분야가 정보통신이나 영상에 집중되어 있고, 이 분야는 젊을수록 강점이 있기 때문이다.

지금 세계적으로 각광받는 사업분야는 지식집약형 정보통신 분야나 콘텐츠 위주의 창조성이 높은 아이디어 사업들이다. 하드웨어의 부속물처럼 인식되던 소프트웨어가 하드웨어를 능가하고, 패션 디자이너가 섬유회사를 이끌어 나가고 있다. 그리고 이 분야는 특성상 부가가치가 높아서 영화 한 편이 자동차 수만 대를 수출하는 것보다도 훨씬 큰 돈을 벌어들이며, 소프트웨어 하나로 세계 시장을 장악할 수도 있다. 또한 우리나라 중견 의류업체가 1년간 수출한 돈보다도 외국의 유명 디자이너가 디자인한 작품 하나가 더 큰 이익을 가져올 수도 있다. 얼마 전 우리나라에서도 개그맨 출신 영화사업가가 수천만 달러의 영화수출 실적을 올려 화제가 된 적이 있다.

이와 같이 우수한 화이트칼라들이 지식집약형 산업에 적극적으로 도전함으로써 세계적인 사업가로 성장할 수 있으며, 나아가 위기에 처한 국가의 장래도 보장할 수 있다.

3. 경쟁력으로 평가되는 시대

오늘날 성공하는 기업들의 특성은 핵심인력을 배치하여 본사의 규모는 작게 하고, 강력한 월드와이드 네트워크를 구축해 전 세계 시장을 공략한다는 점이다. 100명도 안 되는 규모로도 세계시장을 좌우할 수 있으며, 높은 부가가치를 창출할 수 있기 때문에 소규모화를 통한 국제 경쟁력 구축이 창업에 중요하다. 따라서 오늘날 기업을 평가하는 기준이 '얼마나 규모가 큰가'에서 '얼마나 경쟁력을 갖추고 있는가'로 바뀌고 있다는 점을 명심해야 할 것이다.

지금 세계는 새로운 개념으로 기업의 세대교체가 급속히 이루어지고 있다. '언제 설립됐는가'라는 회사의 역사도, '종업원이 얼마나 많은가'라는 규모도, '1년에 매출액이 얼마나 되는가'라는 수치도 그다지 중요하지 않다. 오직 경쟁력과 시장을 좌우하는 아이디어로만 평가되는 것이다. 주식투자가들도 이러한 기준에 따라 투자를 한다.

아무리 매출과 이익이 커도 직원이 많은 기업은 1인당 부가가치가 떨어지기 때문에 연구개발 투자나 기술개발 잠재력 등 앞으로 기업의 가치를 좌우할 요소들에 더 관심을 갖는다. 실제로 미국의 실리콘밸리에 집결해 있는 미래형 기업들은 직원이 많아야 수십 명 이내이다.

4. 창의적 기업문화로 승부

신생기업들은 창의적인 기업문화를 중시한다. 비전이나 이념과 같은 공유가치를 대단히 중시하며 자율을 최대의 모토로 삼아 관리한다. 규제나 통제를 통해 리스크를 줄이기보다는 실패를 장려하고 현장지향적으로 판단하도록 독려함으로써 개인이 창의력을 발휘할 수 있도록 지원하고 있다. 이러한 문화적 특성으로 인해 구성원들은 누구보다 창의적인 제품을 개발할 수 있으며, 회사는 비약적으로 성장할 수 있는 기반을 만들고 있다.

아울러 능력 위주로 평가를 하고 그에 맞는 보상을 하고 있다. 연공이나 지위보다는 '회사의 신제품개발과 마케팅에 얼마나 기여했는가'를 높이 평가하며, 우수한 사람에게는 자사 주식을 저렴하게 구입할 수 있는 스톡옵션이라는 권리를 준다. 이로 인해 이들 기업의 사원은 돈보다도 더 큰 성취감을 향해 매진하게 되고 결과적으로 부도 얻게 된다. 이러한 메커니즘이 반복하여 작용함으로써 이들 기업은 단기간에 세계적인 경쟁력을 갖춘 기업으로 성장해 나가는 것이다.

쉬어가기

Yahoo(야후)의 창업 과정

Yahoo는 1994년 스탠퍼드 대학교 대학원생이던 제리 양(Jerry Yang)과 데이비드 파일로(David Filo)가 만든 웹 디렉터리 서비스에서 시작되었습니다. 이후 인터넷 검색 서비스와 포털 비즈니스로 확장되면서 세계적인 IT 기업으로 성장했습니다.

1. 창업 배경

▶ 인터넷 초기 시대 (1990년대 초반)

⇨ 1990년대 초, 인터넷이 보급되기 시작했지만 효율적인 정보 검색 도구가 부족

⇨ 웹사이트가 증가하면서 체계적으로 정리된 디렉터리(목록) 서비스의 필요성이 대두

▶ 스탠퍼드 대학교 연구 프로젝트로 시작

⇨ 1994년, 제리 양과 데이비드 파일로는 웹사이트를 카테고리별로 정리한 "Jerry and David's Guide to the World Wide Web"을 개발

⇨ 이 웹 디렉터리는 사용자가 쉽게 원하는 정보를 찾을 수 있도록 도와주는 인터넷 주소록

2. Yahoo 창업 과정

① "Jerry and David's Guide to the World Wide Web" 개발 (1994년 초)

⇨ 초기에 단순한 웹사이트 목록을 제공하는 디렉터리 기반의 서비스

⇨ 사용자들이 유용한 웹사이트를 쉽게 찾을 수 있도록 카테고리별로 분류하여 제공

② Yahoo로 브랜드 변경 (1994년 3월)

⇨ 서비스의 인기가 높아지면서 "Yahoo!"라는 새로운 이름을 사용

⇨ "Yahoo"라는 이름은 "Yet Another Hierarchical Officious Oracle"(또 하나의 계층적이고 참견 많은 예언자)의 약자에서 유래

③ 벤처 투자 유치 및 법인 설립 (1995년)

➪ Yahoo의 빠른 성장 가능성을 본 벤처캐피털 기업 Sequoia Capital(세쿼이아 캐피털)이 200만 달러를 투자

➪ 1995년 3월, Yahoo Inc. 법인 설립

④ 인터넷 포털 서비스로 확장 (1996~1999년)

➪ Yahoo는 단순한 웹사이트 목록에서 벗어나 검색 서비스, 이메일, 뉴스, 금융, 스포츠 등 다양한 서비스를 추가하며 포털 사이트로 발전

➪ 1996년 나스닥(NASDAQ) 상장을 통해 대규모 자금을 조달

3. Yahoo의 성장과 사업 확장

① 인터넷 검색 서비스 도입 (1996년)

➪ Google이 등장하기 전까지 Yahoo는 가장 인기 있는 인터넷 검색 엔진

➪ 초기에는 직접 검색 기술을 개발하기보다 Inktomi, AltaVista 등 다른 검색 엔진과 제휴

② 이메일 서비스 런칭 (1997년)

➪ 1997년, Hotmail과 경쟁하기 위해 Yahoo Mail 출시

➪ 이후, 이메일 서비스는 Yahoo의 핵심 서비스 중 하나가 되었다.

③ 글로벌 확장 (1998~2000년대 초반)

➪ 다양한 국가에서 Yahoo 포털 서비스를 제공하며 세계적인 브랜드로 성장

➪ 일본, 유럽, 아시아 시장에 진출

④ 광고 비즈니스 확대 (2000년대 초반)

➪ Yahoo는 인터넷 광고 시장을 선점하며 주요 수익 모델로 발전

➪ 기업 고객을 대상으로 한 배너 광고, 스폰서 링크 제공

4. Yahoo의 쇠퇴 및 Google과의 경쟁

① Google과의 경쟁에서 밀림 (2000년대 중반)

➪ Yahoo는 자체 검색 엔진 개발에 실패하면서 2000년대 중반부터 Google에 시장을 빼앗기기 시작

➪ 2004년, Yahoo는 Overture를 인수해 자체 검색 광고 플랫폼을 구축했지만, Google의 AdWords보다 경쟁력이 떨어짐

② Microsoft의 인수 제안 거절 (2008년)

⇨ 2008년, Microsoft는 Yahoo를 약 440억 달러에 인수 제안했지만, Yahoo는 이를 거절

⇨ 이후 Yahoo의 주가는 급락했고, 시장 내 영향력이 감소

③ Yahoo의 핵심 사업 매각 (2017년)

⇨ 2017년, Yahoo의 인터넷 사업부는 Verizon(버라이즌)에 약 48억 달러에 매각되었고, 이후 Oath(현재의 Verizon Media)로 합병

⇨ Yahoo 브랜드는 여전히 남아 있지만, 과거와 같은 영향력은 상실한 상태

5. 결론

▶ 성공 요인

⇨ 인터넷 초창기 시장에서 검색 디렉터리 서비스로 차별화

⇨ 빠른 벤처 투자 유치와 나스닥 상장을 통한 자본 조달

⇨ 이메일, 뉴스, 금융 등 포털 서비스 확장을 통한 성장

▶ 실패 요인

⇨ Google과의 경쟁에서 밀려 검색 기술 혁신 부족

⇨ Microsoft의 인수 제안을 거절한 전략적 실수

⇨ 모바일 환경 변화에 늦게 대응하여 사용자 이탈

⇒ Yahoo는 1990년대 인터넷 산업을 선도한 기업이었지만, Google, Facebook 등 경쟁사에 밀려 쇠퇴한 대표적인 사례로 평가

자료 : 하나포스 개인 블로그

Ⅳ 창업의 구성 요소

1. 창업의 3요소

창업을 하는 데는 많은 우수한 인적·물적 자원의 투입이 필요하게 된다. 이들 투입요소 중 가장 대표적인 것으로 다음의 3가지 요소를 이야기할 수 있다.

① 인적 요소-창업가 등 인적 자원
② 제품 요소-창업 아이디어인 제품 또는 용역
③ 물적 요소-창업자본 등 물적 자원

표 1-1 창업의 기본 요소

학자	정 의
캔틸론(R. Cantillon)	불확실한 모든 가격으로 판매하려는 제품을 결합하기 위해 어떤 가격으로 생산수단을 매입하는 사람, 또 스스로 위험을 부담해서 제품을 유통·교환·생산하는 사람
스미스(A. Smith)	자본을 투하하는 자(자본가와 동일인격으로 생각)
마셜(A. Marshall)	모험에서 오는 위험을 부담하고 그 사업에 필요한 자본과 노동을 결합시켜 종합계획을 세우며 세부에 걸쳐 관리하는 자
세이(J. B. Say)	모든 생산수단을 결합하는 경제적 대리인
밀(J. S. Mill)	소극적인 사업가가 아닌 적극적인 사업가
포터(P. Potter)	전통적 상품의 수동적 거래를 주로하는 것과 구분하여 신시장을 창조하는 상인
알렉산더(R. Alexander)	경제발전의 핵심적·혁신적 역할을 담당하는 자
슈몰러(G. Schumoller)	비즈니스에 있어서 위험을 부담하며 경제재나 서비스를 생산할 목적으로 각종 생산수단을 독립의 기업조직 속에 유입하는 자
갤브레이스(J. K. Galbraith)	근대적 대기업에 있어서 기업기능의 집단적 관리자로서의 테크노스트럭처
슘페터(J. A. Schumpeter)	정태적 균형 상태에 있는 경제가 동태적 경제로 발전하도록 혁신을 수행하는 동태적 주체
콜(A. H. Cole)	기업의 조직, 관리, 조사 및 통제의 기능을 수행하는 데 있어서 혁신적 정신을 내포하고 있는 자
에번스(G. H. Evans)	일반적으로 기업가 그룹의 일원이라고 간주되지 않는 사람을 포함하는 경영지도의 대부분의 사람

(1) 창업가

창업가는 기업을 시작하고 조직하여 성공으로 이끄는 사람이다. 창업가란 출자자이고 기업관리의 담당자로서 말하자면 기업의 소유와 경영이 일치되어 있는 소유경영자라는 의미로 사용되고 있다. 기업가를 'Entrepreneur'라고 이야기하며 'Entrepreneur'를 기업창업가로 사용하기도 한다. 창업가의 정의를 알기 쉽게 정리해 보면 다음과 같다.

사업의 성공가능성은 다음과 같이 결정된다.

사업의 성공가능성 = 창업가의 자질과 능력×사업의 중요성×경영 요소의 효율성

사업을 수행하는 데 있어서 가장 중요한 것은 사업의 주체인 창업가가 '충분한 자질과 역량을 갖추고 있는가'이다. 창업가로서의 자질과 역량은 한마디로 '창업가 정신(Entrepreneurship)'이라는 말로 표현할 수 있다. 사업에 관계되는 것이라면 조그만 일에도 최선을 다하고자 하는 치열한 프로정신, 철저한 장인정신, 나 자신만이 주인이 된다는 굳건한 주인의식이야말로 진정한 창업가 정신의 핵심인 것이다. 발전하고자 하는 의지, 돈을 벌려고 하는 욕심, 성공하고자 하는 욕구가 없으면 다른 조건이 아무리 좋더라도 사업을 성공시키기는 힘들 것이다.

창업가 정신은 경영철학과 기업윤리의 기본이 된다.

창업가 정신이 원대하고 클수록 영향력은 커지기 마련이다. 일본의 전후 부흥에 있어서 절대적인 역할을 한 마쓰시다의 경영이념을 보면 철저하게 기업이익을 추구하면서도 그 초점을 일본이라는 공동체 전체의 이익을 증진시키는데 집중하였음을 알 수 있다.

마쓰시다의 경영이념은 다음과 같이 요약된다.

① 국가적 관점으로 모든 사업을 수행하라.
② 작은 일에 구애되지 말라.
③ 절대로 투기적인 계획을 세우지 말라.
④ 복고지성의 성실성을 촌각도 잊지 말라.
⑤ 근검하고 자비롭게 베푸는 사람이 되라.

⑥ 인재를 적재적소에 활용하라.
⑦ 종업원을 우대하고 적절한 이익을 분배하라.
⑧ 창업은 대담하게 수성은 소심하게 하라.

중국의 제갈공명을 생각하여 보자.

중국 후한 말기의 제갈공명을 일컬어 사람들은 상통천문(上通天文)하고 하달지리(下達地理)하였다고 표현한다. 즉, 한문적으로는 득의의 경지에 이르렀고 현실감각도 갖춘 완전무결한 창업가라는 의미로 해석된다. 또한 제갈공명은 자신의 이상이 실현되지 못할 것을 알면서도 유비와 그의 아들인 모자란 후주 유선을 위하여 죽는 순간까지 최선을 다하였다. 위와 같은 덕목에 중화인사(中和人事)라는 조건을 하나 더 붙이고자 한다.

창업가 정신은 세 부분으로 나누어 볼 수 있는데, 바람직한 사업가가 되기 위해서는 첫째, 원대한 이상과 안목, 둘째, 현실적이면서도 세밀한 분석력, 셋째, 강력한 추진력을 갖추어야 할 것이다.

다시 말하면 이상(꿈)은 하늘 높이 구름 위에 두어야 하지만 두 발은 현실적으로 땅 위에 굳건히 서 있어야 하며 가슴에는 사람에 대한 정을 잃지 않아야 한다. 현실을 떠난 이상은 한낱 몽상일 뿐이며, 꿈(비전)이 없는 현실은 삭막하고 발전가능성이 없는 황무지에 불과하고 이상에 대한 사랑이 없는 사업가는 돈만을 좇다 일생을 허비하는 수전노에 불과할 것이다.

(2) 창업 아이디어

창업은 사업 아이디어로부터 시작되는데, 모든 아이디어가 다 사업으로 연결될 수는 없다. 사업성 분석, 제품개발, 시험을 거쳐 상품화되기까지 사업 아이디어는 수많은 아이디어 중에서 선택된다. 사업 아이디어를 상품화하여 시장에서 경쟁성을 갖기 위해서는 새로운 욕구를 충족시키는 제품인지, 공급의 부족을 만족시키는 제품인지 또는 유리한 조건 때문에 기존제품과의 경쟁을 할 수 있는 제품인지 등을 검토하여야 한다. 이때 창업하는 기업의 생산품은 발명품일 수도 있고 시장의 기존제품이거나 국내 시장에 처음 도입되는 외국제품일 수도 있다.

성공적인 기업을 설립하기 위해 필요한 활동 중에서 맨 처음 할 사항은 수익성이 있는 상품을 선택하는 것이다. 많은 기업의 성공과 실패 사례를 조사한 머피(Murpy)는 사업이 성공하는 데 필요한 황금의 열쇠는 '적절한 시기에 적절한 사업을 하는 것'이라고 결론을 내렸다.

창업에 있어서 창업 아이템 선택의 문제는 매우 중요할 것이다.

▶ **신제품 아이디어의 소멸과정**

신제품 아이디어의 소멸 과정은 일반적으로 다음과 같은 단계로 진행된다.

- ➭ 아이디어 생성 : 새로운 제품에 대한 아이디어가 처음으로 떠오르는 단계이다. 이 단계에서는 창의적인 사고와 브레인스토밍이 중요하다.
- ➭ 아이디어 평가 : 생성된 아이디어를 평가하여 시장성, 기술적 가능성, 비용 등을 분석한다. 이 과정에서 아이디어의 실현 가능성을 검토한다.
- ➭ 프로토타입 개발 : 유망한 아이디어를 바탕으로 초기 프로토타입을 제작한다. 이 단계에서는 제품의 기능과 디자인을 실험한다.
- ➭ 테스트 및 피드백 : 프로토타입을 실제 사용자에게 테스트하여 피드백을 받는다. 이 과정에서 제품의 강점과 약점을 파악할 수 있다.
- ➭ 개선 및 수정 : 피드백을 바탕으로 제품을 개선하고 수정한다. 이 단계는 반복적으로 이루어질 수 있다.
- ➭ 상용화 결정 : 최종적으로 제품이 시장에 출시될 준비가 되었는지 결정한다. 이 과정에서 마케팅 전략과 생산 계획도 수립된다.
- ➭ 소멸 : 만약 아이디어가 시장에서 성공하지 못하거나, 기술적 문제로 인해 더 이상 발전할 수 없는 경우, 해당 아이디어는 소멸하게 됩니다. 이 단계에서는 자원과 시간을 효율적으로 관리하기 위해 아이디어를 포기하는 결정을 내리게 된다.

이러한 과정은 신제품 개발의 일반적인 흐름을 나타내며, 각 단계에서의 결정이 최종 결과에 큰 영향을 미칠 수 있다.

▶ **창업정보의 주요 입수처**

창업 정보를 입수할 수 있는 주요 출처는 다음과 같다.

- ➭ 정부 기관 : 중소기업청, 산업통상자원부 등 정부 기관에서 제공하는 창

업 관련 자료와 정책 정보를 활용할 수 있다.

⇨ 창업 지원 센터 : 지역 창조경제혁신센터, 창업진흥원 등에서 제공하는 창업 교육, 멘토링, 컨설팅 서비스 등을 통해 유용한 정보를 얻을 수 있다.

⇨ 온라인 플랫폼 : 다양한 창업 관련 웹사이트와 포털, 블로그, 유튜브 채널 등에서 창업 사례, 노하우, 트렌드 등을 찾아볼 수 있다.

⇨ 네트워킹 및 커뮤니티 : 창업 관련 세미나, 워크숍, 네트워킹 행사에 참여하여 다른 창업자들과의 경험 공유 및 정보교환이 가능하다.

⇨ 전문 서적 및 연구 자료 : 창업 관련 서적, 학술 논문, 보고서 등을 통해 심층적인 정보를 얻을 수 있다.

이 외에도 다양한 소셜 미디어와 포럼을 통해 실시간으로 정보를 수집할 수 있습니다. 창업을 준비하는 과정에서 이러한 다양한 출처를 활용하는 것이 중요합니다.

따라서 사업 아이템 선정은 사업 성패와 직결된 문제이기 때문에 신중을 기하지 않으면 안된다. 창업정보의 주요 입수처를 정리하면 다음과 같다.

① 사업 아이템 선정시에 기본적으로 체크해야 할 사항

㉠ 해당 업종의 성장가능성

㉡ 창업자의 경험이나 특징을 활용할 수 있는지의 여부

㉢ 허가나 인가를 받아야 하는 업종인지의 여부

㉣ 실패의 위험도

② 사업 아이템 선택시 고려할 3요소

㉠ 사업아이템의 기본요건

㉡ 상품(제품)과 시장의 적합성

㉢ 연령에 맞는 창업성공 유형의 선택

표 1-2 창업 아이템 검토항목

주요 항목	평가 요소	세부 검토사항
상품성	상품의 적합성	1. 창업자가 잘 아는 제품이나 공정인가? 2. 상품이 비필수품들이거나 사치품은 아닌가?
시장성	상품의 독점성	3. 창업 중소기업의 참여를 배제하는 사실상의 독점은 없는가? 4. 정부의 인·허가에 의해 실제 창업이 제한되어 있지 않은가?
	시장의 규모	5. 예상되는 고객의 수는 어느 정도인가? 6. 국내 및 해외 시장규모는 금액으로 어느 정도인가?
	경쟁성	7. 경쟁자의 세력 및 지역별 분포는 어떤가? 8. 경쟁제품과 비교했을 때 품질과 가격관계는 유리한가? 9. 판매유통이 용이하며, 물류비용이 저렴한가?
	시장의 장래성	10. 잠재고객 수의 증가는 있는가? 11. 새로운 창업기업의 침투의 가능성은 어느 정도인가? 12. 소비자 성향이 안정적이고, 필요성이 증가하는가?
수익성	제품생산 비용의 효익성	13. 적정 비용으로 제품을 생산할 수 없는 요인이 있는가? 14. 생산 공정이 복잡하지 않고, 효율성은 있는가?
	적정 이윤 보장성	15. 원자재 조달이 용이하고 값은 안정적인가? 16. 필요한 노동력 공급이 용이하며 저렴한가? 17. 제조원가, 관리비, 인건비 등 공제 후 적정 이윤이 보장되는가?
안정성	위험수준	18. 경제순환과정에서 불황 적응력은 어느 정도인가? 19. 기술적 진보 수준은 어느 정도이며, 기술적 변화에 쉽게 대처할 수 있는가?
	자금투입 적정성	20. 초기 투자액은 어느 정도이며, 자금 조달이 가능한 범위인가? 21. 이익이 실현되는 데 필요한 기간은 어느 정도이며, 그동안 자금력은 충분한가?
	재고수준	22. 원자재 조달, 유통과정상 평균재고 수준은 어느 정도이며, 재고상품의 회전기간은 어느 정도인가? 23. 수요의 계절성은 없는가?

표 1-3 사업 아이템 선정의 3요소

사업 사업 아이템 선정의 3요소아이템 선정의 3요소		
시장성	수익성	실현 가능성

※ 사업 아이템 선정의 3요소는 다음과 같다.

➪ 시장성 : 사업 아이템이 실제로 시장에서 수요가 있는지를 평가하는 요소이다. 타겟 고객층, 경쟁 상황, 시장 규모 등을 분석하여 해당 아이템이 성공할 가능성을 판단한다.

⇨ 수익성 : 사업 아이템이 경제적으로 지속 가능하고 이익을 창출할 수 있는지를 고려해야 한다. 비용 구조, 가격 책정 전략, 예상 매출 등을 통해 수익성을 분석한다.

⇨ 실현 가능성 : 아이템을 실제로 실행할 수 있는지를 평가하는 요소이다. 필요한 자원(인력, 자본, 기술 등)과 실행 계획, 법적 요건 등을 검토하여 사업 아이템이 현실적으로 실행 가능한지를 판단한다.

이 세 가지 요소를 종합적으로 고려하여 사업 아이템을 선정하는 것이 중요하다.

표 1-4 사업 아이템 선정시 고려사항

구 분	고려사항 내용
적성 · 능력의 적합 여부	• 해당 업종에 자신감이 있는가? • 창업자의 선천적 적성 · 성격에 맞는가? • 사업자 건강 능력에 맞는가? • 해당 업종에 경험 또는 사업수행 능력 · 지식이 있는가?
시장성 · 입지성 전망	• 해당 지역에서의 시장분석상 입지가 해당 업종에 적합한가? • 사업발전 단계상 도입기 · 성장기 업종인가? • 해당 업종의 시장 규모가 커지고 있는가? • 시장의 경쟁현황과 전망은 양호한가?
수익성 양호 여부	• 투자비용에 비해 수익 전망은 양호한가? • 손익분기점은 얼마이며 또 언제인가? • 일반금리보다 수익성이 좋은가? • 2~3년 이내 흑자실현이 가능한가?
상품성 우수 여부	• 고객입장에서 가격에 비해 유용한 상품인가? • 고객에게서 인기도 · 경쟁력은?
	• 영업 및 A/S 가능 여부는? • 상품 조달 및 공급 용이성은?
위험요소 여부	• 해당업종 인 · 허가문제에서 미비한 점은 없는가? • 경쟁업체 · 거래업체와의 분쟁소지 여부는? • 추후 예비자금조달에서 막힐 염려는 없는가?

③ 제1요소인 유망 아이템의 기본 조건

㉠ 작고 실속 있는 업종

㉡ 시류에 맞는 업종

㉢ 대기업이 참여하기 곤란한 업종

㉣ 기동성이 있는 업종

㉤ 자기자본 규모에 적합한 업종

㉥ 지속적인 매출성장 가능업종

㉦ 유동성이 큰 업종

④ 제2요소인 상품(제품)과 시장의 적합성

㉠ 신제품(상품)+기존시장 ┐
성공확률이 비교적 높다.
기존제품(상품)+신시장 ┘

㉡ 신제품(상품)+신시장 ┐
실패확률이 높은 경우이다.
기존제품(상품)+기존시장 ┘

⑤ 제3요소인 연령에 맞는 창업성공유형

아무리 좋은 아이템이라 하더라도 창업자의 연령과 조화를 이루지 못하는 아이템은 실패 확률이 높다고 볼 수 있다.

표 1-5 연령별 창업 유형

연 령	창업 유형	내 용	비 고
20대	모험	기발하고 신선한 아이디어, 패기	실패시 재도전 가능
30대	선택	적성, 업무 관계 고려	재기 가능
40대	전문	경륜, 전문 지식	재기 고전
50대	안정	인생 경험	수익이 적더라도 안정성 노후보장

▶ 창업상품과 시장과의 관계 및 성공 가능성

창업상품과 시장 간의 관계는 매우 중요하며, 성공 가능성에 큰 영향을 미친다. 다음은 이 관계를 이해하는 데 도움이 되는 몇 가지 핵심 요소이다.

- ➪ 시장 조사 : 창업상품이 성공하기 위해서는 먼저 시장 조사를 통해 소비자의 필요와 선호를 파악해야 한다. 이를 통해 어떤 상품이 시장에서 수요가 있는지, 경쟁 상품은 어떤 것들이 있는지를 분석할 수 있다.
- ➪ 타겟 고객 : 창업상품이 특정 타겟 고객층에 맞춰져 있는지 확인하는 것이 중요하다. 고객의 특성과 행동을 이해하면, 상품 개발 및 마케팅 전략을 보다 효과적으로 수립할 수 있다.
- ➪ 차별화 요소 : 시장에서 경쟁력을 갖추기 위해서는 창업상품이 다른 상품들과 차별화되는 요소를 가져야 한다. 이는 품질, 가격, 디자인, 기능 등 다양한 측면에서 이루어질 수 있다.
- ➪ 시장 트렌드 : 현재의 시장 트렌드를 반영하는 것도 성공 가능성을 높이는 데 중요한 요소이다. 소비자들이 선호하는 트렌드를 파악하고 이를 상품에 반영하면, 더 많은 관심을 받을 수 있다.
- ➪ 피드백 및 개선 : 초기 출시 후 소비자 피드백을 적극적으로 수집하고, 이를 바탕으로 상품을 개선하는 과정이 필요하다. 시장의 변화에 유연하게 대응하는 것이 중요하다.

결론적으로, 창업상품과 시장 간의 관계를 잘 이해하고, 이를 바탕으로 전략을 수립하면 성공 가능성을 높일 수 있다. 시장의 요구에 부합하는 상품을 제공하는 것이 핵심이다.

(3) 창업자본

자본은 기업 설립에 필요한 인력, 설비, 기술 등을 동원하는 데 이용되는 원천이다. 자본은 자기자본과 타인자본으로 나눌 수 있는데, 창업의 초기단계에는 타인으로부터 자본을 조달받는 데 한계가 있으므로 타인자본보다는 자기자본에 대한 의존도가 높다. 왜냐하면 타인자본을 이용할 때 가장 중요한 요소는 개인이나 회사의 신용도인데, 창업단계의 경우는 신용도가 없기 때문에 신용을 기초로 하여 자본을 조달하는 데 어려움이 있다. 소점포 창업은 1,000만 원에서 2억~3억 원을 투자하는 점포형 창업자금을 말한다. 초보자의 경우 초기 창업자금은 되도록 최소화하는 것이 좋다. 그러나 자금 부분을 개업준비자금, 고정자본, 운전자금 등으로 구분하여 예산을 집행하는 것이 차질을 최대한 줄일 수 있다. 자금 추정시에는 사업개시 전 드는 분석·조사자금도 염두에 두어야 할 뿐만 아니라 점포 소개비와 개점 행사비 그리고 홍보비는 별도로 생각해야 한다. 이 부분들은 예비비(총소요자금의 20% 정도)에 포함시켜 생각해도 된다. 자기자금만으로 사업을 하는 것이 좋지만 대개는 남의 돈을 빌리게 되는 일이 많다. 이때 타인자금 비중은 총 소요자금 중 50%를 넘지 않는 것이 좋다.

기존 사업경험자들은 총자금의 20% 정도는 예비비로 꼭 갖고 있어야 한다고 강조한다. 소점포 사업을 운영하여 엄청난 수익을 얻을 수 있는 경우는 극히 드물다. 그러므로 최소한 점포 비용은 자기자금으로 충당하여 이자부담을 줄여야 한다. 그래야 사업이 어느 정도 궤도에 오를 때까지 잠정적으로 운영할 수 있을 뿐만 아니라 좀 기간이 걸린다 해도 견디어 나갈 수 있는 것이다. 대략 자신의 인건비를 제외하고 투자비용 대비 3% 정도 이윤을 취하면 비교적 성공한 점포에 속한다. 아무리 급해도 사채를 끌어다 쓰는 것은 신중을 기해야 한다. 피치못할 경우는 반드시 차용증서를 작성하고 차입금액과 이자상환 방법을 명확히 작성, 분쟁의 소지를 미연에 방지해 놓아야 한다.

표 1-6 창업자금의 주요 조달처

창업자금의 주요 조달처			
본인 투자자본	외부 영입자본	모험투자기관 자본	은행 차입

① 본인 투자자본

사업주는 자신이 가지고 있는 현금뿐만 아니라 부동산, 신용, 유가증권 따위를 모두 창업자본으로 전환할 수 있다.

② 외부 영입자본

우리나라처럼 혈연적인 유대가 강조되는 사회에서는 친척은 창업자금을 조달하는 중요한 원천이 되며, 친구도 자기자본 또는 타인자본의 형태로 기업의 자금 공급원이 될 수 있다. 친척이나 직접적인 친구 외에도 평소에 알고 지내던 사람들도 사업자금의 원천이 될 수 있다. 예를 들면 은퇴한 사업가, 돈이 많은 의사, 법률가 등이 있다. 원자재의 공급자, 완제품의 구입자, 유통 관계자들로서 사업상의 이해관계 때문에 사업자금을 공급하거나 그에 관련된 정보를 제공할 수 있는 사람들이다. 이와 같은 외부자본을 영입하려면 가장 중요한 것이 신용이므로 실패했을 경우를 감안하여 추진하는 것이 바람직하다.

③ 모험투자기관 자본

모험투자기관의 자본을 활용하는 데는 큰 어려움이 따른다. 우리나라에도 벤처캐피털 회사가 많이 있으며 '중소기업창업지원법'에 의거하여 벤처캐피털 회사가 계속 늘고 있다.

개인 발명가에 대한 벤처캐피털 회사의 자금지원 실적은 아주 적은 편이다. 벤처캐피털 회사는 기술집약형 사업에 집중된 것이나 일반창업자의 자금조달 원천으로는 아직 미약한 편이다. 국내 한국벤처캐피털협회 소속 벤처기업 투자전문 회원사는 2010년 말 현재 107개의 벤처 창업투자회사가 영업중에 있다.

그러나 현실적으로 벤처캐피털 회사는 위험을 직접 부담하는 투자 또는 조건부금융에 대해서는 소극적인 반면 담보 위주의 일반융자에 크게 의존하고 있는 실정이다. 따라서 벤처 비즈니스의 성격을 갖는 중소기업도 창업단계에 투자 또는 조건부융자에 의한 벤처캐피털을 활발하게 이용하지 못하고 있다.

④ 은행 차입

창업가나 기업이 발명 사업을 할 때에 가장 많이 활용하는 것이 금융기관이다. 수년 전만 하여도 은행에서 돈을 빌리는 일은 소수의 사람들에게만 가능할 것이라는 인상이 있었는데, 요즘에는 기술개발 자금융자가 비교적 원활한 편이다. 요즘은 거의 모든 은행의 본점과 지점에 '중소기업 융자상담'이라는 창구가 있다. 창업자들에게는 반가운 일이다. 은행마다 다소 다른 여러 가지 대출방식이 있으나 여러 은행을 조사하여 비교하면 유익하리라고 생각한다. 그러나 대부분의 경우 담보를 요구할 것이다. 금융기관에 의한 자본영입은 통상 담보물을 항상 준비해야 하고 신용보증기금이나 기술신용보증기금의 보증서를 발급받을 수 있어야 한다.

V 창업의 유형

1. 소자본 창업

소자본 창업이란? 소자본 창업은 초기 투자 비용이 적고, 적은 자금으로도 시작할 수 있는 창업 형태를 의미합니다. 일반적으로 1천만 원~5천만 원 이하의 자금으로 창업할 수 있으며, 리스크를 줄이면서 안정적인 수익을 창출하는 것이 목표입니다.

※ 소자본 창업의 주요 특징

➪ 초기 투자 비용이 낮음
➪ 운영비 절감이 중요
➪ 온라인, 무점포 창업이 많음
➪ 프랜차이즈 및 1인 창업 가능
➪ 빠른 손익분기점(BEP) 달성이 필요

※ 대표적인 소자본 창업 사례

➪ 배달 전문 음식점 (예: 샌드위치, 도시락, 분식)
➪ 무점포 온라인 쇼핑몰 (스마트스토어, 쿠팡 마켓플레이스)
➪ 1인 미디어 (유튜브, 블로그, 전자책)
➪ 소규모 카페, 디저트 전문점
➪ 공유 오피스 기반 창업

※ 소자본 창업의 장점

➪ 초기 투자 비용 부담 감소

큰 자금 없이도 창업 가능 → 창업 리스크 최소화

➪ 빠른 손익분기점(BEP) 달성 가능

운영 비용이 적어 빠르게 이익 실현 가능

➪ 실패 시 리스크 최소화

사업이 잘 안되더라도 큰 손해 없이 다른 기회를 모색 가능

➪ 온라인 및 1인 창업 가능

장소, 인력 부담 없이 혼자서도 운영 가능

➪ 다양한 창업 아이템 선택 가능

무점포, 무재고 창업부터 소규모 매장까지 다양한 옵션 존재

표 1-7 소자본 창업의 단점 및 해결 방안

단점	해결 방안
경쟁이 심하고 차별화가 어려움	독창적인 아이디어 및 브랜딩 강화
수익 창출까지 시간이 필요함	초기 운영 비용 절감 및 지속적인 홍보
마케팅 & 홍보 비용 부족	SNS, 유튜브 등 무료 홍보 적극 활용
규모 확장 시 한계	수익 안정 후 점진적인 확장 계획 수립
운영자의 다재다능함 필요	사업 운영, 마케팅, 회계 등 필수 역량 학습

예시: 스마트스토어 창업자는 초기 재고 부담 없이 위탁판매를 통해 시작하고, 이후 브랜드를 만들면서 성장 가능.

배달 전문 음식점은 작은 공간에서 시작해 인기가 많아지면 오프라인 매장을 확대

※ 소자본 창업 추천 아이템

➪ 무점포 & 온라인 창업 (초기 투자: 100만 원~500만 원)

스마트스토어 & 쿠팡 마켓플레이스 - 무재고 온라인 판매

유튜브 & 블로그 수익 창출 - 광고, 협찬, 디지털 콘텐츠 판매

전자책 & 온라인 강의 판매 - 노하우 기반 지식 창업

SNS 마케팅 대행 - 인스타그램, 틱톡 운영 대행

➪ 소규모 음식점 & 카페 창업 (초기 투자: 1,000만 원~5,000만 원)
배달 전문 음식점 - 작은 공간에서 운영 (도시락, 샌드위치, 분식 등)
테이크아웃 카페 - 좌석 없이 최소 공간으로 운영
디저트 & 베이커리 창업 - 홈베이킹 기반의 소규모 창업
➪ 1인 창업 & 프리랜서 (초기 투자: 0원~500만 원)
번역 & 글쓰기 서비스 - 외주 플랫폼 활용 (크몽, 오투잡)
디자인 & 영상 편집 - 프리랜서 및 유튜버 대상 서비스 제공
사진 촬영 & 굿즈 제작 - 인스타그램, 스마트스토어에서 판매
➪ 소형 매장 창업 (초기 투자: 2,000만 원~5,000만 원)
셀프빨래방 - 무인 운영 가능
무인 아이스크림 가게 - 24시간 운영 가능
애견용품 & 애견카페 - 반려동물 시장 성장 중

※ 소자본 창업 성공 전략

➪ 초기 비용 최소화 & 유지 비용 절감
창업 비용이 많이 드는 인건비, 임대료, 재고 부담을 최소화하는 방향으로 사업 설계
➪ 무점포 & 온라인 활용 극대화
스마트스토어, SNS 마케팅, 무인 시스템 활용
➪ 틈새 시장 공략
경쟁이 치열한 시장보다 특정 고객층을 타겟팅하여 시장을 선점
➪ SNS & 유튜브 적극 활용
비용이 많이 드는 광고보다 유튜브, 인스타그램, 틱톡을 활용한 무료 마케팅 활용
➪ 점진적인 확장 전략
처음에는 소규모로 시작 → 수익 안정화 후 확장

※ 정부 지원 및 창업 자금 조달 방법

➪ 창업 지원금 & 대출 프로그램 활용

중소벤처기업부 창업 지원 프로그램, 청년창업사관학교, 신용보증기금 창업 대출

➪ 크라우드펀딩 활용

와디즈, 텀블벅 등에서 선주문을 받아 자금 조달

➪ 공유 오피스 & 협업 공간 활용

위워크, 패스트파이브 등 저렴한 사무 공간 활용

➪ 정부 & 지자체 창업 공간 지원

창업 허브, 창업 카페 등 저렴한 임대 공간 활용

➪ 소자본 창업은 초기 투자 비용이 적고, 부담이 낮아 도전하기 좋은 창업 방식

➪ 특히 온라인 및 1인 창업을 활용하면 리스크를 최소화하면서도 빠른 수익 창출이 가능

➪ 무점포, 온라인, 무인 운영 방식 등을 고려하여 최소 비용으로 시작하고 점진적인 확장을 목표

오늘날은 경쟁력이 기업을 평가하는 기준이 되고 있다. 이러한 상황에는 의사결정이 빠르고 시장환경에 기민하게 대응할 수 있는 소규모 기업이 공룡조직보다 경쟁력이 높을 수밖에 없다. 기존 조직들이 군살을 빼면서 의사결정 속도를 높이는 방향으로 경영혁신을 하고 있는 것도 바로 이 때문이다. 새로 창업하는 조직들은 가급적 작지만 강한 체질을 갖도록 설계되는 추세이다. 지금은 우리 귀에 익숙해진 소호(SOHO : Small Office Home Office)를 비롯해 1인 창조기업, 마이크로 기업 등 기업이라 부르기에는 어색한 작은 조직들이 창업 붐을 주도하고 있다.

소호(SOHO)란 집이나 작은 사무실에서 아이디어와 실력으로 하는 사업이다.

소호는 원래 패션과 예술의 중심지인 미국 뉴욕 맨하탄 남부지역을 가리키는 말이다.

또한, 옛 영국 왕족의 여우 사냥지를 부르는 말이기도 하다.

2. 벤처형 창업

벤처형 창업(Venture Entrepreneurship)은 혁신적인 아이디어, 기술 또는 비즈니스 모델을 기반으로 고위험·고수익을 목표로 하는 창업 형태를 의미합니다. 일반적인 창업보다 기술 기반, 빠른 성장, 외부 투자 유치 등의 특징을 가지며, 스타트업(Startup) 창업과 유사한 개념으로 사용됩니다.

※ 대표적인 벤처형 창업 사례:

Google (래리 페이지 & 세르게이 브린) – 검색엔진 혁신

Amazon (제프 베조스) – 이커머스 혁신

Tesla (일론 머스크) – 전기차 혁신

Naver, Kakao (한국 대표 IT 기업) – 인터넷·플랫폼 혁신

배달의민족, 쿠팡, 토스 – 한국의 대표적인 벤처 성공 사례

※ 벤처형 창업의 특징

➩ 혁신적인 아이디어 & 기술 중심

기존 시장에서 볼 수 없는 새로운 기술, 제품, 서비스, 비즈니스 모델을 기반으로 함

예: 인공지능(AI), 블록체인, 핀테크, 바이오테크

➩ 고위험·고수익 구조

초기 실패 가능성이 높지만 성공하면 폭발적인 성장(High Growth) 가능

예: 테슬라는 한때 적자를 지속했으나 이후 전 세계 전기차 시장을 장악

➩ 외부 투자(VC, 엔젤투자) 유치

벤처기업은 대규모 자금이 필요하여 벤처캐피털(VC), 엔젤투자자 등의 투자를 받음

예: 쿠팡은 미국 소프트뱅크로부터 수조 원의 투자를 유치

➩ 빠른 성장 & 글로벌 확장

일반적인 기업보다 짧은 시간 안에 빠르게 성장하는 것을 목표

예: 페이스북, 우버, 에어비앤비는 10년 안에 글로벌 기업으로 성장

➩ 창의적이고 유연한 조직 문화

수평적인 조직 문화, 스타트업 특유의 도전정신, 자유로운 업무 환경을 특징으로 함

※ 벤처형 창업의 장점

⇨ 무한한 성장 가능성

혁신적인 아이디어와 기술을 통해 시장 지배력 확보 가능

⇨ 투자 유치를 통한 빠른 확장 가능

벤처캐피털(VC), 엔젤투자자로부터 대규모 투자 유치 가능

⇨ 글로벌 시장 진출 용이

IT, 소프트웨어, 플랫폼 기반 비즈니스는 국경 없이 빠르게 확장 가능

⇨ 도전적인 기업 문화

수평적이고 자유로운 조직 문화, 창의적인 업무 방식 도입

⇨ 정부 지원 및 벤처 인증 혜택

정부의 벤처기업 인증제도를 통해 세금 감면, 정책 자금 지원 가능

표 1-8 벤처형 창업의 단점 & 해결 방안

단점	해결 방안
초기 자본 부족	정부 지원금, VC 투자, 크라우드펀딩 활용
높은 실패 위험	시장 검증(MVP) 및 리스크 관리 전략 필수
기술 및 인재 확보 어려움	핵심 인재 확보 및 지속적인 연구개발(R&D)
빠른 시장 변화	유연한 비즈니스 모델과 지속적인 혁신 필요
경쟁 심화	차별화된 기술력과 브랜딩 강화

예시: 배달의민족, 쿠팡 등은 초기 자금 부족을 벤처캐피털 투자로 해결했고, 네이버·카카오 같은 기업은 지속적인 기술개발과 서비스 혁신으로 경쟁력을 유지

※ 벤처형 창업 성공 전략

⇨ 혁신적인 아이디어 발굴

기존 시장에서 해결되지 않은 문제를 찾아 혁신적인 해결책 제공

예: 쿠팡(빠른 배송), 배달의민족(배달 플랫폼 혁신)

➪ MVP(Minimum Viable Product) 개발

최소 기능 제품(MVP)으로 시장 반응 테스트 후 본격적인 확장

예: 페이스북은 초기 대학생 전용 서비스로 시작해 확장

➪ 벤처캐피털(VC) 투자 유치 전략

강력한 사업계획서(Business Plan) 및 성장 가능성을 어필

예: 토스는 금융 혁신을 강조하며 대규모 투자 유치 성공

➪ 글로벌 시장 공략

초기부터 글로벌 시장을 타겟팅하여 확장 가능성 극대화

예: TikTok(중국)은 글로벌 SNS 시장에서 빠르게 성장

➪ 지속적인 기술 개발 및 조직 혁신

최신 기술(AI, 블록체인, 핀테크 등) 적용 및 유연한 조직 운영

※ 벤처형 창업 추천 분야

➪ IT & AI 기반 스타트업

인공지능(AI), 빅데이터, 클라우드 서비스

➪ 핀테크(FinTech) & 블록체인

디지털 결제, 가상자산(코인), 탈중앙화 금융(DeFi)

➪ 헬스케어 & 바이오테크

원격의료, 유전자 분석, 헬스 데이터 플랫폼

➪ 친환경 & 지속가능 기술(Cleantech)

전기차, 탄소 배출 저감 기술, 재생에너지

➪ 이커머스 & 플랫폼 비즈니스

쇼핑 플랫폼, 배달 서비스, B2B 마켓플레이스

➪ 콘텐츠 & 미디어 스타트업

동영상 스트리밍, 메타버스, 크리에이터 플랫폼

➪ 로봇 & 자동화 기술

스마트 공장, 자율주행, 로봇 배송 서비스

벤처형 창업은 고위험·고수익을 목표로 하는 혁신 중심 창업 방식이며, 빠른 성장과 글로벌 확장이 가능하다는 장점이 있습니다.

하지만 높은 실패 가능성이 존재하기 때문에 철저한 시장 조사와 강력한 비즈니스 모델이 필수적입니다.

➪ 기술, 혁신, 투자유치 전략을 결합하면 글로벌 유니콘 기업으로 성장할 수 있습니다.

사업 종목면에서는 성장속도를 빠르게 하기위해 조직규모는 작지만 폭발력이 있는 벤처형 창업이 주류를 이루고 있다. 정보통신 분야를 비롯해 독특한 아이디어나 기술력으로 단기간에 고속성장이 가능한 아이템을 발굴하고 사업화하는 기업이 늘고 있다. 이들 벤처형 기업들은 학력, 성별, 연령 등 기존 기업질서의 창조적 파괴를 선도하고 있다.

3. 가족형 창업

※ 패밀리형 창업이란?

패밀리형 창업(Family Business Entrepreneurship)이란, 가족 구성원들이 함께 사업을 시작하고 운영하는 창업 형태를 의미합니다. 보통 부모와 자녀, 형제자매, 부부, 친척 등이 공동 창업하거나, 기존 가족 기업을 이어받아 발전시키는 방식으로 이루어집니다.

※ 대표적인 패밀리형 창업 사례

➪ 삼성 (이병철 → 이건희 → 이재용)

➪ 월마트 (월튼 가문)

➪ 포드 자동차 (헨리 포드 → 포드 가문)

➪ LG 그룹 (구인회 → 구광모)

➪ 롯데 그룹 (신격호 → 신동빈)

※ 패밀리형 창업의 특징

➪ 가족 중심 경영

창업자와 가족이 주요 경영진을 구성하며, 장기적인 비전을 가지고 사업을 운영

➪ 신뢰 기반의 경영 구조

가족 간의 신뢰를 바탕으로 운영되므로 내부적인 협력이 원활함

하지만 가족 간의 갈등이 발생할 경우 경영에 부정적인 영향을 줄 수도 있음

➪ 세대 간 승계 가능

패밀리형 창업은 2세대, 3세대까지 지속되는 경우가 많음

단, 세대 간 승계 과정에서 리더십 변화와 혁신이 필요

➪ 장기적인 성장 전략

가족 기업은 단기적인 이익보다는 오랜 기간 동안 지속 가능한 성장 전략을 추구

➪ 가족 구성원의 헌신과 책임감

가족 구성원들이 사업에 대한 강한 책임감을 가지고 운영하는 경우가 많음

※ 패밀리형 창업의 장점

■ 강한 신뢰와 안정적인 경영

➪ 가족 간의 신뢰를 바탕으로 경영 안정성이 높음

➪ 외부의 영향(주주 압박 등)에 덜 휘둘림

■ 장기적인 비전과 지속 가능성

➪ 단기적인 이익보다는 장기적인 사업 확장을 목표로 함

■ 유연한 의사 결정

➪ 가족 간의 빠른 의사소통과 신속한 의사결정 가능

■ 가족 자산을 활용한 초기 창업 자금 조달 용이

➪ 가족 간 자금 지원 및 공동 투자 가능

■ 후계자 양성 및 지속적인 기업 성장 가능

➪ 차세대 가족 구성원이 기업을 물려받아 장기간 운영 가능

표 1-9 패밀리형 창업의 단점과 해결 방안

단점	해결 방안
가족 간의 갈등 발생 가능	명확한 역할 분담 및 규칙 설정
외부 인재 및 투자 유치 어려움	전문 경영인 영입 및 지배 구조 개선
혁신 부족 및 보수적인 경영	젊은 세대의 아이디어 적극 수용
사업 승계 문제	후계자 교육 및 승계 계획 수립

예시: 삼성, LG, 현대차 그룹 등 대기업들은 창업자의 후손에게 사업을 승계하면서도 전문 경영인을 적극적으로 영입하여 기업을 성장시킨다.

※ 패밀리형 창업의 성공 전략

■ 가족 내 역할 분담 및 명확한 경영 구조 확립
➩ 가족 구성원 간 책임과 권한을 명확히 구분하여 운영
■ 외부 전문가 및 전문 경영인 영입
➩ 가족 경영의 한계를 극복하고 전문성을 강화하기 위해 외부 인재를 적극 활용
■ 장기적인 사업 계획 수립 및 혁신 추진
➩ 젊은 세대의 혁신적인 아이디어를 반영하여 변화하는 시장에 적응
■ 공정한 승계 계획 및 지속적인 교육
➩ 후계자 선정 시 능력 중심으로 결정하고, 충분한 경영 교육을 진행
■ 가족 간 원활한 커뮤니케이션 유지
➩ 정기적인 가족 회의 및 경영 전략 논의를 통해 갈등을 예방

※ 패밀리형 창업 추천 분야

■ 외식업 & 프랜차이즈 사업
➩ 예: 패밀리 레스토랑, 베이커리, 카페 창업
■ 전통 제조업 & 중소기업 승계
➩ 예: 기존 가족 기업을 물려받아 현대화
■ 부동산 & 숙박업
➩ 예: 가족이 공동 투자하여 호텔, 펜션 운영

■ 콘텐츠 & 온라인 쇼핑몰
⇨ 예: SNS 기반의 패밀리 브랜드 운영
■ 농업 & 친환경 사업
⇨ 예: 가족 농장, 유기농 제품 브랜드 운영

즉, 세계적인 창업흐름의 또다른 특징은 가족을 중심으로 하는 패밀리 비즈니스가 증가하고 있다는 점이다. 남편이 영업이나 생산을 담당하고 아내는 관리를 담당하며 자녀들은 운영을 책임지는 사업들이 많아지고 있다. 패밀리형 창업의 장점은 과거처럼 회사나 사업을 위해 가정생활을 희생하는 극단적인 선택을 할 필요가 없이 온가족이 단란한 가정생활을 하듯 즐겁게 사업을 할 수 있다는 점과 노사문제 없이 평화롭게 번영해 나갈 수 있다는 점이다.

우리나라에도 식당 같은 요식업이나 슈퍼마켓 같은 유통업에는 이런 패밀리형 사업으로 운영되는 경우가 많으나 첨단산업에서는 아직 보기 드문 편이다. 그러나 앞으로는 정보제공업(IP사업)과 같은 새로운 분야에 이런 개념이 도입될 가능성이 높다. 이 유형의 장점은 개인적으로는 가족 관계이지만 공적으로는 동업자 관계인 구성원 사이에 아이디어의 흐름을 촉진할 수도 있고, 가정생활과 직장생활을 조화시키며 상황에 대한 전방위 대응태세도 갖출 수 있다는 점이다. 일석이조의 효과를 거둘 수 있는 것이다.

4) 글로벌형 창업

글로벌형 창업(Global Entrepreneurship)이란, 국내뿐만 아니라 해외 시장을 목표로 하여 창업하는 형태를 의미합니다. 단순히 국내 사업을 운영하는 것이 아니라 초기부터 글로벌 시장을 겨냥하여 제품과 서비스를 기획하고, 해외 시장에서 경쟁력을 확보하는 것이 특징입니다.

글로벌형 창업의 대표적인 예: Google, Apple, Tesla, Samsung, Alibaba, TikTok, Spotify 등이 있다.

※ 글로벌형 창업의 특징

■ 해외 시장을 목표로 한 비즈니스 모델 구축
⇨ 단순히 국내에서 성장한 후 해외 진출하는 방식이 아니라, 처음부터 글

로벌 시장을 타겟으로 창업

⇨ 예: Spotify(스웨덴), TikTok(중국), Zoom(미국) 등은 글로벌 사용자를 고려한 플랫폼 설계

■ 디지털 & 온라인 중심 비즈니스 모델

⇨ 글로벌 진출을 위해 인터넷, 모바일, 소프트웨어 기반 사업이 유리

⇨ 예: Amazon, Netflix, Airbnb, Uber 등은 디지털 플랫폼을 활용해 글로벌 시장을 공략

■ 다국적 팀과 협력 네트워크 구축

⇨ 글로벌 시장에서 성공하기 위해 다양한 국가의 인재, 기업, 투자자들과 협력

⇨ 예: Google, Facebook, Tesla 등은 전 세계 다양한 국가의 인재를 채용

■ 다양한 법규 및 문화에 대한 이해 필요

⇨ 해외 시장의 법률, 세금, 문화 차이 등을 고려한 사업 전략 필요

⇨ 예: TikTok은 미국과 유럽 시장을 공략하면서 데이터 보호 규정을 맞춤

※ 글로벌형 창업의 성공 사례

■ 기술 기반 글로벌 스타트업

Google (미국) – 전 세계 검색 엔진 시장 장악

Zoom (미국) – 글로벌 화상 회의 시장 혁신

Shopify (캐나다) – 전 세계 이커머스 사업자 지원

■ 플랫폼 & 서비스 기업

Airbnb (미국) – 전 세계 숙박 공유 서비스 제공

Spotify (스웨덴) – 음악 스트리밍 서비스로 글로벌 시장 공략

■ 아시아에서 글로벌 성공한 기업

Alibaba (중국) – 중국을 넘어 동남아 및 글로벌 전자상거래 시장 공략

TikTok (중국) – 글로벌 SNS 플랫폼으로 성장

※ 글로벌형 창업의 장점

■ 시장 규모의 극대화

⇨ 국내 시장에 국한되지 않고 전 세계 수십억 명의 고객을 대상으로 사업 가능

➩ 예: 넷플릭스(Netflix)는 전 세계 190개국에서 서비스 중

■ 높은 수익성과 성장 가능성

➩ 글로벌 시장을 공략하면 더 높은 매출과 수익 창출 가능

➩ 예: Amazon은 미국뿐만 아니라 유럽, 일본, 인도 등에서도 높은 매출

■ 글로벌 인재 및 투자 유치 가능

➩ 글로벌 시장을 대상으로 하면 전 세계 투자자 및 인재와 협력 가능

➩ 예: Elon Musk의 Tesla는 미국뿐만 아니라 중국, 독일에서도 공장을 운영

표 1-10 글로벌형 창업의 도전과 해결 방안

도전 과제	해결 방안
언어 및 문화 차이	각국의 문화와 소비자 특성을 반영한 현지화 전략 필요
법률 및 규제 문제	글로벌 법률 전문가 및 현지 변호사와 협업
현지 마케팅 및 브랜딩	각국의 SNS 및 광고 채널을 활용한 맞춤형 마케팅
글로벌 물류 및 배송 문제	아마존, 알리바바 같은 글로벌 유통망 활용

※ 글로벌형 창업 성공 전략

■ 글로벌 시장 조사 & 진입 전략 수립

➩ 타겟 국가의 시장 규모, 경쟁사, 법규 분석 필수

➩ 예: 한국 스타트업이 동남아 시장 진출 시, 현지 소비자 니즈 파악 필요

■ 디지털 플랫폼 활용 극대화

➩ 글로벌 비즈니스는 온라인 기반 사업(IT, 이커머스, SaaS 등)이 유리

➩ 예: 한국 스타트업이 Amazon, Shopify, Alibaba 같은 글로벌 플랫폼 활용 가능

■ 글로벌 네트워크 및 투자 유치

➩ 해외 VC(벤처캐피털), 글로벌 인큐베이터, 액셀러레이터와 협업 필요

➩ 예: 실리콘밸리, 싱가포르, 중국, 유럽의 투자사들과 연결

■ 현지화(Localization) 전략

➩ 언어, 문화, 소비자 행동을 고려한 맞춤형 전략 필요

➩ 예: TikTok은 각국의 인기 크리에이터를 활용하여 현지 마케팅 진행

■ 스타트업 생태계 활용

⇨ 글로벌 스타트업 지원 기관(예: Y Combinator, 500 Startups, Plug and Play) 활용

※ 글로벌형 창업 추천 분야

■ IT & 플랫폼 사업

⇨ 글로벌 SaaS(Software as a Service)

⇨ AI & 데이터 기반 서비스

■ 이커머스 & 크로스보더(해외직구) 사업

⇨ Shopify, Amazon, Alibaba 활용한 글로벌 온라인 판매

■ 콘텐츠 & 미디어 사업

⇨ 글로벌 유튜브, TikTok, 인플루언서 마케팅

■ 친환경 & 지속가능 비즈니스

⇨ 전기차, 친환경 소비재, 탄소 중립 기술

■ 헬스케어 & 바이오테크

⇨ 원격의료, AI 헬스케어

⇨ 글로벌형 창업은 초기부터 해외 시장을 목표로 하는 창업 방식으로, 무한한 성장 가능성을 가지고 있습니다.

⇨ 인터넷과 디지털 기술을 활용하면 비교적 적은 자본으로도 글로벌 진출이 가능합니다.

⇨ 언어, 문화, 법률 등 다양한 장벽이 존재하므로 철저한 시장 조사와 현지화 전략이 필수적입니다.

작은 규모로 벤처형 창업을 할 때 고속성장을 하려면 시장을 넓게 형성할 수 있어야 한다. 그렇기 때문에 최근 창업하는 회사들은 대체로 글로벌 마켓을 타깃으로 삼는다.

이미 인터넷이 전 세계적으로 보급되고 있고, 그것을 통한 전자시장이 구체화되고 있으며 이를 위해 국가 간 전자상거래에 대한 법률적 뒷받침이 강화되는 추세라 글로벌 비즈니스 환경은 더욱 좋아지고 있다.

글로벌형 창업을 할 때는 처음부터 틈새시장을 공략하는 소규모 사업으로

시작하는 것이 바람직하다. 기업 간의 공식적인 무역이 있는데도 날로 늘어나는 국제 보따리 장수들이 그 예이다. 이들은 기업들이 취급하기 어려운 약제나 특산품 등 다품종 소량의 제품을 직접 운송하면서 적지 않은 돈을 벌고 있다.

5) 아마조네스형 창업

아마조네스형 창업이란, 남성이 주도하는 산업이나 시장에서 여성이 창업하여 성공하는 형태의 창업 모델을 의미합니다. 이는 전통적으로 남성 중심이었던 산업에서 여성 창업가가 도전하고, 차별화된 전략과 강점을 통해 경쟁력을 확보하는 방식입니다.

"아마조네스"는 그리스 신화에서 용감하고 독립적인 여성 전사 집단을 의미하며, 창업 분야에서는 여성이 적극적으로 개척하는 도전적인 창업 방식을 뜻합니다.

특히 아마조네스형 창업은 앞으로 사회가 점점 더 감성적이 될 것이 확실함에 따라 더욱 확산될 가능성이 높다. 우리나라의 우수 여성인력들도 난국에 처한 국가도 구하고 개인적으로는 대사업가로 도약할 수 있도록 창업에 많은 관심을 가질 필요가 있다.

※ 아마조네스형 창업의 특징

■ 남성 중심 산업에서 여성의 도전

➪ 기존에 남성이 주도했던 시장이나 업종에서 여성 창업자가 새로운 시각과 접근 방식을 통해 성공을 이루는 방식

➪ 예: IT, 자동차, 금융, 건설, 스포츠 산업 등

■ 여성의 강점을 살린 차별화 전략

➪ 세심한 고객 서비스, 감성적인 마케팅, 디자인, 커뮤니케이션 능력 등을 활용하여 차별화

➪ 남성 중심 시장에서 여성 소비자를 공략하는 맞춤형 전략을 사용

■ 창의적인 접근과 유연한 경영 방식

➪ 남성과 다른 사고방식을 바탕으로 시장의 새로운 기회를 발견

➪ 유연한 조직 문화와 감성 리더십을 활용하여 기업을 성장시킴

※ 아마조네스형 창업의 주요 사례

■ IT 및 테크 산업

샤릴 샌드버그(Sheryl Sandberg) - Facebook 전 COO

⇨ 남성 중심의 테크 업계에서 Facebook의 성장을 이끈 여성 리더

휘트니 울프 허드(Whitney Wolfe Herd) - Bumble 창업자

⇨ 여성 중심의 데이팅 앱 'Bumble'을 창업하여 Tinder와 경쟁

■ 자동차 및 모빌리티

메리 바라(Mary Barra) - General Motors(GM) CEO

⇨ 자동차 산업에서 최초의 여성 CEO로, GM을 혁신적으로 변화시킴

스텔라 리(Stella Li) - BYD 북미지사 대표

⇨ 전기차 및 배터리 산업에서 성공한 여성 리더

■ 금융 및 투자

애비게일 존슨(Abigail Johnson) - 피델리티 인베스트먼트 CEO

⇨ 글로벌 금융기업을 이끄는 여성 리더

캐시 우드(Cathie Wood) - ARK Invest 창업자

⇨ 혁신적인 테크 주식 투자 전략으로 유명한 여성 금융가

■ 스포츠 및 엔터테인먼트

세레나 윌리엄스(Serena Williams) - 투자 및 브랜드 사업가

⇨ 전 테니스 선수에서 스타트업 투자자로 변신하여 여성 기업 지원

오프라 윈프리(Oprah Winfrey) - OWN 네트워크 창업자

⇨ 미디어 및 방송 산업에서 성공한 대표적인 여성 기업가

※ 아마조네스형 창업의 장점

■ 새로운 시장 개척 가능성

⇨ 기존에 남성이 주도했던 시장에서 여성의 새로운 시각과 전략으로 기회를 창출

■ 여성 소비자 대상 맞춤형 제품/서비스 개발 가능

⇨ 기존 시장에서는 남성 중심 제품이 많았지만, 여성 창업자가 여성 소비

자를 위한 혁신적인 서비스를 제공 가능

- 사회적 인식 변화와 지원 증가

⇨ 여성 기업가를 지원하는 정부 정책 및 투자자들의 관심 증가

표 1-11 아마조네스형 창업의 도전과 해결책

도전 과제	해결 방안
남성 중심 업계의 견제	네트워킹과 협업을 강화하고, 기존 시장의 틀을 깨는 전략 수립
투자 유치의 어려움	여성 창업자를 지원하는 펀드 및 벤처캐피털 활용
경영 경험 부족	멘토링 및 창업 교육 프로그램 활용
브랜드 인지도 확보	차별화된 마케팅 전략과 SNS 활용

※ 아마조네스형 창업의 성공 전략

- 여성 소비자를 타겟으로 한 틈새시장 공략

⇨ 예: 여성 전용 피트니스 센터, 여성 중심 금융 서비스 등

- 남성 중심 업계에서 여성의 차별화된 강점 활용

⇨ 예: 세심한 고객 경험 제공, 감성 마케팅 활용

- 여성 네트워크와 지원 프로그램 활용

⇨ 여성 창업가를 지원하는 투자 펀드 및 글로벌 네트워크 활용

- 지속적인 혁신과 기술 적용

⇨ 기존 시장의 문제점을 해결하는 혁신적인 서비스 개발

▶ 아마조네스형 창업은 남성 중심 시장에서 여성 창업자가 도전하여 성공하는 창업 모델입니다.

▶ 여성의 감성, 창의력, 고객 중심 전략을 활용하여 차별화된 경쟁력을 확보할 수 있습니다.

▶ 정부 및 투자자들의 여성 창업 지원이 증가하면서, 앞으로 더욱 많은 여성 기업가들이 성공할 가능성이 높아지고 있습니다.

표 1-12 세계적인 창업의 흐름

도전 과제	해결 방안
붐을 이루는 창업분야	컴퓨터 등 정보통신 기술을 바탕으로 한 지식집약형 비즈니스 → 인터넷 검색 등 각종 소프트웨어 개발(Yahoo), 전자상거래 방식에 의한 지식정보 보급사업(Amazon Book Club)
핵심 경쟁요소	탁월한 컴퓨터 운영능력, 월드와이드 정보력, 사업기회 포착 → 핵심기술 개발과 국제표준화(Global Standard)
활동범위	미국, 유럽 등 핵심지역에서 초고속 성장 후 글로벌화 추진 → 실리콘밸리에서 시작해 아시아, 아프리카까지 진출
주도하는 연령층	경제적 풍요 속에서 자란 전후세대인 10~30대가 중심 → 입신양명보다 경제적 성취와 국제적 영향력을 중시

Ⅵ 창업의 일반과정

창업을 '종합예술' 또는 '종합과학'이라고 한다. 회사를 창업하기 위해서 '무엇부터 시작해야 할까'하고 생각하면 다 아는 것 같은데도 쉽게 떠오르지 않는다. 이때 필요한 내용이 창업의 기본절차이다. 사업을 하기 전에 최소한 창업의 기본절차에 포함된 사항 정도는 체크하는 것이 실패를 줄일 수 있다는 것이다. 즉, 창업자가 기업목적과 사업 아이디어를 검토하고 자본을 투자하여 인적·물적 자원을 조직화하며 실제 경영관리를 착수하기 위한 다양한 의사결정을 수립·실행하는 과정을 거치게 된다. 기업이 일반적으로 거치게 되는 기업창업 과정은 다음과 같다.

1. 기업목적의 정의

오늘날 다원화된 사회 속에서 기업의 목적은 단순히 이윤극대화에만 있지 않으며 여러 목적이 동시에 추구된다. 포드의 경영이념에서 강조한 것처럼 봉사정신을 21세기에서는 강조하고 있다. 즉, 고객창조의 핵심이 기업의 봉사정신이다. 이러한 기업목적은 창업자에게 있어서는 창업이념이 되며 그에 따라 업종선택이나 기업활동의 내용이 달라질 수 있는 것이다.

2. 사업 아이디어의 탐색과 선별

창업된 기업이 성공적으로 운영되는가의 여부는 사업 아이디어가 얼마나 시장 조건에 잘 들어맞는가에 따라 결정되는 정도가 크다. 사업 아이디어의 창출에 있어 생산·판매할 제품과 타이밍에 관한 고려가 중요하다. 이를 위해 먼저 시장 조사, 소비자 수요동향을 파악하고 이를 충족할 수 있는 제품으로는 어떠한 것이 있는가를 발견하게 된다. 특히 잘못된 아이디어로 기업창업에 막대한 시간, 금전, 노력의 낭비가 생기지 않도록 시장 조건을 잘 파악하여 성공할 수 있는 아이디어를 찾아내야 한다.

그러나 모든 기업활동에는 불확실성과 위험이 따르므로 지나치게 수동적인 태도로 생존가능한 아이디어를 일찌감치 포기하는 탈락오류 역시 범하지 않도록 해야 한다. 이러한 사업 아이디어의 탐색과 선별과정에서 적절한 사업 타이밍의 판단이 중요한데, 시장여건보다 지나치게 빠르게 되면 시장의 미성숙으로 인한 자본흐름의 제약으로 실패하기 쉽다. 반면 사업개시 시기가 너무 늦을 경우 시장을 선점당해 열세를 벗어나기 어렵게 된다. 신설기업이 살아남기 위해서는 시장에서 유리한 위치에서 경쟁할 수 있어야 하므로 사업 아이디어를 탐색하는 과정에서 기업가는 다음의 기준 중 하나를 만족시키는 제품을 찾도록 해야 한다.

① 현재 만족되지 않은 욕구를 만족시키는 제품
② 공급의 부족을 만족시키는 제품
③ 유리한 조건 때문에 기존상품과 성공적으로 경쟁할 수 있는 상품

따라서 사업 아이디어의 개발과 탐색은 소비자의 욕구에 미충족 부분을 발견함에서 이루어지며 구체적으로는 사회변화의 분석, 새로운 법률의 적용, 기존 산업에 대한 조사 등을 이용할 수 있다.

한국창업연구소가 직장인을 상대로 만일 창업을 한다면 어떤 업종을 선택할 것인지 조사했다.

첫 번째는 역시 음식점이었다. '먹는 장사가 남는 장사'라는 상식이 그대로 나타났다. 그 다음으로는 의류판매, 컴퓨터 대리점, 제과점, 오락실 등의 순이었

다. 그러나 이들 업종은 너무나 일반적이어서 앞으로 발전성이 많지 않을 듯하다. 그렇다면 우리 주변에서 적은 돈으로 창업할 만한 독특한 사업이 없는지 살펴보자. 일단 미용분야에서 찾아보자. 미용분야는 다이어트 분야가 요즘 가장 유명하다. 다이어트 운동기구, 다이어트 식품, 다이어트 귀고리, 다이어트 컨설팅 등 각종 다이어트 품목을 한 곳에서 모두 구할 수 있는 '원스톱 다이어트점'을 만들어 보라. 틀림없이 인기를 누릴 것이다.

표 1-13 성공적인 상품의 기본 요건

구 분	내 용	창업 사례
욕구충족형 상품 (히트 예상상품)	• 필요성은 인정되나 욕구를 충족시킬 수 있는 제품을 생산하는 방법을 아는 사람이 없다. • 욕구의 인식 부족으로 인해 제품이 개발되지 않았다. • 미래 욕구 분출가능성이 있다.	• 소형 휴대용 전화기(이동통신)의 욕구가 처음으로 인식되었을 때는 제조기술이 전무했다. → 제조기술이 처음 개발되었을 때는 가격이 상당히 비싸서 일반대중은 구입할 수 없었다. → 이동통신이 보편화된 90년대에는 성공적인 상품이 되는 것은 틀림없다.
경쟁력이 있는 상품	• 품질향상 - 실용신안 의장등록 - 성능개선 및 특징 추가 - 품질 및 외형개설 - 신뢰도 증가	• 바이오 세라믹 팬 히터 • 컬러 벽돌
	• 원가절감 - 저렴한 원재료개발 - 기술혁신 - 저렴한 가격	• 국민차 • 가정형 PC
일정기간 수요증가 예상상품	소비인구의 증가가 지속되는 경우	• 실버 그레이 산업 • 여행업 • 10~20대형 스마트 북
	• 소비자 취향의 변화 • 소비자 의식의 변화	• 외식산업 • 고급주택건설
	국민경제 수준의 증가	• 자동차 산업 • 고급 장난감

물론 이곳에서 피부탄력제를 비롯, 노화방지 화장품, 각선미 스타킹, 허리 군살빼는 기구 등도 곁들이면 좋을 것이다. 학습분야도 유망하다. 학습능률기 대리점이나 전자학습기, 전자번역기, 학습용 CD롬 판매 등도 새 아이템으로 떠오르고 있다. 업계에서 소자본 유망품목으로 꼽는 아이템은 건강식품, 천연조미료, 피자치킨, 전자안마기, 탈모방지용품, 홈페이지 설치대행, 호신용 기기, 여행용품 전문점, 주니어전문 어학원, 키 커지는 구두, 공기청정기 등이다. 이들 품목은 크게 건강, 어린이 학습, 환경, 전문용역 등의 분야로 집약된다.

3. 사업성 분석

모든 사업은 시행하기 전에 어떤 형태로든지 사업을 통하여 발생될 손해와 이익에 관한 분석을 실시해야 한다. 이와 같은 사업성 분석의 방법과 형태는 일정하지 않다. 어떤 경우에는 분석자의 경험을 근거로 한 주관적인 판단이 사업성 분석의 역할을 하기도 하며 다른 경우에는 여러 사람의 자문을 구하여 분석을 실시하기도 한다. 사실 창업의 성공 여부는 창업자 자신과 그의 사업에 직접적으로 관련된 사람에게는 물론이고 사회적·국가적으로 중요한 의미가 있는 일이므로 체계적인 사업성 분석을 실시하여 성공 가능성이 적은 사업 아이디어는 미리 포기되어야 할 것이다. 그러나 실제에 있어서 체계적인 사업성 분석을 실시하지 않는 경우도 적지 않다. 사업성 분석은 고려하고 있는 사업 아이디어에 따라 이윤실현이라는 목적을 달성할 수 있겠는가를 조사하는 일이라고 정의할 수 있다. 이를 위해 수익성, 시장성, 기술성 분석을 주요 내용으로 분석하게 되며, 고려하고 있는 사업이 공익과 관계되는 경우에는 사업성 분석에서 이상의 3가지뿐만 아니라 공익성 분석을 추가하여 실시한다.

4. 인적·물적 자원의 조달과 구성

사업성 분석에서 사업 아이디어가 유망한 것으로 판단되면 이를 실행하기 위한 인적·물적 자원을 조달하여야 한다. 우선 인적 자원의 조달에는 창업팀을 만드는 데서 시작된다. 창업팀이 형성되는 과정은 크게 두 가지로 나누어지는데, 그 중 하나는 한 사람의 사업 아이디어 발안 및 주도하에 동료를 규합하는 것이고 또 다른 하나는 여럿이 공통된 경험 및 친분을 바탕으로 팀을 형성하는 것이다. 이러한 과정에서 팀요원의 선발, 형성 및 팀워크의 조성문제를 고려하여야 한다. 창업팀은 주로 활동목표 및 범위를 결정하고 제품을 설계하며 기업규모와 입지 선정, 공정, 설비, 건물의 선정, 소요자금액 및 자금조달계획 등과 같이 기업창업에 주요한 의사결정을 수립해야 한다.

다음으로 물적 자원의 조달이 필요한데, 여기서 가장 중요한 것은 소요자금의 조달문제이다. 기업창업에 필요한 자금은 자기자본에 의하거나 타인자본에 의해 조달할 수 있다. 자기자본을 조달하는 방법은 창업자의 소유자본, 자본참여자의 확보 등이 있다.

만일 기업창업에 필요한 자금을 충분히 확보하지 못할 경우 타인자본에 의존하게 되는데, 이의 조달원천으로는 개인, 기업, 은행, 제2금융권, 정부, 공공단체 등이 있다. 유망한 사업 아이디어의 경우 창업투자 회사를 활용하는 것도 한 방법이다.

5. 사업계획서의 작성

인적·물적 자원의 조달이 이루어지면 구체적으로 수행하게 될 실행계획을 수립해야 한다. 여기에는 제품계획, 시장성과 판매계획, 생산 및 설비계획, 일정계획 등이 구체적인 활동의 내역별로 포함되어야 한다. 나아가 기업의 주요 기능에 따라 업무, 책임, 권한 등을 체계적으로 구분하고 이를 담당할 인력을 선발·배치하여야 한다.

6. 사업개시

이 단계에 이르게 되면 토지를 구입하고 공장건축을 시작하게 됨은 물론 설비를 배치하여 생산에 착수하게 된다. 또한 생산품의 광고와 판매촉진 활동을 전개하며 제품이 생산되면 재고를 관리하고 판매경로를 통해 판매 채널을 구축한다.

이와 같은 여러 단계는 처음으로 기업을 창업하고자 하여 실제로 제품을 생산, 판매하게 되기까지의 과정을 제조기업을 중심으로 간단히 정리해 본 것이다.

그러므로 모든 창업기업이 반드시 이러한 창업과정을 거치는 것은 아니다. 기존 건물을 임대하여 창업할 경우 토지구입 및 공장건축 등의 과정을 거치지 않아도 된다.

표 1-14 예비창업자의 창업절차

항목순위	주요 준비과정	세부 실천사항	권고사항	소요기간
1	사업마인드를 배운다.	• 사업현장 체험학습 • 다양한 창업강좌 교육	동종업종 방문조사 창업교육	2~4개월
2	업종을 구체화한다.	• 각종 매체 창업정보활용 • 경제전문지 참고	2~3개 업종 선택	1~2개월
3	입지 선정	자신의 적성과 능력에 맞는 업종선택	동일자금 타 지역, 다수지역	1~2개월
4	사업계획 구체화	• 사업타당성, 상권분석, 업종전망, 추경손익분석 • 자금마련계획 • 영업계획 세부작성	•비판적 안을 채택 •전문가 조언 필요	1~2개월
5	창업실행	• 업종선택 후 점포계약 • 인테리어, 전화신청 • 홍보전략 등 일정마련	세밀히 체크 요망	5~10개월

표 1-15 성공 창업의 구체적 실행계획

순서	계 획	세부 실천사항	가중치
1	본인의 성격, 취미를 자가 진단하라.	• 평생사업을 택하라. • 성격에 맞지 않으면 창의력이 생기지 않으며, 아이디어가 떠오르지 않는다. • 취미가 있어야 피곤하지 않다. • 평소에 관심가진 분야가 남보다 앞선 분야다.	10%
2	대분류로 본 업종을 정하라.	유통업, 제조업, 음식점, 서비스업, IT업 등 크게 나눈 업종을 하나 선택한다.	5%
3	고객이 되어 보라.	• 내가 손님이라면 무엇부터 찾을까? 무엇이 필요한지 = 고객 Needs 파악 • Target 고객을 정하라(학생, 직장인, 군인, 상인). • 고객층을 선택 : 청소년, 신사, 숙녀, 노인층, 장년층 • Target 고객의 최근 수요 성향파악	40%

4	세부 특정업종 확정	• 창업 실행가능한 업종을 선택(해물칼국수, 아동도서, 숯불통닭 등) • 고객유치를 위한 품질 개발연구, 착수 • 인허가, 행정절차관계 파악(자격증 소유 등) • 고객유치방법(방문, 광고 등) 계획수립 • 체인가맹점 여부 등 • 벤치마킹, 실습 등	20%
5	영업지역 물색	고객이 가장 많은 지방, 지역을 정한다(예 : 어구-항구지역, 문방구-학교밀집지역, 악세서리-젊은 여성층, 여고, 여대지역, 일반식당-대도시빌딩지역 등).	10%
6	특정장소 확정, 계약	• 최종적 영업장 위치확정=신촌 연대 앞, 숙명여대 앞, 의정부 중앙시장 시청 앞, 동두천 외인상가, 오락지구, APT • 가게물색 : 위 특정지역 내 상가, 근린 등 • 복덕방, 인터넷, 지인, 광고 등 이용 • 유망한 장소는 높은 보증금을 염려할 필요가 없다.	10%
7	고객유치, 원재료 조달 손익분석	• 개업확정을 전제로 고객유치를 위한 광고(광고 중 최신 구전광고) • 원재료 조달상 애로점 파악 • 체인가맹점 : 조건, 본사신용조사 • 예상매출 및 향후증가계획 • 손익분석(소상공인자금 : 원리금 분할상환)	
8	자금계획 및 조달	• 적정 투자규모 • 시설공사, 구매, 부가서비스 시설 • 차입금 조달규모(정책지원자금 유리) • 투자규모 조정 • 자금조달실행 • 본인신용불량 규제 여부 확인	5%
9	행정절차, 종업원수	• 허가사항(등록증), 자격증, 사업자등록(세무서), 기타 • 세무사 지정, 계약 • 종업원 연수(철저한 고객입장에서 Role Playing) 실시	
10	OPEN 계획	• 개업광고 • 초도상품, 원재료 구매 • 영업장 분위기, 청결상태 • 요금징수 방법 및 관리 • 카드이용점 가입	

※ "친환경 배달용기 제조 스타트업" 창업사례적용

창업 육하원칙은 창업을 준비하거나 운영할 때 고려해야 할 기본적인 질문들을 정리한 것입니다. 육하원칙은 '누가(Who)', '무엇을(What)', '언제(When)', '어디서(Where)', '왜(Why)', '어떻게(How)'의 여섯 가지 질문으로 구성됩니다. 각 질문은 창업 과정에서 중요한 요소를 파악하는 데 도움을 준다.

- 누가(Who) : 창업 팀의 구성원은 누구인지, 주요 인력은 어떤 경험과 역량을 가지고 있는지에 대한 질문이다.
- 무엇을(What) : 어떤 제품이나 서비스를 제공할 것인지, 시장에서의 차별점은 무엇인지에 대한 질문이다.
- 언제(When) : 사업을 시작할 시점, 주요 일정 및 마일스톤에 대한 질문이다.
- 어디서(Where) : 사업의 위치, 시장의 타겟 지역, 온라인 또는 오프라인 판매 채널에 대한 질문이다.
- 왜(Why) : 이 사업을 시작하는 이유, 시장의 필요성, 고객의 문제를 해결하는 방법에 대한 질문이다.
- 어떻게(How) : 사업 운영 방식, 마케팅 전략, 자금 조달 방법 등에 대한 질문이다.

위 육하원칙을 통해 창업자는 보다 체계적이고 전략적으로 사업을 계획하고 실행할 수 있다.

표 1-16 창업 육하원칙

육하원칙	질문	적용 사례
누가 (Who)	창업자는 누구인가?	친환경 소재 전문가와 디자인 전문가가 공동 창업
언제 (When)	언제 시작할 것인가?	플라스틱 규제 강화 시점에 맞춰 2024년 초 런칭
어디서 (Where)	어디서 사업을 운영할 것인가?	국내 온라인 시장부터 시작 후 해외 시장 확대
무엇을 (What)	어떤 제품을 제공할 것인가?	생분해성 배달 용기 및 친환경 포장재
왜 (Why)	왜 이 사업을 하는가?	환경 보호 및 지속 가능한 소비 촉진
어떻게 (How)	어떻게 사업을 운영할 것인가?	B2B(식당 공급) 및 B2C(온라인 판매) 병행

학습문제

1. 중소기업 창업지원법에 의하여 창업에 해당하지 않는 경우를 사례를 제시하면서 설명하시오.
2. 창업의 경제적 역할을 설명하시오.
3. 조세특례제한법상 창업기업 조세지원 제도를 설명하시오.
4. 창업의 3요소를 설명하시오.
5. 창업의 육하원칙을 설명하시오.
6. 세계적인 창업의 흐름을 설명하시오.

참고문헌

윤종록·문승렬 공저. 21세기 창업과 경영. 형설출판사. 2003, pp. 4~49.

박주관. 창업소프트 성공경영학. 21세기북스. 1994, p. 85.

한국창업경영컨설팅협회. 창업컨설턴트가 제시하는 창업실무. pp. 15~20

국세청. 국세정보 발간책자. 중소기업 창업과 알기쉬운 세금. 2007. pp. 31~34

김태호. 벤처창업과 경영관리 강의 교재. 2009.

쉬어가기

카카오 창업 스토리 : 작은 스타트업에서 IT 공룡으로

카카오는 대한민국 IT 산업의 대표적인 성공 사례 중 하나입니다. 이 회사는 김범수 창업자가 2006년 창업한 작은 스타트업에서 시작하여, 현재는 메신저·금융·콘텐츠·모빌리티 등 다양한 분야에서 영향력을 미치는 기업으로 성장했다.

■ **창업 배경: NHN을 떠나 새로운 도전을 하다**

김범수 의장은 서울대 산업공학과를 졸업한 후 삼성SDS에서 직장 생활을 했고, 이후 온라인 게임 시장의 가능성을 보고 1998년 **한게임(Hangame)**을 창업했습니다. 한게임은 빠르게 성장하여 2000년 네이버(NHN)와 합병되었고, 김범수 의장은 NHN의 대표로 활동하며 큰 성공을 거두었다.

그러나 대기업의 운영 방식에 한계를 느낀 김범수 의장은 NHN을 떠나 새로운 도전을 결심했다.

2006년, 미국으로 건너가 다양한 IT 트렌드를 접하며 새로운 사업 기회를 모색했다.

■ **카카오의 시작: 작은 스타트업 '아이위랩'**

2006년, 김범수 의장은 한국으로 돌아와 스타트업 '아이위랩(IWILAB)'을 설립했습니다. 처음에는 여러 서비스를 실험했지만 큰 성공을 거두지는 못했습니다. 그러던 중, 스마트폰과 모바일 인터넷의 성장 가능성을 보고 모바일 메신저 서비스에 집중하기로 결정했다.

2009년, 아이위랩은 사명을 '카카오(Kakao)'로 변경했고, 2010년 3월 '카카오톡(KakaoTalk)'을 출시했다.

■ **카카오톡의 성공 : 대한민국 No.1 메신저 탄생, 카카오톡은 출시 후 폭발적인 성장**

➪ 무료 메시지 서비스 → 당시 SMS(문자메시지) 요금 부담이 컸던 사용자들에게 매력적인 대안이 됨

➪ 빠른 속도와 간편한 사용법 → 경쟁 서비스보다 가볍고 편리함

⇨ 스마트폰 보급 확대와 맞물린 성장 → 아이폰과 안드로이드 스마트폰의 확산과 함께 사용자 급증

출시 1년 만에 사용자 1,000만 명 돌파, 이후 2012년에는 5,000만 명, 현재는 전 세계 5억 명 이상이 사용하는 국민 메신저가 되었다.

■ **카카오의 사업 확장 : 생활 플랫폼으로 성장**

카카오톡이 큰 성공을 거두면서, 카카오는 다양한 사업으로 확장

■ **모바일 생태계 확장 (2012~2014년)**

⇨ 카카오게임 : '애니팡', '모두의 마블' 등 성공

⇨ 카카오스토리 : SNS 서비스

⇨ 카카오페이 : 모바일 간편결제

■ **대형 기업과의 합병 (2014년)**

⇨ 2014년 다음(Daum)과 합병 → '다음카카오'로 사명 변경

⇨ 이후 2015년 다시 '카카오(Kakao)'로 변경

■ **금융 · 모빌리티 · 엔터테인먼트 진출 (2017~현재)**

⇨ 카카오뱅크(2017) : 인터넷전문은행 성공 사례

⇨ 카카오T : 택시, 대리운전, 내비게이션

⇨ 카카오엔터테인먼트 : 웹툰, 웹소설, 음악(멜론 인수)

■ **결론: IT 생태계를 바꾼 기업**

카카오는 작은 스타트업에서 출발해, 모바일 혁신을 이끌며 대한민국 IT 산업을 변화

⇨ 메신저 → 금융 → 모빌리티 → 엔터테인먼트로 확장

⇨ 사용자 중심 서비스로 성장

⇨ 빠른 의사 결정과 혁신적인 도전이 성공 요인

현재 카카오는 대한민국을 대표하는 IT 기업 중 하나로 자리 잡았으며, 글로벌 시장에서도 영향

제2장

창업가

I 창업가의 정의

기업은 창업가(Entrepreneur)의 수준만큼 성장한다는 말이 있다. 벤처기업의 성장에 창업가의 영향력은 절대적인 것이다. 창업가의 개념은 시간의 흐름과 기업환경의 변화에 따라 변천되어 왔다. 오래 전에는 창업가를 출자기능과 경영관리 능력을 모두 수행하는 경영자로 간주하다가 기업의 규모가 커짐에 따라 소유권과 경영권이 분리되어 자본가와 창업가를 구분할 필요가 있게 되었다. 오늘날에는 창업가란 창업가정신을 발휘하여 기업을 창업, 운영하는 혁신자, 선구자, 모험자로서의 개척자정신을 수행하는 개인을 일반적으로 창업가라 한다.

피터 드러커(P. F. Drucker)는 "창업가란 변화를 탐지하고, 변화에 대응하며 또한 변화를 기회로서 이용하는 자이다. 그리고 창업가란 자원의 생산성에 변화를 가져오는 사람이라고 할 수 있다."라고 규명하고 있다.

브로드스키(Norm Brodsky)는 "창업가는 새로운 벤처에 대한 아이디어만으로 시작하여 그러한 아이디어를 스스로 성장시키며, 그 사업으로부터 나온 자금을 통하여 지속적으로 발전하는 기업으로 변모시키는 사람"이라고 정의하였다.

표 2-1 창업가와 경영자의 비교

구 분	창업가	경영자
동기 및 감성지향성	• 성취지향성 • 자기 중심, 강한 명예욕 소유 • 높은 자율성 • 애사심 • 자발적 모험수용 • 위험부담	• 통합, 생존, 시장지향 • 권력과 영향력 지향 • 조직지향(회사 중심) • 조직과 부하개발에 관심 • 전문성의 충실 • 위험부담에 보수적
분석적 경향	• 직감적(자신의 직감을 믿음) • 장기적 안목 • 전체성(Holistic)	• 분석적 • 단기적 안목 • 세부적 특수성
인간관계면	• 개인적 관계 중시 • 인사 및 정치성 • 가족 · 친족 우대 • 권위적 • 감성적으로 참을성 부족	• 일반성 • 탈인간성 및 합리성 • 참여 및 분권위임 • 가족 · 친족 무관 • 탈감정성, 인내심, 꾸준함
조직직분의 차이	• 소유주의 특권과 위험성 수용 • 확고한 자기 자리의 고수 • 일가친척의 지원 • 가족 · 인척 우선주의 • 약한 부하, 일인통치	• 적은 소유권과 열세한 특전 • 보장되지 않는 직분 • 단독 행위 또는 가족, 인척 지원 • 강한 상관

또한, 창업가란 일정한 수익을 기대하면서 위험을 무릅쓰고 사업을 일으키고 경영을 하는 사람을 의미한다. 이들의 열성적 노력과 창의성에 의해 신제품 및 새로운 형태의 서비스가 출현하고 그 결과 경제가 활력을 갖게 된다. 특히 벤처기업과 같은 중소기업들이 고용증대와 기술혁신에 미치는 영향이 커짐에 따라 그 조직의 핵심인 창업가의 역할은 더욱 커지고 있다. 벤처 비즈니스의 성공잠재력은 창업가의 자질과 경험, 사업기회의 매력도와 지속성, 필요자원의 조달가능성에 의해 결정된다. 특히 창업가의 자질과 경험은 나머지 두 요소에도 중요한 영향을 미치기 때문에 사업의 성공가능성에 가장 중요한 요소라고 할 수 있다.

벤처기업의 성공잠재력=f (창업가의 자질과 경험×기회의 매력도 지속성×필요 자원의 투여가능성)

Ⅱ 창업가의 정신

1. 창업가정신의 정의

창업가정신(創業家精神, Entrepreneurship)이란 새로운 가치를 창출하기 위해 혁신적 사고와 도전 정신을 바탕으로 창업을 실천하는 태도와 행동을 의미합니다.

이는 단순히 회사를 설립하는 것뿐만 아니라, 새로운 기회를 발견하고, 창의적인 해결책을 도출하며, 위험을 감수하면서 지속적으로 발전하는 과정을 포함합니다.

2. 창업가정신의 중요성

경제활동을 하는 사람들은 많은 경우 독자적으로 사업을 일으킴으로써 경제적 부를 누리고 성취감을 맛보려는 욕구를 가지고 있다. 이러한 욕구는 산업발전과 자본주의 사회의 성장에 원동력이 되어 왔다. 또한 기존기업들도 급속한 환경변화에 대응하여 보다 혁신적이고 도전적 자세를 견지하려 하고 있다.

지금 세계는 대량생산 위주의 산업사회로부터 지식 위주의 '지식산업사회'로 바뀌고 있다.

지금 우리가 소유하고 있는 지식의 90%는 불과 30년 이전에 창출된 것이며 앞으로 10~5년이 지나면 지식의 양은 지금의 2배가 될 것이라고 한다. 이렇게 급격히 증가하는 지식을 어떻게 활용하느냐에 따라 사업성패에 중요한 영향을 미칠 것이다. 따라서 새로운 지식을 창출하고 위험을 무릅쓰며 그것을 사업화하거나 사업에 반영하는 의지와 행동인 창업가정신은 개인 및 기업차원에서 뿐만 아니라 경제발전 차원에서도 매우 중요해지고 있다. 잘 알려진 바와 같이 우리나라 경제는 자유경쟁체제를 지향하고 있으며 이에 따라 국내외 시장에서 경쟁이 급격히 증대하고 있다.

이와 더불어 WTO 체제의 가동, 급속한 기술변화, 정부의 규제완화정책 등으로 인해 기업이 심각히 대처해야 할 환경의 불확실성은 크게 증가하고 있다. 이에 따라 환경변화에 대응한 신속하고도 유연한 적응력과 혁신적 행위는 기업의 성패에 핵심이 되고 있다. 창업가정신은 신속한 환경대응과 혁신적 행위의 원동력이 되기 때문에 그 중요성은 더욱 증대하고 있다.

또한 창업가정신은 새로운 과학적 지식을 제품과 서비스로 실물화함으로써 과학과 산업을 연결시키는 매우 중요한 역할을 한다. 즉, 새로운 과학적 지식을 사업화하여 기업을 창업하고 새로운 제품과 서비스를 시장에 내보내는 역할을 한다. 이러한 창업가적 행위는 경제를 활성화하고 직업을 창출하는 등 국가경제에 중요한 영향을 미친다.

이와 같은 창업가정신의 중요성에 대한 인지도는 사회전반에 걸쳐 증가하고 있다. 예를 들자면 각국 정부는 창업가정신을 고취하기 위해 개인창업을 권장하고 세제 및 행정지원 등 제도적으로 뒷받침을 하고 있다. 또한 사업에 성공한 사람이 사회적으로 주목받고 존경받는 사회풍토를 조성하는 데 힘쓰고 있다.

한편 기존의 대기업들도 창업가정신이 자신의 경쟁력에 미치는 영향을 간파하고 기업 내부에서 벤처비즈니스를 운영하게 하는 등 창업가정신의 내부 고취에 커다란 관심을 보이고 있다.

▶ 경제 성장과 일자리 창출

창업은 경제 성상을 견인하고 새로운 일자리를 창출함

스타트업과 중소기업이 국가 경제 발전에 기여

▶ 사회 문제 해결

혁신적인 아이디어로 환경, 교육, 보건 등 사회적 문제 해결 가능

예시: 친환경 제품 개발, 공유 경제 서비스(우버, 에어비앤비)

▶ 개인의 성장과 자아실현

창업가는 도전 과정에서 지속적으로 배우고 성장

창업을 통해 자신의 비전과 목표를 실현

창업가의 기본적인 주요 공헌을 살펴보면 일자리의 창출, 혁신, 생산성 및 경제능률 향상, 수출 신장, 경제력의 분산, 자아실현과 인류의 행복 등을 들 수 있다.

※ 창업가정신이 필요한 대상

■ 예비 창업가 : 사업을 시작하려는 사람

➪ 새로운 시장 기회를 발견하고 비즈니스 모델을 수립하는 능력

➪ 실패를 두려워하지 않고 도전하는 태도

➪ 제품 개발, 마케팅, 자금 조달 등 창업 과정에서의 문제 해결 능력

■ 직장인 : 회사 내에서 혁신적인 아이디어를 제안하는 '사내 창업가(Intrapreneurship)'

➪ 기존 기업 내에서도 창업가정신을 통해 새로운 서비스나 제품을 개발 가능

➪ 변화하는 시장에 대응하는 혁신적인 해결책 마련

➪ 기업의 지속적인 성장과 경쟁력 유지에 기여

■ 학생 : 창업 교육을 통해 창의적 문제 해결 능력을 배울 기회

➪ 창업을 준비하지 않더라도 문제 해결력, 도전 정신, 창의적 사고 능력 향상

➪ 학업과 프로젝트에서 주도적으로 문제를 해결하는 능력 배양

➪ 미래의 창업가 또는 혁신적인 직장인이 될 준비

■ 정부 및 정책 결정자 : 창업 생태계를 조성하여 경제 성장 촉진

➪ 창업 지원 정책 및 제도를 마련하여 창업 환경 개선

➪ 스타트업과 중소기업의 글로벌 경쟁력 강화

Ⅲ 창업가의 특성

오늘날 미국 비즈니스계에서 영웅들이 있다면 마이크로소프트의 빌 게이츠(Bill Gates), Apple Computer를 설립한 스티브 잡스(Steve Jobs), 수십 개의 벤처 비즈니스를 운영하는 필 로마노(Phil Romano) 등을 들 수 있으며 우리나라 비즈니스계에서는 한글과 컴퓨터사를 설립한 이찬진 등을 꼽을 수 있다. 이들은 독자적인 기술과 경영 노하우를 가지고 창의성을 발휘하여 모험을 감당하면서 혁신적인 기업을 만들어 경영의 새로운 신화를 창조한 사람들이다. 일단 창설된 기업을 그저 단순히 순환적으로 운영해 나가는 경영자는 21세기에서는 창업가로서의 성격을 잃게 된다.

1. 창업가의 특성과 자질

사업가로서 창업가에게 요구되는 특성과 자질은 기업의 규모나 성격에 따라 매우 다양하다. 이렇게 다양한 창업가의 특성과 자질 중 일반적으로 중요하다고 볼 수 있는 내용을 몇 가지 유형으로 나누어 정리하면 [표 2-2]과 같다. 그림에서 볼 수 있듯이 창업가의 특성과 자질은 크게 개인적 자질과 관리적 자질로 나누어 생각해 볼 수 있을 것이다.

표 2-2 창업가의 특성과 자질

	설 명	대표 사례
도전 정신	새로운 시장 개척과 실패 극복	일론 머스크(테슬라, 스페이스X)
혁신적 사고	창의적 문제 해결과 차별화된 아이디어	스티브 잡스(애플)
리더십	팀을 이끌고 비전을 공유하는 능력	제프 베이조스(아마존)
위험 감수	불확실성을 감수하고 도전하는 태도	리드 헤이스팅스(넷플릭스)
기회 포착	시장 변화를 감지하고 사업화하는 능력	트래비스 캘러닉(우버)
끈기와 인내	실패에도 포기하지 않고 지속적 도전	마윈(알리바바)
자원 관리	제한된 리소스를 효과적으로 활용	초기 스타트업 창업자들
고객 중심 사고	고객의 니즈를 최우선으로 고려	하워드 슐츠(스타벅스)

개인적 자질로는 건강상태와 개인특성으로 나누어 각각의 내용을 설명하고 있다.

즉, 창업가는 육체적으로나 정신적으로 건강해야 한다는 것이다. 또한 창업가는 지적 수준, 창조성, 모험심, 책임감, 성실성, 자신감, 결단력, 승부욕, 지구력, 인간적 매력 등을 골고루 갖추고 있어야 한다는 것이다.

관리적 자질로는 창업가가 갖고 있어야 할 경영이념과 다양한 관리능력을 들고 있다. 즉, 창업자는 분석력, 예측력, 기획력, 조직력, 추진력, 조정력, 설득력, 포용력 등을 갖추고 있어야 함을 말해 주고 있다. 또한 창업자는 투철한 사회적 책임감과 경영윤리관을 갖고 있어야 함을 보여 주고 있다.

2. 창업가의 심리적 특성

(1) 슘페터(Schumpeter)

슘페터는 창업가정신의 요체를 "창조적 파괴로 특징지어지는 혁신의 끊임없는 추구와 그 성공"이라고 하였다. 창업가에 의한 혁신의 성공 조건은 다음과 같다.

① 혁신을 명확한 목적의식을 가지고 체계적으로 하기 위해서는 먼저 그 기회를 분석하는 것부터 시작하지 않으면 안 된다. 즉, 혁신의 원천이라고 부르는 것을 철저히 검토하는 데서 시작해야 한다. 혁신의 분야가 달라지면 기회의 종류도 다르다. 시대가 다르면 기회의 중요도도 달라진다.

이러한 모든 혁신기회를 언제나 체계적으로 분석하고 연구하지 않으면 안 된다. 단순히 주의를 기울이는 정도로서는 충분하지 못하다. 조직적인 분석을 필요로 하는 혁신기회를 언제나 체계적이고 규칙적으로 탐구하지 않으면 안 된다.

② 혁신은 인식활동임과 동시에 지각활동이다. 그래서 꼭 해야 할 일은 나가서 보고, 묻고 그리고 듣는 일이다. 이 점은 아무리 자주 강조해도 지나치지 않는다. 혁신에 성공한 사람들은 자기의 왼쪽 두뇌와 오른쪽 두뇌를 모두 사용한다. 그들은 숫자를 보고 동시에 사람을 본다. 그들은 기회를 잡기 위해서는 어떠한 혁신을 해야 하는가를 분석적으로 규명한다. 그리고 나가서 고객이나 이용

자를 관찰하고 그들이 무엇을 기대하고 있는지, 무엇에 가치를 두는지, 무엇을 필요로 하는지를 찾아낸다.

③ 혁신은 간단해야 하고 초점이 맞추어져 있어야 한다. 오로지 한 가지만 해야지 그렇지 않으면 혼란이 생긴다. 간단하지 않으면 성공하지 못 한다. 새로운 것은 어느 것이나 문제가 있게 마련이다. 그런데 만일, 이것이 복잡한 것이라면 개선하거나 조정할 수가 없다. 성공한 혁신은 모두 기막히게 간단하다. 실제로 혁신에 대한 최대의 찬사는 이렇다. "이렇게 분명한 것인데 왜 내가 진작 생각해 내지 못 했을까?"

새로운 시장과 새로운 용도로 창조한 혁신까지도 그 대상이 요구되는 것을 구체적이고, 분명하게 해 두어야 한다. 혁신은 만족시켜 주어야 할 특정의 요구에 분명한 초점을 맞추지 않으면 안 되고 또한 최종적으로 생겨날 구체적 결과에 대하여도 초점을 맞추지 않으면 안 된다.

④ 혁신을 성공시키려면 작게 시작해야 한다. 거창하게 출발해서는 안 된다. 하나의 구체적인 것을 실현하려고 해야 한다. 예를 들면, 차가 궤도를 달리게 하면서 전력을 끌어 내게 하는 일에만 집중하면 비로소 전차라고 하는 혁신이 가능하게 된다. 혁신을 소규모로 출발하는 것이 좋은 까닭은 처음에는 돈이 적게 들고, 사람도 많이 필요치 않으며, 시장도 작고 한정된 것이면 되기 때문이다. 그렇지 않으면 혁신을 성공적으로 수행하는 과정에서 필요한 조정과 변경을 해야 할 충분한 시간적 여유를 갖지 못하게 된다. 처음부터 완성에 가까운 혁신은 드물다. 규모가 작을 때 그리고 사람과 돈의 요구량이 비교적 적을 때에만 필요한 변경을 할 수 있는 것이다.

(2) 맥클랜드(McClelland)

맥클랜드는 사람의 행동을 결정하는 근본적인 동기요인으로 무엇인가를 달성하고자 하는 성취욕구와, 다른 사람들과 어울리고자 하는 친교의 욕구, 그리고 타인을 통제하고자 하는 권력의 욕구를 제시하였다. 그 중에서 성취욕구는 창업가의 핵심적 심리특성이라고 주장하였다. 즉, 성취욕구가 높은 사람은 문제해결을 위해 주도적으로 나서려 하고, 목표를 제시하면 그 목표의 달성을 위하여 열성적으로 노력하는 성향이 있다는 것이다. 이러한 성향은 창업가의 개인특성에 잘 부합한다고 할 수 있는데 그가 주장한 창업가의 특성을 정리해 보면 다음과 같다.

① 과업지향성

창업가는 보다 어려운 일, 성취해서 보다 의의를 느낄 수 있는 일, 자기의 능력을 과시할 수 있는 일, 그리고 도전할 가치가 있는 일에 보다 큰 흥미를 느끼며, 일의 결과로 오는 보상이나 지위보다 일 자체의 성취과정에 관심을 갖는다. 성취동기가 높은 사람은 성취적 보람을 느낄 수 있고 도전할 가치고 있는 과업에 관심이 많으며 성취동기가 낮은 사람들보다 더 잘 해낸다.

② 적절한 모험성

창업가는 어느 정도의 모험성이 포함된 일에 도전하여 자력으로 성취해 내는 데 만족을 느낀다. 즉, 전혀 모험을 따르지 않고 너무나 쉬운 일에는 흥미를 갖지 않는다. 그 이유는 그러한 쉬운 일을 해내면 자기의 능력을 과시하거나 평가할 수 없기 때문이다. 그렇다고 창업가는 과업이 자기 능력에 비해 어렵거나 지나치게 모험적일 때도 역시 흥미를 갖지 않는다.

③ 자신감

창업가는 자기가 얻은 정보를 총동원하여 판단해 볼 때 당면과업에서 어느 정도의 성취가능성을 발견했을 경우에는 확고한 자신감을 가지고 그 일을 착실히 수행한다.

④ 정력적인 혁신적 활동성

창업가는 일에 보다 열중하고 더 많이 새로운 일을 찾고 계획하여 이를 성취하는 데 온갖 정력과 노력을 기울인다. 그러나 어떤 일에나 열중하는 것이 아니라 새로운 일, 도전할 가치가 있는 일, 적지 않게 어려운 일 그리고 자기 능력을 측정해 볼 수 있는 일을 탁월하게 해내기 위해 온갖 정력을 쏟는다. 즉, 무언가 창조하며 사태를 언제나 개선하고 문제를 만들어 해결하는 가운데 보람을 느낀다.

⑤ 자기 책임감

성취하려는 일이 결과적으로 어떻게 되었건 자기가 계획하고 수행하는 일에 모든 책임을 지며, 남에게 의존하지 않고 책임을 회피하거나 두려워하지 않는다. 따라서 성취동기가 높은 사람은 스스로 생각하고, 일을 계획하며 결정할 수 있는 작업상황을 좋아하고 또 이러한 여건에서 일을 더 잘 해낸다. 그러나 자신의 이해관계만을 위해 일하는 이기적인 사람은 아니다.

⑥ 결과에 대한 지식 추구

창업가는 수행하는 일의 종류를 불문하고 상황이 어떻게 진행되고 있으며 예상되는 결과가 어떤 것인가에 관하여 구체적이고 객관적인 정보를 계속 추구하여 정확한 판단을 한다. 이러한 판단을 다음 단계의 행동에 반영한다.

⑦ 미래지향성

창업가는 새로운 일을 이룩하기 위하여 언제나 장기적인 계획을 세우고 미래에 얻게 될 성취만족을 기대하면서 현재에 당하는 고통이나 갈등과 용감하게 싸워 나간다. 성취동기는 개인으로 하여금 그의 능력에 비추어 도전할 만한 가치가 있는 일을 보다 능률적으로 수행하기 위하여, 그러한 일을 성취해낼 수 있을 것이라는 자신감을 갖게 된다. 성취인은 그들의 노력으로는 도저히 감당할 수 없는 일이나 순전히 우연이나 요행으로만 가능한 일에는 별 흥미를 갖지 못하며, 그들의 능력으로 해낼 수 있는 일에 보다 도전적 흥미를 갖는다.

(3) 티몬과 스멜론, 딘지(Timmons, Smallon & Dingee)

① 높은 사업 몰입도, 결단력, 인내심

성공한 창업가들은 사업에 대한 몰입도가 높고 결단력과 인내심이 강하다고 한다. 특히 많은 벤처캐피털 회사들은 투자 여부의 결정에 있어 창업가가 얼마나 자신의 시간적·재정적 자원을 실체적으로 투입하고 있는가를 중시한다고 한다. 이는 사업에 대한 몰입 정도가 사업성공에 중요한 영향을 미침을 나타낸다.

② 강한 성취욕구와 성장욕구

성공한 창업가들은 스스로 설정한 도전적인 목표를 뛰어넘는 데 주력한다. 그리고 이 목표가 달성되면 상향조정된 새로운 목표와 기준을 설정하여 계속적으로 도전한다. 따라서 이들은 다른 사람을 능가하는 데 주력하기보다는 자신의 과거실적을 계속하여 뛰어넘는 데 노력한다.

③ 기회 및 목표 지향적

현재 보유하고 있는 자원에 근거하여 행동하기보다는 기회를 먼저 포착하고 자원과 전략을 거기에 맞추어 나가려는 기회지향적 성향이 있다. 그리고 높지만 달성가능한 목표를 설정하고 거기에 모든 힘을 집중하려 한다.

④ 주도적이고 책임감이 강함

주도적으로 문제를 탐색하고 해결책을 제시하려 한다. 그리고 일의 결과에 대해 스스로 책임지려 한다.

⑤ 끈질긴 문제해결 능력

문제해결을 하고자 하는 일에 장애요인들이 나타날 경우 이를 극복하려는 욕구가 강하며 문제해결을 위해 끈기 있게 노력한다. 이에 따라 인내심이 강한 편이나 불가능하다고 판단되는 일에 대해서는 단념도 빠르다.

⑥ 낙관적 현실주의와 유머감각

외부 환경과 자신의 강점, 약점 등에 관한 냉철한 판단을 중시하는 등 매우 현실적이나 매사를 긍정적으로 보는 낙관적 자세를 견지한다. 그리고 어려운 여건에서도 유머를 잃지 않는 등 정신적 여유를 갖고 있는 경우가 많다.

⑦ 피드백의 활용

피드백을 효과적으로 활용함으로써 자신의 잘못을 신속하게 파악하고 잘못된 부분을 재빨리 수정한다. 이에 따라 유능한 창업가들은 대부분 남의 이야기를 잘 청취하고 학습능력이 뛰어난 편이다.

⑧ 계산된 위험감수와 위험의 공유

뛰어난 창업가는 도박사가 아니다. 그들은 미리 세심하게 계산을 한 후 결정을 내리며 공동 투자 또는 동업을 통해 곧잘 위험을 공유하려 한다.

⑨ 지위와 권력에 대한 낮은 욕구

권력욕구보다는 성취욕구에 의해 행동한다. 지위나 권력은 성공의 결과 주어지는 것이지 처음부터 이것을 얻기 위해 노력하지는 않는다. 이에 따라 유능한 창업가는 독재자보다 중재자 또는 협조자의 역할을 수행한다.

⑩ 정직과 신뢰

정직과 신뢰 없이 달성한 일시적 성공은 궁극적으로 실패한다는 신념으로 장기적 관점에서 인간관계를 유지하고 사업활동을 한다.

⑪ 신속한 결단과 실천, 그리고 인내

신속하게 움직여야 하는 일에 대해서는 빠른 결정을 내리고 곧바로 실천에 들어간다. 그러나 그 일이 장기적으로 진행되어야 하거나 일의 결과가 장기적으로 나타나는 경우 인내심을 가지고 기다린다.

⑫ 실패에 관한 적절한 관리

실패에 실망하지 않고 두려워하지도 않는다. 오히려 실패를 통하여 배우려는 자세가 강하다.

비관적 상황에서 낙관을 발견하고 위기 속에서 기회를 발견하는 지혜를 발휘한다.

⑬ 팀 구축자이자 영웅 메이커

유능한 창업가는 독불장군식으로 일하기보다 열의에 가득 찬 팀을 만들어 공동으로 일을 추진한다. 또한 자기 혼자 영웅이 되기보다는 관리자들을 영웅으로 만듦으로써 동기부여를 한다. 아울러 뛰어난 창업가는 성과를 나누어 갖는 데에 관심을 두기보다는 성과 자체를 키우는데 주력한다.

(4) 호나데이와 티켄(Hornaday & Tieken)

DEC사의 켄 올슨(Ken Olson), Wang Computers사의 안 왕(An Wang), 혼다 자동차의 소이치로 혼다 등 성공한 창업가들의 공통된 행태를 연구하였는데, 그들로부터 배울 수 있는 특성을 다음과 같이 제시하였다.

① 적극적인 도전의식과 실패로부터 배우려는 자세
② 주도적으로 일처리를 하고 솔선수범함
③ 강한 인내력과 결단력

(5) 미튼(Mitton)

미튼은 성공적인 창업자가 일반적으로 갖는 특징을 다음과 같이 정리하였다.

① 큰 그림을 볼 줄 아는 시각
② 독특한 사업기회를 잡아내는 능력
③ 대의에 전적으로 헌신하는 성향
④ 완전한 통제에 대한 요구
⑤ 정의에 대한 효용주의적 관점
⑥ 불확실성에 대한 취향
⑦ 인맥을 활용하는 성향
⑧ 고능력을 환영하는 태도
⑨ 특별한 노하우

이상에서 창업가의 심리적 특성들에 관한 여러 기존 연구들을 살펴보았다. 창업가의 심리적 특성은 개념적으로 보았을 때 창업가의 개인특성을 이해하는 데 핵심이 되는 것들이라고 할 수 있지만 아직도 이 분야의 실증적 연구결과들이 서로 일치하고 있지 않은 점들이 있다. 그러나 창업가의 특성에 관한 일반적인 특성 중에서도 위험감수 성향은 근본적으로 신규사업의 설립과 운영에 관련된 창업가적 과정에 내재하여 있는 특성이므로 중요한 특질 중의 하나임에 틀림없다.

또한, 모험적이고 진취적인 특성과 강한 성취욕구, 일상적으로 발생하는 일이 운수 때문이 아니라 자기 스스로 통제할 수 있다고 믿는 자유 실천의지가 강한 성격인 내적 통제부위는 새로운 일을 창의적으로 해결하며 벤처기업을 경영하는 데 있어 장애가 되는 요인들을 극복하는 데 필요한 힘과 의욕을 가져다 주는 요소이므로 창업가의 본질적 특성에 부합한다고 할 수 있다. 또한 위와 같은 창업가의 특성들은 상당 부분 후천적으로 학습이 가능하다는 데 중요한 의미가 있으며, 특히 창업가가 자신의 사업에 대하여 강하게 동기유발되었을 때 더욱 빠르게 학습될 수 있다.

3. 창업가의 환경적 특성

(1) 가정환경

부모의 직업과 가정분위기, 형제의 서열 등이 창업가의 창업에 영향을 미친다는 연구들이 있다.

예를 들자면 창업가들은 첫째 아이로 태어나는 경우가 많으며, 이 경우 특별한 관심을 받고 자라기 때문에 자기 신뢰감과 같이 기업창업에 도움이 되는 개인특성을 상대적으로 많이 소유한다는 것이다. 그러나 이에 관한 실증적 연구결과의 뒷받침은 아직 충분하지 못한 편이다. 또한 부모가 자영업의 직업을 가졌거나 창업자인 경우 역시 창업가로 성장할 가능성이 많다고 한다.

(2) 교육수준

창업가의 교육수준에 관하여는 많은 연구가 있었다. 이 연구들에 의하면 상식적 수준에서 제기되고 있는 기존 주장들을 반박하고 있다. 즉, 창업가들의 교육수준이 평균적으로 낮으며, 이러한 사회적 결점을 보완하기 위해 기업을 일으킨다는 상식적 주장은 사실이 아니라는 것이다. 최근의 연구들에 따르면 창업가들의 평균 교육수준은 매우 높은 편이며, 특히 기술집약적 벤처기업의 경우 석·박사학위 소지자들이 많다.

(3) 나 이

창업가들이 창업을 하는 평균 연령을 보면 다양하나, 22세에서 55세가 대부분인 것으로 조사되고 있다. 특히 남자는 30세 초반에 처음 기업을 창업하는 경향이 있으며, 여성의 경우 이보다 다소 늦은 30세 중반이 많다. 그러나 약 20% 정도는 40대 이상에서 창업하고 있으며, 최근에는 60대에 들어와 창업하는 경우도 적지 않다고 한다.

(4) 이전 직장에 대한 불만족

창업가들은 이전 직장에서 낮은 도전감, 느린 성장, 관료적 분위기, 직무 불만족 등을 느끼고 창업을 결심하는 경우가 많다. 예를 들자면, 애플컴퓨터를 세운 스티브 잡스(Steve Jobs)는 휴렛펙커드사로부터, 로터스사를 세운 카포(Mitch Kapper)는 DEC사로부터, 영화사업의 귀재 조지 루카스(George Lucas)는 유니버셜 스튜디오로부터 뛰쳐나왔다. 이러한 직장에 대한 불만족은 성취욕구가 강한 사람일수록 많이 느낀다고 한다. 이때 불만족을 창업결정으로 바꾸는 데 촉매역할을 하는 것으로 투자재원의 유용성, 개인의 자기실현 욕구, 창업을 옹호하는 사회적 분위기, 적절한 경험 등이 꼽히고 있다.

예비창업가들이 느끼는 우리나라의 창업환경에 대해 '경제적 환경'과 '사회·문화적 환경'에 대해서는 불리하지도 유리하지도 않은 것으로 생각하고 있으나 '제도적 환경'은 창업과정에 다소 불리한 영향을 미칠 것으로 보고 있다.

경제적 환경요인 중에서 '정보화 추세'와 '시장 개방화 추세'는 창업과정에 유리한 영향을 미칠 것으로 생각하고 있으나 '임금수준의 상승'에 대해서는 불리할 것으로 인식하고 있다. 또한 사회·문화적 환경요인에 대해서는 '개인주의 성향'과 '3D 기피현상'이 창업과정에 다소 불리한 영향을 미칠 것으로 인식하고 있다.

한편, 제도적 환경에 대해 예비창업가들은 전반적으로 불리한 영향을 미칠 것으로 보고 있는 가운데 '정부의 인허가 정책'과 '기업 관련 법규'가 다른 환경요인들보다 불리한 것으로 인식하고 있으며, 또한 '정부의 창업 관련 세제 및 자금지원정책'에 대해서도 그다지 유리하지도 불리하지도 않은 것으로 인식하고 있다.

우리나라 창업가의 창업시 평균 연령은 36~38.9세로 보고되고 있다. 이것은 미국의 오스틴 지역 34세, 필라델피아 지역 35세, 보스턴 지역의 32세 등보다 약간 높은 수준이다. 한편, 창업가들의 교육수준은 상당수(77.7%)가 대학졸업 이상의 학력을 가지고 있는 것으로 나타났다. 창업가의 학력이 높다는 것은 창업의 충분조건이 될 수는 없지만 점차 전문적인 분야의 벤처 비즈니스가 각광을 받고 틈새시장으로서의 매력을 발휘할 것으로 보아 정규교육의 중요성은 매우 크다고 할 수 있다. 가족관계는 장자가 59.2%로 조사되어 장남이 지니는 책임감과 독립의지가 강한 특수성이 작용한 것으로 풀이되고 있으나 이 부분에 관해서는 일관된 연구결과를 보이고 있지 않다. 점차 핵가족화되어 가고 있는 현대사회에서 장자의 의미가 사라지고 있기 때문이다. 실제로 헤닝(Hennig)과 자르뎅(Jardim, 1977), 키에룰프(Kierulff, 1979)는 장자와 창업가 사이에 높은 상관관계가 있음을 발견했다.

표 2-3 환경적 특징 (단위 : %)

	항 목	평 균
경제적 환경(4.42)	자본비용(은행금리, 사채금리 등)	4.00
	부동산 경기	4.09
	경쟁업체들의 움직임	4.26
	임금수준의 상승	3.84
	정보화 추세	5.78
	대기업의 협력업체에 대한 태도	4.34
	시장 개방화 추세	4.50
사회·문화적 환경(4.63)	고객의 가치관 및 라이프 스타일	5.74
	창업가에 대한 사회적 인식	5.13
	종업원들의 직업관	5.03
	개인주의 성향	3.79
	3D 기피현상	3.46
제도적 환경(3.60)	정부의 인허가 정책	3.32
	기업 관련 법규	3.36
	정부의 창업 관련 세제 및 자금지원정책	4.09

섹스턴(Sexton)과 켄트(Kent, 1981), 의 연구에서는 장자효과의 차이는 나타나지 않았다(김영수, 「창업가적 행동 성향의 결정요인과 성과와의 관계」, 한양대학교 박사논문, 1996, p. 41.). 한편 창업 이전의 직장 경험을 묻는 질문에 85.2%가 직장에 근무한 경험을 갖고 있다고 답함으로써 창업을 단행하기 이전에 적절한 사회경험을 했음을 알 수 있다.

4. 21세기 창업가의 특성

창업가란 시대와 국가에 따라 다양하게 변천된 개념이다. 창업가의 다섯 가지 본질이란 전통적이고 고전적인 3가지 본질과 현대적으로 추가할 수 있는 2가지 본질로 나누어 볼 수 있다. 즉, 전통적 '돈키호테'식 자수성가형 본질로서 창업, 혁신, 위험을 감수하고 일을 해내는 정신(Can do Spirit)이고 현대적 창업가의 본질인 우수기업의 창조와 육성, 인재양성을 창업가의 본질이라고 한다.

(1) 창업과 혁신

슘페터(Schumpeter)는 창업가의 본질을 혁신이라고 설명하고 있다. 고전적 개념이 상품발명에 치중하였던 협의의 '혁신'이었다면, 슘페터의 '혁신'은 보다 확대된 광의의 '혁신'을 강조하고 있다는 점에서 창의 및 발명의 개념을 포함하고 있으며, 오늘날 그의 확장적 개념이 창업가의 본질적 특징으로 수용되고 있다. 현대 창업가는 '이상한 사람', '새로운 아이디어가 많은 사람', '얼토당토 않은 생각을 하는 사람' 등으로 일컬어져 왔으며, 이러한 정의에서 볼 때 창의와 미래지향적 발명 및 혁신적 변화를 끊임없이 추구하는 사람을 창업가라고 할 수 있다. 남과 다른 일을 고안해 내고, 특히 새로운 상품을 만들어 내는 사업가들을 창업가라고 보는 것은 고전적 개념에 속하는 것이다. 그러나 산업혁명 이후는 창의와 혁신을 더욱 확대시켜 창업가의 혁신성을 정의하기 시작하였으며, 그러한 대표적인 학자가 바로 슘페터였다. 슘페터가 말하는 새로운 개념의 혁신이란 다음과 같은 포괄적 창조 및 혁신개념을 말한다.

① 새로운 상품의 개발
② 새로운 제작 과정의 개발

③ 새로운 자원의 개발 및 발명
④ 새로운 시장의 개발과 확장
⑤ 새로운 조직 개발

창의와 혁신은 창업가의 본질적 특징이다. 따라서 '자수성가'형 소규모의 창업가에서부터 재벌기업을 경영하는 많은 전문경영자에 이르기까지 창의와 혁신은 창업가정신의 근본적인 요소이다. 이러한 점으로 보아 창의와 혁신이란 창업하는 신생기업뿐만 아니라 성장·변신하는 현존 기업들이 우수기업으로 성장·발전함에 있어 기본적인 요건이며, 새로운 창의 및 혁신은 지속적으로 꾸준히 추진되어 신상품뿐만 아니라 상품의 개량과 조직개발을 위한 경영의 혁신까지도 포함하는 확대적 포괄개념이 되어야만 한다는 것이 현대적 본질 특성이다. 뱀도 자라나기 위해서는 껍질을 벗어야만 하듯이 기업도 성장·발전을 위해서는 꾸준한 조직변신이 있어야 한다. 창업가적 경영이란 이러한 혁신운동이 기업문화에 정착되는 것을 말한다.

기업발달사에서 찾아볼 수 있는 경영혁신의 구체적인 사례로는 GM사례를 들 수 있다. 1910~1920년까지 자동차 산업에서 세계시장을 지배하던 포드사의 추종 기업의 하나였던 제너럴 모터스(General Motors)사가 1930년대 이후 당당한 일류기업, 즉 세계적 우수 대기업으로 성장하게 된 근본 원인은 다음과 같다.

① 포드가 개량과 혁신과정에서 진취성을 잃고 경영혁신을 하지 않았다는 점
② 제너럴 모터스가 슘페터 개념의 창의와 혁신을 과감히 실천하고 우수한 인재를 모아 조직 개발을 감행한 점

이는 창의와 혁신의 지속성이 우수기업을 만들어 낸다는 창업가정신의 새로운 개념을 역사가 증명하고 있는 것이다. 또한 2차 세계대전 이후의 일본의 경쟁성장전략도 소위 'Kaizen(개선)' 전략을 철저히 실천한 일본기업들의 창의와 혁신의 신개념을 보여 주고 있다. 다시 말해서 마쓰시다의 '추종자 전략'은 꾸준한 개선과 개량에 두었던 혁신이었던 것이다.

특히, 이러한 혁신은 산업국가의 새로운 지도자인 전문경영자들에게는 창업가정신을 권장시키는 창업가적 경영혁신을 이룩할 책임을, 자수성가형 창업가

들에게는 기업의 성장·발전을 위해 전문경영자와 협동하는 기업문화와 기업 내의 구성원 모두가 자발적으로 창의와 혁신을 할 수 있는 기업문화를 육성해 가는 새로운 창의성 개발이 필수적인 요건이 된다는 것을 의미한다.

GM의 최고경영자인 슬론(Sloan)은 바로 이러한 '창업가적 전문경영자'로서 창업가들이 기업을 "내 기업, 내 마음대로" 식의 독선적 인식을 갖는다면 그 기업은 자수성가형 창업가 이상으로 성장·발전할 수 없다는 것을 보여 주고 있다. 그는 내 기업, 내 마음대로식의 생각을 가지고서는 리더로서 협동심을 갖도록 하는 일에도 실패할 뿐더러 세계적 우수기업으로 성장하기도 어렵다고 주장한 바 있다.

한국은 포터가 말하는 '투자 주도'의 단계에서 벗어나 다음 단계인 '혁신주도' 단계로의 경제성장이 과제이기 때문에 더욱 혁신이 중요하다는 것을 명심해야 할 것이다.

(2) 위험부담과 '할 수 있다'는 정신

창업가의 또 다른 본질적 특징은 모험심과 자신감, 용기 그리고 실패를 극복할 수 있는 인내심과 집념 등을 들 수 있다. 창의와 혁신이란 현실에 만족하지 않고 새로운 변화를 추구하는 진취성을 말하며, 이들 모두가 모험을 감수하지 않고는 이루어 낼 수 없다. 창업하는 기업들을 '모험기업'이라고 칭하는 이유는 확실히 성공한다는 보장이 없기 때문이다. 1903년에 발족한 헨리포드의 포드 자동차 회사도 두 번이나 실패한 다음 새로운 투자자의 도움으로 다시 출발한 회사이다. 창업가의 본질적 특성의 하나는 모험을 뚫고 나가는 자신감과 추진력, 그리고 성공에 대한 믿음, 즉 승리에 대한 자신감이 강한 사람들이라는 점이다. 실패하더라도 좌절하지 않고 다시 일어나 해내고야 마는 굳은 집념과 인내는 이들에게 주어진 자산이기도 하다.

따라서 창업가는 죽음을 각오하고 몰입하는 투사이며 실패하면 죽는다는 각오와 악착성이 있는 실천가이고 행동이다. 즉, 이들은 불가능은 없다는 것이 특징이다. 이러한 창업가의 자신감 및 행동지향성에는 합리성보다는 직관성이 보다 큰 영향을 미칠 수도 있다. 즉, 합리성보다는 자신들의 직관적 결단력과 자신감에 더 큰 비중을 두는 사람들이다. 이것이 바로 창업의 고전적 본질개념이며 경제학 개념에서 말하는 이윤이 바로 모험에 대한 보상이라는 것을 뜻하기도 한다. 창업가들의 '불가능은 없다'라는 모험감수의 정신에는 창조의 기쁨만이 아닌 금전적 보상 역시 따르게 마련이다. '일확 천금'의 꿈을 실현하려고 창업가적 모험을 통한 도박을 한다면 이것은 투자가들의 투기심리와 같다. 다만 창업가는 투자가와는 달리 창조와 성취의 기쁨이 첫째이고, 금전적 보상은 부수적이라고 보는 데 차이가 있다. 확대된 현대적 개념의 창업가적 특징은 이러한 위험부담을 최소화시키는 여러 가지 장치를 개발하게 되었으며 그것이 바로 사내 창업가 정신이다. 이것은 위험성의 분산과 많은 사람으로 하여금 기업 도산의 위험 없이 창업가정신을 사내에서 발휘하고 창업을 책임질 수 있도록 촉진시키는 제도적 장치를 갖도록 함으로써 창업가정신의 영속성을 유지할 수 있는 방안이기도 하다. 드러커는 이러한 제도적 기업성장 지향의 창업가정신을 일컬어 조직적 창업가정신이라 하였다. 현존 기업도 자수성가형 창업가 정신을 성장전략의 바탕으로 해야 한다는 것이 고전적 본질개념과 비유되는 현대적인 본질 개념이다. 이것은 우수기업 경영의 특징에서 말하는 책임경영제도 혹은 소사장 제도의 형태로 채택되어 온 특징이기도 하다.

아무리 적은 것이라 하더라도 새로운 아이디어와 발명을 통하여 꾸준히 기업발전에 참여하는 것이 국제경쟁시대의 치열한 경쟁에서 현대 기업들이 승리할 수 있는 길이며 이는 창업가정신의 르네상스 시대를 의미하기도 한다. 비대한 기업의 관료조직을 과감히 일소시키며 모든 것을 바꾸자는 기본적 전략은 계층조직 개념을 버리고 사업별 수평조직과 매트릭스형의 조직으로의 이행 추진과 창업가정신을 권장, 실천하도록 하는 신조직 이론으로의 전환을 요구하고 있다. 창업가란 일을 좋아하고 일을 사랑하며 일을 위하여 불타는 정열을 모두 쏟아내는 사람들을 말한다. 세기의 사업가이자 미국을 현대화시켰다고 자칭하는 자동차왕 헨리 포드는 기계에 대한 천재로서 당대 가장 우수한 자동차를 만들어 내는 데 성공한 기술자 창업가였다.

가난한 농부의 아들로 태어나 겨우 소학교를 졸업했던 헨리 포드는 기계 만지는 것을 좋아하여 어려서부터 시계만 보면 분해·조립하곤 하였으며 한때는 시계수리공으로 수입을 얻기도 하였다. 그가 자기 집 창고에서 처음 자동차를 만들었을 때 일에 너무 열중한 나머지 창고의 문이 작다는 사실도 잊은 채 자동차를 만들어 결국에는 창고를 부수고 자동차를 끌어냈다는 일화는 유명하다.

일을 너무 좋아하고 일 없이는 못 사는 사람들을 흔히 '일중독자'라고도 부른다. 그래서 서양에서는 창업가들을 '꿀벌'이라고 부르기도 한다. 창업가란 쉬지 않고 벌집을 지어나가는 꿀벌처럼 혼과 정신을 다하여 열정적으로 일을 하는 정열적인 사람들이다.

맥클랜드는 창업가의 자질에 에너지와 추진력을 들고 있는데, 창업자는 창조의 기쁨뿐만 아니라 성취 내지 내재적 만족, 즉 금전적 보수보다는 성취욕을 충족시키는 자기 만족이 강하다는 것이다.

이러한 정열적 삶과 성취 만족의 기쁨이 아마도 창업가들의 수명을 길게 하는지도 모른다. 예를 들어 헨리 포드는 83세, 혼다는 84세, 그리고 마쓰시다는 86세, 이병철 회장은 78세의 고령으로 생애를 마친 점만 봐도 일하는 재미가 수명과도 관계가 있는 것이 아닌가 하는 생각이 들기도 한다.

(3) 우수기업의 창조와 인재양성의 책임

책임을 아는 사람, 그리고 책임완수를 위해서 노력하는 참다운 기업인에게는 존경받는 창업가정신과 혼이 있다. 바나드가 말하는 믿음을 만드는 책임이란 리더십의 기본요소이다. 즉,

① 회사가 자랑스럽다는 믿음
② 회사가 우수하다는 믿음
③ 회사와 자신이 공동운명체라는 믿음

등을 말하며 상품 창조의 책임만큼이나 믿음 창조의 책임도 경영자 및 창업가들에게 중요한 요소로, 이 책임은 기업이 존재하는 한 지속되는 무한한 기본적 책임이다. 리더인 창업가가 성실한 책임완수를 믿고 전력으로 맡겨줄 때 기업에 종사하는 모두가 기업에 대한 충성심, 자발적 참여와 창의가 있게 되는 것이다. 그래서 바나드는 리더십의 믿음을 키우는 역할을 강조하면서 믿고 맡기면서 참여하는 기업문화의 육성이 창업가에게 달려 있으며, 이는 성공의 기본요건

이라고 주장하고 있다.

또한, 창업가나 최고경영자들에게는 종업원을 '바보 만들기'가 아닌 훌륭하고 성숙한 사람으로 만드는 문화, 즉 '인재양성의 기업문화'를 이끌어 낼 책임이 있다고 했다.

다시 말해서 아지리스가 주장하듯이 말 잘 듣는 조직구성원을 만드는 것이 아니고 미성숙한 사람을 성숙한 사람으로 발전시킴으로써 훌륭한 회사원이며 존경받는 사회인으로 양성하는 인재양성의 터가 되도록 해야 한다는 책임을 말하는 것이다. 이러한 책임이란 기업인 자신들이 사람을 'X' 이론으로 보지 말고 긍정적인 시각과 함께 인간으로서의 대우를 하는 'Y' 이론의 시각으로 보아야 한다는 뜻이다.

창업가는 사업을 잘하여 돈을 벌기만 하면 된다는 고전적 창업가 책임론에서 수정·확대된 책임론이 현대의 통설이며 규범이기도 하다. 창업가는 사회 및 경제개발의 주역이고 그러한 지도자의 책임은 창업가를 많이 양성하는 일까지 맡아야 하는 광의의 책임론이다. 인재양성은 회사에서 필요로 하는 유능한 사람이기 이전에 한 가족의 일원으로서 건전하고 성숙한 사람이 되어야 한다는 것을 의미한다. 이 점을 강조하고 주장한 인본주의 심리학자 매슬로는 이를 가리켜 '유사이키안 경영(Eupsychian Management)'이라고 한 바 있다.

기업의 우수성은 종업원 각자의 심리적 건전성과 사회의 건전한 도덕성에 달려 있기 때문에 훌륭하고 성숙한 인재양성과 사회의 건전한 발전이 '유사이키안 경영'에서 말하는 책임경영이기도 하다. 기업의 생존이 중요 과제인 영세 중소기업의 현실에는 실천하기 어려운 책임론이지만 창업가를 창업적 창업가만이 아닌 우수기업을 만드는 창업가론의 확대 개념에서 보면 경제적·사회적 책임은 창업가가 명심해야 할 본질적 책임이다. 한국의 재벌 기업들이 인재양성에 열을 올리기 시작하여 사내교육뿐만 아니라 해외장기유학제도까지 도입하고 안식휴가를 통한 인재개발까지 권장하는 개혁은 국제화 경쟁 시대에서 적절한 창업가 정신의 발로로 생각된다. 이러한 창업가의 진취적 인재양성의 특징이 잘 시행되고 있는 사례를 들면 '마쓰시다 정경숙(송하 政經塾)'은 리더를 양성하는 훈련소로 유명하다. 한국의 재벌기업도 그러한 훈련소를 구상 중에 있는 것으로 알고 있으며 이러한 발전은 창업가 자신들의 변신·발전과 병행해서 이루어져야 할 것이다. 창업가의 본질적 특징도 새로운 시대에 맞추어 변화해야 한다. 21세기를 맞는 후기 자본주의 사회에서 창업가의 역할은 특히 귀중하기 때문에 더욱 그러하다.

위대한 사업가들은 산업혁명 이후에 현대국가를 발전시킨 주역들이며 앞으로도 그들이 경제발전의 주역임에 틀림이 없다. 기업의 개혁과 새로 태어나는 기업경영은 기업문화의 개혁에 달려 있으며 이를 실현하기 위해서는 최고경영자로부터 기업 내 모든 사람들까지 모두가 자기 분야에서 창업가정신을 발휘할 때 가능할 것이다. 존경받는 창업가는 위대한 창업가가 될 수 있지만 위대한 창업가라 하더라도 존경받는 창업가가 된다는 보장은 없다.

(4) 협동을 추구하는 민주형 리더십

역사 속의 위대한 창업가들을 보면 대부분이 과업지향적 창업독재자의 유형을 보이고 있다. 미국의 포드, 록펠러가 그랬고, 일본의 혼다 그리고 한국의 위대한 창업가와 재벌총수들이 그러하다. “회장은 황제인가?”라는 질문을 던졌던 곽수일 교수나 “가부장적 리더십은 지양되어야 한다.”라는 박내회 교수의 글에서 보듯이 이에 대한 새로운 정리가 요구된다. 남을 통솔하는 지도자는 위대한 사람이어야 한다는 것이 전통적 리더의 개념이었다.

일부 창업가와 대기업을 이룬 재벌 총수들은 그러한 자리에 오른 것을 스스로 당연하게 생각하고 기업의 종업원은 물론 창업에 동참했던 옛동지들까지 부하로 보고 은혜를 베풀고 있다고 ‘착각’을 하였으며, 그러한 착각이 바로 일인통치의 가부장적·권위적 리더십을 행사하는 사람으로 변하게 만들기 십상이었다. 그러나 현대의 존경받는 위대한 창업가는 그러한 리더가 아니다.

올바르고 새로운 리더상은 창업에도 협동적 동업자가 필요함은 물론 기업을 우수기업으로 발전시키는 기본적 조건으로서의 협동정신을 모두가 자발적으로 발휘하게 하는 민주적 참여형 리더십을 필요로 한다. 헨리 포드처럼 “내가 만든 기업이기에 내 마음대로 운영하고 처분하는 데 무엇이 잘못이냐”라고 한 독재형 리더십은 포드 자동차 회사의 몰락과 포드 자신의 불행을 가져왔으며, 이와 대조적으로 "내 기업이라니, 천만에요. 나보다 우수한 젊은이들에게 맡겨야지요."라는 말과 함께 66세의 나이로 은퇴하고 전문경영자를 승진시켜 회장직을 맡게 한 혼다 소이치로의 리더십 스타일은 혼다를 지속적으로 성장하도록 한 주요 원인이었다.

현대 우수기업의 특징은 참여형 책임경영제도와 '고객만족'의 개념을 달성시키며 동시에 신바람나는 기업문화의 육성에 있다는 것을 강조하는 새 시대 새 경영이다.

모두가 자발적인 협동정신으로 충만해야 한다는 특징이 우수한 초일류 기업을 만드는 길이며, 이는 바로 리더십에 달려 있다. 리더란 사람들이 존경하고 신임하며 따르고, 자발적으로 창의와 발명의 공헌을 하고 서로 돕고 성장한다는 변혁적 리더십 개념을 발휘하는 리더상이 바로 창업가의 본질적 개념으로서 자리잡아야 한다. 이는 '현장주의 리더십', '자율 및 참여지향적인 민주형 리더십'에서 찾아볼 수 있다.

새로운 기업은 과업지향적 고전적 리더의 특징도 중요하지만 자율 및 참여지향적인 민주형 리더가 이끌 때에 비로소 협동과 자율경영의 혜택을 얻게 되며 이러한 양자 배합의 새 리더상이 존경받는 창업가를 탄생시키는 것이다.

앞에서 논한 창업가의 5가지 본질적 특징은 고전적 개념과 신고전적·현대적 개념을 수정·확장하면서 하나의 새로운 포괄적 본질로 변하게 된다. 영웅적인 위대한 창업가가 산업혁명 시대의 특징이었다고 한다면, 새 시대인 국제화시대의 창업가는 새로운 기업환경, 즉 후기 자본주의 시대의 새로운 주역으로 유능하고도 존경받는 새로운 창업가의 본질을 이해해야만 한다.

인권이 존중되는 자율적 책임경영을 이루어 나가며 세계적 초일류 기업을 창조·발전시켜야 할 창업가는 영웅적인 위대한 창업가가 되기보다는 존경받는 창업가가 됨으로써 가능하다.

Ⅳ 성공한 창업가와 실패한 창업가의 특성

1. 성공한 창업가의 특성

① 독립욕구(Desire)

② 주도성 또는 적극성(Initiative & Aggressiveness)

③ 활동에너지(Energy)

④ 낮은 지원의존도(Low Support Needs)

⑤ 눈치(Thrives on Ambiguity)

⑥ 끈기와 각오(Perseverance)

⑦ 책임의식(Responsibility)

⑧ 문제해결능력(Problem Solving)

⑨ 설득력(Persuade)

⑩ 자제력 또는 자기관리통제(Self-discipline)

⑪ 돈의 가치에 대한 인식(Value of Money)

⑫ 자신감(Self-confidence)

⑬ 자부심(Ego Development)

⑭ 시장감각(Market Awareness)

2. 실패한 창업가의 특성

① 탐욕(Greed)

② 불성실 또는 부정직(Dishonesty)

③ 피해망상(Paranoia)

④ 낮은 대인안목(Poor People Judgement)

⑤ 조급함(Impatience)

⑥ 사업지식의 결여(Lack of Business Knowhow)

⑦ 관리체계의 결여(Lack of Control System)

V 창업 적성검사

1. 개인적 요인

자신에게 맞는 하나의 직업을 선택하는 데 있어서 개인적 특성이 매우 중요하다. 이런 개인적 특성은 내적 요인과 외적 요인으로 나누어 살펴볼 수 있다. 내적 요인에는 직업 선택에 영향을 줄 수 있는 유전적 소질, 신체적 조건 그리고 인지적 특성 등이 포함될 수 있다. 구체적인 내용은 다음과 같다.

첫째, 직업 선택 이론에 의하면, 가장 중요한 직업 결정 요인으로 연령을 들 수 있다.

둘째, 성 차이가 영향을 줄 수 있다. 직업 선택이나 직업에 대한 관심에서 남녀 차이를 보인다. 남성이 전문적 행정직, 기술직, 생산직, 서비스직 등 다양한 영역을 선택하는 특성을 보이는 반면에 여성은 제한적인 직종을 선택하는 경향이 있다. 하지만 이런 차이는 점점 감소되는 추세이다.

셋째, 지능과 적성을 들 수 있다. 특정 영역에서의 전문적인 기술을 필요로 하는 직업일수록 지능과 높은 관계를 보이고, 특정 영역에서의 개인의 능력과 성공가능성의 지표가 되는 적성이 직업 선택에 중요한 영향 요인이 된다. 일반적으로 적성과 생산성은 높은 상관이 있는 것으로 알려져 있다.

넷째, 성격 요인을 들 수 있다. 자신의 성격에 적합한 직업을 선택할수록 생산성과 만족도는 향상된다. 한국교육개발원(1998)이 제시한 성격과 직업과의 관계를 살펴보면 활동성 특성이 높은 사람은 노동, 기계조작, 비행사 등의 직종이 적합하고 사교성 특성이 높은 사람은 물리학자, 인류학자, 화학자, 생물학자의 직종이 적합하며, 사회성 특성이 높은 사람은 심리학자, 상담가, 외교관, 교사, 목사 등의 직업이 적합하고, 안정성 차원은 통계학자, 행정 보조원 등이 적합하며, 지배성 차원은 판매원, 경매원, 정치가, 사회자 등과 관계가 있고, 예술성 차원은 시인, 소설가, 음악가, 극작가, 작곡가 등의 직종이 적합한 것으로 나타나고 있다.

다섯째, 흥미 요인을 들 수 있다. 흥미가 있는 곳에서 직무 수행을 하는 것이 만족스럽고 적응을 잘하는 결과를 보이고 있다.

여섯째, 학력 요인도 직업 선택에 영향을 준다. 학교교육을 통해 취업에 필요한 정보와 훈련을 받게 되며, 학력 수준에 따라 사회적으로 요구되는 직업 선택이 다르게 된다.

마지막으로 신체적 조건을 들 수 있다. 일반적인 직업에서 요구하는 최소한의 신체적 능력뿐만 아니라, 특정 직업에서 특별하게 요구되는 신체적 능력이 있을 수 있기 때문에, 신체적 능력은 직업 선택의 중요 요인이 된다. 외적 요인에는 가정배경, 사회·경제적 지위, 종교적 특성 그리고 직업 가치관 등이 있다.

2. 사회적 요인

직업 결정시에 고려할 사회적 요인으로는 사회구조의 변화 요인, 산업기술의 혁신요인, 인구증가요인 그리고 사회적인 직업가치관의 요인을 들 수 있다. 직업세계의 현황을 잘 고려하여 자신에게 적합한 유망한 직종을 선택할 수 있어야 한다.

또한, 창업 적성검사에서 사회적 요인은 창업자의 사회적 환경, 인간관계, 네트워크 및 외부 지원 시스템이 창업 성공에 미치는 영향을 평가하는 요소입니다. 주요 사회적 요인에는 다음과 같은 것들이 포함된다.

■ 가족 및 지인의 지원

⇨ 가족과 친구들이 창업을 지지하고 있는가?

⇨경제적·정서적 지원을 받을 수 있는가?

■ 네트워크 및 인맥

⇨ 업계 내 인맥이 풍부한가?

⇨ 멘토나 조언을 구할 수 있는 전문가가 있는가?

■ 사회적 신뢰 및 명성

⇨ 기존 커뮤니티에서 신뢰받는 사람인가?

⇨ 사업을 운영할 때 신뢰를 바탕으로 한 관계를 구축할 수 있는가?

■ 정부 및 공공 지원제도 활용 능력

⇨ 창업 지원 정책, 정부 보조금, 창업 관련 교육을 활용할 수 있는가?

⇨ 법적, 행정적 절차를 원활하게 처리할 수 있는가?

■ 협력 및 파트너십 형성 능력
⇨ 공동 창업자나 협력업체와 원만한 관계를 유지할 수 있는가?
⇨협력적인 사고방식을 가지고 있는가?

사회적 요인이 긍정적으로 작용하면 창업의 안정성과 지속 가능성이 높아질 수 있습니다. 반면, 사회적 지원이 부족하거나 네트워크가 미약하면 창업 과정에서 어려움을 겪을 가능성이 크게 적응한다.

3. 홀랜드의 인성이론

홀랜드(Holland, 1985)는 개인의 성격 유형이 직업 선택에 영향을 주고 모든 인간은 6가지 기본 성격 유형으로 분류할 수 있으며, 또한 직업 유형도 6가지 유형으로 분류할 수 있다고 하였다. 홀랜드는 개인의 성격적 유형과 직업이 요구하는 특성이 일치할수록 개인은 만족된 직업 생활을 경험하게 된다고 하면서 다음과 같은 4가지의 기본 전제를 제시하였다.

첫째, 모든 사람은 6가지 유형 중 하나의 범주에 할당될 수 있으며, 둘째, 6가지의 환경이 존재하고, 셋째, 사람들은 자신의 기술과 능력을 구사하며 자신의 태도와 가치관을 표현할 수 있는 환경을 탐색하고, 넷째, 개인의 행동은 자신의 성격과 환경 특성의 상호 작용에 의해 결정된다. 홀랜드의 육각형 모델에 의하여, 개인과 환경의 양식이 일치할수록, 개인과 환경적 특성이 일관성을 가질수록, 그리고 개인적 특성과 환경적 특성 중 서로 일치하는 부분이 다른 특성에 비해 뚜렷할수록 직업에 대한 만족이 증가하게 된다. 6가지 유형을 살펴보면 다음과 같다.

(1) 현실적 유형(Realistic Type)

사람보다는 사물을 더 좋아하고 과거나 미래보다는 현재에 초점을 맞추며 관습적 태도를 가지고 있는 사람이다. 이 유형의 사람은 조작활동을 선호하며 사회적 기술이 낮은 특성을 보인다. 이 유형의 사람들은 기계적이고 기술적인 능력을 필요로 하는 기술직 등이 있다.

(2) 탐구적 유형(Investigative Type)

분석적이고 호기심이 많으며 창의성이 높은 반면에 관습적 태도나 대인 관계 기술이 부족한 사람이다. 이 유형의 사람은 추상적이고 논리적이며 과학적인 직업 유형이었다.

(3) 예술적 유형(Artistic Type)

풍부한 감정과 표현력, 창의성 특성을 보면 규범적 기술에는 능력이 부족한 경우이다.

(4) 사회적 유형(Social Type)

인간 관계를 중시하여 타인의 요구에 민감하지만, 도구나 기계를 조작하는 능력은 부족한 사람으로써, 지적이고 타인을 보호할 수 있는 교육, 사회 복지와 같은 직종이 효과적이다.

(5) 진취적 유형(Enterprising Type)

타인을 통제하는 것을 선호하는 사람으로써, 공격적이고 자기 만족적이며 권력이나 지위를 매우 중요시하는 사람이 해당된다. 이런 유형의 사람은 체계적인 활동을 싫어하며 과학적 능력도 부족하다.

(6) 관습적 유형(Conventional Type)

실제적이고 구조화된 상황을 선호하는 사람으로써, 체계적으로 자료를 정리하고 기록하는 직업을 선호하며 매우 의존적인 특성을 보인다.

4. 창업자 적성검사

크라이테스(Crites)는 특성직업에 적합한 개인의 심리적 특성이 있는 반면 직업이 달라지면 취업자의 심리적 특성도 달라지는 것으로 생각하였다.

이러한 사실은 직업마다 갖는 고유한 개인적 특성이 있음을 말하는 것이다.

직업적성을 탐색하기 위하여 크게 3가지로 그 범주를 단순화시킨다면 첫째,

능력을 중심으로 측정하는 직업적성검사, 둘째, 흥미 중심의 직업적성검사, 셋째, 성격 중심의 직업 적성검사로 분류해 볼 수 있다.

여기서는 창업하기 위한 적합성의 정도를 파악하는 것이 목적이므로 창업 전략을 탐색하기 위한 체크리스트, 적성검사, 성격검사, 건강 중심의 요소로 살펴보자.

창업을 준비하는 사람이라면 자신의 적성과 강점을 정확히 파악하는 것이 중요하다.

성공적인 창업을 위해 어떤 요소를 고려해야 하는지 살펴보겠다.

1. 창업 적성을 결정하는 주요 요소

1) 성격 유형(Personality Type)
- ➪ 창의적(Creative) - 새로운 아이디어를 만들어내는 능력
- ➪ 도전적(Challenging) - 실패를 두려워하지 않고 문제를 해결하는 태도
- ➪ 리더십(Leadership) - 팀을 이끌고 의사 결정을 내리는 능력
- ➪ 분석적(Analytical) - 시장과 데이터를 분석하여 기회를 찾는 능력
- ➪ 혁신적 아이디어를 실행하는 창업가 → IT, 스타트업 분야
- ➪ 고객 중심 사고를 가진 창업가 → 서비스업, 요식업

2) 창업 동기(Motivation)
- ➪ 자율성(Independence) - 조직에 속하지 않고 스스로 결정하고 싶음
- ➪ 수익 창출(Profit) - 경제적 목표를 이루고 싶음
- ➪ 사회적 가치(Social Impact) - 사회 문제를 해결하는 비즈니스 창출
- ➪ 자유롭게 일하고 싶은 사람 → 프리랜서, 1인 창업
- ➪ 높은 수익을 원하는 사람 → 전자상거래, 금융 스타트업
- ➪ 사회적 가치를 중시하는 사람 → 친환경, 소셜벤처 창업

3) 창업 환경(Working Environment Preferences)
- ➪ 혼자 일하기 vs. 팀과 함께 일하기
- ➪ 사무실 중심 vs. 디지털 노마드(온라인 비즈니스)
- ➪ 안정적인 시장 vs. 빠르게 변화하는 시장
- ➪ 독립적인 업무 스타일 → 온라인 콘텐츠 제작, 코칭 비즈니스

⇨ 협업을 선호하는 스타일 → 스타트업 공동 창업, 프랜차이즈 운영

2. 창업 유형별 적성 탐색

1) 기술 기반 창업(Tech Startup) → 분석적, 혁신적 성향

⇨ 적성: IT 개발, 데이터 분석, 문제 해결 능력

⇨ 예시: AI, 핀테크, 소프트웨어 개발

2) 전자상거래(E-commerce) → 마케팅, 소비자 분석 능력

⇨ 적성: 트렌드 파악, 온라인 마케팅, 고객 서비스

⇨ 예시: 쇼핑몰, 해외 직구, 크라우드펀딩

3) 프랜차이즈 창업(Franchise) → 운영 능력, 조직 관리 능력

⇨ 적성: 경영, 고객 관리, 리더십

⇨ 예시: 카페, 음식점, 교육센터

4) 콘텐츠 창작 및 1인 창업(Creator & Freelancer) → 창의적, 독립적 성향

⇨ 적성: 창의력, 브랜드 구축, 소셜미디어 활용

⇨ 예시: 유튜버, 블로거, 강의 제작

3. 창업 적성 테스트 방법

1) MBTI 테스트 활용

⇨ ENTJ → 리더십이 강한 CEO형

⇨ INTP → 기술 및 혁신 기반 창업 적합

2) 창업가 DNA 테스트

⇨ 창업 교육 기관 및 정부 지원 프로그램에서 제공하는 테스트 활용

3) 시장 조사 및 경험 쌓기

⇨ 인턴십, 스타트업 경험, 소규모 프로젝트 진행

창업 성공을 위해서는 자신의 성향을 분석하고, 다양한 경험을 쌓으며 어떤 창업이 자신에게 적합한지 탐색 자신의 적성을 파악하고, 창업 유형과 맞는 분야를 선택하는 것이 중요하다 할 수 있다.

표 2-4 창업 자가진단법

항 목	세부 항목	자신있다 (2.5)	보통이다 (2)	부 족 (1.5)	전 혀 (1)
인간관계	1. 사람 만나는 것이 좋고 즐겁다.				
	2. 친절한 편이며 좀처럼 화내지 않는다.				
	3. 부부 사이가 좋고 금전관계에 비밀이 없다.				
	4. 직장생활이 즐겁다.				
	5. 약속을 잘 지킨다.				
리더십	6. 학창시절에 임원을 한 경험이 있다.				
	7. 군경험이나 조직생활을 한 경험이 있다.				
	8. 장남이며 장녀다.				
	9. 비즈니스의 세계에서 여자라고 꿀릴 것이 없다.				
	10. 합리적이며 남의 의견을 존중하는 편이다.				
사업지식	11. PC통신이나 인터넷정보를 활용할 수 있다.				
	12. 컴퓨터 문서작성을 할 줄 안다.				
	13. 직장경험이 5년 이상이다.				
	14. 은행에서 대출을 받아 본 경험이 있다.				
	15. 계약을 해 본 경험이 있고 부동산 서류를 볼 줄 안다.				
	16. 어음을 발행하거나 볼 줄 안다.				
	17. 외국어 한 가지 정도는 독해능력이 있다.				
	18. 경제 관련 잡지를 보고 있다.				
	19. 프랜차이즈의 흐름을 알고 있다.				
	20. 사업자등록법, 부가세, 소득세 신고를 할 줄 안다.				
자금관리	21. 검소하게 절약하는 편이다.				
	22. 물건구입이나 카드사용시 영수증은 꼭 보관한다.				
	23. 연말정산을 꼼꼼히 챙긴다.				
	24. 신용카드는 3개 이상 쓰지 않고 연체하지 않는다.				
	25. 사채자금을 써 본적이 있다.				
의지력 체력	26. 해외여행 경험이 있다.				
	27. 감기 정도는 병원에 가지 않고도 이긴다.				
	28. 승부에 집착하는 편이다.				
	29. 사생활보다는 일을 더 중시하는 편이다.				
	30. 일주일을 꼬박세워도 버틸 수 있다.				
아이템	31. 아이템 선정시 아이템의 라이프 사이클을 분석한다.				
	32. 아이템에 대한 전문 컨설트의 자문을 받는다.				
	33. 아이템과 나의 연관성을 생각해서 선택했다.				
	34. 아이템에 대한 기회비용을 분석했다.				
	35. 아이템에 대한 벤치마킹 대상이 있다.				
마케팅	36. 마케팅의 의미를 설명할 수 있다.				
	37. 점포위치 500m 이내의 경쟁업체를 분석했다.				
	38. 지역 내 고객의 자료를 갖고 있다.				
	39. 전시홍보전략의 중요성을 알고 있다.				
	40. 매장인테리어 및 가격전략이 수립되어 있다.				
계					

창업 적성 평가 판정표

① 점수가 84~100점인 경우 : 창업을 위한 준비는 충분하다.

→ 무얼 망설이는가? 창업의 무대에서 당신의 능력을 마음껏 발휘하라. 당신을 위하여 멋진 세상이 열려 있다.

② 점수가 60~83점인 경우 : 창업을 위한 준비가 비교적 우수하다. 그러나 방심은 금물이다. 처음부터 꼼꼼히 챙겨보라.

→ 지금 다른 생각을 하는가? 강의에 충실하라. 창업하면 성공의 가능성이 많다. 당신의 사업을 더욱 구체화하라.

③ 점수가 48~59점인 경우 : 창업의 자질과 준비가 필요하다.

→ 예습은 했는가? 그리고 집에 가서 복습도 해야 한다. 물론 강의도 열심히 들어야 한다.

④ 점수가 36~47점인 경우 : 창업을 위한 적성과 준비가 빈약하다.

→ 창업과 달리기 시합을 한다면 굉장히 고전할 것이다. 엄청난 연습이 필요하다. 이제는 성공적 창업을 확실히 계획하라.

⑤ 점수가 24~35점인 경우 : 창업을 위한 자질과 준비가 되어 있지 않다.

→ 허약체질이다. 잘못하면 제풀에 못 이겨 쓰러지겠다. 준비가 성공을 부른다.

⑥ 점수가 1~23점인 경우 : 창업해서는 안 된다.

→ 처음부터 다시 시작하라. 당신의 곁에 우리가 있다.

표 2-5 창업가 자질 평가표

순번	질 문	그렇다 (4)	그런 편이다 (3)	그렇지 않은 편이다 (2)	그렇지 않다 (1)
1	나는 육체적으로나 정신적으로 어떠한 힘든 일도 할 수 있다.				
2	나는 비교적 마음이 평온하다.				
3	나는 사업에 필요한 재능을 가지고 있다고 생각한다.				
4	나는 내가 구상하고 있는 사업에 대해 잘 알고 있다.				
5	나는 창조적인 일을 좋아한다.				
6	나는 모험심이 강하다.				
7	나는 책임감이 강하다.				
8	나는 성실하고 부지런하다.				
9	나는 무슨 일이든 해낼 수 있는 자신감을 가지고 있다.				
10	나는 판단력이 정확하고 결단력이 빠르다.				
11	나는 남에게 지는 것을 싫어한다.				
12	나는 집념이 강한 사람이다.				
13	나는 인덕이 있다거나 인간적인 매력을 가지고 있다는 주변 사람의 말을 자주 듣는다.				
14	나는 기업은 법을 지켜야 하고 사업상 관련된 사람들의 의견을 고려하여 의사결정을 해야 한다고 생각한다.				
15	나는 기업은 사회적인 윤리를 지켜야 한다고 생각한다.				
16	나는 복잡한 일을 잘 정리하고 분석할 수 있다.				
17	나는 직관력과 예측력이 뛰어나다고 생각한다.				
18	나는 기획력이 뛰어나고 치밀하다고 생각한다.				
19	나는 처음 만나는 사람도 그 성격을 빨리 파악할 수 있다.				
20	나는 리더십이 뛰어나다는 소리를 자주 듣는다.				
21	나는 남의 어려움을 잘 해결해 준다.				
22	나는 다른 사람들과 빨리 친해진다.				
23	나는 주위 사람들로부터 넉넉하고 자상한 사람이라는 평을 듣는다.				
24	나는 주위 사람들로부터 여러 가지 창업정보를 수집한다.				
25	나는 남에게 내 주장을 고집하지 않는다.				
	계				

창업가 자질 평가 판정표

① 점수가 84~100점인 경우 : 사업가의 자질이 극히 우수하다.
→ 무얼 망설이는가? 지금 강의실에 있을 때가 아니다. 사업가적 자질을 마음껏 발휘하라.

② 점수가 60~83점인 경우 : 사업가의 자질이 비교적 우수하다.
→ 지금 다른 생각을 하는가? 강의에 충실하라. 배우고 나가면 뜰 수 있다.

③ 점수가 48~59점인 경우 : 사업가의 자질이 어느 정도 있다.
→ 예습은 했는가? 그리고 집에 가서 복습도 해야 한다. 물론 강의도 열심히 들어야 한다.

④ 점수가 36~47점인 경우 : 사업가 자질이 약간 빈약하다.
→ 사업과 달리기 시합을 한다면 굉장히 고전할 것이다. 엄청난 연습이 필요하다.

⑤ 점수가 24~35점인 경우 : 사업가의 자질이 상당히 빈약하다.
→ 허약체질이다. 잘못하면 제풀에 못 이겨 쓰러진다.

⑥ 점수가 1~3점인 경우 : 사업가의 자질이 극히 빈약하다.
→ 가까이 하기엔 너무 먼 그대 사업이여!

Tip & Tip

성공하는 사람들의 7가지 습관 (스티븐 코비 저)

1. 주도적이 되라 (Be Proactive)
2. 끝을 생각하며 시작하라 (Begin with the End in Mind)
3. 소중한 것을 먼저 하라 (Put First Things First)
4. 이기는 습관을 가져라 (Think Win－Win)
5. 먼저 이해한 다음 이해시켜라 (Seek First to Understand, Then to Be Understood)
6. 시너지를 활용하라 (Synergize)
7. 끊임없이 성장하라 (Sharpen the Saw)

쉬어가기

적성검사

⇨ 작성방법

먼저 설문을 읽고 예(○), 아니오(×) 중 하나를 선택하시오.

1. 나의 생활방식을 다른 사람에게 구체적으로 설명할 수 있다. (　　)
2. 일을 계획적으로 하는 편이다. (　　)
3. 일을 맡으면 적극적으로 하고 싶은 생각이 든다. (　　)
4. 실패해도 실망하지 않는 편이다. (　　)
5. 약속을 지키는 편이다. (　　)
6. 창업을 위해 정보를 수집하고 있다. (　　)
7. 친구가 많다. (　　)
8. 다른 사람이 나와 다른 의견을 내도 귀를 기울이는 편이다. (　　)
9. 어려울 때 함께 고민해 줄 친지가 세 명 이상 된다. (　　)
10. 도전정신이 왕성한 편이다. (　　)
11. 자신의 의사가 확고한 편이다
(또는 그 의사를 타인에게 전달할 수 있다). (　　)
12. 건강에 자신이 있다. (　　)
13. 기초적인 재무지식이 있어 재무제표 정도는 이해할 수 있다. (　　)
14. 좋아하는 일이라면 먹고 자는 일도 잊어버린다. (　　)
15. 창업을 하는 데 있어 가족들을 설득할 자신이 있다. (　　)
16. 잘 될 줄 알았던 일이 생각처럼 안 되어도 곧 잊어버릴 수 있다. (　　)
17. 즐겁지 않은 모임에 가서도 참고 즐길 수 있다. (　　)
18. 누군가에게 맞으면 반드시 반격을 한다. (　　)
19. 외부 사람이 말을 걸어오면 일단은 들어준다. (　　)
20. 친한 친구의 출세가 마음에 걸린다. (　　)

[결 과]

⇨ 관련된 내용

1~15번은 독립과 관련하여 자기 주변의 성숙도를 체크하는 항목이고, 16~20번은 창업가로서의 자질, 즉 창업과 관련된 잠재력을 체크하는 항목이다.

⇨ 채점방법

'예'는 5점, '아니오'는 0점으로 계산하여 총점을 내고 다음의 해설을 읽고 참고하기 바란다.

⇨ 채점 결과

■ 총점 60점 이상(A급)

창업할 수 있는 환경이 성숙되어 있고 창업자로서의 자질도 충분하다. 자신이 추구할 업종을 검토하고 그 업종과 관련된 전문정보를 수집했다면 언제든지 개업해도 좋다.

■ 총점 35~55점(B급)

그럭저럭 창업할 만한 환경이 성숙되어 있다. 그러므로 자신이 운영할 업종을 눈여겨 보고 폭넓게 체인점 정보를 수집하기 바란다.

■ 총점 30점 이하(C급)

창업을 해야 할 동기가 명확하지 않다. 이런 사람은 ○○체인점, 월수입 1,000만 원 식의 숫자에 현혹될 위험성이 높다. 그러므로 다시 한번 자신에게 맞는 업종이 무엇인지를 진지하게 생각해 보기 바란다. 또한 창업 관련 세미나도 참가하고, 체인점 정보를 수집하는 일도 게을리해서는 안 된다.

적업적성검사(아이템검사)

본 검사는 성격, 능력, 유능감, 흥미를 알아봄으로써 장래에 어떤 진로를 선택하는 것이 바람직한가를 결정하는 데 도움을 주고자 하는 것으로 각 문항들에 대해 성실하게 응답해 가면서 자신에 관하여 더 많이 이해하게 될 것이며, 알맞은 아이템 코드를 발견하면 좋은 지침이 될 것이다.

진로 심리학자인 홀랜드(John L, Holland)의 진로 이론에 따르면, 세상의 모든 직업들과 사람들의 직업적 적성은 다음과 같은 여섯 가지의 유형으로 나누어질 수 있다고 한다. 능력, 흥미, 성격 및 가치관 등을 고려해 볼 때 어떤 유형의 직업분야를 선택하는 것이 당신의 적성에 가장 알맞고 인생을 만족스러우며 행복하게 보낼 수 있게 될지 생각해 보자.

⇨ 진단 방법

먼저 설문을 읽고 '예'(2점), '아니오'(0점), '어느 쪽이라 말할 수 없다'(1점) 세 가지로 체크하고, 계산하여 합계를 낸다.

이 중 가장 높은 점수가 직업적성이다. 진단결과 높은 점수가 복수라면 자기 나름대로 생각해서 유연하게 판단하기 바란다.

1. 교제범위가 넓은 편이라 사람을 만나는 데 많은 시간을 소비한다.
2. 손재주는 비교적 있는 편이다.
3. 기획과 섭외 중 기획을 더 잘할 수 있을 것 같다.
4. 도서실이나 자료실에 책이나 문서를 정리하고 관리하는 일을 싫어하지 않는다.
5. 선입견으로 판단하지 않고 이론적으로 판단하는 편이다.
6. 예술제나 미술전 등에 관심이 많다.
7. 행사의 사회나 방송 등 마이크를 사용하는 분야에 관심이 많다.
8. 하루 종일 방에 틀어박혀 연구하거나 몰두해야 하는 일은 싫다.
9. 공상이나 상상을 많이 하는 편이다.
10. 모르는 사람과도 마음이 맞으면 쉽게 마음을 터놓으며 바로 친해진다.
11. 물건을 만들거나 도구를 사용하는 일이 싫지는 않다.

12. 새로운 아이디어를 생각해 내는 일이 좋다.
13. 회의에서 사회나 서기를 맡는다면 서기 쪽이 더 맞을 것 같다.
14. 사건의 뒤에 숨은 본질을 생각해 보기를 좋아한다.
15. 색채감각이나 미적 센스는 풍부한 편이다.
16. 남의 눈에 띄는 것을 좋아하므로 남의 주목을 받는 것이 아무렇지도 않다.
17. 문화재 위원과 체육대회 위원 중 체육대회 위원을 하고 싶다.
18. 보고 들은 것을 문장으로 옮기기를 좋아한다.
19. 남에게 뭔가 가르쳐 주는 일이 좋다.
20. 많은 사람과 장시간 함께 있으면 피곤하다.
21. 엉뚱한 일을 하기 좋아하고, 발상도 개성적이다.
22. 전표의 숫자를 계산하거나 장부에 기입하는 일을 싫증내지 않고 할 수 있다.
23. 책이나 신문을 열심히 읽는 편이다.
24. 신경이 예민한 편이며 감수성도 예민하다.
25. 연회석에서 망설임 없이 노래를 부르거나 장기를 보이는 편이다.
26. 운동을 하고 있을 때는 생기가 넘친다.
27. 사보나 팸플릿 등의 기획이나 편집에 흥미가 있다.
28. 남 앞에서 스스럼없이 자기 소개를 한다.
29. 과자나 빵을 판매하는 일보다 만드는 일이 나에게 맞을 것 같다.
30. 즐거운 캠프를 위해 계획 세우기를 좋아한다.
31. 데이터를 분류하거나 통계 내는 일을 좋아한다.
32. 드라마나 소설 속의 등장인물의 생활방식이나 사고방식에 흥미가 있다.
33. 자신의 미적 표현력을 살리면 상당히 좋은 작품이 나올 것 같은 생각이 든다.
34. 화려한 것을 좋아하며 주위의 평판에 신경을 쓰는 편이다.
35. 여럿이서 여행할 기회가 있다면 즐겁게 참가한다.
36. 여행소감을 쓰기 좋아한다.
37. 상품전시회에서 상품설명을 한다면 잘할 수 있을 것 같다.
38. 변화가 적고 손이 많이 가는 일도 꾸준히 계획하는 편이다.
39. 신제품 홍보에 흥미가 있다.

40. 열차시간표 1페이지 정도라도 정확하게 옮겨 쓸 자신이 없다.
41. 자신의 장래에 대해 자주 생각해 본다.
42. 상품을 고를 때 디자인과 색에 신경을 많이 쓴다.
43. 극단이나 탤런트 양성소에서 공부해 보고 싶다는 생각을 한 적이 있다.
44. 외출할 때 날씨가 좋지 않아도 그다지 신경 쓰지 않는다.
45. 손님을 불러들이는 호객행위도 마음만 먹으면 할 수 있을 것 같다.
46. 신중하고 주의 깊은 편이다.
47. 하루 종일 책상 앞에 앉아 있어도 지루해 하지 않는 편이다.
48. 알기 쉽게 요점을 정리한 다음 남에게 잘 설명하는 편이다.
49. 생물시간보다는 미술시간에 흥미가 있다.
50. 남이 자신에게 상담을 해오는 경우가 많다.
51. 친목회나 송년회 등의 총무역할을 좋아하는 편이다.
52. 실패하나 성공하나 그 원인은 꼭 분석한다.
53. 실내장식품이나 악세서리 등에 관심이 많다.
54. 남에게 보이기 좋아하고 지기 싫어하는 편이다.
55. 대자연 속에서 마음대로 몸을 움직이는 일이 좋다.
56. 파티나 모임에서 자연스럽게 돌아다니며 인사하는 성격이다.
57. 무슨 일에 쉽게 구애받는 편이며 장인의식도 강하다.
58. 우리나라의 분재를 프랑스 파리에서 파는 방법을 생각해 내는 일 등을 좋아한다.
59. 거리를 하루종일 돌아다녀도 그다지 피곤을 느끼지 않는다.
60. 컴퓨터의 키보드 조작도 연습하면 잘할 수 있을 것 같다.
61. 자동차나 모터보트 등의 운전에 흥미를 갖고 있다.
62. 인기탤런트의 인기비결을 곧잘 생각해 본다.

[평점표]

앞 페이지의 각 질문에 '예'(2점), '아니오'(0점), '어느 쪽이라 말할 수 없다'(1점)를 ( ) 안에 넣은 다음 A~I 타입별로 합계를 낸다. 합계가 이 중 가장 높게 나온 타입이 당신의 직업적성이다.

A	B	C	D	E	F	G	H	I
1( )	2( )	3( )	4( )	5( )	6( )	7( )	8( )	9( )
10( )	11( )	12( )	13( )	14( )	15( )	16( )	17( )	13( )
19( )	20( )	21( )	22( )	23( )	21( )	25( )	26( )	14( )
28( )	29( )	30( )	31( )	32( )	24( )	28( )	35( )	18( )
37( )	38( )	39( )	38( )	41( )	33( )	34( )	44( )	23( )
45( )	46( )	45( )	40( )	48( )	42( )	43( )	55( )	27( )
50( )	57( )	51( )	46( )	52( )	49( )	45( )	59( )	36( )
56( )	60( )	58( )	47( )	62( )	53( )	54( )	61( )	47( )
↓	↓	↓	↓	↓	↓	↓	↓	↓
A	B	C	D	E	F	G	H	I

[결 과]

■ A TYPE

처음 만나는 사람과도 공통의 화제를 잘 만들고, 그 분위기를 잘 이끌어 가며 교재의 범위가 넓고 사람이나 친구가 많은 사교적인 타입

• 참고직종 : 판매원, 접수, 안내, 영업직, 가이드, 스튜어디스, 나래이터모델, 웨이트리스, 교사, 보험모집원, 각종 강사, 회사교육 담당원, 행사요원, 직업상담원, 통역, 사회복지 전문직 등

• 참고업종 : 여행사, 전문인력소개업, 음식업, 노래방, 미용전문점, 전원카페 등

■ B TYPE

착실하고 판단이나 일을 처리하는 데 있어 주의 깊게 신경을 쓰는 편이며 느긋하게 몰두하는 강한 타입

• 참고직종 : 타이피스트, 키펀처, 오퍼레이터, 상품검사원, 실험원, 상품관리, 가공조립, 기능사, 운반기술자, 요리사, 정비사, 설비기술자, 무선종사가, 측량사, 치과위생사, 봉재사, 식품가공, 약사, 안경사 등
• 참고업종 : 약국, 안경점, 카정비센터, 식품가공업, PCS 핸드폰대리점, 원룸텔임대업, 세탁업, 비디오점 등

■ C TYPE
새롭고 재미있는 일을 생각하거나 시행하기 좋아하고 기발한 아이디어도 생각해 내는 타입
• 참고직종 : 상품기획, 광고·홍보·이벤트기획, 프로듀서, 레저기획, 여행기획, 도시개발 유원지기획, 각종 전시회 기획 등
• 참고업종 : 체인화 사업, 남성헤어 코디전문점, 레저업, 여행사, 캐릭터전문점, 테마음식 등

■ D TYPE
주어진 일을 정확히 하며 성실한 생활태도가 느껴지는 타입
• 참고직종 : 비서, 회계원, 사무처리원, 관리직, 정보관리, 소설가 등
• 참고업종 : 전문음식점업, 학원업, 정보제공업 등

■ E TYPE
세상의 원리 원칙에 흥미를 갖고 있으며 매우 분석적인 타입
• 참고직종 : 평론가, 학술연구원, 과학자, 의사, 연구원, 시장조사, 분석, 언론인, 법무사, 기술사, 변리사, 엔지니어 등
• 참고업종 : 티켓전문점, 원두커피 토널전문점, 신상품판매업, 실버사업, 소개알선업, 기술제공업, 용역대행업 등

■ F TYPE
감수성이 풍부하고 예민한 타입
•참고직종 : 화가, 각종 디자이너, 일러스트, 공예가, 사진작가, 조각가, 메이크업아티스트, 패션코디네이터, 애니메이트, 디스플레이어 등
•참고업종 : 의류업, 패션소품업, 유명미용실체인업, 화장품판매업 등

■ G TYPE

주위의 관심을 끌어 많은 사람의 주목을 받고 싶어하는 사람

•참고직종 : 이벤트사회자, 가수, 탤런트, 코미디언, 아나운서, 방송사회자, 성우, 악기연주, 무용, 모델, 나레이터 등

•참고업종 : 노래방, 패션웨어전문점, 레저오락업, 커피전문점 등

■ H TYPE

휴일을 집에서 보내기보다 외출을 좋아하는 활동파

•참고직종 : 운동선수, 운동지도원, 캐디, 공원관리자, 레크레이션강사, 운전기사, 경마기수, 토목기술자, 중장비기사, 농업, 임업, 수산업, 목축종사자, 경비원 등

•참고업종 : 이동형 복합미니푸드점, 홍보대행업, 브랜드전문점, 점포홍보대행업, 출장카센터, 체인점 등

■ I TYPE

신경이 예민하고 민감해서 사물을 깊게 생각하고 잘 파악하는 편으로 자신의 느낌이나 생각을 표현하기를 좋아하는 문필가 타입

•참고직종 : 시인, 소설가, 작사가, 카피라이터, 방송작가, 스크립터, 기자, 편집자, 번역가, 르포작가 등

•참고업종 : 캐릭터용품점, 향전문점, 즉석명함전문점, 가정인테리어전문점, 인터넷학습제공업, 미니레코드음반전문점, 성인팬시점, 카페방, 피부관리전문점, 복합팬시, 꽃집 등

5. 환경분석을 통한 창업 전략의 탐색

(1) 환경을 통한 기회 및 위협요인 분석

① 환경변화를 주시하면 '길'이 보인다

요즈음의 경제가 더욱 불안스러워 보인다. 금융시스템의 구조조정과 경제가 어려운 과정으로 직면하면서 앞으로의 상황이 어떻게 변할지 도무지 예측하기 어렵다. 이런 객관적인 상황만 고려한다면 창업을 결심하기가 쉽지 않다. 그러나 이런 상황을 심층 검토해 보면 그 자체가 좋은 사업 기회인 업종을 발굴할 수도 있다. 뿐만 아니라 창업은 당장의 상황만 고려하는 것이 아니라 적어도 몇 년 후를 내다보며 준비하는 것이기 때문에 현재의 상황만을 고려하는 것은 바람직하지 않다.

창업시기는 차후에 결정하더라도 현재와 앞으로의 상황이 어떻게 변화할 것인지를 분석하면서 준비를 해 보자.

환경변수와 자신의 잠재력을 감안해 어떤 방향을 설정하고자 할 때 많이 사용하는 방법 중의 하나가 바로 SWOT분석이다.

SWOT분석이란 사업에 영향을 끼치는 각종 환경분석을 통해 기회요인(O : Opportunity)과 위협요인(T : Threat)을 발굴하고, 이를 다시 자신이 가지고 있는 강점(S : Strength)과 약점(W : Weakness)에 연결시켜 타당한 방향을 찾는 방법이다.

주로 대기업들이 경영전략을 수립할 때 많이 사용하는 방법인데, 창업을 할 때도 이 방법을 쓰면 환경을 분석하는 안목을 갖출 수 있고, 나아가 자신의 잠재력과 결합해 거시적인 창업방향을 탐색할 수 있다. 이 매뉴얼에서는 SWOT분석의 표준적인 방법을 소개하고 있다.

기회요인이란 지금의 환경변화가 창업을 할 때 어떤 점에서 유리할지를 찾아내는 것이다. 반면 위협요인은 환경변화 중에서 창업자들에게 불리하게 작용할 변수들을 말한다. 기회요인이나 위협요인을 발굴하는 방법은 환경변화 내용을 직시하고 그 중에서 창업에 유리하거나 불리한 영향을 줄 항목들을 골라내면 된다. 환경요소를 분석할 때는 가급적 3년 정도의 중기적 관점에서 접근해야 미시적 접근에 따른 판단 오류를 방지할 수 있다. 3년은 중장기 전략 수립의 최소

단위이기 때문이다.

현재 우리 사회에서 전개되는 각종 환경변화는 크게 다음 세 가지로 나눠 살펴볼 수 있다. 먼저 법·정치적 환경이 있고, 다음으로 경제·기술적 환경이 있으며, 마지막으로 사회·문화적 환경변화가 있다.

법·정치적 환경이란 창업에 영향을 끼치는 국회의 입법, 정치권이나 지방자치단체의 움직임 등을 말하며 경제·기술적 환경은 금융정책이나 소비구조, 기술의 변화 등을 말한다. 사회·문화적 환경은 사람들의 심리나 사회 흐름의 변화 등 소비구조에 영향을 끼치는 여러 사회 현상을 일컫는 것이다.

SWOT분석에서는 이와 같이 세 분야의 환경요소를 발굴하여 가장 크게 영향을 끼칠 수 있는 요소를 찾아내고 분석하여 철저히 대비함으로써 실패 확률을 낮출 수 있다.

㉠ 법·정치적 환경

지금 우리 사회는 IMF 체제의 진입과 신정부가 출범함으로써 법률이나 정치 환경 측면에서 큰 변화가 일어나고 있다. 이러한 법적·정치적 환경의 특징적 변화 내용을 창업자가 생각나는 대로 추출해 보고, 이를 다시 기회요인과 위협요인으로 분류해 보자.

환경 변화의 내용 예시

• 각종 규제의 철폐 및 완화	•정치개혁에 대한 국민적 요구
• 외국자본의 국내 유입 가속화	•민생 관련 법률의 개혁
• 햇볕정책 등 통일 분위기 조성	•중산층의 몰락과 사회계층의 양극화

어느 정도 해당 항목이 도출됐다고 생각되면 그 다음은 이러한 환경변화 중에서 기회로 작용할 요인과 위협이 될만한 내용을 분류한다. 여기서 유의할 것은 환경 변화 항목 중 어떤 측면에서도 기회가 될 수 있지만 한편으로는 위협도 될 수 있는 양면성을 가진 것들이 많다는 점이다.

■ 기회 요인의 발굴

위의 내용 중에서 창업을 준비하는 자신에게 도움이 될 만한 것들은 무엇일까. 먼저 각종 규제의 철폐나 완화 추세는 대단히 매력적인 내용이다. 그 동안 어떤 사업을 시작하려고 해도 행정당국의 규제로 착수조차 하지 못하는 경우가 많았기 때문이다. 둘째로 외국자본의 국내 유입 가속화도 업종에 따라서는 좋은 기회 요인이다. 예를 들어 수준 높은 통역 서비스를 제공하는 회사를 실립한다고 해 보자. 물밀 듯이 밀려오는 외국회사들은 양질의 통역서비스를 요구함으로써 사업에 좋은 기회를 제공해 준다. 이와 같은 방법으로 자신이 막연하게 구상중인 사업과 환경변화의 내용을 연관지어 생각해 보면 좋은 기회가 될지 아니면 위협 요인이 될지 창업전략을 수립하는 데 도움이 된다.

■ 위협 요인의 발굴

기회 요인과 반대로 위의 환경 요인 중 자신이 구상하는 사업에 불리하게 작용할 수 있는 요소를 찾는 것이 위협 요인의 발굴이다.

앞에 예시한 내용 중에서 사회불안 현상의 심화는 전 업종 공히 사업을 어렵게 할 가능성이 있다. 사회가 불안한 가운데 번창할 수 있는 사업은 거의 없기 때문이다. 외국자본의 국내 유입 가속화도 업종에 따라서 위협 요인이 될 수 있다. 이는 곧 시장개방을 의미하기 때문이다. 또한 정치권 개편은 선거 대행업 등 업종에 따라서 유리할 수도 불리할 수도 있다. 이렇듯 환경변화의 다양한 내용이 자신이 구상하는 사업에 어떤 영향을 끼칠지는 일률적으로 판단하기 어렵다. 그만큼 환경변화는 양면성이 있기 때문이다.

■ 발굴 항목의 정리

이와 같이 법적·정치적 환경변화의 내용을 나열하고 이를 기회 요인 및 위협 요인으로 정리하되 가장 핵심적으로 영향을 미칠 수 있는 요소를 5개 이내로 간추려서 정리해 본다. 이렇게 발굴된 요소들은 뒤에 제시하는 다른 환경요소와 함께 창업 전략을 수렵하는 데 중요한 데이터가 될 것이다.

㉡ 경제·기술적 환경

IMF 위기의 핵심이 경제 시스템의 붕괴인 만큼 경제·기술적 환경의 변화

요인이 가장 많을 수밖에 없다. 앞에서와 마찬가지 방법으로 경제·기술적 환경 변화의 내용을 생각나는 대로 발굴해 보자.

환경 변화의 내용 예시

- 경제개혁의 필요성 증대
- 대기업들의 구조계획
- 도산기업 증가
- 고용불안 및 실질적 증대
- 고금리 상황의 지속
- 창업 확산 분위기
- 생력화(生力化) 시스템 발달
- 주식시장 붕괴
- 부동산 경기침체
- 가계소비 축소
- 산업사회 등장 가속화
- 경제문제에 정부 개입 증가
- 정보통신 기술의 발달

㉢ 사회·문화적 환경

IMF 위기가 경제문제로 야기되었다 하더라도 그 결과는 사회·문화에까지 큰 변화를 가져와서 창업방향을 수립하고 구체적인 아이템을 구상할 때 이러한 변화들을 심층 고려하여야 고객을 확보하는 영업전략을 수립할 수 있고 현재 전개되고 있는 사회·문화적인 변화들을 기술하면 다음과 같다.

환경 변화의 내용 예시

- 소비자 의식의 변화
- 가격 및 개념파괴의 확산
- 복고주의의 등장
- 귀농, 귀향인력의 증가
- 지방자치단체 및 개인이기주의의 등장
- 도산 및 실직 증후군의 등장
- 스포츠 영웅의 각광
- 화이트칼라의 붕괴 가속화
- 개인의 심리적 불안감 가속
- 일본 대중문화 개방

② 체계적 정리를 통한 환경변화의 활용

이상과 같이 세 측면에서 환경분석과 기회 및 위협 요인의 발굴이 끝나면 체계적으로 정리하고 활용방안을 모색해 본다. 그리고 SWOT 분석에 활용할 때는 세 분야의 요소들을 망라해 기회 요인과 위협 요인으로 가장 중요한 것을 다시 5개씩 추려서 대입시키면 된다.

표 2-6 환경분석 결과 정리 시트

구 분	기회 요인(O)	위협 요인(T)
법 · 정치적 환경 (중요 5가지 항목)	• • • • •	• • • • •
경제 · 기술적 환경 (중요 5가지 항목)	• • • • •	• • • • •
사회 · 문화적 환경 (중요 5가지 항목)	• • • • •	• • • • •

표 2-7 강 · 약점의 예시항목 체크리스트

NO	기회 요인 BEST 5	위협 요인 BEST 5
1		
2		
3		
4		
5		

구체적인 전략방향은 뒤에 언급할 강 · 약점과 매트릭스(Matrix)로 연결해 탐색할 수 있지만, 이렇게 발굴된 기회 및 위협 요인만으로도 환경변화를 창업전략에 활용할 수 있다.

(2) 자신의 강점 및 약점분석

① 나를 알면 '전략'이 보인다

성공적인 창업을 위해서는 무엇보다 창업자의 자신감이 중요하다. 호경기라 하더라도 결의에 찬 창업자의 의식이 없으면 머지않아 어려움에 처하는 것과 마찬가지로 절망적인 불황이라 하더라도 자신감을 가지고 임하면 좋은 방법이 떠오르기 때문이다. 그러나 무턱대고 자신감을 갖는 것은 무의미하다. 환경이나 역량에 대한 분석적인 시작이 없는 돈키호테식 자신감은 오히려 사업을 망칠 수도 있다.

이런 점에서 자신감을 회복하기 위해 자신의 강점과 약점을 파악해 보는 것은 대단히 중요하다. 자신이 가지고 있는 강점은 최대한 활용하고 약점은 미리 보완하거나 피해감으로써 실패를 미연에 방지할 수 있기 때문이다. 자신의 강점과 약점에 대한 판단은 주관적이기 쉽다. 따라서 더욱 냉철하게 합리적으로 모색할 필요가 있다.

한 가지 유의할 점은 자신의 강점과 약점을 스스로 발견해야 하기 때문에 가급적 3자적 관점에서 접근하는 것이 중요하다. 자신이 어떤 직장의 인사담당자가 돼 적재적소에 활용하기 위해 남을 평가한다고 가정해 보자. 물론 평가 대상은 자기 자신이다.

강점이나 약점 파악은 자만이나 자학의 목적이 아니라 창업에 전략적으로 활용하려는 것이므로 냉철하게 살펴보되 가급적 긍정적 안목에서 분석할 필요가 있다.

㉠ 자신의 강점

막연하게 생각해서는 자신의 강점을 발견하기 쉽지 않다. 더구나 지금 이 체크리스트를 보고 있는 대부분의 독자들은 갑작스러운 실직으로 절망 상태에 있을 터이므로 강점을 발견해 내기가 쉽지 않을 것이다. 이럴 경우에는 MBTI 검사에서 나타나는 성격 유형이 참고자료가 될 수 있다. 이러한 어려운 상황일수록 자신의 잠재력을 찾는 것이 중요하다. 왜 그럴까? 앞에서 예를 든 부정적인 여러 상황을 발전시키기 위해서라도 자신에게서 강점을 찾아낼 필요가 있는 것이다.

자본금이 부족하고 조달할 방법이 없다면 더욱더 돈을 들이지 않고 아이디어로 돌파할 수 있는 방법을 찾아야 하며, 시장이 급랭해서 웬만한 것들은 사지 않는 분위기라면 또 그런 상황을 돌파할 수 있는 전략을 세워야 하기 때문이다.

자신의 강점을 평가할 때는 가급적 직장이나 학창 생활에서 검증된 것들을 중심으로 기술해야 주관적 오류를 방지할 수 있다.

여기서 소개한 체크리스트를 통해 자신의 강점을 발굴해 보자. 항목별로 자신이 어디에 해당하는지 체크해 보면 강점을 파악할 수 있다. 평가방법은 먼저 각 항목에 자신의 해당 정도를 체크해서 '보통' 이상으로 표시되는 항목을 강점으로 분류한다. 만일, 성품, 대인관계, 업무습관, 미래대비 항목에서 자신이 생각하고 있는 내용이 없거나 추가하고자 하는 경우에는 새로운 항목으로 넣어서 점수를 매기면 된다. 이렇게 분류된 강점 항목을 상위 5개만 골라 [표 2-8]에 옮겨 적으면 된다.

㉡ 자신의 약점

스스로 생각해도 능력이나 자질이 부족한 부분은 누구나 있기 마련이다. 앞에 제시된 체크리스트에서 '보통' 이하에 해당하는 항목들이 자신의 약점이다. 평균(30점)에 미치지 못하는 항목 중에서 하위 5개 항목을 골라 [표 2-8]에 강점과 함께 정리해 놓으면 된다.

표 2-8 강·약점의 예시항목 체크리스트

NO	강점 BEST 5	약점 BEST 5
1		
2		
3		
4		
5		

② 강점과 약점의 정리와 1차 활용

창업전략을 수립할 때 강점이 기회를 극대화시키는 용도로 활용된다면 약점은 위험을 피하는 용도로 활용된다.

예를 들어 컴퓨터를 이용해서 PC 통신을 통한 정보제공사업(IP 사업)을 하려는 두 사람이 있다고 하자. 한 사람은 컴퓨터에 능숙하고 정보마인드가 높은 반면, 다른 사람은 그렇지 못하다면 과연 누가 성공 가능성이 높을까.

당연한 이야기지만 전자가 성공할 가능성이 높다. 따라서 후자는 이런 분야보다 자신의 강점이 있는 분야를 중심으로 창업을 준비하는 것이 현명하다.

강점과 약점 발굴자료는 이와 같이 1차적인 용도로는 활용이 되지만, 이 매뉴얼에서는 뒤에 살펴볼 SWOT분석을 통해 구체적인 전략방향을 탐색하는 용도로 활용하고자 한다.

6. 환경분석을 통한 창업방향의 도출

(1) 네 가지 창업전략 도출

앞에서 도출한 기회 및 위협요인, 강점과 약점의 내용을 각각의 자리에 위치시키면 다음과 같이 네 가지 유형의 전략방향에 관한 매트릭스를 만들 수 있다.

표 2-9 SWOT분석에 따른 전략 매트릭스

구 분	기회 요인(O)	위협 요인(T)
강점(S)	기회를 살리고 강점을 활용하는 전략 (SO 전략) → 1순위(성공전략화)	강점을 살리되 위험을 줄이는 전략 (ST 전략) → 2순위(위험 회피)
약점(W)	기회를 살리되 약점을 감안하는 전략 (WO 전략) → 3순위(성공화 전략)	위협과 약점을 동시에 고려하는 전략 (WT 전략) → 4순위(위험 회피)

첫째, 기회와 강점을 결합한 전략방향이다(SO 전략).

둘째, 위험에 대비하면서 강점을 활용하는 전략방향이다(ST 전략).

셋째, 기회를 살리되 약점을 감안한 전략방향이다(WO 전략).

넷째, 위험도 크고 약점도 많을 때의 전략방향이다(WT 전략).

(2) 분석결과를 활용한 창업방향 탐색

이상과 같이 네 가지 전략을 종합하면 자신의 창업전략 윤곽을 가늠해 볼 수 있다. 예를 들어 분석 결과가 예시와 같은 사람이 창업을 고려한다고 하자.

대기업에서 영업기획부 중견사원으로 근무하다 퇴사한 이 사람은 기획력, 영업감각, 컴퓨터 실력은 갖췄으나 외국어와 디자인감각, 자금력이 취약하고 정보통신분야에서는 나이가 많은 편이다.

이 사람이 처한 상황을 고려해 창업방향을 찾아보면 국내를 대상으로 염가에 각종 정보를 제공해 주는 정보제공(IP : Information Provider) 업종에 바람직해 보인다. 그리고 투자규모는 가급적 소액으로 하는 것이 좋을 것 같다. 이러한 방법은 막연한 상태에서 적합한 방향을 모색해 보기는 초기적인 방법으로 어느 정도 효과가 있으므로 창업자들은 자신이 처한 상황과 강·약점을 이용해 활용해 보기 바란다.

표 2-10 창업을 위한 분석 및 검사지 활용

1. SWOT분석을 통한 창업방향 도출	2. 창업환경기회·위협 요인 발굴 실습 나의 강점·약점발굴 실습
예 : 대기업 영업기획부 출신으로 기획력, 영업감각, 컴퓨터 실력이 뛰어난 A씨의 SWOT분석 사례 실습	• 기회 요인 BEST 5 • 위협 요인 BEST 5 • 나의 강점 BEST 5 • 나의 약점 BEST 5
3. 창업방향 탐색을 위한 SWOT분석	4. 창업능력 자가 체크리스트

표 2-11 SWOT 분석을 통한 창업방향 도출 사례

<table>
<tr><td colspan="2" rowspan="2">SWOT Matrix
대기업 영업기획부 출신으로
기획력, 영업감각, 컴퓨터
실력이 뛰어난 A씨의
SWOT분석 사례와 방향</td><td>기회 요인(O)</td><td>위협 요인(T)</td></tr>
<tr><td>• 정부의 벤처기업 육성강화
• 외국 자본 유입 가속화
• 노동시장의 저임금 구조화
• 컴퓨터 사용 인구 증가
• 정보통신 기술의 발달</td><td>• 가계소비의 실속화 추세
• 개인 스트레스의 증가
• 업체난립과 경쟁격화
• 구직 인력의 증가
• 금리 및 환율 불안</td></tr>
<tr><td>강
점
(S)</td><td>• 탁월한 컴퓨터 능력
• 폭넓은 대인관계
• 영업경험
• 뛰어난 기획능력
• 탁월한 문장력</td><td>• SO전략
• 인적 네트워크를 활용한 IP 사업 위주의 정보통신 분야가 유망 (IP 사업 중심)</td><td>• ST전략
• 염가의 정보통신 기술로 스트레스를 해소시켜 주는 사업이 유망(가격경쟁력 확보)</td></tr>
<tr><td>약
점
(W)</td><td>• 디자인 감각 부족
• 멀티미디어정보 취약
• 부족한 외국어 능력
• 업계에서 많은 나이
• 부족한 자금력</td><td>• WO전략
• 가급적 인터넷보다는 PC 통신을 이용한 국내대상 기업이 유리 (국내 대상)</td><td>• WT전략
• 소규모 투자로 실패 위험을 줄이는 창업전략이 유리 (소규모 투자)</td></tr>
<tr><td colspan="4">바람직한 창업방향</td></tr>
<tr><td colspan="4">• 국내 고객을 대상으로 각종 스트레스 해소 정보를 제공하는 소규모 IP 사업</td></tr>
</table>

Tip & Tip

창업에서 이순신 장군의 정신을 배우자

1. 집안이 나쁘다고 탓하지 마라.
   나는 몰락한 역적의 가문에서 태어나서 가난 때문에 외갓집에서 자라났다.
2. 머리가 나쁘다고 말하지 마라.
   나는 첫 시험에서 낙방하고 서른 둘의 늦은 나이에야 겨우 과거에 급제했다.
3. 좋은 직위가 아니라고 불평하지 마라.
   나는 14년 동안 변방오지의 말단 수비 장교로 돌았다.
4. 윗사람의 지시라 어쩔 수 없다고 말하지 마라.
   나는 불의한 직속상관들과의 불화로 몇 차례나 파면과 불이익을 받았다.
5. 몸이 약하다고 고민하지 마라.
   나는 평생동안 고질적인 위장병과 전염병으로 고통 받았다.
6. 기회가 주어지지 않는다고 불평하지 마라.
   나는 적군의 침입으로 나라가 위태로워진 후 마흔 일곱에 제독이 되었다.
7. 조직의 지원이 없다고 실망하지 마라.
   나는 스스로 논밭을 갈아 군자금을 만들었고, 스물세 번 싸워 스물세 번 이겼다.
8. 윗사람이 알아주지 않는다고 불만을 갖지 마라.
   나는 끊임없는 임금의 오해와 의심으로 모든 공을 빼앗긴 채 옥살이를 해야 했다.
9. 자본이 없다고 절망하지 마라.
   나는 빈손으로 돌아온 전쟁터에서 열두 척의 낡은 배로 133척의 적을 막았다.
10. 옳지 못한 방법으로 가족을 사랑한다고 말하지 마라.
    나는 스무 살의 아들을 적의 칼에 잃었고, 또 다른 아들들과 함께 전쟁터로 나섰다.
11. 죽음이 두렵다고 말하지 마라.
    나는 적들이 물러가는 마지막 전투에서 스스로 죽음을 택했다.

학습문제

1. 창업가와 경영자를 비교 설명하시오.
2. 창업가의 환경적 특성을 설명하시오.
3. 21세기 창업가의 특성을 설명하시오.
4. 성공한 창업가와 실패한 창업가 특성의 사례를 제시하면서 설명하시오.
5. 환경분석을 통한 성공적인 창업방안을 SWOT분석을 중심으로 설명하시오.

참고문헌

윤종록 · 문승렬 공저. 21세기 창업과 경영. 형설출판사. 2003, pp. 50~122.

김종재 · 윤종록 · 이경근 공저. 중소기업의 창업과 경영. 2005, p. 183.

이강희. 사례별 창업인정여부 2025

Schein, E. H. Organizational Psychology 3rd edition, Englewood Cliffs, N. J Prentice－ Hall, 1980.

김영수. 창업가적 행동성향의 결정요인과 성과와의 관계. 한양대학교 박사학위 논문. 1996, p. 41.

쉬어가기

빌 게이츠와 마이크로소프트사(Microsoft)

1. 빌 게이츠(Bill Gates)란 누구인가?

빌 게이츠(Bill Gates, 본명: 윌리엄 헨리 게이츠 3세)는 마이크로소프트(Microsoft)의 공동 창업자이자, 세계적인 기업가, 자선가

출생: 1955년 10월 28일, 미국 시애틀

직업: 기업가, 소프트웨어 개발자, 투자자, 자선가

주요 업적:

- ➪ 1975년, 폴 앨런(Paul Allen)과 함께 마이크로소프트 창업
- ➪ MS－DOS 및 Windows 운영체제를 개발하여 PC 대중화 주도
- ➪ 세계 최고 부자(1995~2017년 대부분)
- ➪ 2000년 이후, '빌 앤 멀린다 게이츠 재단(Bill & Melinda Gates Foundation)'을 통해 글로벌 자선 활동

빌 게이츠는 기술 혁신을 통해 PC 산업을 발전시키고, 이후에는 자선 활동에 집중한 인물로 평가

2. 마이크로소프트(Microsoft) 개요

마이크로소프트는 세계 최대의 소프트웨어 기업으로, 운영체제, 클라우드, 인공지능(AI), 게임, 하드웨어 등

다양한 IT 사업을 전개

- ➪ 설립일: 1975년 4월 4일
- ➪ 설립자: 빌 게이츠, 폴 앨런
- ➪ 본사: 미국 워싱턴주 레드먼드(Redmond, WA)
- ➪ 대표 제품 및 서비스:
- ➪ 운영체제: MS－DOS, Windows (윈도우)
- ➪ 오피스 소프트웨어: Microsoft Office (워드, 엑셀, 파워포인트)

➪ 클라우드 서비스: Microsoft Azure

➪ 검색엔진 & AI: Bing, Copilot, OpenAI와 협업

➪ 게임: Xbox, 액티비전 블리자드 인수

3. 빌 게이츠와 마이크로소프트의 주요 역사

□ 창업과 성장 (1975~1990년대)

➪ 1975년: 빌 게이츠와 폴 앨런이 '마이크로소프트' 창업

➪ 1980년: IBM과 계약을 맺고 MS-DOS 개발

➪ 1985년: Windows 1.0 출시

→ 이후 Windows가 PC 시장의 표준 운영체제로 성장

➪ 1990년대: Windows 95 출시(인터넷과 GUI 대중화)

□ 글로벌 IT 강자로 성장 (2000~2010년대)

➪ 2000년: 빌 게이츠가 CEO에서 물러나고, 스티브 발머(Steve Ballmer)가 CEO 취임

➪ 2001년: Xbox 출시(게임 산업 진출)

➪ 2010년대: 클라우드(Azure) 및 인공지능(AI) 사업 확장

□ AI와 미래 기술 선도 (2020년대~현재)

➪ 2023년: OpenAI(챗GPT 개발사)와 협력, AI 기반 서비스 강화

➪ 2024년: Copilot AI 서비스 확대, AI PC 개발

4. 빌 게이츠의 은퇴와 자선 활동

빌 게이츠는 2000년 이후 마이크로소프트의 경영에서 점차 물러나며, 자선사업에 집중하기 시작

➪ 2000년 : '빌 앤 멀린다 게이츠 재단(BMGF)' 설립

➪ 2008년 : 마이크로소프트에서 완전히 은퇴하고 자선 사업 전념

➪ 2010년 : '기빙 플레지(The Giving Pledge)' 발표 → 억만장자들에게 재산 기부 권장

주요 활동: 전 세계 백신 보급, 교육 지원, 기후변화 대응

5. 결론: 빌 게이츠와 마이크로소프트의 영향력

- ➩ PC 혁명 주도: Windows와 오피스 소프트웨어를 통해 전 세계 PC 시장을 지배
- ➩ 기술 발전 선도: 클라우드, AI, 게임 등 IT 산업의 핵심 기업으로 자리 잡음
- ➩ 사회적 영향력: 자선 활동을 통해 의료, 교육, 환경 문제 해결에 기여
- ➩ 빌 게이츠는 단순한 기업가를 넘어, IT 산업과 인류 발전에 큰 영향을 미친 인물

제 3 장

창업지원제도

I 지원체계와 지원대상

새로운 기업을 창업하고 이를 성공적인 기업으로 성장·발전시키는 일은 결코 쉬운 일이 아니다. 창업자 개인의 자질과 창업 아이디어가 우수하고 창업자본을 조달할 수 있는 자체 능력을 갖추고 있어야 할 뿐만 아니라 창업자로 하여금 복잡한 창업과정 및 열악한 환경에 적절히 대처할 수 있도록 도울 수 있는 정부의 각종 제도가 뒷받침되어야 한다.

창업의 중요성 및 창업지원제도의 필요성을 구체적으로 반영하여 우리나라에서도 1986년 5월 12일 중소기업 창업지원법을 제정하고 이를 모법(母法)으로 삼아 창업기업에 대한 조세지원, 각종 투·융자, 창업절차 대행, 인허가 완화, 경영·기술지도 등을 위한 각종 지원제도를 시행하고 있다.

'중소기업 창업지원법'은 제조업 등 중소기업의 창업을 촉진하고 중소기업을 창업한 자가 성장·발전할 수 있도록 지원하는 데, 특히 농어촌 지역에서의 중소기업 설립 및 기술집약형 중소기업의 창업을 촉진함으로써 지역 간 균형 있는 성장과 건실한 산업구조를 구축하는 데 그 목적이 있다.

이 법은 창업자에 대한 자금 및 세제지원 등 종합지원 체제와 함께 이를 뒷받침하여 창업지원을 효율적으로 추진하기 위한 중소기업 창업 투자회사의 육성 및 창업 투자조합의 지원, 중소기업 상담회사의 육성, 창업보육센터의 설립 및 지원 등 다양한 제도들로 구성되어 있다.

우리나라 창업지원법에는 그 지원대상을 제조업, 광업, 건축, 엔지니어링, 기타 기술 서비스업, 정보처리 및 기타 컴퓨터 운용 관련업, 기계 및 장비 임대업을 창업한 기업으로 제한하고 있다.

그림 3-1 창업지원 체계도

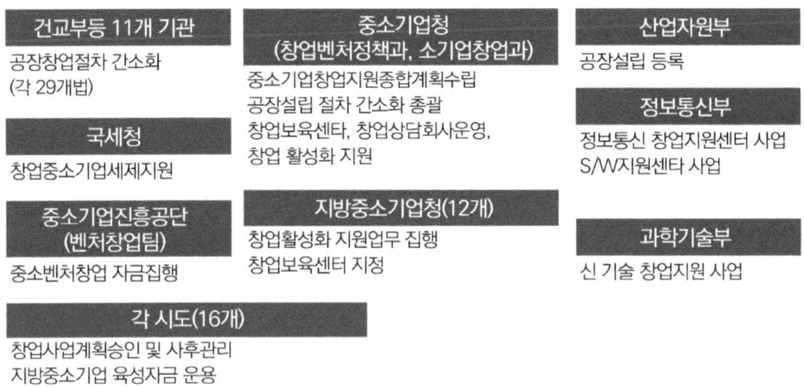

여기서는 기존기업의 벤처기업으로의 전환과 벤처기업의 창업을 촉진하여 벤처기업의 양적 증가를 독려하고 질적 건전성을 도모하여 우리 산업의 구조조정을 원활히 하고 경쟁력을 제고하기 위해 보다 광범위하고 실질적인 지원체계를 마련해 놓고 있다.

특히, 중소기업청은 신정부 국정과제인 '일자리 창출'을 적극 추진하기 위해 '창업지원 활성화 5개년 계획'을 수립·추진하고 있다. 그러나 이러한 지원체계는 사업목적·성격에 따라 주관부서가 매우 다양하고 또 사업내용이 매년 동일한 것이 아님에 유의해야 한다. 즉, 정책적 필요에 따라 지원사업의 내용 및 대상이 자주 바뀌고 예산확보 내역에 따라 지원사업의 규모도 달라진다.

따라서 창업 희망자는 중소기업의 창업지원이 주요 사업의 하나인 중소기업청 및 중소기업진흥공단에서 매년 기획·시행하는 중소기업지원사업의 내용에 주의를 기울이고 그 밖에도 외교통상부, 방송통신위원회, 지식경제부, 고용노동부 등 각종 경제 관련 행정부서들의 지원사업내용을 전화나 직접방문 또는 공고 등을 통해 확인·문의하고 지원대상 여부, 지원신청계획 등을 마련해야 한다.

또한, 도청, 시청, 구청 등 각 지방자치단체에도 나름의 중소기업 창업지원

사업이 기획·실시되는 경우가 많으므로 이에도 관심을 가지는 것이 좋다. 그리고 은행, 보험회사, 투자신탁회사 및 창업투자회사 등의 금융기관에서도 사업성이 있다고 판단될 경우 각종 자금지원을 받을 수 있다.

현재 우리나라의 창업지원체계와 지원제도를 새로 창업하는 중소기업을 중심으로 알아본다.

새로운 기술 · 아이디어에 바탕을 둔 사업이나 정부의 육성분야인 경우 창업 중소기업에 대한 지원은 비교적 다양하다. 하지만 아직도 이미 존재하고 있는 업종이나 아이템에 대한 창업이나 도·소매유통업, 서비스업 등에서의 창업에 대해서는 실질적인 지원이 매우 부족하다. 따라서 타인자본에 의존할 수밖에 없는 창업희망자는 정확한 정보와 조달계획을 바탕으로 창업자금계획을 수립해야 한다. 그리고 금융기관을 이용할 때 확실한 담보능력이 부족한 신규 창업자로서는 접근하기 어려운 경우도 적지 않음을 알아야 한다.

그러나 아이디어가 뛰어나고 체계적인 사업계획을 수립·제시할 수 있다면 이들로부터의 지원도 불가능한 것은 아니다. 그 외에도 자기 주위의 자금조달원, 즉 친척이나 동료, 지인 등을 통한 지원도 명료화해 두는 것이 좋다.

Ⅱ 정책자금 지원제도

1. 창업기업 지원자금

(1) 사업목적

우수한 기술력과 사업성은 있으나 자금력이 부족한 중소·벤처기업의 창업을 활성화하고 고용창출을 도모하고자 함

(2) 지원대상

① 창업기업 지원자금

「중소기업창업 지원법」 시행령 제3조의 규정에 의한 사업 개시일로부터 7년

미만(신청·접수일 기준)인 중소기업 및 창업을 준비 중인 자

② 재창업자금

사업실패로 전국은행연합회의 “신용정보관리규약”에 따라 연체 등의 정보가 등재(등록 및 해제 사실)되어 있거나 신용등급이 하락하여 저신용자로 분류된 실패중소기업 경영인으로 다음 요건을 모두 충족한 자

㉠ 재창업을 준비 중인 자 또는 재창업일로부터 5년이 경과하지 않은 자(재창업자 범위 : 실패 개인기업 대표자, 실패 법인기업 대표이사·경영실권자)
㉡ 재창업자금 지원결정 후 3개월 이내에 법인 대표 등록이 가능할 것
㉢ 실패 사업체의 폐업을 완료했거나, 재창업자금 지원결정 후 3개월 이내에 완료 가능할 것
㉣ 고의부도, 회사자금 유용, 사기 등 폐업의 사유가 부도덕하지 않을 것
㉤ 신용미회복자(신용회복절차가 정상적으로 진행 중인 경우 제외)는 총부채규모가 15억원 이하일 것

(3) 지원범위

① 시설자금

㉠ 생산설비 및 시험검사장비 도입 등에 소요되는 자금
㉡ 정보화 촉진 및 서비스 제공 등에 소요되는 자금
㉢ 공정설치 및 안정성평가 등에 소요되는 자금
㉣ 유통 및 물류시설 등에 소요되는 자금
㉤ 사업장 건축자금(토지구입비 제외), 임차보증금
㉥ 사업장 확보자금(매입, 경·공매)

※ 사업장 확보자금은 사업영위 필요에 따라 기업당 1회로 한정 지원

② 운전자금

창업소요 비용, 제품생산 비용 및 기업경영에 소요되는 자금

2. 신성장기반자금

(1) 사업목적

사업성과 기술성이 우수한 성장유망중소기업의 생산성향상, 고부가가치화 등 경쟁력 강화에 필요한 자금을 지원하여 성장동력 창출

(2) 지원대상

① 「중소기업기본법」상의 업력 7년 이상 중소기업(단, 업력 7년 미만 기업 중 창업 요건에 해당되지 않는 기업은 신성장기반자금으로 융자)

② 3개 이상의 중소기업이 규합하여 협동화 실천계획의 승인을 얻은 자 또는 2개 이상의 중소기업이 규합하여 협업사업계획의 승인을 얻은 자

③ 농공단지입주 중소기업 또는 중소기업 생산성 향상 사전진단 및 컨설팅을 받은 기업(단, 업력 7년 미만 중소기업은 창업기업 지원자금으로 융자)

(3) 지원범위

① 시설자금

㉠ 생산설비 및 시험검사장비 도입 등에 소요되는 자금
㉡ 정보화 촉진 및 서비스 제공 등에 소요되는 자금
㉢ 공정설치 및 안정성 평가 등에 소요되는 자금
㉣ 유통 및 물류시설 등에 소요되는 자금
㉤ 사업장 건축자금(토지구입비 제외), 임차보증금
㉥ 기타 생산성 향상, 생산환경 개선 및 후생복지시설 등에 소요되는 자금
㉦ 부지매입비 및 조성공사비(협동화 및 협업사업 승인기업에 한함)

② 운전자금

위 시설자금을 융자받은 기업 중 시설도입 후 소요되는 초기 가동비(시설자금의 30% 이내)

※ 혁신형기업, 협동화 및 협업사업 승인기업은 시설자금의 50% 이내에서

초기가동비 지원

※ 지식서비스산업, 문화콘텐츠산업 영위 기업, 협동화(협업화) 및 협업사업 승인기업이 제품 생산비용, 제품 개발비용, 시장개척 비용에 소요되는 운전자금을 시설자금과 별도로 융자 가능

3. 소상공인 지원자금

(1) 사업 목적

① 소상공인의 창업과 경영안전 지원을 통해 신규 고용창출, 고용유지 및 국가 경제의 균형발전 지원

② 슈퍼마켓 등 음·식료품 위주 종합소매업의 경쟁력 제고를 위해 나들가게의 시설 현대화 등을 지원

※ 나들가게 : 상권특성에 적합한 시설구비 및 상품구색, 가격·서비스·위생·정보화 등에서 선도적인 우수점포

(2) 지원대상

① 소상공인자금

㉠ 제조업, 건설업, 운송업, 광업 : 상시 종업원 10인 미만 기업

㉡ 도·소매업 등 각종 서비스업 : 상시 종업원 5인 미만 기업

㉢ 우선지원자금 대상 : 중소기업청장이 정한 교육을 이수한 소상공인 또는 예비창업자

㉣ 정책목적자금 대상 : 프랜차이즈 가맹점 사업자, 신사업개발 창업자, 장애인 창업자 등 정부의 정책적 지원사업에 참여한 소상공인 및 재해피해 소상공인

② 나들가게 지원자금

음·식료품 위주 종합 소매업 중 혁신의지가 강하여 나들가게로 선정된 기업(단, 대기업 프랜차이즈형 가맹점은 제외)

※ 매장면적 300m2 이하 슈퍼마켓, 체인화 편의점 및 기타 음·식료품 위주 종합 소매업

(3) 지원범위

① 소상공인자금

소상공인 창업 및 경영개선에 필요한 자금

② 나들가게 지원자금

시설현대화 등 경영혁신에 필요한 자금

※ 리모델링, 전시·판매시설, 에어컨, 진열대 교체, 구매자금 등

4. 개발기술사업화 자금

(1) 사업목적

중소기업이 보유한 우수 기술의 사장을 방지하고 개발 기술의 제품화·사업화를 촉진하여 기술기반 중소기업 육성

(2) 지원대상

전략산업을 영위 또는 영위하고자 하는 중소기업으로서 다음 중 하나에 해당되는 기술을 사업화하고자 하는 기업 또는 자체 기술을 사업화하고자 하는 Inno-Biz 기업

※ 전략산업 : 녹색·신성장동력 산업, 뿌리산업, 부품·소재산업, 지역전략·연고산업, 지식 서비스산업, 문화콘텐츠산업, 바이오산업, 융복합 및 프랜차이즈 산업

① 지식경제부, 중소기업청 등 정부출연 연구개발사업에 참여하여 기술개발에 성공(완료)한 기술

② 특허 또는 실용신안 등록 기술

③ 정부 및 정부 공인기관이 인증한 기술

※ 신기술(NET), 전력신기술, 건설신기술, 보건신기술(HT) 등

④ 국내외의 대학 연구기관, 기업, 기술거래기관 등으로부터 이전받은 기술

⑤ 「기술의 이전 및 사업화 촉진에 관한 법률」상 기술평가기관으로부터 기술평가인증을 받은 기술

⑥ 기업부설연구소(한국산업기술진흥협회 인정) 보유 기업이 개발한 기술

(3) 지원범위

① 시설자금

개발기술의 제품 양산에 소요되는 생산설비, 시험검사장비 도입 등에 소요되는 자금

② 운전자금

개발기술 사업화에 소요되는 원부자재 구입비용, 시장 개척비용 등

5. 긴급경영 안정자금

(1) 사업목적

생산 및 판매 활동에 소요되는 자금을 지원하여 중소기업의 안정적인 경영기반 조성

(2) 지원대상

제조업, 제조업 관련 서비스업, 지식기반서비스업을 영위하는 중소기업

(3) 지원범위

① 제품생산비용, 제품개발비용 및 시장개척 비용

② 원부자재 구입에 소요되는 비용(제조업 전업률 30% 이상 기업에 한함)

③ 자연재해 또는 「재해중소기업 지원지침」에 따라 지원이 결정된 인적 재난으로 피해를 입은 중소기업(재해 중소기업)의 직접피해복구비용

④ 일시적 경영애로 기업 중 회생가능성이 큰 기업의 경영애로 해소 및 경영정상화에 소요되는 경비

6. 수출금융 지원자금

(1) 사업목적

수출실적이 부족하거나 담보력이 취약하여 시중은행의 무역금융 이용이 어려운 창업 및 수출 초기 중소기업에 대하여 신용대출 위주로 수출품 제작에 필요한 자금을 지원함으로써 수출을 촉진하고 안정적 경제발전 도모

(2) 지원대상

① 제조업, 제조업 관련 서비스업, 지식기반 서비스업을 영위하는 중소기업의 생산품을 수출하려는 중소기업
② 수출금융지원사업 이용기간(약정기간)이 5년을 초과한 기업은 융자 제외

(3) 지원범위

수출계약(L/C, D/A, D/P, Local L/C, T/T/, M/T, 구매확인서, O/A, 해외조달계약에 따른 P/T) 또는 수출실적에 근거한 수출품 생산비용 등 수출 소요자금 대출. 최근 1년간 수출실적의 1/2 이내 한도

7. 사업전환자금

(1) 사업목적

경쟁력이 약화된 중소기업의 구조조정에 필요한 자금지원을 통해 원활한 사업전환 및 무역조정 지원 도모

(2) 지원대상

① 다음 각 호의 요건을 모두 충족하는 자로서 사업전환계획의 승인을 얻은 중소기업

㉠ 신청일 현재 3년 이상 계속하여 사업을 영위하며, 상시근로자수 5인 이상인 중소기업으로 다음 업종조건을 만족하는 기업

㉡ 현재 영위하고 있는 업종 또는 품목이 전체 매출액 중에서 35% 이상을 차지하는 주력사업이고, 향후 축소 또는 폐지하고자 하는 사업전환 대상이 될 것

② 「자유무역협정 체결에 따른 무역조정 지원에 관한 법률」 제6조의 규정에 의한 무역조정지원기업으로 지정받은 기업

(3) 지원범위

① 시설자금

㉠ 생산설비 및 시험검사장비 도입 등에 소요되는 자금
㉡ 정보화 촉진 및 서비스 제공 등에 소요되는 자금
㉢ 공정설치 및 안정성 평가 등에 소요되는 자금
㉣ 사업장 건축자금(토지구입비 제외), 임차보증금
㉤ 사업장 확보자금(매입, 경·공매)
※ 사업장 확보자금은 사업영위 필요에 따라 기업당 1회로 한정지원

② 운전자금

㉠ 제품생산 비용 및 기업경영에 소요되는 자금
㉡ 기타 사업전환 및 무역조정과 관련한 기업경영에 소요되는 경비

8. 협동화 자금

(1) 사업목적

다수의 중소기업이 공동으로 입지문제를 해결하고, 공해방지시설, 창고 및 제품전시판매장을 설치, 운영하여 생산성을 향상시키며 협업화를 통한 경영개선으로 공동기술개발 및 원자재공동구매들을 추진함으로써 대내외 경쟁력을 강화할 수 있도록 지원

(2) 지원대상

협동화사업의 추진의사가 있는 3개 이상의 중소기업을 규합해야 하고, 신망있고 사업을 원활히 추진할 수 있는 대표자(추진주체)를 선정하여야 하며, 협동화사업 추진효과가 있는 사업계획을 수립

① 「중소기업기본법」상의 중소기업에 해당하고 제조업, 제조업 관련 서비스업, 유통산업 관련업, 지식기반 서비스업을 영위하는 중소기업

② 벤처기업 및 원자재공동구매 등 공동구매추진주체인 「중소기업협동조합법」상의 협동조합

③ 창업일로부터 1년 미만인 업체(창업초기기업)는 참가업체수의 1/2범위 이내로 제한(단, 벤처기업 및 창업보육센터 졸업기업은 창업초기 기업으로 보지 아니함)

(3) 지원범위

① 시설자금

건물·부지매입비, 조성공사비, 건축공사비, 기계시설 도입비 등 설치비 등

② 운전자금

㉠ 사업장 가동에 소요되는 자금
㉡ 경영안정에 소요되는 자금
㉢ 연쇄도산방지 등에 소요되는 자금

③ 협업화 자금

㉠ 판로개척에 소요되는 자금
㉡ 기술 및 제품개발에 소요되는 자금
㉢ 원자재 구매에 소요되는 자금
㉣ 상표개발 등에 소요되는 자금

Ⅲ 신용보증제도

1. 신용보증제도의 정의

① 신용은 있으나 담보력이 부족하여 자금조달에 애로를 겪는 중소기업이 금융기관 등으로부터 원활히 자금 대출을 받을 수 있도록 중소기업의 각종 채무이행에 대하여 보증지원

② 공신력 있는 신용보증기관이 중소기업에게 부족한 신용력을 보완함으로써 기업이 필요한 사업자금을 금융시장에서 원활하게 조달할 수 있도록 하는 금융 중개시스템

③ 중소기업에게 정부가 신용보증해 주는 기관은 3개의 기관이 있다.

㉠ 신용보증기금

㉡ 기술신용보증기금

㉢ 지역신용보증재단

2. 신용보증기금 보증제도

(1) 창업기업 보증

창업기업 보증지원 프로그램	청년창업 특례보증
• 창업 후 3년 이내의 창업초기기업에 대하여 3년에 걸쳐 보증지원	• 창업 후 3년 이내의 창업초기기업으로 대표자가 만 20세 이상 39세 이하인 기업에 대한 보증지원 • 청년 창업자의 상황부담 최소화를 위해 5년이상 장기로 보증지원
• 보증비율 90~100% • 기업당 5억원 이내, 보증료 0.6%~1.2%	• 보증비율 100% • 기업당 5천만원 이내, 보증료 0.5%

(2) 시설자금 보증

① 사업용 공장, 고정적인 설비투자 등에 소요되는 시설자금에 대한 보증

② 기업당 소요자금 범위내(최고 100억원), 보증료 0.1%p 할인

(3) 수출기업보증

① 수출품목의 제조 또는 조달에 소요되는 자금에 대한 보증
② 수출신용장, 내국 신용장, 기타 수출계약서 및 실적을 바탕으로 지원
③ 지원한도는 최고 70억 한도, 보증료 0.1%p 할인

(4) 녹색성장산업 영위기업에 대한 보증

① 「저탄소녹색성장 기본법」상 녹색인증기업 및 녹색성장산업 영위 기업
② 지원한도는 최고 70억원 한도, 보증료 0.2%p 할인

(5) 기업일반자금보증

① 원재료의 구매, 생산, 판매활동 등 기업운영에 소요되는 자금에 대한 보증
② 보증기간은 단기(1년)와 장기(2년 이상 장기분할해지보증)로 운영

3. 기술보증기금 보증상품

(1) 맞춤형 창업성장 프로그램

① 창업 후 5년 이내 기업으로서 아래 해당기업
(단, 1인 창조기업의 경우 업력 제한 없음)

㉠ 녹색성장 : 신성장동력산업, 그린에너지산업 영위 기업
㉡ 지식문화 : 지식기반 제조업, 지식기반 서비스업, 문화콘텐츠산업 영위 기업
㉢ 이공계 챌린저 : 대표자(실제경영자 포함)가 이공계 고등학교·대학(원)졸업자로서 만 45세 이하인 기업
㉣ 1인창조기업 : 창의적인 아이디어, 전문지식·기술, 지식재산권을 사업화하는 1인 기업
㉤ 40·50 창업 : 대표자(실제경영자 포함)가 만 40~만 50세 이하인 기업

② 기업당 보증금액 5억원까지 0.3%p 보증료 감면

※ 1인 창조기업 1억원까지 0.3%p, 기타 0.2%p 감면

(2) 기술창업기업 특례보증

기술창업기업을 위한 특례보증 제도는 창업 초기 기업의 자금 조달을 지원하여 안정적인 성장을 돕기 위한 프로그램입니다. 주요 지원 내용은 다음과 같다.

■ 유망창업기업 성장지원 프로그램

신용보증기금에서 제공하는 이 프로그램은 창업 단계에 따라 맞춤형 보증을 제공합니다.(kodit.co.kr)

- ➩ 예비창업보증: 창업 전 6개월 이내의 예비 창업자를 대상으로 최대 10억 원의 보증을 지원하며, 보증비율은 100%, 보증료는 0.7%p 차감됩니다.
- ➩ 신생기업보증: 창업 후 3년 이내의 기업을 대상으로 최대 20억 원의 보증을 지원하며, 보증비율은 95~100%, 보증료는 0.4%p 차감됩니다.
- ➩ 창업초기보증: 창업 후 3~5년 이내의 기업을 대상으로 최대 30억 원의 보증을 지원하며, 보증비율은 95%, 보증료는 0.3%p 차감됩니다.
- ➩ 창업성장보증: 창업 후 5~7년 이내의 기업을 대상으로 최대 30억 원의 보증을 지원하며, 보증비율은 90%, 보증료는 0.3%p 차감된다.

■ 청년창업 특례보증

만 17세 이상 39세 이하의 청년 창업자를 대상으로 창업 후 7년 이내의 기업에 대해 최대 3억 원의 보증을 지원합니다. 보증비율은 90~100%이며, 고정보증료율 0.3%가 적용됩니다(kodit.co.kr).

■ 지역별 특화 프로그램

일부 지역에서는 기술창업 활성화를 위한 특례보증 프로그램을 운영하고 있습니다. 예를 들어, 전북신용보증재단에서는 전북특별자치도에 소재한 기술창업 기업을 대상으로 최대 9천만 원의 보증을 지원하며, 8년간 2.8%의 이자 지원을 제공한다(bizinfo.go.kr).

① 기술력을 보유하고 있는 창업 후 5년 이내의 기술창업기업에 대한 보증지원

② 지원한도는 기업당 5억원 이내에서 보증심사완화 및 보증료 등 우대

(3) 시설자금 특례보증

시설자금 특례보증은 기업이 사업 확장이나 설비 투자 등을 위해 필요한 자금을 원활하게 조달할 수 있도록 지원하는 제도입니다. 주요 내용은 다음과 같다.

■ 신용보증기금의 시설자금 특례보증

신용보증기금은 기업의 시설자금 조달을 지원하기 위해 특례보증 제도를 운영하고 있습니다.

예를 들어, 코로나19로 피해를 입은 소상공인을 대상으로 운전자금은 최대 3억 원, 시설자금은 소요자금 범위 내에서 지원하며, 보증비율을 90%로 상향하고 보증료율을 0.5% 차감하여 우대합니다.(kodit.co.kr).

■ 경기도 중소기업 육성자금(시설자금) 지원

경기도는 도내 중소기업의 경쟁력 강화를 위해 시설자금 지원 프로그램을 운영하고 있습니다. 지원대상은 「중소기업기본법」상의 중소기업으로, 건축비, 매입비, 시설설비구입비, 지식산업센터 입주·분양비용 등을 지원합니다. 업체당 최대 30억 원까지 융자 지원이 가능하며, 융자 기간은 자금 용도에 따라 최대 8년(거치기간 3년)까지 설정됩니다(icheon.go.kr).

■ 지자체의 특례보증 지원

일부 지방자치단체는 지역 내 중소기업과 소상공인의 자금 조달을 지원하기 위해 특례보증 제도를 운영하고 있습니다. 예를 들어, 이천시는 보증기관에 자금을 출연하여 시의 특례보증 추천을 받은 기업에 대해 심사 요건을 완화하여 대출 보증을 지원합니다(icheon.go.kr).

시설자금 특례보증은 기업의 자금 조달 부담을 경감시키고, 사업 확장 및 설비 투자를 촉진하여 경쟁력 강화를 도모하는 데 목적이 있습니다

① 사업용 공장, 고정적인 설비투자 등에 소요되는 은행 대출금 보증

② 지원한도는 소요자금 범위내(최고 100억원)

③ 기술력 우수기업에 대해서는 보증비율 및 영업점장 전결로 우대

(4) 수출중소기업 금융지원 확대를 위한 특례조치

수출 중소기업의 금융 지원을 확대하기 위한 다양한 특례 조치가 시행되고 있습니다. 주요 내용은 다음과 같습니다.

■ 신용보증기금의 맞춤형 수출지원 특례보증 프로그램

신용보증기금은 수출 중소·중견기업을 지원하기 위해 총 2.4조 원 규모의 특례보증 프로그램을 운영하고 있습니다. 주요 내용은 다음과 같습니다.

⇨ 지원대상 확대: 기존 중소기업에서 중견기업까지 지원 범위를 넓혔습니다.

⇨ 보증 한도 상향:

수출기업 보증 한도: 기존 30억 원에서 50억 원으로 증액되었습니다.

시설자금 보증 한도: 기존 100억 원에서 150억 원으로 상향되었습니다.

⇨ 금융비용 경감: 수출기업의 금융비용 부담을 줄이기 위해 금리 인하와 연계한 민간 금융기관과의 협업을 지속적으로 추진하고 있습니다(kodit.co.kr).

■ 중소벤처기업부의 수출 확대 및 해외진출 촉진 지원

중소벤처기업부는 중소기업의 수출국 다변화와 해외 진출을 지원하기 위해 다음과 같은 조치를 시행하고 있습니다.

⇨ 수출바우처 한도 상향: 수출국 다변화에 성공한 기업에 대해 수출바우처 한도를 20% 상향 지원하는 인센티브 제도를 운영하고 있습니다.

⇨ 해외진출 지원 강화: 해외 진출 과정에 필요한 서비스(전략 수립, 시장 조사, 법인 설립 등)를 일괄 지원하며, 글로벌비즈니스센터(GBC)를 확대하여 중소기업의 해외 진출 거점을 강화하고 있습니다(mss.go.kr).

■ 수출입은행의 중소기업 지원 확대

수출입은행은 수출 중소기업의 무역금융 지원을 강화하기 위해 다음과 같은 조치를 취하고 있습니다.

⇨ 무역금융 리파이낸스 제도 도입: 지방은행을 포함한 상업금융기관들의 수출 중소기업 대상 무역금융 중 일부를 리파이낸스하여, 중소기업의 금융비용 절감을 지원합니다.

⇨ 해외 프로젝트 참여 확대 유도: 대규모 수출 거래에 중소기업의 참여를 확

대하여 간접 수출을 늘리고, 해외 프로젝트 노하우 습득을 지원합니다 (yesform.com).

① 무역금융, 수출환어음의 매입, 수출환어음담보부대출, 수출용 원자재 수입을 위한 수입신용장의 발행 등 수출관련자금에 대한 보증

② 같은 기업에 대한 보증금액 70억원, 보증비율을 90%로 운용

(5) GREEN HI-TECH 특례보증

기술보증기금에서 녹색산업의 발전을 촉진하기 위해 시행하는 특례보증 프로그램입니다. 이 프로그램은 정부로부터 녹색인증을 받은 기업과 기술보증기금에서 선정한 녹색기술성 우수기업을 대상으로 다양한 우대 조치를 제공합니다. 주요 내용은 다음과 같습니다:

- 보증비율 우대: 부분보증 비율을 최대 90%까지 적용하며, 특히 창업 후 1년 이내의 기업에 대해서는 전액보증을 제공합니다.
- 한도 가산제도: 녹색 관련 연구개발비, 기술도입비, 산업재산권 등록비, 인력채용 등에 대해 특별한도를 적용하여 최대 3억 원까지 추가 보증을 지원합니다.
- 보증료 감면: 보증료를 최대 0.5%포인트 감면하여 기업의 부담을 경감합니다.
- 심사제도 완화: 연대보증인 제도와 심사제도를 완화하여 기업이 보다 쉽게 보증을 받을 수 있도록 지원합니다.

① 녹색관련 인증 보유기업 및 녹색산업 영위 기업에 대해 차별화된 보증지원

② 금융기관의 녹색예금과 연계된 녹색대출 및 기술개발자금, 운전자금, 시설자금

③ 보증심사 완화 및 보증료 등 우대

(6) 기업일반자금보증

원재료의 구매, 생산, 판매활동 등 기업 운영에 소요되는 은행 대출금 보증이다.

기업일반자금보증은 기업이 운영에 필요한 자금을 원활하게 조달할 수 있도록 지원하는 신용보증기금의 대표적인 보증 상품이다. 주요 내용은 다음과 같다:

■ 상품 개요

기업의 원재료 구매, 생산, 판매 활동 등 운영에 필요한 자금에 대해 보증을 지원합니다(kodit.co.kr).

■ 대상 기업

일반 기업을 대상으로 하며, 사치나 향락성 업종을 영위하는 기업은 제외됩니다(kodit.co.kr).

■ 대출금 종류

➪ 개별대출금: 기업일반자금대출, 중소기업자금대출 등 만기일시상환 방식의 대출

➪ 한도성대출금: 종합통장대출, 당좌대출, 할인어음 등 일정 한도를 부여하는 방식의 대출

■ 보증 기간

➪ 단기대출: 1년

➪ 장기대출: 만기 3년 이상의 장기분할상환 방식

장기분할상환보증은 단기 위주의 기업 대출을 장기로 전환하고, 기업의 상환 능력에 따라 상환약정방식 또는 해지약정방식을 선택하는 분할상환 구조를 갖는 보증 상품입니다(kodit.co.kr).

■ 보증 한도

기업의 신용도와 필요 자금 규모에 따라 보증 한도가 설정되며, 자세한 내용은 신용보증기금과의 상담을 통해 확인하실 수 있습니다.

(7) 특허기술가치평가 연계보증

① 특허기술의 사업화 이전단계의 우수한 기술을 조기발굴하여 사업화 촉진하기 위한 보증

② 대상기업은 등록된 특허권을 사업화 하는 중소기업
③ 개인기업은 대표, 법인기업은 법인이 보유한 특허권에 한함
④ 지원한도는 기술가치 평가금액으로서 기업당 10억원 이내
⑤ 협약에 의해 특허청에서 기술평가료 500만원 지원

(8) 문화산업완성보증

① 문화상품 제작사가 선구매계약 또는 투자계약이 체결된 영화 등 문화상품
② 문화산업용 기술평가표를 적용하여 기술평가보증으로 지원
③ 보증료는 최고 0.3%p(성과보증료 약정기업) 감면

(9) R&D 평가 특례보증

① R&D 단계별(개발 – 사업화준비 – 사업화)

체계적인 R&BD(Research & Business Development), 사업화연계기술개발금융 지원제도

② 개발단계 및 사업화 준비단계, 사업화 단계

(10) 소상공인 전용 금융기관 특별출연 협약보증

소상공인 전용 금융기관 특별출연 협약보증은 소상공인의 원활한 자금 조달을 지원하기 위해 신용보증기관과 금융기관이 협력하여 마련한 보증 프로그램이다. 이 프로그램은 금융기관이 특별출연한 재원을 바탕으로 소상공인에게 보증을 제공하며, 이를 통해 소상공인의 금융 부담을 경감하고 경영 안정을 도모한다.

■ 주요 내용:

➩ 지원대상: 지역 내에서 사업을 영위하는 소상공인으로, 구체적인 대상은 각 지역 신용보증재단의 기준에 따라 다를 수 있다.

➩ 지원 규모: 금융기관의 출연 규모에 따라 보증 지원 한도가 설정되며, 예를 들어, 경남신용보증재단의 경우 국민은행과 협약을 통해 총 195억 원 규모의 보증을 지원한다(gnsinbo.or.kr).

■ 보증 한도: 기업당 최대 3억 원 이내로 보증이 제공되며, 구체적인 한도는 해당 재단의 정책에 따라 다를 수 있다.

■ 보증 기간: 최대 5년 이내로, 1년 만기 일시상환 또는 1년 거치 4년 원금균등분할상환 방식 등이 적용됩니다.

■ 보증 비율: 보증금액 1억 원 이내는 95%, 1억 원 초과분에 대해서는 90%의 보증비율이 적용된다.

■ 금리 및 보증료: 금리는 협약된 금융기관의 협약금리가 적용되며, 보증료는 보증금액과 보증기간에 따라 산정된다.

이러한 협약보증 프로그램은 소상공인의 자금 조달을 지원하고 금융 부담을 완화하여 경영 안정과 성장을 촉진하는 데 목적이 있다.

① 상시근로자 10인 미만 기업을 금융기관과 공동지원, 보증료 감면 등 우대
② 협약기관 - 기업은행, 하나은행, 우리은행, 농협, 국민은행, 외환은행

4. 지역신용보증재단 보증상품

(1) 소상공인 일반보증

- 지원대상 : 6개월 이상 사업을 영위 중인 1~6등급의 등록사업자
- 대출금액 : 1인당 최대 8억원 이내 보증대출
- 취급은행 : 전 금융기관
- 신청접수 : 각 지역신용보증재단의 보증신청·발급 및 은행을 통한 보증 대출 시행

(2) 햇살론 보증

- 지원대상 : 신용 6~10등급 또는 연소득 2천만원 이하의 저소득 자영업자(농림어업인 포함) 및 근로자
- 대출금액 : 자금용도에 따라 최고 대출가능금액 차등 적용
  사업운용자금(최고 2천만원), 창업자금(최고 5천만원), 긴급생계자금(최고 1천만원)

- 취급은행 : 지역농협, 수협, 산림조합, 새마을금고, 신협, 저축은행
- 신청접수 : 인근 취급은행 창구를 통한 보증대출 신청

(3) 나들가게 특례보증

- 지원대상 : 나들가게 선정위원회에서 선정한 모든 사업자
- 보증금액 : 매년 연도별 예산책정 범위내
- 대출금액 : 1개 업체당 최대 1억원 이내 보증대출
- 취급은행 : 기업은행
- 신청접수 : 각 소상공인 지원센터

5. 보증대상과 제한대상

(1) 보증대상

① 사업을 영위하고 있는 개인과 법인
② 중소기업협동조합에 의해 설립된 협동조합

(2) 보증제한 대상

① 보증기관이 보증채무를 이행한 후 채권을 회수하지 못한 기업은 보증금지
② 휴업중인 기업, 대출금을 빈번히 연체하는 기업, 금융거래확인서 기준일 현재 연체 중인 기업 등은 보증 제한
③ 전국은행연합회 신용정보관리대상자의 경우 보증 제한(파산, 면책, 연체 등)

6. 신용보증의 종류

신용보증은 대출이나 채무 상환의 안전성을 보장하는 제도로, 금융기관이나 대출자에게 신뢰를 제공하는 역할을 합니다. 신용보증은 다양한 형태로 제공될 수 있으며, 주요 신용보증의 종류는 다음과 같습니다:

① 금융기관 보증

금융기관에서 대출을 받을 때, 정부나 관련 기관이 대출 상환을 보증하는

형태입니다. 이 보증은 대출자가 상환을 하지 못할 경우 금융기관이 손실을 입지 않도록 보호해 줍니다.

예: 산업은행, 기업은행 등에서 제공하는 보증

② 정부 보증

국가가 대출자의 채무를 보증하는 형태로, 중소기업이나 개인이 대출을 받을 때 정부가 그 상환을 보장합니다. 특히 중소기업이나 취약계층을 대상으로 하는 경우가 많습니다.

예: 중소기업청, 신용보증기금 등이 제공하는 보증

③ 상업적 보증

기업이나 개인이 상업적으로 신용보증기관에 의뢰하여 대출을 보증받는 형태입니다. 보증기관은 대출자의 신용을 평가하고, 신용도가 부족한 경우 보증을 제공하여 대출을 가능하게 합니다.

예: 신용보증기금, 기술보증기금 등

④ 기술보증

주로 기술 기반의 중소기업이나 스타트업을 대상으로 하며, 기술력이나 특허 등을 보증의 근거로 삼습니다. 기업이 보유한 기술이나 연구 개발 성과가 상환 능력을 보증하는 역할을 합니다.

예: 기술보증기금에서 제공하는 보증

⑤ 주택담보 대출 보증

주택을 담보로 대출을 받을 때, 주택 가격을 기준으로 대출의 일부나 전액에 대해 보증을 제공하는 방식입니다. 대출자가 상환 불능 상태일 경우, 담보를 통해 채무를 보전합니다.

⑥ 상환보증

특정 조건 하에서 대출자가 채무를 이행하지 못할 경우, 제3자가 대신 상환을 해주는 보증입니다. 대개 기업 간 거래에서 발생하며, 제3자는 보증인의 역할을 합니다.

Tip & Tip

신용보증 신청 전 한 번쯤 검토해 보고 진행

1. 부부의 신용상태 : 보증신청시 부부를 동시에 신용조회 가능
2. 30세 이하 미혼자 : 부모 신용조회 가능
3. 대출금, 카드 연체 : 최근 3개월 10일 이상 연체 여부
4. 타인의 보증채무 : 타인의 보증채무가 과다한지 여부
5. 보증기관 이용관행 : 과거 신용보증 채무불이행 실적 여부
6. 거주주택, 점포 권리설정 : 가압류, 가등기, 과다한 저당권 설정 여부

Ⅳ 인력지원사업

1. 외국 전문인력 도입지원

(1) 사업목적

중소기업이 기술개발, 마케팅 등에 필요한 전문인력을 국내에서 확보하기 어려운 경우, 해외 우수인력의 발굴·채용을 지원하여 중소기업의 전문인력난 해소 및 대외 경쟁력을 강화하고 국가 간의 상호 협력을 증진을 하기 위한 제도

(2) 지원대상

제조업(전업률 30% 이상), 지식서비스업(통신, 정보처리, 자연과학 연구개발, 엔지니어링서비스)을 영위하는 중소기업기본법상의 중소기업자

(3) 지원내용

① 해외 전문인력을 국내에 도입하여 활용하는 경우 인력발굴, 사증추천, 소요비용(체제비, 항공료, 발굴비용) 지원

② 세부 지원내용

㉠ 도입인력 자격 요건

구 분	내 용
학·경력	• 정규대학(원)의 기술 및 경영분야 학위취득자로서 -해당분야 박사학위자 -해당분야 석사학위자는 2년 이상의 해당분야 경력보유자 * 국내대학 석사학위 취득자는 경력 무관 -해당분야 학사학위자는 5년 이상의 해당분야 경력보유자 • 비학위자는 10년 이상의 해당기술분야 경력보유자
체류자격	• E-3(연구), E-7(특정활동) 사증소지자 및 이에 준하는 자격보유자 • 관리자, 전문가, 공학기술자(기능원 제외), 개발자, 연구원, 디자이너 등 • 단, 선진국인력의 경우 C-4, E-4 사증소지자 및 준하는 자격보유자도 가능

㉡ 지원내용 및 한도(업체당 4명 이내)

구 분	내 용
체재비	• 연간 2,000만원/인~1,000만원/인 이내 • 인력의 학력, 경력, 연봉수준 등을 고려하여 지원금 차등화
항공료	• 도입인력 입국항공료 지원(Economy 국제선, 편도기준)
인력발굴 및 비용	• 중진공 등록 인력발굴 전문기관에 발굴 의뢰 또는 업체 자체 발굴 • 발굴비용 지원 : 수도권 200만원/인, 지방기업 300만원/인 한도
사증추천	• E-7(특정활동) 사증(VISA) 발급을 위한 고용추천서 발급

* 인력의 국내 근무기간(고용계약에 의거 3개월 이상 활용하는 경우)에 한정하여 지원
* 단, 선진국 인력의 경우 3개월 미만 활용 가능

2. 중소기업 청년취업인턴제 사업

중소기업 청년취업인턴제 사업은 중소기업에 청년 인턴을 채용하여 취업을 지원하고, 기업에게는 인턴기간 동안 인건비 지원을 제공하는 정부의 프로그램입니다. 이 사업은 청년들에게 실무 경험을 쌓을 기회를 제공하고, 중소기업에게

는 우수한 인재를 채용할 수 있는 기회를 마련하기 위해 설계되었습니다.

(1) 사업목적

청년층 미취업자를 대상으로 중소기업에서의 인턴십과정을 통한 경력형성 및 직업능력 배양으로 청년층의 취업촉진 및 중소기업 인력난 해소를 지원

(2) 지원대상

① 인턴 참여자

학교졸업 후 고용보험 피보험 경력이 180일 미만인 만 15세 이상 34세 이하의 청년으로, 구직중인 사람.

② 인턴 실시기업

고용보험법상 '우선지원대상기업'(중소기업 기본법상 중소기업 포함)으로서 고용보험피보험자 5인 이상 사업장

(3) 인턴 제외·제한 대상

① 인턴

최종학교 졸업 후 고용보험 피보험 경력이 6개월 이상인 자

(단, 최종학력이 고졸 이하인 자 제외)

② 기업

인턴 채용 이전 1개월 이내에 다른 근로자를 인위적으로 감원한 기업, 인턴 근무 중 다른 근로자를 인위적으로 감원한 후 1년이 경과하지 않은 기업

(4) 지원내용

① 중소기업은 청년 인턴을 일정 기간 동안 채용하고, 그 과정에서 인턴이 해당 직무를 배울 수 있도록 업무를 제공해야 합니다.

② 인턴 채용 후 일정 기간 내에 정규직으로 전환될 경우, 정부의 추가 지원이나 혜택이 있을 수 있습니다.

(5) 사업효과

① 청년 취업: 청년들에게 실무 경험을 제공하고, 취업의 기회를 넓혀줍니다.

② 중소기업 성장: 중소기업에게 인재 채용의 기회를 제공하며, 인력난을 완화하는 데 기여합니다.

③ 정규직 전환 촉진: 인턴이 기업에서 경험을 쌓고, 우수한 성과를 보여주면 정규직으로 전환되는 경우가 많아 취업 안정성을 높입니다.

3. 인력채용 패키지 사업

(1) 사업목적

미취업자에게 맞춤형 직무교육(2~3개월) 및 현장연수(1~3개월) 지원 후 해당 중소기업으로의 취업 연계하여 중소기업의 인력난 해소 및 미취업자의 안정적인 취업기회를 제공

(2) 지원대상

①「중소기업인력지원특별법」 제3조 및 동법 시행령 제2조에 해당하는 중소기업

② 제조업, 부가통신업, 컴퓨터 운영 관련업, 자연과학 연구개발업, 엔지니어링 서비스업, 전문디자인업 및 중소기업청장이 고시하는 지식기반 서비스업 등

(3) 지원 제외기업

① 3개월 미만의 계절적·일시적 요인으로 인한 인력수요기업

② 고용보험 미가입 및 고용보험 체납 사업장

③ 그 밖에 과거 사업참여 실적이 부진하거나 사업 참여가 부적합한 기업

(4) 지원내용

① 집합교육(2~3개월) - 국비무료 실무교육 실시

② 중소기업 현장연수(1~3개월)

③ 중소기업 현장에서 업무를 직접 담당하면서 현장연수 실시 및 현장 연수 수당 70만원(월) 지원

4. 중소기업 인력구조 고도화 사업

(1) 사업목적

중소기업 인력구조 고도화 사업은 중소기업의 경쟁력을 강화하기 위해 기업의 인력 구조를 개선하고, 전문성과 효율성을 높이는 것을 목표로 하는 정부 지원 사업입니다. 이 사업은 중소기업이 인력의 질을 높이고, 조직의 구조를 효율적으로 개선하여 지속 가능한 성장을 도울 수 있도록 다양한 지원을 제공합니다.

중소기업협동조합 및 중소기업단체를 통해 공동인적자원개발, 공동인력채용관리 등 중소기업 인력구조고도화에 필요한 다양한 사업을 패키지로 지원

① 중소기업의 인력 전문성 강화 : 중소기업이 필요로 하는 고급 인력의 채용을 촉진하고, 기존 인력의 전문성을 높이기 위한 교육과 훈련을 제공합니다.

② 조직의 효율성 제고 : 기업의 인력 구조와 조직 문화를 개선하여 효율적인 업무 환경을 조성하고, 기업의 생산성을 높입니다.

③ 경쟁력 강화 : 중소기업이 글로벌 시장에서 경쟁할 수 있도록, 고도화된 인력 구조를 통해 조직의 전반적인 경쟁력을 강화합니다.

(2) 주요 지원 내용

■ 인력 구조 개선을 위한 컨설팅:

기업의 인력 관리, 조직 설계, 업무 프로세스 개선 등과 관련된 전문적인 컨설팅을 제공합니다.

이를 통해 조직의 효율성을 높이고, 인력 배치를 최적화하여 생산성을 향상시킵니다.

■ 고급 인재 채용 지원:

중소기업이 필요로 하는 전문 인력, 예를 들어 R&D, 마케팅, IT 등 분야의 고급 인재를 채용할 수 있도록 지원합니다.

기업의 고급 인력 채용을 위한 인건비를 일부 지원하는 경우도 있습니다.

■ 직무별 교육과 훈련 지원:

중소기업 인력을 대상으로 직무와 관련된 교육을 제공하여, 직원들의 역량을 강화하고, 기업 내에서의 역할 수행 능력을 높입니다.

특히 최신 기술과 산업 트렌드에 맞춘 교육 프로그램이 포함될 수 있습니다.

■ 조직 문화 개선:

기업 내의 협업 문화와 소통을 개선하고, 직원들의 직무 만족도를 높이기 위한 다양한 조직 문화 개선 활동도 지원됩니다.

(3) 지원대상

「중소기업인력지원특별법」 제3조 및 동법 시행령 제2조의 업종(제조업 및 지식기반서비스업)을 영위하는 중소기업으로 구성된 중소기업협동조합 및 중소기업단체

중소기업: 일정 규모 이하의 중소기업이 주요 대상입니다. 보통 중소기업청, 지방자치단체, 중소기업진흥공단 등이 운영하는 지원 프로그램에 참여하는 기업들이 해당됩니다.

인력: 기업이 채용하고자 하는 고급 인력 및 기존 직원들이 대상이 될 수 있습니다.

(4) 지원제한 대상

① 제조업 및 지식기반섭비스업을 제외한 도·소매 업종 등 다른업종 중소기업협동조합 및 중소기업단체

② 「중소기업인력지원특별법」 시행령 제18조 제2호에 따른 지원대상인 중소기업이 20개 미만인 조합 및 단체

③ 전년도 사업실적이 부진하여 지속적인 지원이 어렵다고 판단되는 조합 및 단체

(5) 지원내용

① 조합·단체가 인력구조 고도화를 위해 실시하는 사업의 소요비용 중 70%를 지원(잔여 30%는 조합·단체가 자체조달)

② 중소기업의 양적·질적 인력 부족현상 해소를 위해 재직인력 직무능력 향상과 신규인력 유입을 위한 다양한 프로그램 지원

분류	공동인적자원 개발분야	공동인력 채용 관리분야
목적	재직인력의 직무능력 향상과 생산성 증대를 위한 교육훈련 지원	신규인력의 채용과 재직인력의 선진화된 관리를 지원
지원대상 사업	현장기술 교육, 기술·경영·IT 등 교육훈련, 전문자격 취득훈련 등 공동 인적자원 개발을 지원하는 사업	공동채용박람회, 인적자원개발 현장 컨설팅, 인사담당자 교육훈련, 업종별 인력자원 관리 모델 개발 등 공동 채용 및 관리를 지원하는 사업

(6) 사업효과

인력의 전문성 향상 : 고급 인재 채용 및 기존 인력의 교육을 통해 중소기업의 전반적인 역량을 강화합니다.

생산성 향상 : 효율적인 인력 구조와 조직 운영으로 생산성을 높이고, 기업 경쟁력을 강화할 수 있습니다.

지속 가능한 성장 : 중소기업이 변화하는 시장에 적응하고, 지속 가능한 성장을 위한 기초를 마련하는 데 도움을 줍니다.

중소기업 인력구조 고도화 사업은 중소기업이 경쟁력을 유지하고 성장할 수 있도록, 인력의 질적 향상과 조직 구조 개선을 목표로 하는 중요한 프로그램입니다. 이를 통해 기업은 변화하는 경제 환경에 유연하게 대응하고, 지속 가능한 성장을 이루는 데 필요한 핵심 인재를 확보할 수 있습니다.

5. 산업기능요원 활용지원

(1) 사업목적

군 소요인원 충원에 지장이 없는 범위 내에서 병역자원(현역 입영 또는 소집

대상 보충역)이 중소제조업체(지정업체)에 일정기간 근무할 경우 군복무를 대체하도록 하여 중소기업에 기술·기능 인력을 지원

(2) 지원대상

「중소기업기본법」 제2조 제1항에 해당하는 중소기업(법인만 해당)

① 공업분야(통신기기제조업 포함)

제조업종으로서 지정희망 공장의 상시종업원수가 10인 이상이며, 제조·매출실적이 있을 것

② 광업분야

광물(석탄 제외)의 채굴사업을 영위하는 상시종업원수 10인 이상인 업체, 선광·제련사업을 영위하는 업체 또는 연간 1만 2천톤 이상의 석탄 채굴업체

③ 에너지산업분야

발전 및 발전보수업 또는 정유·가스업을 영위하는 업체

④ 정보처리관련업 분야의 업체

(3) 지원제한 대상

① 병무청「전문연구요원 및 산업기능요원의 관리규정」 제11조에 해당하는 산업체(대기업, 재단법인, 공공단체, 복무관리 부실사유 등으로 고발되거나 업체의 요청으로 지정업체 선정이 취소된 후 5년이 경과되지 아니한 산업체)

② 공업분야(통신기기제조업 포함) 산업체 중 동일법인 내의 다른 공장 또는 사업장이 지정업체로 선정되어 있는 산업체

③ 정보처리관련업의 경우 정보처리 관련 매출이 전체 매출의 30% 미만 이거나 전문연구요원과 산업기능요원을 동시에 신청한 업체

(4) 지원내용

매년 병무청으로 공업, 광업, 에너지, 정보통신 분야 신규 병역 지정업체 선

정추진 및 기존 지정업체 인원배정 추진

6. 중소기업 장기재직자 주택특별공급

(1) 사업목적

중소기업에서 5년 이상 근무한 무주택 세대주에게 국민임대주택을 우선 공급하여 주거생활을 안정화하고 중소기업으로의 인력유입을 촉진하기 위한 제도

(2) 지원대상

중소기업에 5년 이상 근무한 무주택 세대주

① 분양주택 신청자

근속기간, 동일직장 재직기간, 소기업 여부, 수상경력, 기술·기능인력 여부(가점) 등을 심사하여 선정

② 임대주택

해당업종 여부, 근속기간 등을 심사하여 추천

(3) 지원내용

주거전용면적 85m2 이하인 국민·민영·공공주택 및 국민임대주택 등의 분양 또는 임대

V 중소기업 창업지원 사업

1. 예비기술창업자 육성사업

(1) 사업목적

대학·연구기관을 주관기관으로 선정하고 해당기관이 보유한 창업인프라를

활용하여 예비기술창업자의 창업준비 활동을 지원

(2) 지원대상

2인 이상 예비창업팀 및 창업 초기 기업(1년 미만)

(3) 지원내용

① 대학·연구기관의 창업지원 인프라를 활용하여 창업 준비공간, 전담 멘토링, 시제품 제작, 마케팅 역량 강화, 지재권 인증 등 지원

② 개인 및 팀의 창업 준비활동자금, 시제품 개발자금을 창업 조건부로 지원

2. 창업보육센터 확장 및 운영 지원

(1) 사업목적

우수한 창업보육센터를 중심으로 창업 초기 기업 입주 및 보육지원을 위한 보육실 확충비와 운영비 등을 지원. 보육공간 확장 및 보육센터의 자립기반 마련을 위한 확장사업비, 입주기업에게 마케팅 및 컨설팅 서비스를 제공하는 운영비 지원

(2) 지원대상

대학, 연구소 등 중소기업청으로부터 창업보육센터로 지정받은 자

(3) 지원내용

① 건립비

창업초기기업 보육공간 확장 및 창업보육센터의 자립기반 마련 등 운영 내실화를 위해 우수한 보육센터의 신규 및 확장건립 소요비용 지원하며, 전체 사업비의 70% 범위(30억원 한도) 내에서 지원(운영평가결과 A등급 이상인 보육센터로 대응투자비가 총사업비의 30% 이상 될 것)

② 운영비

입주기업에 대한 마케팅 및 컨설팅 지원을 위하여 보육센터 운영성과 평가를 통해 운영비 지원하며, 사업자당 최고 6천만원 이내(운영실적을 평가하여 4개 그룹으로 분류, 차등 지원)

3. 벤처기업 집적시설 지원제도

(1) 사업목적

도심내 벤처기업의 입주공간 확보가 용이하도록 일정요건을 갖춘 건축물을 '벤처기업집적시설'로 지정하여 각종 지원을 실시하는 제도

(2) 지원내용

① 집적시설 설치자에 대한 지원

㉠ 집적시설을 건축하고자 취득하는 부동산에 대하여 취득세·등록세 면제 및 재산세 50% 감면

㉡ 개발부담금, 교통유발부담금 등 5종의 부담금 면제

② 입주기업에 대한 지원

수도권지역 집적시설에 입주하는 벤처기업에 대하여 취득세, 등록세 및 재산세의 중과세율 적용을 배제

4. 가업승계 지원(정부지원제도)

(1) 세제 지원

■ 가업상속공제

중소·중견기업의 원활한 가업승계를 위해 상속세 부담을 줄여주는 제도

최대 600억 원까지 공제 가능 (자산 규모에 따라 차등 적용)

피상속인(부모)이 기업을 10년 이상 경영해야 하며, 상속 후 10년간 업종·고용·자산 유지 등의 요건 필요

■ 가업승계 증여세 특례

부모가 자녀에게 가업을 증여할 때, 증여세 부담을 완화해 주는 제도

10년 이상 경영한 중소·중견기업을 대상으로 100억 원까지 증여세 10% 단일세율 적용

증여 후 7년간 업종·고용 유지 등의 요건 필요

■ 창업·벤처기업 주식 할증평가 배제

가업승계 시 주식 가치가 할증되지 않도록 조정하여 세 부담 완화

(2) 금융 지원

■ 승계 자금 지원 (정책금융, 저금리 대출)

중소기업진흥공단, 신용보증기금, 기술보증기금 등에서 가업승계 관련 자금 지원

장기 저금리 대출, 보증 지원 등 활용 가능

■ M&A 지원 (사업 양수도 자금)

중소기업의 가업승계를 위한 M&A 자금 지원

한국벤처투자, 중소기업진흥공단 등에서 지원

(3) 컨설팅 및 교육 지원

■ 중소기업 가업승계 지원 사업

중소벤처기업부, 대한상공회의소, 중소기업중앙회 등에서 경영 컨설팅 제공

승계 후 경영 안정화를 위한 맞춤형 컨설팅 지원

■ 청년 가업승계 지원 프로그램

가업을 승계하는 청년(2세 경영인)을 위한 경영·세무·노무 교육

창업 지원 프로그램과 연계 가능

(4) 지원내용

원활한 가업승계를 위한 각종 정보제공 및 후계자 교육, 경영후계자 네트워크 구축 등을 지원

구분	내 용
경영후계자 교육	• 경영후계자 및 2세 경영인을 대상으로 교육 등을 통한 세제, 경영실무 리더십 등 전문가 강의
협력네트워크 지원	• 1·2세대 소통원활화 프로그램 운영 • 경영후계자 클럽 활성화 등
기 타	• 명문장수기업인 포상을 통한 가업승계기업 사기 고취 • 가업승계관련 정보 제공 및 상담

5. 기술창업 아카데미

(1) 정부 및 공공기관 운영 프로그램

■ 창업진흥원 – 창업 아카데미

예비창업자 및 스타트업을 위한 단계별 창업 교육

기술 창업, 비즈니스 모델 수립, 투자 유치 전략 등 교육

온라인 및 오프라인 과정 운영 (K-Startup에서 신청 가능)

■ 중소벤처기업부 – 청년창업사관학교

기술 창업자를 대상으로 1년간 창업 교육 및 자금 지원

최대 1억 원 창업 지원금 및 사무공간 제공

전국 18개 지역에서 운영

■ 과학기술정보통신부 – 기술창업 지원 프로그램

AI, 바이오, 반도체 등 첨단 기술 창업 지원

창업 멘토링, R&D 지원, 투자 연계 지원

■ 스마트창작터 (창업진흥원 운영)

창업 아이디어 검증부터 제품 개발까지 지원

기술 기반 창업자 대상 실전형 교육 진행

(2) 대학교 및 연구기관 프로그램

■ KAIST 창업원

기술 창업자를 위한 전문 교육 및 창업 지원금 제공

글로벌 창업 프로그램 운영

■ 서울대학교 기술지주회사 – 스타트업 인큐베이터
대학(원)생 및 연구자 대상 창업 지원
기술사업화 컨설팅 및 창업 펀드 연계
■ POSTECH, 연세대, 고려대 등 주요 대학 창업지원단
기술 창업자를 위한 창업 캠프 및 실전 교육 운영

(3) 민간 및 협회 지원 프로그램

■ 구글 스타트업 캠퍼스
기술 기반 스타트업을 위한 글로벌 창업 지원
해외 투자 유치 및 네트워킹 기회 제공
■ 마이크로소프트 AI 스타트업 프로그램
AI 및 클라우드 기반 스타트업 지원
기술 멘토링 및 개발 지원금 제공
■ 창업 컨설팅 기업 및 엑셀러레이터 (패스트트랙아시아, 블루포인트파트너스 등)
투자 연계 및 맞춤형 창업 교육 제공

6. 창업사업계획 승인제도

(1) 사업목적

창업중소기업의 신속한 공장설립을 지원하기 위해 관련 인·허가 사항을 「창업사업계획승인」으로 일괄처리(「중소기업창업지원법」 제21조 및 제22조)하여 20일 내에 승인 여부를 결정하는 제도

(2) 지원대상

① 창업일로부터 7년이 경과하지 아니한 중소기업자
② 등록된 공장을 가지고 있지 아니한 사업자

(3) 지원내용

① 창업자의 공장설립 관련 인허가 사항의 일괄의제처리

② 창업사업계획승인신청서 작성 및 제출 대행 지원

③ 각종 부담금 면제

창업 3년 이내에(중소기업창업지원법) 제33조의 규정에 따라 사업계획의 승인을 받아 최초로 설립하는 공장

7. 청소년 비즈쿨 지원

(1) 사업목적

전국 100개 초·중·고 비즈쿨 학교를 지정하고 창업교육을 지원하여 청소년 창업 및 비즈니스 마인드 함양을 위한 교육과 체험활동 지원 실시를 통해 사회전반의 기업가 정신 확산

(2) 지원대상

「초등교육법」 제2조에 의한 초등학교, 중학교 및 고등학교

(3) 지원내용

비즈쿨 학교 운영지원금, 교사연수, 체험학습 및 참여 프로그램 연수(페스티벌+창업캠프 등)

(4) 유의사항

① 교육장소 : 학생들의 비즈쿨 활동을 보장할 수 있는 공간 활용계획 필수

② 교육시간 : 체험활동을 포함하여 연간 34시간 이상을 비즈쿨 교육프로그램으로 편성

③ 교육내용 : 연간 5회 이상의 학생 체험학습 프로그램을 운영

8) 창업기업 컨설팅 지원

(1) 사업개요

창업기업이 컨설팅 비용의 일부를 부담하고 중소기업청에 등록된 중소기업

상담회사에게 컨설팅지원을 받는 제도

① 컨설팅 비용의 일정비율은 중소기업청에서 지원

② 업체부담금 중 7%는 세액 공제

(2) 지원내용

① 사업타당성 검토

업종·규모·기업형태 등 사업계획의 합리성·사업성·기술성 등 검토

② 창업절차대행

법인 설립, 사업자등록신고 및 관련 인·허가 대행, 조세감면 검토 및 세액 감면신청 대행, 창업 초기 경영상담

③ 공장설립대행

입지 선정, 창업공장 설립 관련 인·허가 검토, 사업계획승인(공장설립승인) 신청대행, 조세감면 검토

④ 경영·기술지도

창업 초기 기업의 경영·인사·재무·판매관리, 기술지도

9. 청년창업사관학교

(1) 사업목적

청년예비창업자, 창업 후 3년 이내 초기기업의 대표를 선발하여 창업단계 전 분야에 걸쳐 창업진단, 코칭 및 교육, 기술 및 장비, 사업화 자금 등 사관학교와 같은 체계적인 지원프로그램을 통해 성공적 기술창업을 지원

(2) 지원대상

예비창업자(팀) 또는 3년 이내의 창업 초기 기업의 대표, 사업공고일 기준 만 39세 이하인 자

(3) 지원내용

① 창업공간

사관학교(경기도 안산 중소기업연수원) 내 창업준비 공간 제공

② 창업코칭

전문인력을 전담교수로 1대1 배치하여 창업 전과정 집중지원

③ 창업교육

경영역량과 창업분야의 전문지식 등 체계적 기술창업 교육 실시

④ 기술지원

제품설계(CAE, 역설계 포함), 시제품 제작 등 제품개발 과정의 기술 및 장비 지원

⑤ 사업비지원

창업활동비, 기술개발비, 시제품 제작비, 시장테스트제품 생산비 및 마케팅비 지원

⑥ 연계지원

졸업 우수 청년창업 CEO에 대해서는 융자, 투자, 보증, 입지, 판로 등 연계

10. 선도벤처 연계기술 창업지원

(1) 사업목적

성공한 선도 벤처기업 CEO 등이 우수한 청년 창업꿈나무를 직접 양성·보육하는 창업지원 프로그램

(2) 지원대상

2인 이상 예비창업팀

(3) 지원내용

① 선도벤처기업이 육성하고 싶은 예비창업팀을 직접 선발하고 창업 준비 공간, 전담 멘토링, 사업기획, 기술보완, 국내외 마케팅(판로개척) 등 지원

② 창업팀의 창업 준비활동 및 시제품 개발자금을 창업 조건부로 지원

11. 창업선도대학 육성지원

(1) 사업목적

지식과 기술이 집적되어 있는 대학에 창업교육부터 사업화 지원까지 패키지식 지원을 통해 대학을 창업의 요람으로 육성하는 사업

(2) 지원대상

「고등교육법」 제2조의 각 호에 해당되는 대학 및 「특정연구육성법」 제2조에 해당하는 기관 중 교육기능을 수행하는 기관 등

※ 고등교육법 제24조에 의해 설립인가를 받은 분교도 신청 가능

(3) 지원내용

대학창업강좌 운영비, 창업동아리 운영비, 학내 창업경진대회 개최비, 창업 지원 네트워크 구축비, 홍보비, 유영비 등

12. 시니어 창업지원

(1) 사업목적

고령화 사회를 대비하여 시니어(50대 전후 퇴직자)의 경력·네트워크·전문성을 활용하여 성공적인 창업을 할 수 있도록 지원

(2) 지원대상

만 40세 이상으로 기업·기관 근무경력 10년 이상인 자

(3) 지원내용

시니어 유망업종 보급, 창업스쿨 운영, 시니어비즈플라자 설치·운영, 온/오프라인 커뮤니티 지원, 창업자금·보증지원, 시니어관련 조사연구 등

※ 세부사업내역은 다음과 같다.

분 야	내 용
유망업종 선정	• 시니어 유망창업 업종 40개 발굴 • 설명회 개최 및 시니어넷 공개
창업 스쿨	• 창업준비 수준별 3단계 교육 • 기초 → 실전 → 심화(약 80시간 내외)
비즈플라자	• 창업준비를 위한 공간 제공 • 상담, 교육, 세미나, 특강 등 진행
커뮤니티	• 활동우수 커뮤니티 지원 • 시니어창업넷(www.seniorok.kr)
창업자금·보증	• 창업스쿨 수료자에 한하여 우선지원 • 중소기업 정책자금 연계지원

Ⅵ 기술·경영혁신 지원사업

1. 기술혁신형 중소기업(Inno-Biz) 육성사업

(1) 사업목적

기술경쟁력과 미래 성장가능성을 갖춘 중소기업을 기술혁신형 중소기업으로 선정하여 기술, 자금, 판로 등을 연계지원함으로써 국제경쟁력이 있는 우수기업으로 육성(Inno-Biz : Innovation Business)

(2) 지원대상

업력 3년 이상의 중소기업으로 정상가동중인 기업

(3) 지원내용

① 기술보증기금의 보증지원

㉠ 전액보증지원

기술보증기금과 협약을 맺고 있는 은행에서 전액 보증

㉡ 기업당 보증한도 설정 우대

※ 이노비즈 기업 50억원(일반기업 30억원)

㉢ 보증료 감면 : 0.2%

② 중소기업 정책자금 및 지원산업 참여시 우대

㉠ 정책자금 우대

※ 중소기업청 R&D 자금 우대

㉡ 병역지정업체, 공공구매 심사 등 중소기업청의 인력·판로 지원사업 추진시 우대

2. 중소기업 서비스 연구개발사업

(1) 사업목적

서비스 분야에 활용되는 신상품 및 신기술의 개발을 지원하여 중소기업의 서비스 경쟁력 향상 및 중소서비스업의 신성장동력화를 촉진하기 위한 사업

(2) 지원내용

분 야	내 용	지원한도
서비스유망 과제	• 응모방식에 따라 '지정공모'와 '자유응모'방식으로 구분 • 개발기간 1년 이내 지정공모방식은 최대 2억원까지, 자유응모방식은 최대 1.5억원까지 지원 • 중소기업의 서비스 혁신역량 강화를 위한 새로운 서비스 상품 및 시스템의 개발 지원	총사업비의 75%까지 지원
산업보안 과제	• 개발기간 1년 이내 최대 1억원까지 지원 • 중소기업 산업기밀 유출 방지를 위한 산업보안 관련 신제품 및 신기술의 개발 지원	총사업비의 75%까지 지원

3. 창업성장기술개발사업

(1) 사업목적

잠재역량은 보유하고 있으나, 기술개발 자금 부족으로 어려움을 겪고 있는 창업 초기 기업과 소기업에게 기술개발 자금을 지원해 주는 사업

(2) 지원대상

① 창업과제 - 창업 5년 이하인 창업 초기 기업

② 성장과제 - 창업 5년 초과인 중소기업(소기업 가점 부여)

(3) 지원내용

분 야	내 용	지원한도
창업과제	• 개발기간 1년 이내 최대 2억원까지 지원 • 창업 5년 이하의 창업 초기 기업을 대상으로 1년 이내의 실용화 기술을 '자유응모방식'으로 지원	총사업비의 75%까지 지원
성장과제	• 개발기간 1년이내 최대 2억원까지 지원 • 창업 후 5년을 초과한 중소기업을 대상으로 1년 이내의 실용화 기술을 '자유응모방식'으로 지원	총사업비의 75%까지 지원

4. 중소기업기술혁신대전

(1) 개최목적

중소기업 최고의 기술을 선보이는 전시회로 중소기업의 위상 제고와 기술혁신 의욕을 고취하여 기술혁신 성과 확산

5. 중소기업 기술혁신 개발사업

(1) 사업목적

미래 성장 유망분야에 대한 중소기업의 사업화 기술개발을 지원하여, 고부가 가치 제품화에 따른 시장개척 및 혁신형 중소기업의 성장을 지원

(2) 지원내용

분 야	내 용
글로벌 강소기업 육성과제	• 정부출연금(총사업비의 60% 이내), 개발기간 2년 이내, 최대 8억원까지 지원 • 수출경쟁력을 지닌 우수 중소기업에 대한 성장 유망품목 기술개발과제 지원(자유응모)
투자연계과제	• 정부출연금(총사업비의 60% 이내), 개발기간 2년 이내, 최대 8억원까지 지원 • 수입대체 및 수출유망 전략품목을 발굴하여 '민간 투자연계 방식'을 통해 지원(지정공모)
미래선도과제	• 정부출연금(총사업비의 75% 이내), 개발기간 2년 이내, 최대 5억원까지 지원 • 저탄소 녹색성장, 첨단융합 등 핵심국정과제를 뒷받침하는 중소기업형 유망기술을 '지정공모방식'으로 지원

6. 구매조건부 신제품 개발사업

(1) 사업목적

우수한 기술을 개발하고도 이를 상용화하거나 판매하기 어려운 점을 감안하여 기술개발단계부터 판로를 보장해주는 사업. 수요처(정부 · 공공기관 · 대기업)에서 필요로 하는 신제품에 대해 기술개발에 소요되는 비용의 일부를 지원하고 수요처에서 이를 일정기간 구매

(2) 사업내용

① 수요조사 과제

수요처(대기업, 공공기관 등)에서 개발을 제안한 과제

분 야	내 용
일반과제	• 국내 수요처에서 구매의사를 밝히고 개발을 제안한 과제, 단일과제에 다수의 수요처가 참여한 공동구매 과제
전략과제	• 국방 · 기상 · 소방 등 한국형 장비 및 부품의 국산화와 신제품 개발을 전략적으로 지원하는 과제, 과제발굴 기술연구회를 통해 발굴된 패키지형 과제

② 중소기업 제안과제

소기업이 아이디어(기술)를 수요처에 제안하여 자발적 구매협약 동의서를 받아 제안한 과제

7. 중소기업 이전기술 개발사업

(1) 사업목적

공공연구기관이 보유한 우수 기술을 중소기업이 이전받아 사업화가 가능한 상품으로 개발할 수 있도록 지원하는 사업

(2) 지원내용

① 지원과제

㉠ 공공연구기관이 보유한 상용화 되지 않은 기술(등록 또는 출원된 특허) 중 수요조사를 통해 발굴·공고된 기술

㉡ 중소기업이 이전받아 추가 개발을 통해 상용화를 목적으로 하는 과제

② 지원조건

총 개발비의 75% 이내에서 지원

8. 산학연 공동기술개발사업

(1) 사업목적

대학 및 연구기관이 보유하고 있는 연구인력, 장비, 기술 등의 연구개발 자원을 활용하여 기술기반이 취약한 중소기업의 기술혁신능력을 제고

(2) 지원대상

「중소기업기본법」에 의한 중소기업으로서, 매출액 500억원 미만인 기업

- 지역사업 : 창업 9년 이하(창업과제 : 5년 이하, 일반과제 : 5년 초과 9년 이하)
- 전국·국제사업 : 창업 9년 초과 또는 매출액 20억원 이상 기업 중심

(3) 지원내용

분 야	내 용
지역사업	• 중소기업의 혁신역량이 부족하여 지역 대학의 인적 또는 물적 협력이 필요한 과제를 지원
전국사업	• 기술적 특성상 개발기간이 1년 이상 소요되거나 녹색·신성장 등 주요 국정과제와 연계성이 높은 과제를 도출하여 지원
국제사업	• 외국의 대학·연구기관 또는 기업과 협력이 필요한 과제를 지원

9. 산학연협력 기업부설연구소 지원사업

(1) 사업목적

R&D 활동의 원천인 중소기업의 부설연구소를 공동연구기관 내 또는 인근지역에 설치, 운영하는 것을 지원하는 사업으로 이미 기업부설연구소를 보유한 중소기업에 대해서도 연구 장비 및 인력 확충을 지원

(2) 지원대상

- 신규설치 : 기업부설연구소(한국산업기술진흥협회 인정)를 보유하고 있지 않은 기업
- 업그레이드 : 기업부설연구소를 보유한 기업

(3) 지원내용

분 야	내 용
신규설치	• 중소기업이 대학·연구기관의 인적·물적 자원을 활용하여 기관 내 또는 인근지역에 기업부설연구소를 설치·운영하도록 지원
업그레이드	• 기 설치된 기업부설연구소에 연구인력 및 장비 등을 집중지원하여 연구소의 규모 확대 및 R&D 역량 강화를 통한 사업화·제품화 추진 유도

Ⅶ 판로 · 수출 지원사업

1. 직접생산 확인제도

(1) 사업목적

중소기업자 간 경쟁입찰에서 낙찰 후에 대기업제품, 수입제품의 납품 또는 하도급 생산납품 행위나 수의계약이 가능한 각종 법인단체, 농공단지 입주기업 등의 명의를 빌려 수의계약 후 하청 생산한 제품 등의 납품을 방지하기 위한 제도

(2) 수의계약 대상자

특정단지 · 특별지원지역 입주공장, 국가유공자 복지공장, 특별법인, 사회복지법인, 국가 유공자 상이단체, 장애인 복지시설 · 단체 등에 한정

(3) 주요 내용

① 지정된 품목에 한하여 직접생산 확인제도 이용 가능

② 품목은 중소기업자 간 경쟁제품 품목과 동일하며 공공구매종합정보망 하단에 상시공고

2. 성능보험제도

(1) 사업목적

성능인증제품 구매로 인한 공공기관의 손해를 배상함으로써, 공공기관의 중소기업 기술개발제품 사용기피 현상을 방지하여 공공구매 촉진

(2) 성능보험 가입대상 품목

공공기관에 납품하기 위해 중소기업이 개발한 기술개발제품 중에서 성능인증을 받은 제품

(3) 운영방식

① 보험형태 - 보험료가 저렴한 보증보험 형식

② 보험료율 - 제품가액의 0.1~0.5%

③ 보험 담보범위 - 제품 자체의 교체 또는 수리가액 100% 전액 보증

④ 보험가입 및 기간 - 공공기관과 계약전 보험사에 가입, 기간은 납품 후 1년이며 제품인증기간 범위 내에서 연장 가능

3. 중소기업 마케팅 기반 조성

(1) 사업목적

마케팅 능력이 부족한 중소기업 CEO를 대상으로 마케팅에 대한 인식제고, 활용전략 실습 및 컨설팅, 판로연계지원 등 체계적이고 종합적인 현장 중심의 마케팅 역량 강화 지원

(2) 지원내용

① 교육과정 운영

수도권, 부산·경남, 대구·경북, 대전·충청, 광주·전라, 제주권 등 광역권별 운영기관을 선정하여 4단계 프로그램 진행

② '중소기업 마케팅 우수기업 우대제도' 도입

선정기준	• 마케팅 기반조성 사업에 참여해 2년 과정을 수료한 기업 중 심사 위원회의 적격심사를 통과한 기업 선정
우대 내용	• 중소기업청의 판로지원 사업참여시 우대, 중소기업유통센터의 홈쇼핑·수출연계 사업참여시 우대, 한국생산성본부의 타 과정 등록시 수강료 감면 등 혜택 부여

4. 수출유망중소기업 지정

(1) 사업목적

성장가능성이 높은 중소기업을 수출유망중소기업으로 지정하여 자금 및 보

증, 해외마케팅을 지원

(2) 지원대상

제조업, 제조업관련 서비스업 또는 지식기반관련 서비스업을 영위하는 중소기업으로서, 전년도 또는 신청년도 수출실적이 500만불 이하인 기업

(3) 지원내용

① 자금 및 보증지원

수출신용보증료 인하 및 수출중소기업 특례보증 우선지원대상, 수출입금융, 금융기관 대출시 금리 및 수수료 우대, 환전수수료 및 환가요율 우대

② 해외마케팅 지원 참여우대

국방 절충교역 대상품목으로 추천, 수출구매 상담회 개최 및 해외전시회 참가시 우선지원, 온라인 해외마케팅 지원사업 신청시 자동선정 등

5. 중소기업 무역촉진단 파견사업

(1) 사업목적

해외전시회 참가, 시장개척단 파견 및 수출컨소시엄 구성을 통해 중소기업의 해외 바이어 발굴 및 수출 기회를 제공하는 사업으로 사전 시장조사, 바이어 발굴 비용, 전시부스 임차료부터 장치비, 운송료, 통역비, 간담회비, 홍보비, 바이어 초청비용 등 관련 비용 지원

(2) 지원대상

무역촉진단 활동을 주관하는 단체로 중소기업협동조합, 업종별 협회 및 수출유관기관

(3) 지원내용

① 부스임차료 - 2부스 이내 50%(전시회에 따라 3부스까지 지원)

② 공동홍보 부스 임차료 - 1부스(최대 12m2) 이내에서 100%

③ 장치비 - KOTRA 국가별 기준단가의 50%(보석, 화장품, 공예, 패션, 멀티미디어 업종은 80%)

④ 운송료 - 1CBM이내 편도운송료의 50%(대형전시물의 경우 2CBM까지)

⑤ 통역, 회선 임차료, 바이어 간담회, 홍보비 지원

⑥ 홍보비 - 업체당 일정액 지불

⑦ 항공료 - 주관단체 1인에 한해 왕복 항공료.

Ⅷ 소상공인 · 전통시장 지원사업

1. 소상공인지원센터

(1) 사업개요

제조업이나 중기업에 비하여 상대적으로 지원이 미흡한 소규모 제조업 및 유통업 · 서비스업에 대한 지원을 강화

① 소상공인의 창업촉진과 성장을 통해 새로운 고용기회 창출

② 지역 · 산업 간 균형발전 촉진

(2) 지원대상

① 제조업, 건설업, 광업

상시근로자 10인 미만 업체

② 도 · 소매업, 서비스업

상시근로자 5인 미만 업체

(3) 지원내용

사 업	내 용
상담 및 업무대행	소상공인지원 자금 추천, 일대일 카운셀링, 서류작성 등을 지도
경영지도	• 창업(입지, 자금, 인력, 기술, 판로, 세무, 인허가, 사업성과, 기타) • 경영개선 효율성 제고
교육훈련	• 경영개선 교육 • 창업예비자 교육
기술개발지원	• 기술개발 및 연구, 기술 이전 및 연계, 기술수준 향상 • 신기술 도입 • 품질지원 • 오염방지
수출지원	• 수출시장개척 · 발굴, 외국 바이어 연결 • 국제무역박람회 참여유도 및 안내 • 수출자금조달 알선
정보관리 · 수집제공	• 정부정책 및 규제 • 인 · 허가 • 세제지원 • 국내외 경영 및 기술 정보
소상공인 도서관	소상공인 관련 책자 비치 및 지원센터의 자료 분석 배치
전문가 서비스	전문분야 자원봉사, 창업도우미업체 운영, 유 · 무료 컨설팅지원

2. 성공창업 패키지 교육

(1) 사업개요

자영업 예비창업자를 대상으로 창업 준비에 필요한 기본적인 내용을 단기간 또는 6단계로 나누어 종합적인 교육을 제공하여 성공적인 창업을 지원

(2) 지원대상

자영업 예비 창업자 및 업종 전환자

(3) 지원내용

① 기초 창업교육(4시간)

㉠ 창업에 관심이 있거나 창업 직전에 있는 사람들을 대상으로 한 최소한의 준비교육으로 창업과 관련한 기초적인 내용 전달

㉡ 공통창업과정, 프랜차이즈과정, 온라인쇼핑몰과정 3개 과정으로 운영

② 실전 창업교육(80시간)

㉠ 창업 전 과정을 6단계로 나누어 창업 준비에 필요한 내용 전달

㉡ 창업적성 진단→이론교육→실습→사업계획서 작성→자금지원→사후관리

3. 상권정보시스템

(1) 사업목적

예비창업자 또는 소상공인이 창업 및 업종전환 동시 입지·업종의 선택 및 성공가능성 판단을 할 수 있도록 인터넷 전자지도를 기반으로 한 지역별·업종별 업소, 인구, 시설현황 등 종합적인 상권정보 제공

(2) 상권정보 제공 내용

① 인터넷 전자지도에 실제 상권형태로 구현, 47종의 상권정보 제공

② 1,500대 상권별 임대시세, 유동인구 및 상권분석 보고서

③ 상권 커뮤니티 및 특정업종의 과밀 정보 제공

4. 자영업 컨설팅 지원사업

(1) 사업목적

전문인력을 활용하여 근로자 5인 미만의 소상공인들에게 성장단계별 맞춤형 컨설팅을 지원하여 경쟁력 강화

(2) 지원대상

상시근로자 5인 미만의 음식, 도소매 등 생활형 서비스업을 영위하는 자영업자

(3) 지원내용

경영·업종전환 등 제반 분야에 대한 컨설팅을 받을 수 있도록 컨설팅 전문인력을 사업장에 파견하고 컨설팅 비용 지원

5. 나들가게 육성지원

(1) 사업목적

SSM 등 기업형 슈퍼마켓 출현으로 어려움을 겪고 있는 동네 슈퍼마켓이 스스로 변화와 혁신을 통하여 경쟁력을 갖출 수 있도록 컨설팅 및 시설 개체 등을 지원

(2) 지원대상

슈퍼마켓 등 신청대상 업태로서 점포 총면적 300m2 이하인 소매점포

※ 신청대상 업태 : 슈퍼마켓(47121), 체인화 편의점(47122), 기타 음식료품 위주 종합소매업(47129)

(3) 지원내용

시설현대화를 위한 융자자금, 간판교체, 상품(재)배열, POS 등 정보시스템 구축 지원, 점포·상품기획, 리모델링 등에 대한 점포종합지도 및 점포주 교육 등

구 분	지원내용
육성자금	시설현대화 등에 필요한 자금 지원
간판교체	브랜드 인식개선을 위한 간판 교체 지원
상품(재)배열	상권, 점포환경에 적합한 상품진열 지원
정보시스템	POT 설치 지원
점포종합지도	재개점 및 재개점 후 경영지도
교육지원	경영혁신 교육 지원

6. 전통시장 경영혁신사업

전통시장 경영혁신사업은 전통시장의 경쟁력을 강화하고 자생력을 높이기 위한 정부 및 지자체 지원 사업이다. 주로 상인 조직을 중심으로 시장 환경 개선, 고객 서비스 강화, 디지털 전환, 마케팅 지원 등을 통해 전통시장의 현대화

를 촉진하는 것이 목표라 할 수 있다.

주요 지원 내용을 살펴보면,

■ 경영 현대화 지원
⇨ 시장 내 상인 교육 (온라인 마케팅, 경영 전략, 서비스 개선 등)
⇨ 상인 조직 역량 강화 및 협업 체계 구축
■ 디지털 전환 및 스마트 기술 도입
⇨ 온라인 쇼핑몰 구축 및 라이브 커머스 지원
⇨ 모바일 결제 시스템 도입 (제로페이, 간편결제 등)
⇨ 스마트 주문·배송 시스템 구축
■ 고객 편의성 개선
⇨ 주차장, 화장실 등 편의시설 확충
⇨ 시장 내 환경 정비 및 디자인 개선
⇨ 고객 맞춤형 프로모션 및 이벤트 지원
■ 브랜드 및 마케팅 지원
⇨ 전통시장 브랜드 개발 및 홍보
⇨ SNS 및 온라인 광고 지원
⇨ 지역 특산물 연계 마케팅 전략 추진
■ 안전 및 위생 강화
⇨ 화재 예방 시스템 구축
⇨ 위생관리 시설 및 식품 안전 교육 지원
■ 지원 대상
⇨ 전통시장 및 상점가
⇨ 시장 상인회 및 협동조합
■ 신청 방법
⇨ 중소벤처기업부 및 지자체 공고를 확인
⇨ 소상공인시장진흥공단을 통해 신청
⇨ 필요 서류 제출 후 평가 및 선정

이 사업은 매년 정책 방향에 따라 변경될 수 있으므로, 최신 공고를 확인하는 것이 중요하다. 특정 시장이나 지역에 대한 맞춤 지원이 필요하다면, 해당 지자체나 중소벤처기업부에 문의해 보는 것도 좋은 방법이라 할 수 있다. 또한, 전통 시장 및 상점가의 영업방식을 현대화하고 경영을 혁신하기 위해 마케팅, 상인교육, 상품권 발행 등을 지원.

7. 전통시장 시설현대화

전통시장 및 상점가의 노후화된 시설을 개선하고 기반시설을 설치하는 사업으로 주차장, 진입로, 공동화장실 등 기반시설뿐만 아니라 전통시장의 특성에 맞는 테마거리 조성, LED간판·조명시설 등 편리하고 쾌적한 쇼핑환경 조성 지원.

학습문제

1. 우리나라 창업지원체계에 대해 설명하시오.
2. 신용보증의 종류를 설명하시오.
3. 신용보증 신청전 사전 검토사항을 설명하시오.
4. 소상공인 자영업 지원사업을 설명하시오.
5. 전통시장 지원사업의 종류를 설명하시오.

참고문헌

윤종록 · 문승렬 공저. 21세기 창업과 경영. 형설출판사. 2003, pp. 123~128.

중소기업청. 중소기업 성공 징검다리. 2011 중소기업 지원시책.

중소기업청 홈페이지, 2011. 7.

중소기업진흥공단 홈페이지, 2011.7.

쉬어가기

쿠팡 (coupang)

■ **기업 개요**

➩ 설립 연도 : 2010년 8월 10일

➩ 대표자 : 강한승, 박대준

➩ 본사 위치 : 서울특별시 송파구 송파대로 570, 18층

➩ 주요 사업 분야 : 전자상거래, 통신판매, 광고대행

■ **재무 정보**

쿠팡은 최근 몇 년간 지속적인 성장세를 보이고 있습니다. 주요 재무 지표는 다음과 같다.

※ 매출액 :

➩ 2020년: 13조 9,257억 원

➩ 2021년: 20조 3,634억 원

➩ 2022년: 25조 7,684억 원

➩ 2023년: 30조 6,640억 원

※ 영업이익 :

➩ 2020년: −5,493억 원

➩ 2021년: −1조 1,710억 원

➩ 2022년: −366억 원

➩ 2023년: 8,231억 원

■ **직원 수 및 기업 규모**

➩ 직원 수: 2023년 기준 약 11,248명

➩ 기업 규모: 대기업

■ **주요 서비스**

⇨ 로켓배송 : 빠른 배송 서비스로, 일정 금액 이상 구매 시 익일 또는 당일 배송을 제공합니다.

⇨ 쿠팡 와우 멤버십 : 월 구독료를 통해 무료 배송, 할인 혜택, 쿠팡플레이(스트리밍 서비스) 이용이 가능

⇨ 쿠팡플레이 : 스포츠 중계(예: EPL, MLB), 드라마, 영화 등을 제공합니다.

⇨ 쿠팡이츠 : 음식 배달 서비스로, 현재 일부 지역에서 운영이 축소되었습니다.

⇨ 쿠팡 글로벌 : 해외 직구 서비스를 제공합니다.

■ **기업 역사 및 성장**

쿠팡은 2010년 창립 이후 로켓배송, 와우 멤버십 등 다양한 서비스를 도입하며 고객의 삶을 변화시켜왔다. 앞으로도 쿠팡의 혁신은 커머스의 미래를 새롭게 바꿔 나갈 것이다.

제2편

실전 창업

제4장

창업절차

창업절차를 효율적으로 수행하는 경우와 그렇지 못한 경우를 비교해 보면 창업에 소요되는 기간과 비용면에서 엄청난 차이가 발생한다. 창업절차를 잘 숙지한 후 실행에 옮기면 창업시 발생할 수 있는 오류를 최소화하여 효율적으로 수행할 수 있는 반면 이를 제대로 지키지 않으면 시간과 자금과 정력을 낭비하게 되며 창업기간이 그만큼 길어진다. 창업기간의 단축은 결국 창업비용의 절감을 가져옴은 물론 초기 창업비용의 최소화로 사업의 성공률을 높여 줄 수 있다.

창업에 소요되는 기간은 일반적으로 업종에 따라 약간의 차이가 있으나 제조업의 경우 보통 2~3년 정도가 소요되고 도소매업 또는 유통업, 소매업의 경우 6개월 내지 1년 정도가 필요하다. 그러나 창업자의 노력과 능력에 따라 이 기간은 충분히 앞당길 수 있다.

첫 단추를 잘 꿰어야 한다는 말이 있듯이 모든 일에 있어서 처음 시작이 매우 중요하다. 시작이 절반이라는 격언은 창업에도 적용되어 창업절차에 있어 준비는 매우 중요하다.

본 장에서는 창업시 일반적이고도 기본적인 사항, 즉 사업계획 및 준비단계, 시장조사, 입지 선정, 인력 확보, 자금조달, 회사 설립, 개업 등 최소한 검토하고 준비하여야 할 사항들을 구체적으로 알아보고자 한다.

▶ 일반적인 창업 절차

1단계: 사업 아이디어 구상 및 시장 조사

⇨ 창업 아이템 선정 (기술 기반, 서비스, 제조업 등)

⇨ 경쟁사 분석 및 시장 조사 (고객 수요, 트렌드 파악)

⇨ 비즈니스 모델(BM) 수립 (수익 구조, 고객 타겟 설정)

2단계: 사업 계획서 작성 및 사업화 전략 수립

⇨ 사업계획서 작성 (비즈니스 모델, 재무 계획, 마케팅 전략 포함)

⇨ 제품/서비스 개발 계획 수립

⇨ MVP(최소 기능 제품) 개발

3단계: 사업자 등록 및 법적 절차 수행

⇨ 사업자 유형 결정 (개인사업자 vs 법인사업자)

⇨ 국세청 홈택스에서 사업자 등록

⇨ 사업자 등록증 발급

⇨ 업종에 따른 인허가 사항 확인 (예: 음식업, 의료업 등)

4단계: 자금 조달 및 투자 유치

⇨ 창업 지원금 및 정부 지원 사업 활용

⇨ 정책 자금 및 은행 대출 신청

⇨ 엔젤투자, 벤처캐피털(VC) 투자 유치

5단계: 제품 개발 및 시제품 제작

⇨ 시제품(MVP) 제작 및 고객 테스트 진행

⇨ 제품 품질 검증 및 피드백 반영

⇨ 생산 공정 또는 서비스 개발 완료

6단계: 마케팅 및 영업 전략 실행

⇨ 브랜드 및 홈페이지 구축

⇨ SNS 마케팅 및 광고 운영

⇨ 판로 개척 (온라인 판매, 오프라인 유통망 확보)

7단계: 사업 운영 및 성장 전략 수립

⇨ 고객 관리 및 피드백 반영

⇨ 조직 구성 및 직원 채용

⇨ 매출 성장 및 확장 전략 수립

I 사업계획 및 준비단계

사업의 준비단계로서 어떤 업종으로 사업을 할 것인가? 즉, 제조업을 할 것인가, 아니면 유통업을 할 것인가, 서비스업을 할 것인가를 먼저 결정해야 할 것이다. 그리고 취급할 아이템을 정해야 한다.

예를 들면 최근 전자 및 컴퓨터 업종이 유망사업으로 각광을 받지만 무조건이 업종을 해야겠다고 해서는 안 되고 구체적으로 어떤 품목을 제조 또는 판매할 것인가 등의 구체적인 생각을 가지고 창업을 준비해야 한다. 그리고 하고자 하는 업종은 자기의 경험이나 경력 및 성격에 맞는지, 성장성이 기대되는 사업인지, 자기자금 범위 내에서 할 수 있는 사업인지를 잘 판단하여 업종을 확정하여야 한다. 업종선택시 고려해야 할 사항을 다음과 같이 정리하였다.

알아두기

업종선택 시 고려해야 할 사항

1. 창업하고자 하는 업종이 성장기에 있는 업종인가?
2. 자기의 경험이나 성격에 맞는 업종인가?
3. 전문적인 기술이나 지식을 필요로 하지 않는가?
만일 필요하다면 내가 할 수 있는가?
아니면 자기의 일같이 도와줄 믿을 만한 사람이 있는가?
4. 면허, 인·허가, 등록을 해야만 할 수 있는 업종인가?
법적 규제는 없는가?
자격자가 꼭 있어야 할 수 있는 사업은 아닌가?
인·허가시 장기간 소요될 것인가?
5. 창업시 자기자금 조달 범위 내에서 할 수 있는가?
자금 조달방법은 확실한가?
너무 무리하는 것은 아닌가?

6. 사업상 법적으로 문제가 있는 업종은 아닌가?
세무문제가 너무 복잡하고 어려운 업종은 아닌가?
7. 그렇다고 아무나 할 수 있는 너무 흔하고 쉬운 업종은 아닌가?

또한 창업자금이 얼마나 필요할 것인가, 그 자금은 어떻게 마련할 것인가? 인력 확보 및 사업의 규모는 어느 정도로 할 것인가 등을 미리 점검하고 타당성을 검토해 본 후 가능성이 있으면 성공할 수 있다고 생각할 때 나음 단계를 진행해야 할 것이다.

창업의 준비단계에서부터 얼마나 철저하게 연구하고 준비했는가가 사업성공의 열쇠이다. 준비사항을 정확하게 점검하고 재검토하는 끈기와 노력이 필요하다는 것을 반드시 명심하고 너무 서두르지 말고 차분히 계획을 세운 후 진행해야 할 것이다.

참고로 계획단계에서 기본적으로 점검해야 할 사항들을 정리하면 [표 4-1]과 같다.

표 4-1 계획단계에서 점검해야 할 사항

업무 구분	점검해야 할 사항
자금계획	여유 있게 자금계획을 세워 놓고 자금을 준비하고 있는가?
판매방법	• 품목은 무엇이며, 주 고객은 누구인가? • 판매방법은 어떻게 할 것인가? • 점포, 사무실을 어디에 어떻게 준비할 것인가?
상품, 원재료 구입	• 무엇을 어디서 구입할 것인가? • 어떤 조건으로 구입할 것인가?
제조방법	• 무엇을 제조하고 어떤 것을 외주로 줄 것인가? • 어떤 공장이나 설비로 제조할 것인가? • 기계는 어디서 어떻게 구입할 것인가?
지식, 기술, 자격	• 기술자나 자격자, 책임자는 누구로 할 것인가? • 자기에게 그 분야의 지식이나 경력이 풍부한가?
종업원 확보	• 가족만으로 운영이 가능한가? • 종업원은 어떻게 채용할 것인가?
사업의 형태	• 개인기업으로 할 것인가? 법인으로 할 것인가? • 주식회사로 할 것인가? 또는 동업으로 할 것인가?

손익예상	예상매출액과 원가나 비용, 연간이익은 은행금리보다 높은가?
사업계획서	• 사업계획서를 작성해 보았는가? • 개업자금 및 운영자금은 얼마나 소요될 것인가? • 차입금이나 출자금은 얼마나 조달가능한가?
자금조달	• 즉시 조달가능한 자금은 얼마인가? • 필요 소요자금은 적기에 조달이 가능한가?
세금문제	• 세금문제는 복잡하지 않은가? • 사업자등록은 언제 발급신청할 것인가? • 세무사는 누구로 정할 것인가?
개업예정일	개업일은 언제가 제일 좋은가?

Ⅱ 시장조사

업종과 사업 아이템이 선정되었으면 다음 단계로 시장조사를 실시하여야 한다. 시장규모나 경쟁회사를 조사하고 판매단가 및 판매이익은 얼마나 될 수 있는지 등을 실제로 현장에 나가서 조사를 해야 된다. 만약 수출품이라면 실제로 해외 현지까지 출장을 나가서라도 확인을 해야 한다. 특히 제조업인 경우 타 회사에서 특허권을 보유하고 있는지, 또는 이미 경쟁회사가 제조공장을 신설 또는 대규모 증설을 하고 있는지, 그 제품이 특별소비세 과세 대상이 아닌지 등에 대하여 잘 알아보고 시작하여야 한다.

다음은 시장조사는 특정 제품이나 서비스에 대한 시장의 동향, 경쟁 상황, 소비자 요구 등을 조사하여 비즈니스 전략을 수립하는 과정이다.

▶ 시장조사의 주요 목적

⇨ 시장 규모 및 성장률 파악 - 해당 시장의 크기와 성장 가능성을 예측

⇨ 소비자 분석 - 목표 고객의 특성, 선호도, 구매 패턴 조사

⇨ 경쟁사 분석 - 경쟁업체의 제품, 가격, 마케팅 전략 파악

⇨ 트렌드 분석 - 산업 내 변화 및 미래 전망 예측

⇨ 리스크 평가 - 사업 확장 또는 신제품 출시 시 위험 요소 분석

▶ 시장조사의 종류

※ 정성적 조사 (Qualitative Research)

⇨ 소비자의 태도, 인식, 감정을 분석

⇨ 예: 심층 인터뷰, 포커스 그룹 인터뷰(FGI)

※ 정량적 조사 (Quantitative Research)

⇨ 수치 데이터를 기반으로 시장 규모, 점유율 등을 분석

⇨ 예: 설문조사, 데이터 분석

※ 1차 조사 (Primary Research)

⇨ 직접 데이터를 수집하는 방법

⇨ 예: 고객 인터뷰, 설문조사, 실험

※ 2차 조사 (Secondary Research)

⇨ 기존의 데이터를 활용하는 방법

⇨ 예: 정부 보고서, 업계 리포트, 논문

※ 시장조사 방법

⇨ 설문조사 (Survey) - 대규모 소비자 대상 데이터 수집

⇨ 인터뷰 (Interview) - 전문가 또는 소비자와 1:1 인터뷰

⇨ 포커스 그룹 (Focus Group) - 소규모 집단을 모아 의견 수렴

⇨ 관찰 조사 (Observation) - 소비자의 행동을 직접 관찰

⇨ 데이터 분석 (Data Analytics) - 빅데이터, 트렌드 분석

※ 장조사 활용 사례

⇨ 스타트업이 신제품 출시 전 시장 수요를 파악

⇨ 기업이 경쟁사의 가격 전략을 분석하여 적절한 가격 책정

⇨ 마케팅 전략 수립을 위해 소비자의 브랜드 인식을 조사

시장조사가 끝난 상태라면 사업계획서를 구체적으로 작성해 장래 발생할 오류를 최소화하여야 한다. 사업계획서는 구체적으로 연간 매출액은 얼마나 될 것이며, 매출원가, 제조원가, 일반관리비, 판매비 및 금융비용(지급이자) 등은 얼마이고 연차별로 이익은 얼마인가? 손익분기점은 어느 시점인가 등 최소한 3~5년간의 사업계획서를 미리 작성하여 제반 문제점를 미리 점검해 볼 수 있게 된다. 이러한 기본적인 창업절차 없이 창업을 했을 경우 실패하는 경우가 빈번하다.

Ⅲ 입지 선정

중국 사람들은 상권이 좋은 상가인 경우에는 점포를 먼저 얻어 놓고 그 자리에서 잘 될 만한 품목을 나중에 선정하여 장사를 하는 경우가 많다고 한다.

그것은 음식점이나 판매업인 경우에는 가능할지 모르지만 여타의 사업에서는 맞지 않는 방법이라고 생각된다.

※ 입지 선정 방법으로는

■ P－MAP 분석 (상권 분석 모델)

➪ Primary (핵심 상권): 매출의 50% 이상을 차지하는 핵심 지역

➪ Main (주요 상권): 고객 유입이 많은 주요 지역

➪ Adjacent (인접 상권): 추가적인 성장 가능성이 있는 지역

➪ Potential (잠재 상권): 미래 가치가 높은 지역

■ GIS(지리정보시스템) 활용

➪ 인구 밀집도, 유동 인구 흐름 분석

➪ 경쟁 업체 분포 시각화

■ 데이터 기반 분석

➪ 정부 및 상권 리포트 활용(통계청, 지방자치단체 자료)

➪ 카드사, 모바일 데이터 기반 유동 인구 분석

■ 현장 조사 및 테스트 마케팅

➩ 실제 방문하여 고객 반응 관찰

➩ 팝업스토어 운영 후 피드백 수집

※ 입지 선정 활용 사례로는

➩ 프랜차이즈 매장 – 브랜드 이미지에 맞는 최적의 입지 선정

➩ 소매업/음식점 – 유동 인구와 경쟁 업체를 고려한 입지 선정

➩ 물류 센터 – 교통망과 비용을 고려한 물류 최적화 입지 선정

시장조사까지 끝난 후에는 구체적인 창업 실행단계의 하나인 입지 선정에 들어가야 할 것이다. 음식점이나 판매업에 있어서는 입지 선정이 성패를 좌우할 정도로 중요한 요소가 된다.

제조업에 있어서도 관련 업체의 위치 및 물류비용 등을 감안하여 제조공장의 위치를 잘 선정하여야 할 것이다.

알아두기

입지 선정 시 일반적인 조건

1. 상가나 번화가 등 유동인구가 많이 모이는 장소
2. 역이나 관청 등 사람들이 많이 모일 수 있는 장소가 가까운 곳
3. 주변에 같은 업종 점포가 적어 경쟁이 심하지 않은 곳
4. 대규모 주택단지가 근접하여 구매력이 풍부한 곳

입지를 선정할 때는 토지가격 및 임대료 금액, 기간 등을 충분하게 고려해야 한다.

점포의 입지에 맞는 업종을 제시하면 [표 4-2]와 같다.

표 4-2 점포입지에 따른 업종

상가의 구분		입지의 특성	추천사업
상가	근린상가	중소도시의 역전, 상가, 통근·통학 등으로 낮 동안 유동인구가 적은 지역	일상용품, 식품잡화, 소형음식점 등 단골 중심 사업
	지방상가	중소도시의 중심상가, 관청, 대형 점포, 회사근처 등, 낮 동안 유동인구가 많은 지역	유행상품점(고객층에 맞는 상품 갖추기), 다양한 메뉴의 음식점
	대도시상가	대도시의 변화가 낮 동안 유동인구가 많고 밤에는 감소 지역	고가품이나 대량판매가 가능한 품목을 취급, 소자본은 어려움
비즈니스 타운		관청, 대기업 사무실의 집중 지역, 낮 동안 유동인구 집중, 밤에는 공동화현상 지역	회사원 상대의 사업, 음식점은 배달까지 겸하여, 회사의 소모 품취급점, 문방구점, 인쇄업, 서점
학교 근처		대학·전문대 근처, 낮 동안 유동인구 집중 지역	학생상대의 사업, 대중브랜드 의류와 음식점
주택가		낮보다 야간에 유동인구가 증가 지역, 구매연령층이 다양	식료품, 일상용품, 배달 위주의 음식점, 단골을 위주로 하는 사업
교외		고속도로변이나 시외의 점포로 주차가 용이	자가용 운전자 상대의 사업, 매점, 레스토랑, 퓨전음식점 등

Ⅳ 인력 확보

인력 확보는 기업이 필요한 인재를 채용하고 유지하는 과정입니다. 조직의 목표와 전략에 맞는 인재를 효율적으로 확보하는 것이 중요하다.

입지 선정 후 다음 단계는 인력을 어떻게 확보할 것인가를 연구해야 한다. 각 부서마다 적절한 인력을 공채 또는 스카우트 할 것인가 등을 구체적으로 준비하여야 한다.

※ 채용 계획수립

➩ 필요한 직무 분석: 현재 및 미래의 인력 수요예측

➩ 직무 기술서 작성: 역할, 책임, 요구 역량 명확화

➩ 예산 설정: 채용 비용, 급여 및 복리후생 고려

※ 채용 방법 결정

■ 내부 채용 (Internal Hiring)

➪ 기존 직원 승진 및 이동

➪ 내부 추천 제도운영

➪ 장점: 조직 문화 적응력이 높고, 채용 비용 절감

■ 외부 채용 (External Hiring)

➪ 공채, 헤드헌팅, 채용 박람회 활용

➪ 구직 플랫폼(잡코리아, 사람인, LinkedIn 등) 활용

➪ 신입 vs 경력직 채용 전략 수립

■ 계약직 및 프리랜서 활용

➪ 프로젝트 기반 인력 운영

➪ 비용 절감 및 유연한 근무 방식 가능

※ 효율적인 인력 확보 방법

■ 채용 채널 다각화

➪ 온라인 채용 플랫폼 활용

➪ 소셜 리크루팅(LinkedIn, Facebook 등)

➪ 대학 및 전문 기관과의 협업

■ 고용 브랜드 구축 (Employer Branding)

➪ 회사의 가치와 문화를 강조한 홍보

➪ 우수 인재가 지원하고 싶은 환경 조성

■ 빠르고 정확한 채용 프로세스

➪ AI 기반 채용 시스템 도입 (자동 이력서 스크리닝)

➪ 면접 절차 간소화 및 신속한 피드백 제공

■ 인재 유지 및 개발 전략

➪ 체계적인 온보딩(Onboarding) 프로그램 운영

➪ 직원 교육 및 경력 개발 기회 제공

➪ 경쟁력 있는 급여 및 복리후생 제공

스카우트해야 할 사람이 필요하다면 미리 직접 만나서 이직 의사와 보수 등 제반 조건을 논의하여 확정하고 만약 동업을 할 경우에는 동업자와 업무분담 내용 및 각자 투자방법, 이익금 분배방법 등을 미리 충분한 협의를 거친 다음에 사업을 시작하여야 한다.

V 자금조달

자금 조달은 기업이 사업 운영과 성장을 위해 필요한 자금을 확보하는 과정입니다. 기업의 규모, 성장 단계, 재무 상황에 따라 다양한 자금 조달 방법이 존재한다.

창업시 가장 중요한 것은 자금이다. 전쟁에서 총탄이 없이 전투에 임한다면 그것은 자살행위와 다름없다. '구슬이 서말이라도 꿰어야 보배'라는 옛 말이 있듯이 아무리 큰 돈을 벌 수 있는 유망한 사업을 가지고 있다 하더라도 사업자금이 없으면 아무 소용이 없다.

▶ 자기 자본 조달 (Equity Financing)으로는 기업 내부에서 자금을 조달하는 방식으로, 채무 부담 없이 자금을 확보할 수 있다.

⇨ 창업자 개인 자금 - 대표 또는 공동 창업자가 직접 투자
⇨ 가족 및 지인 투자 - 신뢰 관계를 바탕으로 초기 투자 유치
⇨ 엔젤 투자 (Angel Investment) - 초기 스타트업에 투자하는 개인 투자자
⇨ 벤처 캐피털 (Venture Capital, VC) - 성장 가능성이 높은 기업에 대규모 투자

- 장점: 부채 부담 없음, 경영 안정성 확보
- 단점: 투자자의 경영 간섭 가능성, 지분 희석 가능성

▶ 타인 자본 조달 (Debt Financing)은 외부 금융기관이나 투자자로부터 대출을 받아 자금을 확보하는 방식이다.

⇨ 은행 대출 - 신용 대출, 담보 대출, 정책 자금 대출
⇨ 정부 지원금 및 보조금 - 창업 지원금, 연구 개발(R&D) 지원금
⇨ 회사채 발행 - 일정 이자를 지급하는 채권 발행
⇨ 크라우드 펀딩 - 대중으로부터 소액 투자 유치
■ 장점: 경영권 유지 가능, 신속한 자금 확보
■ 단점: 이자 부담, 신용 평가 영향 가능성

▶ 혼합형 자금 조달 (Hybrid Financing)는 자기 자본과 타인 자본을 혼합하여 조달하는 방식이다.
⇨ 컨버터블 노트(Convertible Note) - 일정 기간 후 지분으로 전환 가능한 대출
⇨ 메자닌(Mezzanine) 투자 - 채권과 주식의 성격을 혼합한 투자 방식
⇨ SPAC(기업인수목적회사) 합병 - 상장된 SPAC과 합병하여 자금 조달
■ 장점: 유연한 자금 조달 가능
■ 단점: 복잡한 계약 구조, 투자자 요구사항 발생 가능

▶ 자금 조달 시 고려할 요소로는 다음과 같다.
⇨ 자금 사용 목적 - 운영자금, 시설 투자, 마케팅 등 명확한 계획 수립
⇨ 기업 성장 단계 - 창업 초기, 성장기, 성숙기 등에 따라 적절한 방법 선택
⇨ 리스크 관리 - 부채 비율, 상환 능력, 투자자 요구사항 고려
⇨ 신용도 및 재무 건전성 - 대출 및 투자 유치를 위한 기업 신용 평가

▶ 자금 조달 활용 사례로 보면 다음과 같다.
⇨ 스타트업 - 엔젤 투자, 벤처캐피딜, 크라우드 펀딩 활용
⇨ 중소기업 - 정부 지원금, 은행 대출, 메자닌 투자 활용
⇨ 대기업 - 회사채 발행, IPO(기업공개), SPAC 합병 활용

특히 사업자금이 있어서 시작은 했다고 하더라도 그 사업에 맞는 충분한 자금이 없을 시에는 자금부족으로 결국 파산에 이르게 된다.

따라서 사업자금은 사업이 진행되는 과정에서 연차적으로 필요한 자금규모를 미리 충분히 검토하여 준비하여야 한다. 만약 은행에서 자금 차입시 충분한

상환계획이 사전에 준비되어야 한다. 물론 집까지 저당잡히고 사업을 해야 정말로 열심히 하게 된다는 사람도 있지만 처자식이 사는 집까지 저당잡혀야 돌아갈 수 있는 사업자금의 규모로 사업을 크게 시작하는 것은 바람직하지 못하다.

최소한 가족들이 사는 집은 저당잡히지 않고 동원할 수 있는 자금의 범위 내에서 할 수 있는 사업을 선택해서 해야 한다고 본다. 초기 자금이 많이 소요되는 아이템선정 시 창업 이후 손익과 상환능력을 고려하여 자금조달을 계획하여야 한다.

Ⅵ 회사 설립

사업계획서에 적합한 자금조달이 충분하다고 확신이 서면 회사를 설립하는 단계로 들어간다. 회사를 설립하기 전에 먼저 기업의 형태를 정해야 한다. 즉, 개인기업으로 설립할 것인가 아니면 법인기업으로 설립할 것인가를 미리 정해야 한다.

회사 형태(법인 유형) 결정은 회사 형태에 따라 세금, 법적 책임, 운영 방식이 달라진다.

회사 형태	특징	책임 범위	설립 비용
개인사업자	간단한 설립 절차, 단독 운영	무한 책임	저렴
합자회사/합명회사	2인 이상 공동 창업	일부 유한, 일부 무한 책임	중간
유한회사	소규모 법인 형태, 지분 양도 제한	유한 책임	중간
주식회사	일반적인 법인 형태, 투자 유치 용이	유한 책임	높음

※ 추천 유형을 살펴보면

➪ 소규모 창업 → 개인사업자 또는 유한회사

➪ 투자 유치 고려 → 주식회사

개인기업으로 시작할 때에는 사무실이나 점포를 임차한 이후에 사업자등록만 하면 개업이 가능하지만 법인은 사전에 준비할 사항들이 개인기업보다 많을 뿐만 아니라 복잡하고 비용도 더 많이 소요가 된다.

최근들어 회사 설립 형태가 1인기업, 1인창조기업, 재택창업시스템 등 간소한 절차들이 법적으로 보장받고 있으므로 사전에 활용 여부 검토를 충분히 한 후 절차를 결정해야 한다.

※ 사업자 등록 및 법인 설립 절차

➪ 회사명 결정 및 상호 검색 (중복 여부 확인)

➪ 법인 등기 (법원 등기소에 법인 설립 신청)

➪ 사업자 등록 (국세청 관할 세무서 신청)

➪ 법인 계좌 개설 및 자본금 납입

➪ 각종 인허가 신청 (업종별 필요 허가 사항 확인)

➪ 4대 보험 및 세무 등록

※ 필요 서류

➪ 법인 정관

➪ 주주 명부

➪ 법인 인감 및 대표자 인감증명서

➪ 사업장 임대 계약서

Ⅶ 개 업

이상의 사항들이 모두 준비가 끝나면 창업의 마지막 단계로 개업을 하게 된다.

실제로 개업을 하기 전에 꼭 해야 될 것은 사업자등록을 하여야 한다. 그 이유는 다음 장에서 자세히 설명할 것이나 사업개시 이후 사업자등록을 제 기일에 하지 않아서 손해를 보는 일이 빈번하게 발생하기 때문에 명심해야 한다.

Tip & Tip

이런 사람은 창업을 시작하라

1. 현재의 직장이 마음에 맞지 않는 사람
2. 퇴직을 눈 앞에 둔 사람
3. 좋은 아이디어를 갖고 있으나 실업상태인 사람
4. 능력을 마음껏 펼쳐 보고 싶은 사람
5. 도전하여 무에서 유를 성취하고 싶은 사람
6. 지나치게 똑똑하고 개성이 강해 조직생활이 어려운 사람
7. 평생직장, 평생사장이 되고 싶은 사람
8. 도전의식이 강하고 능력 있는 신세대 주부
9. 한국의 빌 게이츠를 꿈꾸는 신세대
10. 청소년 시절부터 사업가를 꿈꾸었던 사람

학습문제

1. 일반적인 창업절차를 설명하시오.
2. 점포입지에 따른 업종선택에 관해 설명하시오.
3. 업종선택시 고려해야 할 사항을 설명하시오.

참고문헌

윤종록·문승렬 공저. 21세기 창업과 경영. 형설출판사. 2003, pp. 165~241.

한국경제신문. 2006. 4. 25. p. 14

쉬어가기

배달의민족(배민) 개요

배달의민족(배민)은 대한민국의 대표적인 배달 애플리케이션으로, 2010년에 설립된 이후 국내 배달 시장을 선도하고 있습니다.

■ **기업 정보**

➩ 운영사 : ㈜우아한 형제들

➩ 설립 연도 : 2010년

➩ 창립자 : 김봉진

➩ 본사 위치: 서울특별시 송파구 위례성대로 2 장은빌딩

➩ 모회사 : 독일 딜리버리히어로(Delivery Hero) (2020년 인수)

➩ 주요 서비스 : 음식 배달, B마트(퀵커머스), 배민1(단건 배달), 배민쇼핑라이브

■ **주요 서비스**

➩ 배민 기본 배달 : 다양한 음식점에서 음식 배달 주문 가능

➩ 배민1 : 빠른 단건 배달 서비스 (주문 1건당 즉시 배달)

➩ 배민오더 : 매장에서 직접 주문 후 포장

 ➾ 퀵커머스 (즉시 배송 서비스)

➩ B마트: 식품, 생필품을 빠르게 배달하는 즉시배송 서비스

 ➾ 커머스 & 콘텐츠

➩ 배민쇼핑라이브: 실시간 라이브 커머스 서비스

➩ 배민문방구: 배달의민족 굿즈 판매

■ **기업 성장 및 매출**

➩ 2022년 매출 : 약 2조 8,500억 원

➩ 2023년 예상 매출 : 3조 원 이상

➩ 시장 점유율 : 대한민국 배달 시장 점유율 1위 (약 60% 이상)

■ **배달의민족의 특징**

➪ 차별화된 브랜드 아이덴티티: 감성적인 디자인과 재치 있는 광고

➪ 빠른 배달 시스템: 단건 배달(배민1) 및 일반 배달 서비스 제공

➪ 사용자 친화적인 UI/UX: 직관적인 앱 디자인

제5장

사업타당성 분석

I 사업타당성 분석의 의의

사업타당성 분석이란 사업의 성공가능성을 합리적으로 분석·평가하는 것이다. 그 평가요소는 창업자의 사업 수행능력, 시장성 및 판매전망, 기술적 타당성, 수익성 및 경제성, 자금수지 및 성장성 등을 들 수 있다.

사업타당성 분석은 창업을 실패로부터 지켜 줄 수 있는 좋은 보조장치이다. 창업의 실패는 창업자뿐 아니라 주위 사람들에게 정신적·물질적 고통을 초래하는 경우가 많으므로 사업타당성 분석을 통하여 필요한 보안점을 검토해야 한다.

사업타당성 분석(Business Feasibility Analysis)은 새로운 사업이나 프로젝트를 수행하기 전에 그 실현 가능성과 경제적 타당성을 평가하는 과정입니다. 이를 통해 사업의 성공 가능성을 예측하고, 투자 결정에 필요한 객관적인 근거를 제공한다.

▶ 사업타당성 분석의 주요 목적

■ 사업 리스크 최소화

⇨ 사업 진행 전에 잠재적인 위험 요소를 분석하여 실패 가능성을 줄인다.

■ 경제적·재무적 타당성 검토

⇨ 투자 대비 수익성을 평가하고, 재무 계획이 적절한지 검토한다.

■ 시장 경쟁력 분석

⇨ 목표 시장에서의 경쟁 상황과 소비자 수요를 분석하여 시장 진입 가능성을 판단한다.

■ 자원 및 기술적 타당성 평가

⇨ 필요한 기술, 인력, 자본 등이 사업을 수행하는 데 충분한지 확인한다.

■ 의사결정 지원

⇨ 객관적인 데이터를 바탕으로 투자자, 경영진, 정책 결정자들이 합리적인 결정을 내릴 수 있도록 한다.

▶ 사업타당성 분석의 주요 요소

■ 시장성 분석

⇨ 목표 시장의 크기, 성장 가능성, 경쟁 환경, 고객 수요 등을 분석한다.

■ 기술적 타당성 분석

⇨ 사업 수행에 필요한 기술력, 생산 가능성, 기술 도입의 적절성을 평가한다.

■ 재무적 타당성 분석

⇨ 예상 투자 비용, 운영 비용, 수익성, 자금 조달 계획 등을 검토한다.

■ 법적·제도적 타당성 분석

⇨ 관련 법규, 인허가 요건, 정부 규제 등이 사업 추진에 미치는 영향을 분석한다.

■ 환경적·사회적 타당성 분석

⇨ 사업이 환경 및 사회에 미치는 영향을 고려하여 지속 가능성을 평가한다.

사업타당성 분석은 성공적인 사업 추진을 위한 필수적인 단계이며, 철저한 분석을 통해 사업의 생존 가능성을 높이고, 합리적인 의사 결정을 내릴 수 있도록 한다.

Ⅱ 사업타당성 분석의 필요성

사업을 시작하기 전에 사업타당성 분석(Feasibility Study) 을 진행하는 것은 매우 중요합니다. 이는 창업자의 아이디어가 실현 가능하고, 지속적으로 성장할 수 있는지를 객관적으로 평가하는 과정입니다.

사업타당성 분석은 창업성공의 첫 번째 단계라 볼 수 있으며, 그 필요성은 다음 네 가지로 요약할 수 있다.

표 5-1 사업타당성 평가 요소

평가 요소	세부 항목
창업자의 사업수행능력	• 기업가로서의 적성과 자질 • 창업자의 경험 및 지식 • 업종선택의 적합성 • 기타 창업자의 경영능력
시장성 및 판매전망	• 국내외 수급동향 및 중장기 수급전망 • 시장 특성 및 구조 • 동업자 또는 유사제품과의 경쟁상태 • 경쟁제품의 출현가능성 • 국내외 가격구조 및 가격동향 • 판매처 · 판매조직 및 유통경로 • 해외시장 분석에 의한 수출가능량 추정 • 기타 시장성
기술적 타당성	• 기존제품에 대한 비교우위성 • 시설계획 및 생산시설 규모 • 생산능력 및 조업도 • 원재료 조달계획 • 기술 및 기능인력 확보 • 예상불량률 및 개선가능성 • 기타 기술 및 생산 관련 타당성
수익성 및 경제성	• 수익전망 • 투자수익 및 손익분기점 분석 • 계획사업의 경제성 평가 • 기타 경제적 · 재무적 타당성 분석
자금 수지 및 성장성	• 소요자금의 규모 및 조달가능성 • 자금조달운용계획표 작성 • 차입금 상환능력 검투 • 계획사업에 대한 위험요소 분석 • 성장가능성

① 창업자 자신의 주관적인 사업구상이 아닌, 객관적이고 체계적인 사업타당성 검토는 창업 회사의 성공률을 높일 수 있다는 장점이 있다.

② 창업자들이 사업타당성 분석을 통하여 구상하고 있는 기업의 형성요소를 정확하게 파악하여 창업기간을 단축할 수 있고, 효율적인 창업업무를 수행할 수 있다.

③ 창업자가 독자적으로 점검해 볼 수 없는 계획제품의 기술성, 시장성, 수익성, 자금수지계획 등에서 세부항목을 분석·제시함으로써 미처 깨닫지 못한 세부사항을 사전에 인지하여 효율적인 창업경영을 도모할 수 있다.

④ 기업의 구성요소를 정확하게 파악함으로써 경영자의 경영능력향상에 도움을 줄 뿐만 아니라 계획사업의 균형 있는 지식습득과 보완해야 할 사항을 미리 확인하여 조치를 취할 수 있게 한다. 따라서 이와 같은 타당성 분석은 창업실패로 인한 더 큰 손해를 미연에 방지할 수 있는 예방주사 역할을 충분히 수행하기에 부족함이 없다.

'돌다리도 두드려 보고 건너라.'는 격언은 창업에 앞서 바로 이 사업타당성 검토를 반드시 거치라는 표현과 직결된다고 볼 수 있다.

Ⅲ 사업타당성 분석의 평가 요소

사업타당성 분석은 사업의 성공 가능성을 평가하기 위해 여러 가지 요소를 고려합니다. 일반적으로 다음과 같은 평가 요소를 중심으로 분석이 이루어집니다.

■ 시장성 분석 (Market Feasibility)

사업이 목표 시장에서 성장할 수 있는 가능성을 평가하는 요소입니다.

⇨ 시장 규모 및 성장 가능성: 시장의 크기와 향후 성장 전망

⇨ 경쟁 환경 분석: 경쟁사 현황, 시장 점유율, 차별화 요소

⇨ 소비자 수요 및 트렌드: 소비자의 요구, 선호도, 구매력 분석

⇨ 가격 및 유통 구조: 가격 전략, 유통 채널의 적절성

■ 기술적 타당성 분석 (Technical Feasibility)

사업을 수행하기 위한 기술력과 운영 가능성을 평가하는 요소입니다.

⇨ 기술 개발 가능성: 제품 또는 서비스의 기술 구현 가능 여부

⇨ 생산 가능성: 제조 및 운영 과정의 효율성, 원자재 조달 가능성

⇨ 기술 경쟁력: 기존 기술과의 차별성, 특허 및 지식재산권 확보 여부

⇨ 설비 및 인프라: 사업을 운영하기 위한 설비, 장비, 인프라 구축 가능 여부

■ 재무적 타당성 분석 (Financial Feasibility)

사업의 경제적 수익성과 자금 조달 가능성을 평가하는 요소입니다.

⇨ 초기 투자 비용: 사업을 시작하는 데 필요한 자금 규모

⇨ 운영 비용 및 유지 비용: 사업 운영에 필요한 비용 분석

⇨ 수익성 분석: 예상 매출, 손익분기점(BEP), 투자 대비 수익률(ROI)

⇨ 자금 조달 계획: 자본금, 대출, 투자 유치 가능성

■ 법적·제도적 타당성 분석 (Legal & Regulatory Feasibility)

사업 추진 과정에서 법적·행정적 요건을 충족할 수 있는지를 평가하는 요소입니다.

⇨ 법적 규제 및 인허가 요건: 관련 법률, 정부 규제 준수 여부

⇨ 특허 및 지식재산권 보호: 지적 재산권 분쟁 가능성 및 보호 전략

⇨ 노동법 및 환경법 준수 여부: 고용, 안전, 환경 관련 규정 검토

■ 조직 및 경영 타당성 분석 (Organizational Feasibility)

사업을 성공적으로 운영할 수 있는 조직 역량을 평가하는 요소입니다.

⇨ 경영진 및 핵심 인력 구성: 사업을 운영할 수 있는 경험과 역량 보유 여부

⇨ 사업 운영 계획: 조직 구조, 인력 계획, 업무 분배 적절성

⇨ 파트너십 및 네트워크: 협력업체, 투자자, 유통망 확보 가능성

■ 환경적·사회적 타당성 분석 (Environmental & Social Feasibility)

사업이 사회와 환경에 미치는 영향을 평가하는 요소입니다.

⇨ 환경 영향 분석: 친환경 기술 적용 여부, 탄소 배출량, 에너지 소비량

⇨ 사회적 책임(CSR) 및 윤리성: 지역사회 기여도, 기업의 사회적 책임 이행 여부

⇨ 정부 및 공공기관 지원 가능성: 정책 지원, 보조금 및 세제 혜택 여부

사업타당성 분석은 단순한 수익성 평가를 넘어 시장, 기술, 재무, 법적 요건, 조직 운영, 사회적 책임 등 다양한 요소를 종합적으로 검토해야 합니다. 이를 통해 사업의 위험 요소를 줄이고 성공 가능성을 높일 수 있습니다.

또한, 사업타당성 분석을 위한 사업성 평가 요소는 일반적으로 창업자의 수행능력, 시장성 및 판매전망, 기술적 타당성, 수익성 및 경제성, 자금수지 및 성장성의 종합분석이다. 그리고 세부항목에 대한 검토사항은 다음과 같다.

1. 창업자의 사업 수행능력 및 적합성

사업의 성패는 기업가로서의 적성과 자질, 창업자의 사업 수행능력에 의해 평가할 수 있다. 사업의 성패도 결국 기업가가 사업가로서의 적성과 자질을 얼마나 갖추고 있느냐에 의존하는 바가 크며, 특히 신규 창업의 경우에는 창업자의 새로운 사업 수행능력과 앞으로 경영하고자 하는 업종에 대한 경험 및 지식이 중요한 요소가 아닐 수 없다.

따라서 사업타당성을 검토할 때는 가장 먼저 검토해야 할 사항이 바로 창업자의 사업 수행능력 및 해당 업종과 창업자와의 적합성 분석인 것이다. 사업의 수행능력 및 적합성 평가요소의 구체적인 내용은 다음과 같다.

① 창업자의 선천적 적성과 자질분석이다.
② 창업분야에 대한 경험이나 지식이 평가의 대상이 된다.
③ 업종선택의 적합성 분석이다.
④ 창업자의 경영능력의 평가이다.

표 5-2 창업자의 수행능력 평가 요소

평가 요소	세부 평가항목
적성 및 자질 (선천적 자질)	• 모험심 • 스케일 • 의지력 • 가능성에 대한 집념 • 리더십 • 기타 창업자의 성격·체질·체력적인 소질
경험 및 지식 (후천적 자질)	• 창업관련 분야에서의 경험 • 창업자의 능력 • 창업환경을 둘러싸고 있는 인과관계 • 학문과 지식 • 교제인물의 폭과 깊이
업무수행 능력 (경영능력)	• 가정유지 능력 • 서비스 및 기술혁신 능력 • 경영·경제적 환경적응 능력 및 경영분석·판단능력 • 창업 멤버의 구성 및 통제능력

표 5-3 창업능력 자가진단

나는 창업가로 성공할 수 있는가?

1. 창업을 하려는 동기 또는 목적은?
   ① 돈을 많이 벌어 부를 축적하기 위해
   ② 내가 좋아하는 일을 하고 싶어서
   ③ 상사의 속박으로부터 벗어나고 싶어서
   ④ 불가피한 퇴직으로 인해
   ⑤ 다른 사람의 창업 성공사례로 자극 받아서
2. 사업에 성공한 뒤에는 무엇을 하고 싶은가?
   ① 집 또는 별장을 마련하는 데 투자하겠다.
   ② 해외 여행을 하고 싶다.
   ③ 회사를 다른 사람에게 맡기고 정말 하고 싶었던 분야의 일을 하겠다.
   ④ 가능성 있는 다른 예비창업자를 위해 투자하겠다.
   ⑤ 번 돈을 사회사업에 쓰겠다.
3. 창업을 최초로 꿈꾼 시기는?
   ① 어린 시절
   ② 학교 생활을 하면서
   ③ 직장 생활을 하면서
   ④ 최근
4. 현재의 나이는?
   ① 30~35세 ② 36~43세
   ③ 20대 후반 ④ 기타
5. 자기 자본 비율은(창업 자금 1억 원 기준)?
   ① 90% 이상 ② 70% 이상
   ③ 50% 이상 ④ 49% 이상
6. 진출하고자 하는 사업 분야에 대한 경험과 지식은 얼마인가?(각 항목 1점)
   ① 관련 업종에 종사한 경력이 있다.
   ② 상품에 대한 지식이 있다.
   ③ 영업 감각이 있다.
   ④ 그 방면에 인맥이 있다.
7. 창업핵심 멤버들을 확보하고 이끌어 갈 능력은?
   ① 아주 뛰어나다.
   ② 약간 있다.
   ③ 취약하지만 자신감은 있다.
   ④ 부족한 편이다.
8. 평소 업무속도가 빠른 편인가?
   ① 매우 신속하다. ② 약간 빠르다.
   ③ 보통이다. ④ 느리다.
9. 사업 성공의 핵심은 마케팅이다. 자신의 사업에 어떠한 마케팅 기법이 도입돼야 하는지 다음 각 항목들에 대해 연구해 보았는가?
   ① 광고 전략
   ② 이벤트 전략
   ③ 고객을 위한 서비스 방안
   ④ 새로운 상품 기획(각 항목 1점)
10. 시장의 판도 변화를 파악하기 위해 어떤 노력을 기울이는가?(각 항목 1점)
   ① 경제지를 꾸준히 읽는다.
   ② 유통업체들을 자주 찾아가 현황을 살펴본다.
   ③ 새로운 업종과 상품에 대한 정보를 수집한다.
   ④ 현재 각광받는 상품을 상점에 도입할 노하우를 연구한다.
11. 리더십은 어느 정도인가?
   ① 매우 뛰어나다. ② 약간은 뛰어나다.
   ③ 보통이다. ④ 부족하다.
12. 창업을 하려는 동기 또는 목적은?
   ① 신용이 매우 좋다.
   ② 약간 좋다.
   ③ 보통이다.
   ④ 별로 좋지 않다.

40점 이상 : '우수' | 33~39 : '보통' | 28~32 : '신중' | 27 이하 : '부적합'

2. 시장성 및 판매전망

시장성 및 판매전망에 관련되는 내용은 국내외 수급동향 및 중장기 수급전망, 시장 특성 및 구조, 동업자 또는 유사제품과의 경쟁상태 및 향후 경쟁제품의 출현가능성, 국내외 가격구조 및 가격동향, 판매처, 판매조직 및 유통경로, 목표시장 선정 및 판매전략, 수출인 경우 해외시장 분석에 의한 수출가능량 추정 등이다.

구체적 내용은 다음과 같다.

(1) 국내외 수요, 공급동향 및 중장기 수요, 공급전망 분석

국내 같은 제품 및 유사제품에 대한 수급실적을 분석하여야 한다. 즉, 현재 및 과거 몇 년간(3년 정도) 동업계의 판매실적을 분석한다.

그리고 수출전망을 예측하기 위해서는 수출실적도 아울러 분석할 필요가 있다.

(2) 시장특성 및 구조의 분석

시장의 특성 및 구조를 평가하기 위해서는 시장의 일반적 성격이나 수요처를 먼저 분석한다.

그리고 동업계의 판매조직 형태 및 영업전략을 파악한다. 예를 들어서 판매조직 형태가 대리점을 통한 판매인가 아니면 소비자와 직접 거래하는 방법을 취하고 있는가, 영업전략은 광고를 통한 판촉활동을 하고 있는가, 아니면 판매가 많이 일어나는 경우 판매장려금이나 할인제도를 취하고 있는가 하는 문제 등이다.

(3) 동업계의 경쟁상태 분석

동업계의 일반적 현황을 분석하고 국내외 주요 경쟁업체의 시장점유율 등을 분석한다. 그리고 제품의 가격은 경쟁력이 있는가를 분석하고 원가절감 등에 의한 경쟁력 제고 방안을 검토한다.

(4) 국내외 가격동향 분석

국내외 주요 경쟁업체의 가격을 분석하고 경제환경의 변화에 따른 향후 국내외 가격추세를 분석한다.

(5) 판매처·판매조직 및 유통경로의 분석

주요 판매처나 관련 제품에 대한 유통경로상의 특성을 분석한다. 분석을 위해서는 동업계의 일반적 판매조직 및 유통경로를 분석할 필요가 있다. 아울러 고객의 특성 및 고객변화의 추세 등을 분석한다.

(6) 해외시장의 분석

해외시장 분석을 위하여는 경쟁업체의 동제품에 대한 수출입 실적을 분석하고 해외 판매망 구축을 위한 가능성을 검토한다. 결론적으로 시장성 분석의 핵심요소는 전반적인 시장동향 분석과 경쟁력분석, 수요예측, 시장 및 제품의 환경 분석이다. 그리고 판매전략을 수립하는 데 고려해야 할 사항은 마케팅계획, 광고 등의 판촉활동, 판매비용계획 등이다.

표 5-4 시장성 분석 항목표

평가 요소		세부 평가항목
계획상품의 상품성	Lifecycle 및 보급률	제품의 라이프사이클 분석, 경쟁품의 보급률 정도와 전망 등
경쟁적 지위분석	재무상태 비교분석	자사와 경쟁사의 재무상태 비교 : 자본금, 자산, 부채, 매출액, 순이익 규모 등
	생산능력 비교	자사 및 경쟁사의 생산능력 비교 : 상시 종업원 수, 사업장의 규모
	주요경쟁요소 비교	주력제품, 주력상권, 가격정책, 판매방법 등
제품 채산성 분석	원가분석	제품원가와 마케팅비용 분석 등
	마진율분석	공장도가격, 도매가격, 소매가격 등
	가격분석	가격정책, 향후 가격추세

전반적인 시장동향	시장규모분석	판매영역별, 고객별 잠재수요분석 등
	시장특성 및 구조	시장의 일반적 성격 : 주요 수요처, 유통경로, 고객특성, 판매조직, 판매촉진전략 등
	소비자분석	소비형태, 소비단위, 구매동기와 욕구, 소비자 구성분포
상품성분석	상품의 강·약점	잠재수요자의 제품이미지, 제품의 특성(기능) 및 품질비교
수요예측	시장점유율분석	경쟁업체의 시장점유율 변동 추이, 시장점유율 확보 가능성
	판매량 증감요인분석	소비자 성향변화추이 분석 : 소비행태, 구매동기, 소비자 연령분포, 기호변화 등
	판매전망	월별·연도별 판매전망
	불황적응도, 계절성	불황기의 수요변동 조사, 계절성 제품의 수급대책
시장 및 제품 환경	자원환경요인	인적자원 확보 용이성, 원재료 및 에너지 수급 용이성
	기술적 환경요인	신기술, 신제품의 개발 전망
판매전략	광고전략	경쟁사의 판촉 및 광고전략, 광고의 판매량 증대효과 분석
	영업전략	판매 및 영업조직의 효율성 제고

3. 기술적 타당성

기술성이란 제품의 생산과 관련되는 제 요소, 즉 계획제품이 원만하게 생산될 수 있는지를 분석하는 것이다. 제품에 대한 특성, 화학적 반응, 기계적 기능, 생산 시스템, 공정 등 생산능력 및 조업도, 원재료 조달 및 제품 1단위에 대한 원재료 소요량 산정, 기술 및 기능인력 확보, 예상불량률 및 개선가능성 등을 종합적으로 분석하여야 한다.

특히 특허나 실용신안 등 공업소유권에 의한 창업의 경우에는 이론과 실제와는 격차가 어느 정도인지, 또 예상되는 불량률은 어느 정도이며, 하자 발생의 가능성은 없는지를 세밀하게 검토하지 않으면 안 된다. 실험실 내에서의 검증만으로는 불충분하며 실제 산업현장에 적용해 보지 않으면 예상 외로 사업 실패 확률이 높은 분야가 특허나 실용신안 등 공업소유권에 의한 창업이다. 아무리 훌륭한 제품이라도 소비자를 위해 상품화되지 않으면 아무 소용이 없으며, 그 사업은 성공할 수 없는 것이다. 이와 같이 제품의 상품화 가능성을 분석하여 기술적 타탕성 문제를 평가하기 위한 구체적 내용은 다음과 같다.

(1) 기존 제품에 대한 비교우위성 분석

제품은 경쟁성을 분석해 보아야 한다. 경쟁회사의 제품은 물론 수입품과 비교해 볼 때 제품의 품질은 어느 정도인가 등을 검토해야 한다. 제품의 비교우위성 분석은 국내 경쟁회사의 경쟁제품, 유사제품, 대체제품뿐만 아니라 해외 업계의 도입제품에 대해서도 분석해야 한다. 국내 경쟁업체에 대해서는 업체명, 사업소재지, 공정과 시설내용, 자동화 정도, 시설의 노후화 정도 및 최근 시설개체내용, 기술수준 정도 등 모든 정보를 수집하여 심층분석해야 한다. 해외 수입제품에 대해서도 원가 및 수송비, 기술수준, 유통경로, 국내판매원 등도 조사·분석해야 한다. 아울러 해외 관련 업체를 방문할 기회를 마련하여 해외 경쟁업체들의 생산시설, 기술수준을 직접 확인할 기회를 마련하는 것도 중요하며 향후 수출입과 관련된 자료들을 수집하여 해당 국가 간의 무역협정, 교역조건, 수출입 규모 등 제품 경쟁에 영향을 미치는 제 요인을 면밀히 검토해야 한다.

(2) 시설계획 및 생산시설 규모 분석

경쟁에 의한 무리한 설비투자는 금융비용을 상대적으로 높이게 되고 또한 시설관리비 및 감가상각비 등 원가상승 요인으로 작용하여 기업의 이익률을 저하시키게 되는 것이다. 그러므로 시설계획은 사업규모에 맞추어 결정되어야 한다. 시설규모가 당해 생산제품의 수급사정과 비교하여 균형을 이루고 있는지 여부와 생산원가와 판매가격 면에서 경쟁성이 있고, 수익실현이 가능하여 생산효율을 높일 수 있는 적정 규모인지의 여부를 먼저 고려해야 한다.

시설계획이 수립되면 구체적으로 어떤 기계설비를 설치할 것인가 하는 문제를 결정해야 한다. 즉, 국산기계로 할 것인가 아니면 외국산 기계로 구입하는 것이 유리한가, 자동화로 할 것인가, 가격은 어느 정도로 할 것인가 등의 고려해야 할 사항이 여러 가지가 있다. 특히 이러한 생산설비는 고가이고 한번 설치하면 교체하기가 어렵기 때문에 충분한 검토가 필요하다.

(3) 생산능력 및 조업도 분석

생산능력은 가동률과 조업도의 산출기초가 되기 때문에 매우 중요하다. 생산능력을 산정하는 데는 기계수량, 투입 종업원 수, 기계의 성능, 작업시간 등을 고려하여 검토하여야 한다. 조업도 및 가동률은 기업의 손익수준과 밀접한 관계를 가지고 있다. 그리고 조업도의 산정은 생산량(예상)을 생산능력으로 나누어서 구하게 된다. 이와 같은 생산능력 및 조업도 산정도 검토해야 한다. 연도별 생산계획은 많은데, 생산능력이 따라주지 않는다면 시설증설이 선행되어야 한다. 그리고 생산요소의 적절한 배합이 있어야 한다. 즉, 투입원재료, 기계수량, 기계의 성능, 동력, 용수 등의 능력과 투입 종업원 수, 기술능력, 작업시간 등이 잘 균형을 이루어야만 생산능력이 향상될 수 있다.

(4) 원재료 조달계획의 분석

소요원재료의 수급이 원활해야만 제품생산이 정상적으로 이루어질 수 있다. 소요원재료는 생산제품에 따라 각양각색이며, 국내에서 조달할 수 없어 수입해야 되는 경우도 있다. 따라서 소요 원재료의 조달계획을 분석하기 위해서는 제품의 생산에 소요되는 원재료, 부재료, 소모품 등의 종류와 생산업체를 조사하고, 구매 유통경로 등을 조사해야 한다. 그리고 제품의 단위당 생산에 소요되는 원재료의 소요량을 파악하고 아울러 재고분석을 통해 적정재고 수준을 감안하여 원재료 조달계획을 검토하여야 한다.

(5) 기술 및 기능인력 확보에 대한 분석

기술 및 기능인력의 충원이 원활하지 못하면 당장 생산에 차질을 가져올 수 있으므로 매우 중요한 사항이다. 이러한 인력 확보에 대한 분석을 위해서는 생산조직의 체계도, 생산인력의 기술수행능력, 생산전문인력 현황 등의 분석이 필요하다. 생산조직의 체계도 분석은 생산조직이 각 공정에 맞게 구성되고 있는지, 생산인력의 능력이 배치된 공정에서 적절히 활용될 수 있는지, 경쟁업체의 생산조직과 비교하여 효율성이 있는지 등을 검토해야 한다.

그리고 생산인력의 기술수행능력 분석은 해당기술 수행과 관련하여 필요한 핵심 기술인력의 확보가능성과 생산직 종업원의 기술수행을 위한 자질의 평가이다. 다음으로 생산전문인력의 현황분석은 채용인력의 능력별 소요인원을 분석하는 것이다. 기술 및 기능인력 확보 분석에서는 이상의 요소 이외에 소요인원의 자격요건, 확보가능성, 임금에 대한 검토도 이루어져야 한다.

(6) 예상불량률 및 개선가능성 분석

불량률은 모든 생산시설이 갖추어진 후 시험가동 과정에서 측정하는 것이 보통이다. 그러나 이렇게 할 경우 창업자가 실제 가동단계에서 제품 자체의 생산이 어렵거나 불량률이 높게 되면 생산계획에 중대한 차질을 가져올 수 있다.

표 5-5 기술성 분석 항목표

평가 요소		세부 평가항목
계획제품의 용도 및 품질	용도/주요 소비처	제품의 용도, 주요 소비처 등
	품질 및 기술수준	품질수준과 수요량의 상관관계
	제품/기술수준	비교 우위성, 규격·품질 차이의 경쟁성
입지조건 분석	일반적 입지요소	자연적·경제적·사회적 입지요소
	제조업 입지요소	공장부지, 원재료·노동력 확보, 환경오염 문제 등
계획시설의 적정성	시설 적정여부	시설규모 및 능력분석, 사업규모 및 능력분석
	계획시설의 장래성	설비 진부화시 교체 용이성, 설비의 교체시기 및 재원, 설비의 수선 유지 가능성 등
생산 및 재고분석	생산방식과 생산공정의 효율성	기술과 제조방법의 적정성, 공정자동화의 효율성
	생산능력 및 가동률	생산능력 및 목표가동률 산정, 생산능력 및 생산계획의 부합성, 생산전문 인력의 현황
	재고분석	수요변동과 안전재고의 산정, 재고유지 시설과 재고 유지비

따라서 사업실패를 줄이기 위해서는 생산현장 밖에서 계획제품에 대한 실험분석을 필수적으로 해 보아야 한다. 실험분석은 해당기술 전문 연구기관에 의뢰하여 실험적으로 측정해 보거나, 향후 기술멤버들이 모여서 실험을 해 보고 토론하여 제품의 기술성을 반복하여 측정해 보아야 한다. 실험측정 결과 불량률

또는 제품성능이 동업계 평균수준을 상회하거나, 불량률이 높은 경우는 사업의 성패와 직결되므로 사전에 충분한 분석과 검토가 요구된다.

4. 수익성 및 경제성

수익성 검토 요소는 향후 전망을 분석하는 것이기 때문에 근거자료가 되는 추정 손익계산서, 추정 대차대조표, 자금수지예상표 등 추정 재무제표 작성이 핵심과제가 된다.

또한 경제성 평가는 새로운 계획사업의 타당성 여부 판정 및 창업가부 결정의 기준이 되며, 계획사업의 위험도 분석은 예측가능한 기업환경 변수를 적용하여 계획사업에 결정적인 영향을 미치는 변수가 어떤 것이며, 어느 정도 계획사업에 영향을 미치는지를 분석하고 이에 대한 대응책을 강구하는 요소로 작용하는 것이다.

수익성 및 경제성 평가 항목에 대한 구체적인 내용은 다음과 같다.

(1) 수익전망 분석

일반적으로 수익전망은 추정 손익계산서를 근거로 예측하게 되는데, 향후 3년 내지 5년간의 추정 손익계산서를 작성하여 연도별 매출액, 매출총이익, 영업이익, 경상이익, 세전순이익 등을 분석한다. 아울러 매출액이나 당기순이익이 동업계나 기업규모에 비하여 과다하게 책정되지는 않았는지 등을 분석해야 한다. 수익전망 분석에서 가장 중요한 사항은 과연 이익이 발생되는 시점이 언제부터인가 하는 점이다. 창업 후 바로 흑자기업으로 전환하기란 현실적으로 어렵기 때문에 정밀한 분석에 의해 이익실현이 가능한 시기를 정확히 예측하는 것이 중요하다. 이러한 수익성 전망은 기업의 자금계획과도 밀접한 관계가 있기 때문에 자금압박에 의한 부실을 초래하지 않기 위해서는 수익전망 분석이 매우 중요하다고 볼 수 있다.

(2) 투자수익 및 손익분기점 분석

손익분기점은 창업기업에 있어서 중요한 하나의 고비이며 언제부터 이익도

손실도 아닌 손익분기점을 돌파할 수 있느냐가 중요한 과제이다. 왜냐하면 손익분기점을 무사히 넘었을 때 기업이 정상적인 궤도에 진입하여 그때부터 이익을 창출할 수 있기 때문이다. 손익분기점 분석은 이와 같이 사업성패의 관건인 동시에 자금수급계획의 하나의 지침서이기도 하다. 매출이 손익분기점에 이르기 전까지는 말할 것도 없고, 손익분기점에 이른 후에도 일정기간 동안은 자금의 투입만이 이루어지기 때문에 이 기간 동안 소요될 자금을 미리 확보하지 않으면 사업이 정상적인 궤도에 진입하기도 전에 도산하고 마는 결과를 가져 올 수 있는 것이다. 따라서 손익분기점 분석은 자금조달계획을 미리 수립하기 위한 척도로서 활용할 수 있다. 또한 손익분기점 산출 후 손익분기점 달성시점을 재조정할 필요성이 있는 경우에는 판매수량, 판매금액, 고정비, 변동비 등의 타당성을 재검토하여 손익분기점 자체를 재조정하여야 한다.

(3) 사업의 경제성 평가

사업의 경제성 분석은 '목표수익률 이상의 수익실현이 가능한가'를 분석하는 것이다. 즉, 투하된 자본에 걸맞는 적정한 수익을 창출할 수 있느냐 하는 문제로서, 사업구조가 간단한 도·소매나 서비스업의 경우에는 분석이 간단하나 제조업의 경우에는 복잡하다. 왜냐하면 투입되는 자금이나 제품판매대금 등의 입출금이 다양하며, 장기간에 걸쳐 이루어지고 여러 가지 불확실성의 요인을 내포하고 있기 때문이다. 그러나 사업성과를 실현하기 위해서는 사업계획의 경제성 평가는 꼭 필요한 사항이다.

기타 재무적 타당성 분석을 해야 되는데, 그 방법은 추정 대차대조표와 자금수지예상표를 작성하여 이를 근거로 자금수지 및 자금조달 능력을 검토할 필요가 있다.

표 5-6 수익성·경제성 분석 항목표

평가 요소	세부 검토사항
수익전망	향후 3~5개년 추정 손익계산서에 의한 연도별 당기 순이익은?
	2~3년 내 흑자 실현이 가능한가?

손익분기점분석	손익분기점 매출액은 얼마이며, 언제 실현 가능한가?
	손익분기점 산출 후 판매수량, 금액, 고정비, 변동비 등의 타당성은?
계획사업의 경제성 분석	NPV법(순현가법) 및 IRR법(내부수익률법)에 의한 투자수익률은 얼마이며, 최소한 시중은행 1년 만기 정기예금 이율 이상의 수익실현이 가능한가?
	계획사업의 경제성은 있는가?

5. 자금수지 및 성장성

사업을 시작함에 있어서 맨 먼저 생각해야 할 부분이 자금문제이다. 아무리 사업을 하고 싶어도 돈이 없으면 불가능하기 때문이다. 따라서 사업타당성 분석 시에는 자금의 수지 및 자금조달 능력에 대해 심층적으로 분석하지 않으면 안 된다. 그리고 사업 경영의 장기적 비전으로서 미래 지향성, 즉 성장성이 있는지도 함께 분석해 보아야 한다.

자금 및 조달가능성 분석시에는 먼저 사업에 필요한 총소요자금의 적정한 규모 산정과 더불어 조달가능성을 자금조달성의 위험 분석과 함께 산정하고 이들 자료를 중심으로 자금조달 및 운용계획서도 작성하여야 한다. 자금조달 및 운용계획서는 단기적 측면, 그리고 특정시설에 소요되는 자금으로 구분하여 누락되는 항목이 없는지도 분석 대상이 된다. 또한 자금수지 분석시에는 차입계획뿐만 아니라, 차입금 상환계획 및 차입금 상환 능력에 대해서도 분석해 보아야 한다.

사업타당성 분석에서 검토되어야 할 또 다른 측면은 계획사업의 장기적 성장가능성의 분석이다. 기업의 수명이 어느 정도이냐는 성장성 분석의 결과로서 판단할 수 있다. 성장성 분석시에는 기업 성패에 중대한 영향을 미치는 기업 환경요소 중 기업경영에 치명적 영향을 미칠 가능성이 있는 위험요소에는 어떤 것이 있는가를 검토해야 한다. 그리고 이들 위험요소에 대한 정확한 대응전략의 수립이 가능한지의 여부와 장기적으로 성장률 등 성장가능성이 어느 정도인지를 분석하는 데 분석의 초점을 맞출 필요가 있는 것이다.

그리고 자금수지 및 성장성 평가에 대한 구체적 내용은 다음과 같다.

(1) 소요자금의 규모 및 조달가능성에 대한 분석

소요자금의 규모 결정은 사업규모와 함께 고려하는 것이 좋다. 반면 사업규모는 자금조달 능력에 의해서 결정된다. 따라서 소요자금의 규모 결정은 자금조달 능력과 연계시켜 검토하는 것이 합리적이다. 그리고 자금조달계획에서는 예상 소요자금의 1.5배 이상을 계획하여 예측치 못한 여러 상황에서 오는 추가 소요자금의 부담에 대비하여야 한다. 만약 자금조달 능력이 자금조달 계획에 이르지 못하면 사업규모를 줄여야 한다.

(2) 차입금 상환능력 검토

차입금은 장기적인 측면에서 볼 때 상환능력 범위 내에서 조달되어야 한다. 그러므로 매출액과 당기순이익의 규모 및 증가율을 감안하여 차입금계획을 수립하여야 한다. 기업을 실제 경영하게 되면 창업 초기에는 당초 계획된 자금의 소요액 이상으로 금액이 더 증가하기 마련이므로 막연히 사업을 잘해서 벌어서 갚겠다는 식의 생각은 버려야 한다. 그리고 자기자본에 비하여 차입금에 의한 부채비율이 너무 높으면 금융비용이 과중되어 기업이 부실화되기 쉬우므로 기업규모에 맞는 적정규모의 차입금 산정이 필요하다.

(3) 계획사업에 대한 위험요소의 분석

사업을 실제로 경영하게 되면 여러 가지 예측하지 못한 어려운 일을 접하게 된다. 그러므로 사업을 계획하고 분석하는 과정에서부터 기업경영에 결정적인 영향을 미칠 수 있는 요소의 존재 여부와 그 요소별 변동요인에 적절히 대응할 수 있는 전략을 수립해야 한다. 실제로 존재할 수 있는 이러한 위험요소들을 살펴보면 경제환경의 변화에 따른 은행금리 및 환율의 변동, 조세나 관세의 변동, 경쟁기업의 참여, 자금조달의 지체, 입지조건의 부적합 등 여러 가지가 있다. 그러므로 이와 같은 위험요소 중 당해 기업의 성패에 중대한 영향을 미칠 수 있는 항목을 선택하여 위험요소별 대응책을 미리 마련해야 한다.

(4) 성장성의 검토

기업의 성장성 분석은 연도별 생산·판매계획의 적정성, 인력증원의 합리성, 시설투자의 적정성, 수익전망의 합리성, 자금조달·운용계획의 실현가능성 등 경영 전반에 걸친 장기예측의 정확성을 검증해야 한다.

표 5-7 자금수지 및 성장성 분석 항목표

평가 요소	세부 검토사항
자금수지 및 자금조달능력 검토	소요자금의 규모 및 조달 가능성 검토
	자금의 조달 및 용도를 검토하여 자금조달, 운용 계획표 작성
	차입금 상환조건에 따라 상환재원 및 가능성 검토
위험요소분석	기업환경분석 및 기업경영 위험요소
	위험요소에 대한 대응전략
성장성분석	성장가능성
	성장의 정도 측정

이러한 검증도구로서는 제품의 수명 및 신제품의 개발전망 추정 재무제표에 의한 매출액이나 당기순이익, 조직 및 인력의 성장성 등을 분석해야 한다.

Ⅳ 사업타당성 분석의 절차

1. 사업타당성 분석

사업의 종류와 필요성에 따라 조사하는 내용과 형식이 다를 수 있다. 그러나 기본적으로 다음과 같이 4가지로 요약할 수 있다.

① 얼마나 팔리겠는가?

② 기술적으로 타당한가?

③ 소요자금은 얼마인가?
④ 수익성은 어떠한가?

2. 사업타당성 분석의 절차

① 업종선택
② 예비조사
㉠ 소요자본은 어느 정도인가?
㉡ 필요한 전문지식 및 기술은 무엇인가?
㉢ 앞으로의 전망은 어떤가?
㉣ 법적인 제한은 없는가?
③ 입지 선정과 상권분석
④ 상점계획과 소요자본추정
⑤ 재무분석
⑥ 사업계획 작성
⑦ 사업추진

▶ 사업타당성 분석의 핵심 포인트

데이터 기반 분석	감이 아닌 객관적 자료를 바탕으로 평가해야 함
리스크 사전 대응	문제점을 미리 발견하고 해결 방안을 마련해야 함
단계별 의사결정	각 분석 단계를 거쳐 신중하게 사업 추진 여부 결정

▶ 사업타당성 검토의 절차와 방법
시장 조사 → 기술 검토 → 재무 분석 → 법적 검토 → 최종 평가

이들 각 분석이 끝난 후에는 사업성 분석에 대한 보고서를 작성하게 된다. 일반적으로 보고서에는 요약 및 종합의견, 사업의 개요, 시장성 분석, 경제성 분석, 기술성 분석, 결론 등의 순서에 따라 평가 분석된 전체 내용이 수록되어야 한다.

표 5-8 사업타당성 분석 종합체크표(창업자)

평가항목			가중치 (A)	평가구간(B)					평점 (A×B)/10
					10	5	0		
적성 및 자질	모험심	• 새로운 것에 대한 • 가능성에 대한 도전성	2 2	강 강				무관심 약	
	가능성에 대한 집념	• 추진력과 정력 • 지구력 및 끈기	2 2	강 강				약	
	스케일	• 성격(외향적, 내성적) • 스타일(사업가, 샐러리맨)	2 2	외향적 사업가				내성적 샐러리맨	
	리더십	• 리더경험 • 상하포용능력	2 2	유 강				무 약	
	의지력	• 실패에 대한 인내력 • 목표달성의 결단력	2 2	유 강				무 약	
	기타 사업적 소질	• 금전선호사상 • 기본체력, 독립심 • 기업가의 경제관 • 능동형, 수동형	2 2 2 2	강 강 강 합리적 능동형				약 약 약 비합리적 수동력	
경험 및 지식	창업 관련 분야에서의 경험		5	10년				무	
	학문과 지식	• 학력 • 업종에 대한 지식	5 5	大 이상 풍부				중졸 이하 부족	
	창업자 능력	• 자격사항 • 사회적 지위 • 전 직장에서의 신용	3 3 3	기사1급 상 양호				무 하 불량	
	교제 인물의 폭과 깊이		3	다양				낮다	
	창업환경을 둘러싸고 있는 인간관계		3	강함				낮음	
업무 수행 능력 및 경영 능력	가정 유지능력	• 전 가족의 전적인 동의 • 가계비의 사업 의존성 • 사업과 가사와의 조화 • 실패시 가계 타격 정도	3 2 2 3	동의 독립성 조화 없음				반대 의존성 부조화 100%	
	창업멤버의 구성 및 통제 능력	• 핵심창업멤버 확보 용이 • 창업멤버 구성 정도 • 해당업종의 필수자격구비 • 조리직 기술자 통제능력 (창업자기술수준) • 창업자의 관리 통제능력 • 창업자의 영업 통제능력	2 2 2 2 2 2	용의 100% 100% 100% 100% 100%				곤란 미정 불가 불능 불능 불능	
	서비스 및 기술혁신 능력	• 업종의 서비스향상 방안 • 경쟁사 대비 서비스 수준 • 기술개발 시스템 및 인력 확보	3 3 3	완비 200% 100%				불비 100% 미확보	
	경영 및 환경적응 능력	• 경영환경 적응능력 • 경영분석 능력 • 경영판단 능력	3 3 3	높음 양호 양호				낮음 부족 부족	
	합계		100						

표 5-9 사업타당성 분석 종합체크표(상품)

주요 항목	평가 요소	세부 검토사항	가중치	후보 아이템 A	후보 아이템 B	후보 아이템 C	우선순위
상품성	상품의 적합성	1. 창업자가 잘 아는 메뉴나 조리방법인가? 2. 메뉴가 대중적인가? 3. 시대에 맞는 가격대인가? 4. 식재료를 구하기가 쉬운가? 5. 고객의 폭이 넓은가?	4 4 4 4 4				
	상품의 독점성	6. 식자재를 독점적으로 공급구매할 수 있는가? 7. 정부의 인허가에 의해 실제 창업이 제한되어 있지 않은가?	5 5				
시장성	시장의 규모	8. 예상되는 고객의 수는 어느 정도인가? 9. 시장규모는 금액으로 어느 정도인가?	5 5				
	경쟁성	10. 경쟁자의 세력 및 지역별 분포는 어떠한가? 11. 경쟁제품과 비교했을 때 품질과 가격관계는 유리한가? 12. 차별화가 가능한 메뉴인가?	4 3 3				
	시장의 장래성	13. 잠재 고객 수의 증가는 있는가? 14. 새로운 창업기업의 침투가능성은 어느 정도인가? 15. 소비자 성향이 안정적이고, 필요성이 증가하는가?	4 3 3				
수익성	제품생산비용의 효율성	16. 적정비용으로 원재료를 구할 수 있는가? 17. 조리가 복잡하지 않고 효율성은 있는가?	8 7				
	적정이윤 보장성	18. 원자재 조달이 용이하고, 값은 안정적인가? 19. 필요한 노동력 공급이 용이하며 저렴한가? 20. 제조원가, 관리비, 인건비 등 공제 후 적정이윤이 보장되는가?	5 5 5				
안전성	위험수준	21. 경제 순환 과정에서 불황 적응력은 어느 정도인가? 22. 기술적 진보수준은 어느 정도이며, 경쟁사의 출현에 쉽게 대처할 수 있는가?	2 2				
	자금투입 적정성	23. 초기 투자액은 어느 정도이며, 자금조달이 가능한 범위인가? 24. 이익이 실현되는 데 필요한 기간은 어느 정도이며, 그 동안 자금력은 충분한가?	2 2				
	재고수준	25. 원자재 조달 및 재고관리가 용이한가? 26. 수요의 계절성은 없는가?	1 1				
	합계		100				

표 5-10 사업타당성 분석 종합체크표(소비자)

주요 항목	평가 요소	세부 검토사항	가중치	후보 아이템 A	후보 아이템 B	후보 아이템 C	우선순위
소비자 기호	연령별, 지역별 소비기호	1. 20대 전후의 신세대가 좋아하는 음식인가?	2				
		2. 어린이가 좋아하는 음식인가?	2				
		3. 30~40대 직장인이 좋아하는 음식인가?	2				
		4. 40~50대 여자가 좋아하는 음식인가?	2				
		5. 친구모임(주부모임), 직장회식으로 적합한 메뉴인가?	3				
		6. 가족고객이 좋아하는가?	3				
		7. 단순식사로 적합한가?	2				
입지 시장	물건(物件) 입지 시장	8. 적합한 입지인가?	3				
		9. 적합한 물건(건축물)인가?	3				
		10. 경쟁상태는?	3				
		11. 상권 내의 외식 성향은?	3				
		12. 성장가능한 입지인가?	3				
		13. 접객시설은 있는가?	3				
		14. 유동인구는 얼마나 되는가?	3				
		15. 유동차량은 얼마나 되는가?	3				
		16. 주차시설은 되어 있는가?	3				
		17. 점포 규모는?	3				
		18. 주변 시장의 가격대는?	3				
		19. 혐오시설은 없는가?	3				
		20. 접근성(가시성)은?	3				
		21. 홍보성은?	3				
		22. 시장성 · 시장수요(20~30대)는?	3				
경영 효율	경영의 계수내용	23. 투자금액은 얼마인가?	2				
		24. 매출이익은?	2				
		25. 회전율은?	2				
		26. 객단가는?	2				
		27. 원가(재료비, 인건비, 재경비)는?	2				
		28. 메뉴관리는 용이한가?	2				
		29. 점포관리는?	2				
		30. 사장의 메뉴 이해도는?	1				
		31. 구미의 난이도는?	1				
		32. 종업원 채용	2				
식사 형태		33. 조식	2				
		34. 중식	2				
		35. 간식	2				
		36. 석식	2				
		37. 미드나이트	2				
판매 방식		38. 내점	2				
		39. 배달	2				
		40. 포장판매(Take Out)	2				
		41. 복합 판매가능성?	2				
	합계		100				

Tip & Tip

성공하는 사람들이 일을 대하는 일곱 가지 태도

1. 일은 선택할 수 없어도 일을 대하는 태도는 선택할 수 있다고 믿는다.
2. 똑같은 방식으로 일하기보다는 끊임없이 새로운 방법을 찾는다.
3. 환경을 탓하는 것이 아니라 환경을 만들어 낸다.
4. 누군가를 위해서가 아니라 자신을 위해서 일한다고 생각한다.
5. 하기 싫은 일이라도 목표 달성에 필요하다고 생각하면 기꺼이 한다.
6. 일의 결과로 주어지는 보상보다는 일 자체를 좋아하고 즐긴다.
7. 받는 만큼 일하기보다는 보수 이상으로 일한다.

학습문제

1. 사업타당성 분석의 필요성을 설명하시오.
2. 사업타당성 분석의 절차를 설명하시오.

참고문헌

윤종록 · 문승렬 공저. 21세기 창업과 경영. 형설출판사. 2003, pp. 242~260.

쉬어가기

마켓컬리(컬리) 창업자 – 김슬아 대표이사

김슬아는 대한민국의 대표적인 유통·스타트업 창업가로, 마켓컬리를 설립하여 신선식품 새벽배송 서비스를 도입한 인물입니다. 혁신적인 물류 시스템과 프리미엄 식품 유통 전략으로 국내 유통 시장에 새로운 패러다임을 만들었다.

※ 김슬아의 창업 스토리

■ **글로벌 금융권에서 스타트업 창업으로**

➪ 미국 웰즐리대(Wellesley College) 졸업 후 골드만삭스, 맥킨지에서 근무

➪ 한국에서 신선하고 고품질 식재료를 편리하게 구입하는 것이 어렵다는 점을 발견

➪ 온라인에서도 신선하고 믿을 수 있는 프리미엄 식재료를 제공하는 플랫폼을 만들기로 결심

■ **마켓컬리 창업 (2015년)**

➪ 프리미엄 식재료와 차별화된 상품을 중심으로 온라인 신선식품 시장 개척

➪ 새벽배송 시스템 도입: 밤 11시까지 주문하면 다음 날 오전 7시까지 배송

➪ 초기엔 대중화가 어려웠지만, 품질 관리와 편리함으로 충성 고객 확보

■ **컬리의 빠른 성장**

➪ 2020년, 기업가치 1조 원을 넘기며 유니콘 기업으로 성장

➪ 2022년, 코스닥 상장을 추진하며 지속적인 성장 중

➪ '샛별배송' 브랜드화를 통해 빠르고 신선한 배송의 표준을 구축

■ **마켓컬리의 주요 혁신**

➪ 샛별배송 도입 (대한민국 최초의 새벽배송 서비스)

➪ 프리미엄 식재료 큐레이션 (품질을 철저하게 관리)

➪ 풀필먼트 센터 운영 (냉장·냉동·상온 제품을 최적화 관리)

⇨ 데이터 기반 운영 (소비 패턴 분석을 통한 효율적인 재고 관리)

⇨ 컬리페이 (간편결제 시스템 도입)

■ **김슬아의 경영 철학**

⇨ "고객이 믿을 수 있는 품질을 제공하는 것이 가장 중요하다"

⇨ "배송이 아닌 식품 유통 혁신이 마켓컬리의 핵심"

⇨ "데이터와 기술을 기반으로 유통업을 변화시켜야 한다“

김슬아는 대한민국 유통 산업에서 ‘새벽배송’을 정착시키며, 식품 이커머스 시장을 혁신한 창업가이다.

제6장

사업계획서 작성

I 사업계획서의 의의

사업계획서는 사업의 내용, 경영방침, 기술성, 시장성 및 판매전망, 수익성, 소요자금 조달 및 운영계획, 인력 충원계획 등을 일목요연하게 정리한 서류이다. 사업계획서는 창업자 자신을 위해서는 사업성공의 가능성을 높여 주는 동시에 계획적인 창업을 가능하게 하여 창업기간을 단축하여 주고, 계획사업의 성취에도 긍정적인 영향을 미친다. 또한 창업에 도움을 줄 제3자, 즉 동업자, 출자자, 금융기관, 매입처, 매출처, 더 나아가 일반 고객에 이르기까지 투자의 관심유도와 설득자료로 활용도가 매우 높다. 이런 이유로 사업계획서 작성은 정확하고 객관성이 유지되어야 하며, 전문성과 독창성을 갖춘 보편 타당한 사업계획서가 되어야 한다.

창업자들은 기업의 모든 구성요소 및 그 진행과정을 숙지할 수는 없을 것이므로 사업계획서 작성을 통하여 구상하고 있는 기업의 구성 요소를 구체적으로 파악할 수 있으며, 창업자 자신의 주관적인 사업구상이 아닌 객관적이고 체계적인 사업성 분석을 통한 계획사업은 창업투자의 위험을 줄이고 수익성을 향상시킬 수 있다.

① 미래에 발생할 상황을 체계적으로 예측
② 투자위험을 최소화할 수 있는 전략수립
③ 전략에 따른 세부 실행계획을 수립하는 과정
④ 본격적인 사업수행 시 유용한 동기지침으로 사용

⑤ 사업성공 가능성 및 계획사업의 강약점 재인식 기회제공
⑥ 미래 청사진을 예측하는 보물지도

Ⅱ 사업계획서의 작성 배경

사업계획서는 사업추진과 자금조달, 투자유치 성공을 위한 출발점이다. 사업성검토와 경영자 의지를 토대로 사업계획서를 작성해야 하는데 회사내부와 외부의 원활한 의사소통과 정보를 이해관계자들이 요구하므로 이를 작성하게 된다. 때문에 사업계획서는 기업의 얼굴이고, 기업의 무기이며, 기업의 언어라고 할 수 있다.

일반적으로 기업가가 사업계획서를 작성하는 목적은 여러 가지 종류들이 있으나, 효율적인 경영목표 달성, 사업내용을 구체적으로 계획하는 도구, 자금조달·운용의 원활화를 위한 수단, 회사 경영의 가이드 라인, 적절한 투자를 통한 계획사업의 원활한 진행 등으로 분류할 수 있다.

Tip&Tip

사업계획서 작성 목적

1. 효율적인 경영목적 달성
2. 회사 경영의 가이드 라인
3. 사업을 구체적으로 계획하는 도구
4. 자금조달의 수단
5. 적정 투자를 통한 계획사업의 원활한 진행

Ⅲ 사업계획서의 주요 내용

사업계획서의 주요 고려사항으로는 사업의 성격, 시장의 구조적 특성과 전략, 고객의 성격과 경쟁관계, 제품이나 서비스의 내용, 적정 투자규모, 자금의 조달방법, 경영진 구성과 인력수급 계획 등을 체계적으로 요약하는 것이다. 사업계획서에 포함되는 주요 내용은 [표 6-1]과 같으며 여기에서 제시되는 내용은 다음과 같다.

표 6-1 사업계획서의 주요 내용

평가 요소	세부 검토사항
1. 일반현황	• 창업자(대표자)현황 • 회사의 일반현황
2. 계획사업의 개요	• 개발동기 • 사업내용 • 생산제품의 특성 • 기대효과
3. 시장현황	• 동종 업계현황 • 시장의 규모와 전망 • 시장점유율과 경쟁관계 • 계획제품의 침투가능성
4. 판매계획	• 판매전략 및 판매형태 • 가격정책 • A/S 계획 • 국내 판매계획 • 수출계획
5. 생산계획	• 제조공정도 • 자체 생산계획 • 외주 생산계획
6. 설비투자계획	• 적정 규모의 제조 및 검사 설비 • 구입처, 수량, 가격
7. 인원 및 조직계획	• 업무흐름별 조직 체계도 • 직무별·직위별 소요인원
8. 원·부자재 조달계획	• 국내조달계획 • 수입자재 조달계획
9. 재무계획	• 추정 대차대조표 • 추정 손익계산서 • 현금흐름 • 비용-매출-이익 분석
10. 자금계획	• 총소요자금 내역 • 조달계획 또는 차입계획 • 차입금 상환계획
11. 사업추진 일정계획	• 사업추진에 따른 일정 검토 • 일자별 주요사항 확인

12. 부속자료	• 인건비 명세서 • 감가상각비 명세서 • 제조원가 명세서 • 경영진 이력서 • 제품 설명서 • 특허권 내용 • 제공가능 담보물 제공 • 설비구입 견적서 연령

일반적인 사항이므로 창업회사의 특성과 내용에 따라 필요사항을 적절히 추가하거나 변화시켜 사용할 수 있다.

Ⅳ 사업계획서의 기능

사업계획서는 창업과 관련된 많은 이해관계자들에게 다양한 기능을 수행하나 크게 내적 기능과 외적 기능으로 나누어 볼 수 있다.

사업계획서가 수행하는 내적 기능은 창업자 자신 또는 기업 내부의 관리목적에서 수행하는 기능을 말하며, 외적 기능은 창업자본을 제공하는 외부 투자가들에게 투자의사결정에 참고할 정보를 제공하는 기능을 말한다.

1. 사업계획서의 내적 기능

사업계획서는 창업의 주체 및 기업의 내부 구성원들로 하여금 고려 중인 사업을 성공적인 사업으로 키울 수 있도록 하는 데 있어서 다음과 같은 크고 작은 많은 도움을 준다.

첫째, 이미 계획사업의 사업성에 대한 검토가 끝난 상태에서도 사업계획서를 작성하는 과정에서 사업의 성공가능성을 다시 점검할 수 있으며, 계획사업의 강점과 약점을 재인식할 수 있는 기회를 제공한다. 즉, 사업의 성공을 위해서 앞으로 무엇을 어떻게 해야 할 것인지에 대한 각오를 새롭게 해 준다.

둘째, 사업계획서는 창업 초기의 업무추진계획이란 성격을 갖고 있지만, 업무가 본격적인 단계에 접어들어섰다 할지라도 유용한 행동지침으로 기여하게 된다. 즉, 일단 사업이 시작되면 처리해야 할 업무가 많아지고 업무 상호간의 갈

등요소가 발생되며 시간의 부족으로 그때 그때 정확한 판단 없이 지나쳐버려 많은 시행착오를 겪을 수 있는데, 훌륭한 사업계획서는 이러한 문제를 방지하는 데 기여할 수 있다.

셋째, 사업계획서는 사업과 관계된 외부 관계자들에게 사업의 진면목을 알리는 기능을 수행한다. 즉, 원자재 공급업자, 판매업자 및 납품업체, 창업관계기관, 은행 등 금융기관, 예비종업원, 사회일반 등에게 기업을 소개하고 이들과 의사소통하는 매체로서의 기능을 수행한다.

2. 사업계획서의 외적 기능

사업계획서는 기업의 외부 관계자들로 하여금 계획사업과 관련된 의사결정에 참고할 수 있는 다음과 같은 기능을 수행한다.

첫째, 창업의 인·허가업무를 담당하는 기관들에게 사업의 목적, 계획사업의 경제·사회적 기여도, 사업 주체의 인적 구성, 사업장의 위치와 환경문제 등에 정보를 제공한다.

둘째, 은행, 창업투자회사, 창업자금지원기관 등에게 자금지원을 위한 판단근거를 제공한다. 즉, 창업계획서는 이들에게 제품 아이디어, 업계동향, 수요추세, 경쟁상태, 소요자금, 경영진의 경영능력 등에 관한 정보를 제공해 줌으로써 투자의사결정에 활용할 수 있도록 한다.

셋째, 원자재 공급업자, 판매업자 및 납품업자, 예비종업원 등에게 사업내용을 소개해 줌으로써 거래관계를 맺도록 하는 데 기여한다. 즉, 창업계획서는 이들에게 사업의 목적, 제품 아이디어 및 제품의 성능, 관리능력 및 방식, 자금조달능력, 성장계획 등에 관한 정보를 제공해 줌으로써 기업에 대한 이해와 거래를 유인하는 기능을 수행한다.

넷째, 사업계획서는 이미 동류의 제품을 생산하고 있는 기존의 업자들에게 보다 분발하도록 하는 계기를 제공해 줌으로써 산업발전을 촉진하는 기능을 수행한다. 즉, 경쟁상대자의 구체적 사업계획이 공중에게 알려지면 기존업자들은 자신의 기존계획에 대한 검토와 보완을 서두르게 되어 제품의 질, 가격, 서비스 향상을 위해 더욱 노력하게 될 것이다.

V 사업계획서 작성시 유의점

1. 사업계획서 작성시 유의할 점

① 사업계획서는 계획사업의 종합적인 결론으로서 설득력 있는 내용으로 간결하고 명료하게 작성한다.

② 계획사업의 핵심 내용을 강조하여 부각시켜야 한다.

③ 주요 생산제품에 대하여 집중적으로 기술한다.

④ 향후 기술개발 가능성과 사업의 잠재력을 강조한다.

⑤ 인력의 수급과 경영진에 대한 내용을 포함한다.

⑥ 전문적인 용어의 사용을 피하고 단순하고 보편적인 어휘를 사용한다.

⑦ 근거의 불충분한 자료 혹은 비논리적인 추정은 피한다.

⑧ 계획사업의 잠재된 문제점과 향후 발생 가능한 위험요소를 기술하고 그에 대한 대책을 제시한다.

⑨ 자금조달의 원천과 자금운용의 용도를 금액 및 일시별로 자세히 기술한다.

⑩ 계획사업의 내용을 충분히 반영하고 자신감을 바탕으로 작성한다.

2. 사업계획서 작성 원칙

사업계획서는 창업자나 기업이 사업 아이디어를 구체화하고, 실행 가능성을 검토하며, 투자자나 정부 지원 기관에 사업의 타당성을 설명하는 필수 문서입니다. 이를 효과적으로 작성하기 위해서는 몇 가지 핵심 원칙을 준수해야 합니다.

※ 명확성과 간결성 (Clarity & Conciseness)

⇨ 쉽고 명확한 문장으로 작성 → 너무 복잡한 용어나 긴 설명은 피하기

⇨ 핵심 내용 중심으로 간결하게 정리 → 불필요한 정보 제거

⇨ 한눈에 이해할 수 있도록 구성 → 표, 그래프, 이미지 활용

※ 객관적이고 신뢰성 있는 데이터 활용 (Data-Driven Approach)
➩ 정확한 시장 조사 데이터 활용 → 신뢰할 수 있는 자료 출처 명시
➩ 가정(Assumption)이 아닌 근거 기반 분석 → 투자자 설득력 강화
➩ 경쟁사 및 시장 비교 분석 포함 → SWOT, 5 Forces, PEST 분석 활용

※ 현실적인 목표 및 전략 제시 (Realistic Goals & Strategy)
➩ 구체적이고 측정 가능한 목표 설정 (SMART 원칙)
➩ 비현실적인 매출 예상 및 장밋빛 전망은 지양
➩ 단계별 실행 계획 및 목표 달성 방안 제시

※ SMART 목표 설정 원칙:
Specific (구체적) → 목표가 명확해야 함
Measurable (측정 가능) → 수치화된 목표 제시
Achievable (달성 가능) → 현실적인 목표 설정
Relevant (관련성 있는) → 사업과 직접 관련된 목표
Time-bound (기한 설정) → 목표 달성 기한 명확히 설정

※ 사업의 차별성과 경쟁 우위 강조 (Unique Selling Proposition, USP)
➩ 경쟁사와 차별화된 강점 명확히 제시
➩ 고객이 우리 제품/서비스를 선택해야 하는 이유 설명
➩ 특허, 독점 기술, 가격 경쟁력 등의 핵심 경쟁력 포함

※ 구체적인 재무 계획 및 수익 모델 제시 (Financial Plan & Revenue Model)
➩ 초기 투자 비용, 운영 비용, 손익분기점(BEP) 분석 포함
➩ 매출 예상, 비용 구조, 투자 회수 기간 명확히 제시
➩ 현금 흐름 분석 및 자금 조달 계획 설명

※ 실행 가능성 높은 사업 운영 계획 제시 (Operational Feasibility)
➩ 사업 초기부터 성장 단계까지 구체적인 실행 계획 수립
➩ 필요한 인력, 시설, 생산 방식 등 운영 계획 포함
➩ 마케팅 및 영업 전략 명확히 제시

※ 투자자 및 지원 기관 맞춤형 작성 (Audience–Oriented Writing)

➪ 대상(투자자, 정부 기관, 은행)에 맞춰 초점 조정

➪ 투자자의 관심 요소(수익성, 시장 가능성, 리스크 최소화)에 집중

➪ 정부 지원 사업의 경우, 정책 방향과 부합하는 내용 포함

3. 사업계획서 종류

① 내부추진용 - 자기 경영계획의 세부수행 절차수립

② 금융기관 제출용 - 자금조달을 위한 계획사업 작성 제출

③ 투자 유치용 - 자금 직접조달을 위한 사업설명 및 제안 자료

④ 관공서 제출용 - 입찰참여와 기업홍보를 위한 제안 자료

⑤ 입주승인 신청용 - 창업보육센터, 산업단지 등 입주승인 자료

⑥ 보증기관 제출용 - 보증서를 발급하여 자금조달 및 인증확보

VI 사업계획서의 작성사례

창업을 성공으로 이끌기 위해 사업계획서의 작성은 매우 중요한 과정이다. 사업계획서의 양식은 창업자의 취급업종, 사용용도 등에 따라 매우 다양해질 수 있으며, 그 안에 포함되는 사항도 목적에 따라 달라질 수 있다. 다만 제조업의 경우 보다 광범위한 사항이 포함되며 직접 생산·제조를 하지 않는 유통업·서비스업의 경우에는 다소 단순할 것이다.

그리고 사업계획서의 실제 작성에는 상당한 기본지식과 시간, 정보를 필요로 하는 만큼 충분한 여유를 가지고 준비되어야 한다. 때로는 간편식 사업계획서를 작성할 수도 있겠고, 개인적으로 해결할 능력이 부족하면 관련 서적이나 전문가의 자문·조언을 받는 것이 좋다. 예비창업자가 실제로 작성된 사업계획서 양식을 참고하려면 인터넷을 이용하는 것이 시간적·경제적으로 이익이 된다. 인터넷에서는 무료로 공개되고 내용이 충실한 사업계획서를 가끔 만날 수 있다.

1. 제조업의 사업계획서

(1) 제조업의 사업계획서 특징

제조업 사업계획서는 타업종의 사업계획서보다 내용이 방대하고 다양하다. 제조업은 제품의 핵심기술, 제품구성, 기술인력, 제조원가, 원재료 조달, 기계설비, 기술의 권리확보, 공정도, 공장설립, 생산량, 제품별 판매예상 등이 기본적으로 제시되어야 하기 때문에 작성시 정확한 자료를 중심으로 작성해야 한다.

특히, 제조업 사업계획서는 자금조달과 기술평가 자료로 활용하는 경우가 많으므로 보유기술의 핵심내용과 생산의 기본적 체계를 구체적으로 제시하여야 상대방으로부터 좋은 평가를 받을 수 있다.

제조업 사업계획서의 특성은 다음과 같다.

① 핵심기술 보유 여부
② 주력제품 특징 여부
③ 주력제품 권리확보 여부
④ 생산시설 확보 여부
⑤ 생산/기술인력 확보 여부
⑥ 원재료 구입 적절 여부
⑦ 제조원가와 수익성 확보 여부

(2) 제조업 사업계획서의 기본내용

① 요약문

사업개념 및 사업배경, 기업 및 제품에 대한 개요, 틈새 및 기회, 경쟁우위, 수익성, 성장전망 및 비전, 사회에의 공헌도 등을 간략히 기술한다.

② 기업 및 산업

㉠ 기업개요(기업명, 기업이념, 목표, 성격 등)
㉡ 사업개념(어떠한 사업이며 추구하는 상품이 무엇인지에 대한 설명)
㉢ 사업배경(산업현황 및 전망, 성장추이, 기회 등)

③ 사업화 계획

㉠ 창업동기(창업정신, 경영이념 등)
㉡ 사업기대효과(기술적 파급효과, 고용효과, 국민경제적 효과 등)

㉢ 사업추진일정

④ 핵심제품

㉠ 제품개요
㉡ 핵심기술 내용
㉢ 시장규모 및 성장추세
㉣ 경쟁 및 경쟁우위
㉤ 시장진입 및 성장전략
㉥ 예상매출규모
㉦ 수익잠재력(예상매출의 기대수익률)
㉧ 기술인력 및 개발계획
㉨ 차기 아이템

⑤ 마케팅 계획

㉠ 전반적인 마케팅 전략
㉡ 가격정책
㉢ 판매전술
㉣ 광고 및 서비스계획

⑥ 생산계획

㉠ 생산전략
㉡ 원자재 수급계획
㉢ 설비 및 필요 기자재
㉣ 생산공정도
㉤ 공장입지
㉥ 법적인 규제

⑦ 채산성 분석

㉠ 예상수익
㉡ 생산단가
㉢ 비용구조(고정비용 및 변동비용 등)
㉣ 손익분기
㉤ 위험도 및 특수 고려사항(예상되는 위험요소 및 기타 고려해야 할 사항과 대책 등)

⑧ 재무계획

㉠ 추정 손익계산서(3~5년)
㉡ 추정 대차대조표(3~5년)
㉢ 추정 손익분기점계산(3~5년)
㉣ 추정 현금흐름표
㉤ 비용관리계획

⑨ 창업팀 구성

㉠ 핵심창업인력
㉡ 조직도
㉢ 경영능력(대표이사의 경영마인드)
㉣ 인사정책 및 계획

ⓜ 외부 자문 및 지원인력　　ⓑ 기타 사항(기타 투자자)

2. 유통업의 사업계획서

유통업의 사업계획서는 제조업의 그것에 비해 비교적 단순하다. 하지만 업무특성상 고객만족이 창업성공의 핵심요인이므로 이와 관련한 사항에 대한 보다 세밀한 내용이 요구된다.

무한경쟁, 가격파괴의 시대에는 유통업 경영에 있어서도 전략 경영이 그 어느 때보다 중요하다. 재무 및 수익계획은 사업이 본 궤도에 오르기까지 총 소요자금과 자금의 조달방안에 대해 심층적인 분석이 요구된다.

아울러 손익분기 매출액 및 향후 수익전망도 함께 하여야 한다.

끝으로 사업추진일정에는 사업계획서 작성에 사업자등록신청, 점포(사무실) 입지 선정, 계약 체결, 점포 인테리어, 종업원 충원, 상품구매, 영업활동, 개업준비, 영업개시 등 사업추진에 필요한 모든 사항에 대한 추진일정을 체계적으로 수립하여야 한다.

3. 서비스업 · 소호업의 사업계획서

서비스업 및 소호업의 사업계획서에 있어서는 창업자의 인적 특성과 전문지식 관련 사항이 중요한 내용이 된다. 또한 제공하려는 서비스의 품질수준이 경쟁력을 결정하는 관건이므로 이를 높일 수 있는 방안과 경쟁자 분석이 요구된다.

특히 IP 소호사업의 경우 아이템을 사업화하기 위해서는 각 통신망을 이용해야 하는데, 이때 사업제안서의 독창적이고 충실한 작성이 요구된다.

4. 사업계획서 양식 견본

사업계획서의 양식 견본을 제조업의 경우를 중심으로 제시하면 다음과 같다.

사업계획서 작성 사례
-PCB 제조 벤처기업 사례-

대성전자(주)

(1) 기업체 현황

① 회사 개요

(금액 단위 : 백만 원)

<table>
<tr><td colspan="2">업체명</td><td colspan="2">대o전자(주)</td><td colspan="2" rowspan="2">업종
표준산업
분류번호</td><td colspan="2" rowspan="2">전자관 및 기타
전자부품 제조업
(32103)</td><td>조직형태</td><td>법인</td></tr>
<tr><td colspan="2">대표자</td><td colspan="2">대표이사
신창업</td><td>상시 종업원 수</td><td>40</td></tr>
<tr><td colspan="2">설립일</td><td colspan="2">1990. 5. 17</td><td colspan="2">주 제품</td><td colspan="2">인쇄회로기관
(PCB)</td><td>결산일</td><td>매년 12월 말</td></tr>
<tr><td rowspan="3">주
소</td><td>본 사</td><td colspan="6">인천광역시 남동구 남동공단 165-11</td><td>자본금</td><td>1,000</td></tr>
<tr><td>현사업장</td><td colspan="6">인천광역시 남동구 남동공단 165-11</td><td>자산총액
(부채액)</td><td>3,601(2,824)</td></tr>
<tr><td>계획사업장</td><td colspan="6">-</td><td>연간매출액
(당기순이익)</td><td>1,623(20)</td></tr>
<tr><td colspan="2">사업장 현황</td><td>용도지역
구분</td><td colspan="2">준공업
지역</td><td colspan="2">소유형태</td><td>자가</td><td>규모
(대지, 건물, 기계)</td><td>대지 2,000평
건물 1,000평
기계 32점</td></tr>
<tr><td colspan="2">사업자등록번호</td><td colspan="3">122-81-38356</td><td colspan="3">협회 단체 가입현황</td><td colspan="2">-</td></tr>
<tr><td colspan="2">인허가 등록</td><td colspan="3">수출입 등록번호 :
공장등록번호 :
No. 1004</td><td colspan="3">금융기관 등 우대사항</td><td colspan="2">유망 중소기업</td></tr>
<tr><td colspan="2">공업소유권 등</td><td colspan="3">없음</td><td colspan="3">주거래 은행</td><td colspan="2">중소기업은행 남동공단지점
(1989. 4. 20)
한일은행 주안지점(1990. 7. 1)</td></tr>
</table>

② 업체 연혁

연 월 일	주요 내용
1990. 5. 17	태성전자(주) 설립 - 수권자본금 2,000백만 원, 납입자본금 500백만 원 - 대표이사 : 신창업
1990. 7. 1	한민창업(주) 자본 200백만 원 참여
1990. 7. 15	남동공단 내 공장 신축 착공
1990. 8. 2	외국인 합작투자 인가(한국은행) - 합작사 : 일본 스미모토전자(주)
1990. 10. 30	자본금 300백만 원 증자 - 일본 스미모토전자(주) 100백만 원 - 국내 기존 주주 : 200백만 원
1991. 6. 30	상호변경 - 변경 후 상호 : 대성전자(주)

1991. 7. 17	공장 준공 - 대지 2,000평 - 건물 1,000평
1991. 8. 1	영업개시
1991. 10. 15	무역업 허가(을류)
1992. 6. 16	중소기업은행으로부터 유망중소기업 선정

③ 대표자 및 경영진 현황

직 위	성 명	연 령	학 력	경 력	교육훈련	특기사항
대표이사	신창업(申創業)	60	국민대 경영학과 졸	• Offer상 15년 경영 • 한주무역(주) 대표이사	고려대 경영대학원 최고경영자 과정 수료	
부사장	木材	49	-	• Sanyo 생산부 차장 • 스미모토전자(주) 생산부장	-	
이사	김진수(金振洙)	53	경희대 경제학과 졸	• 국정교과서 차장 • 서광전자 부장	-	

④ 주주현황

(199×년 ×월 ×일 기준)					총주식 수 주당액면가액	100,000주 10,000원	
성 명	주민등록번호 또는 사업자등록번호	보유 주식 수	금액 (백만 원)	지 분	주식 취득일	내주주와의 관계	특기 사항
신창업	320524-000000	30,000	300	30.0	1990. 5. 17	본인	
신창달	571216-000000	15,000	150	15.0	〃	자	
김숙자	351026-000000	15,000	150	15.0	〃	처	
정인식	420816-000000	3,000	30	3.0	〃	지인	
문준호	320708-000000	3,000	20	2.0	〃	처남	
이종호	440406-000000	2,000	20	2.0	〃	창투사	
김인수	380217-000000	2,000	20	2.0	〃	기술도입선	
한민창업(주)	101-81-00000	20,000	200	20.0	1990. 7. 1		
스미모토전자(주)	-	10,000	100	10.0	1990. 10. 30		
계		100,000	1,000	100.0			

⑤ 관계 회사 내용

업체명	설립 연월일	주 생산품	총자산	자본금	전년도 영업실적		당해업체와의 관계
					매출액	당기순이익	
한주무역(주)	88. 5. 1	Drilling M/C, 레이저 조명설비, 인쇄용 컴퓨터 입력기	1,680	1,000	2,570	120	대표이사

⑥ 종업원 현황 및 충원계획

구 분			종업원 현황 및 충원계획				비 고
			직전년도	당해연도	1차년도	2차년도	
생산직	기술계	기술사	-	-	-	1	
		기사 1·2급	1	2	5	6	
		기타 기술직	3	8	7	10	
	기능계	기능장	-	-	-	1	
		기능사 1·2급	4	5	6	7	
		기능사보	4	5	6	7	
		기타 기능직	4	10	10	14	
	생산직 합계		16	30	34	46	
사무직	임원		3	4	4	5	
	일반 사무직		5	8	9	11	
	사무직 합계		8	12	13	16	
기타 업종 전문직			4	6	8	10	
일용근로자			-	12	12	13	
종업원 총계			28	60	67	85	

⑦ 교육훈련현황 및 계획

구 분	교육분야	교육기간	교육내용	참가자 수	실시기관	교육효과
전년도 실시현황	기술	91. 9. 3~10. 2 91. 10. 8~11. 7	PCB기본 기술교육 〃	5 5	스미모토전자(주)	PCB에 대한 기본기술 습득
기준년도 실시계획	기술	92. 9. 1~9. 30 92. 10. 1~10. 31	PCB기본 기술교육 〃	7 7	스미모토전자(주)	생산 현장의 반장 이상 전문기술진 중심으로 다층 PCB 전문 기술습득
특기사항	• 전년도에는 대졸 신규채용 직원 대상으로 PCB기본기술 연수 및 기본공정 교육에 초점을 둠 • 기준년도 이후는 생산현장의 반장 이상 전문기술인 양성을 위하여 다층 PCB생산 기법 습득위주로 교육 실시					

(2) 조직 및 인력 계획 (예)

① 조직도

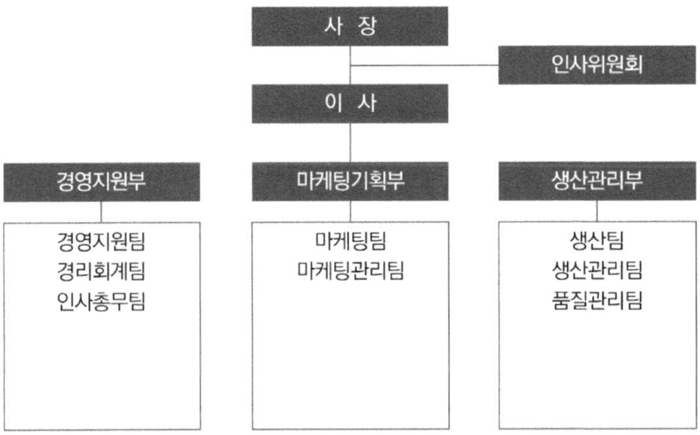

② 조직 및 인력 구성의 특징

㉠ 당사는 부사장 겸 기술고문인 일본인 기무라 씨를 본사에 상근하게 함으로써 일본의 선진기술 이전을 조속히 실현시킬 계획으로 있어 생산기반 확충이 가능함

㉡ 또한 생산이사 겸 공장장인 김춘일은 다층 PCB제조공정에 탁월한 기능을 가진 자로, 국내 PCB 유수업체인 코리아 써키트(주)에서 다년간 공장장으로 근무한 경험이 있는 자로서 신기술 개발 능력 발휘가 기대되는 자이며, 기타 공대, 공고 출신의 기능사 등을 다수 확보하고 있고, 신입사원 채용 후 일본에 기술연수를 실시한 바 있어 생산인력의 저변은 두꺼운 편임

㉢ 반면 관리직 직원은 소수정예주의 원칙에 입각하여 Line 조직이 아닌 담당업무별 전담역제를 도입·시행함으로써 인력의 효율적 관리를 도모하고 있음

③ 창업 동기 및 사업의 기대 효과

창업 동기	대표이사 신창업은 15여 년 동안 Offer상을 경영하면서 캐논, 히타치세치코, 리칼라트럼, 모리자와 등 외국 설비 제조 회사의 국내 대리점 계약을 맺고 반도체 제조설비, Drilling M/C, 레이저 조명설비, 인쇄용 컴퓨터 입력기 등의 수입판매업을 경영한 경험으로 국내 PCB의 시장구조 및 주요 수요처의 정보를 통해 PCB의 사업 가능성을 확인하고, 일본의 스미모토전자(주)와의 기술합작으로 PCB의 생산·판매 사업을 계획함
사업의 기대효과	• 내수 : 수출 계획을 70 : 30으로 계획하고 있어 수출 및 수입 대체 효과 기대됨 • 향후 일본의 기술을 도입·활용하여 8층 이상의 다층 PCB의 생산비중을 높일 계획으로 있어 기술 향상 효과가 기대됨

④ 사업전개 방안 및 향후 계획

시설투자계획	• 공장 확장을 위해 95년도에 공장용지를 매입하고 건물을 신축할 계획이며, 더불어 종업원 기숙사 등 복리후생 시설도 갖출 예정임 • 또한 매년 생산설비를 증설하고, 94년 검사설비, 95년 포장설비를 증설할 예정임
조직·인력 활성화계획	• 향후 3년 이내에 기술사기능장 등 고급 기술인력 확보와 더불어 기사, 기능사, 기능사보의 수와 질을 적극적으로 향상시킴 • 복리 후생 제도를 동업계 수준 이상으로 향상시킴으로써 이직률을 최소화시킴
신제품 개발전략	• 다층 위주의 제품생산 전략을 지속적으로 추진 • 일본의 합작사를 통해 선진 PCB생산기술을 조기에 도입하여, 회로선 폭 0.2mm 이하, 홀 구경 0.2mm 이하의 고정도·고집적 제품을 개발함
공장자동화·사무자동화 계획	• 드릴링 공정의 로봇화 • 동도금, 납도금 공정에 대한 공장 자동화를 3년 이내에 실현함

(3) 기술현황 및 기술개발 계획

① 제품의 내용

구 분	제품명	표준산업 분류번호 (5단위)	규 격	성능 및 품질
주 생산품	신업용 PCB	32103	양면 다층	• 본건 계획제품은 컴퓨터, 통신기기, 경박단소형 가전제품 등에 사용됨 • 우리나라의 일빈적 기술수준은 평균 4~8층 수준이나, 동사는 8층 이상의 다층 중심의 생산으로 향후 일본수준의 기술축적을 계획하고 있음
	고정도(Fine Pattern형) PCB	〃	다층	• 경박단소형 전자제품에 사용 • 회로선폭 0.2mm 이하, 1c핀간 2회로 이상, 홀구경 0.2mm 이하의 고정도·고집적 PCB임
	표면실장형 PCB	〃	다층	전자제품의 경박단소화로 부품의 소형화·표면실장화의 진행으로 이에 적합한 표면실장 대응형임
제품의 개요	• 인쇄회로기판(PCB : Printed Circuit Board)은 각종 전자부품을 연결하는 전자회로 배선 설계에 따라 에폭시, 페놀 등의 절연판에 부착된 동박판 위에 부식방지용 배선을 인쇄 또는 인화하고, 인쇄·인화된 배선부분을 제외한 나머지 부분을 산 또는 알칼리로 부식을 제거하여 제작한 전자회로 배선판임 • PCB는 각종 전자 부품에 장착되는 핵심 부품으로서 모든 전기·전자제품에 필수부품으로 사용되고 있는 전자기구 부품임			
용도 및 특징	• 용도 - 10층 이상 : 대형 컴퓨터, 전자교환기, 고급 통신기기, 고급계측기기에 사용 - 3~8층 : 중·소형 컴퓨터, 반도체 시험장치, 팩시밀리, NC공작기계, 통신기기 등에 사용 - 양면 : 각종 Sensor, 고급 카메라·TV·자동차용 전자기기에 사용 - 단면 : 전자 테스터, 난방기기, 자동판매기, 시계, 세탁기, 라디오 등에 사용 • 특징 : 고급 전자기기, 전자제품 등의 경박단소화, 고정도·고집적 추세에 따라 다층 PCB의 수요 증대에 부응			

② 제품 아이템 선정과정 및 사업전망

아이템 선정과정	• 대표이사가 15여 년 간 경영하여 온 Offer상 취급상품인 반도체 제조설비, Drilling M/C, 레이저 조명설비, 인쇄용 컴퓨터 입력기 중 제조업 가능성을 검토하여 오던 중 일본의 스미모토전자(주)로부터 기술제휴가 가능한 PCB의 경우 시장 수요 기반이 넓은 반면, 국내 기술은 저위(低位)에 있는 실정으로 기술개발만 가능하다면 충분한 사업성이 있는 것으로 판단하여 사업 아이템으로 선정 • 국내 전문 사업 타당성 분석기관으로부터 사업타당성 적격 판정을 받음
사업전망	• PCB 수급 전망 향후 PCB수요는 전자산업의 경기와 직결되어 있으므로 가전부문의 조속한 경기회복 전망이 불투명하여 단기적인 PCB수요, 특히 가전용 단면의 경우에는 성장세가 크게 둔화될 전망이나, 산업용 양면 및 다층 PCB는 산업용 전자제품 생산 증가율(20% 정도) 수준의 성장은 가능할 것으로 보임

	• 판매 가능성 계획제품의 목표시장은 기존 PCB업체와는 달리 고기술을 바탕으로 다층 PCB 45%, 양면 30%, 특수품 25%의 생산계획을 설정하여, 다층 및 특수품 비중을 국내 경쟁업체보다 월등히 높임으로써 PCB 전체 시장의 경기하락에도 불구하고 본건 계획제품의 시장성은 양호한 것으로 판단됨 • 수익성 본건 계획사업의 향후 5년간 추정 손익계산서에 의한 매출액 경상이익률은 11.5% 수준으로서 비교적 양호하며, 사업개시 익년에는 손익분기 매출액을 상회함으로써 본건 계획사업의 수익성은 양호하다고 판단됨

③ 기술 현황

제조기술 내용	• 국내 PCB업계의 생산기술수준은 가정용 단면 PCB의 경우에는 선진 기술 수준에 근접해 가고 있으나, 산업용 양면 또는 단층 기판의 경우에는 생산기술, 원자재 국산화, 회로설계기술 등의 낙후로 선진국에 비해 기술수준이 큰 차이를 보이고 있으며, 다층 회로기판의 경우에는 기술수준 격차가 더욱 큰 실정임 • 당사의 계획제품 기술은 선진국 수준의 기술을 요구하는 고밀도, 표면 실장형 다층기판이므로 당사의 합작사인 일본의 스미모토전자(주)로부터 기술도입을 통해 생산기술을 이전받을 계획으로 있음
제조기술 내용	• 주요 기술제휴 내용 - 기술제공 내용 *고밀도, 다층기판 제조기술의 제공 *일본, 한국 PCB의 시장 및 기술정보 상호교환 - 기술 연수 당사 부담으로 일본 스미모토전자(주)에 연간 30명을 파견하여 기술 연수 실시 - 현장지도 일본 스미모토전자(주)의 전문 기술자 3명을 파견하여 현장지도를 실시함 - 기술제공 대가 기술제공 수수료는 당사가 일본 스미모토전자(주)에 연간 1,500만 엔을 제공함
기술인력 보유 현황 및 특징	• 생산 현장의 핵심 기술직 및 기능직 인력은 공대, 전문대 및 공고 출신의 기사(1, 2급) 2명, 기능사(1, 2급) 5명을 포함하여 기타 기술직 4명, 기능사보 5명, 기타 기능직 등 20명을 현재 확보하고 있으며, 10년 이상 경력 보유자가 5명, 5년 이상 경력 보유자가 8명이며, 이들을 포함한 생산직 인력 전원이 일본 합작사인 스미모토전자(주)로부터 1개월 이상의 파견연수 과정을 수료한 자들임 • 향후 생산직 고급인력의 지속적인 확보는 물론, PCB기술 연구소를 설립하여 국내 고급 연구인력을 확보하여 기술개발에 적극적인 투자를 할 계획임
공업소유권 등의 등록현황	현재 공업소유권 등록 실적은 없으나, 향후 연구소 설치 및 종업원의 TQC의 활성화와 연계하여 특허 및 실용 신안 등 공업소유권 취득에 전력할 계획임
규격표시 획득내용	KS, 수입국 규격(JLS, UL 등), 품질 인증(검, Q마크 등), 형식승인(전, 열 등) 등의 규격표시 획득 사실은 없음
기술집약형 사업 유형 및 신기술 현황	창업지원법 시행령 발표 2 관련 기술집약형 중소기업 업종 중 제7항 외자도입법 제23조의 규정에 의한 기술도입 계약에 의하여 도입된 기술의 사업으로서 기술집약형 중소기업임

④ 기술개발 투자 현황 및 계획

	연간매출액(A)	개발비투자액(B)	투자비율(%)	투자효율
기술개발 투자현황	전기 손익계산서상 매출액	전기손익계산서 및 제조원가명세서상 개발비 투자액	16/1,623×100 =0.99%	창업 초기로서 아직 투자 효율은 낮은 편임

기술개발 투자계획

• 연도별 개발비 투자 계획 및 투자비율 증가계획
(단위 : 백만 원)

구 분	1992	1993	1994	1995	1996
개발비	46	79	116	177	252
예상 매출액	4,574	7,871	11,594	17,685	25,195
투자비율 증가계획	1.0%	1.0	1.0	1.0	1.0

• 당분간 일정률(1.0%)로 지출할 계획임

(4) 생산 및 시설 계획

① 생산 및 시설 현황

㉠ 보유시설 (금액 단위 : 백만 원)

종 별	시설명	규 격	수 량	내용년수	설치 연 도	설치 금 액	제작 연도	제작 제작회사	제작국명
기본시설	대지	평	2,000	-	90	500	-	-	
	건물	평	1,000	60	90	1,200	90	한신공영	한국
생산설비	원도제작설비	식	1	7	90	220	89	-	일본, 싱가폴
	원판절단 및 천공 설비	식	1	8	90	190	90	인천양행	일본, 한국
	농도금 설비	식	1	6	90	130	89	-	일본
	Lamminating 설비	식	1	8	91	110	90	-	일본
	노광 및 현상 설비	식	1	8	91	80	90	-	일본
	부식 설비	식	1	9	90	75	88	-	일본
	박리 설비	식	1	7	92	53	91	-	일본
	Solder Register인쇄 및 Solder Coating설비	식	1	11	92	135	91	-	일본
생산설비	단자도금 설비	식	1	6	91	139	90	-	일본
	외형가공 설비	식	1	8	92	179	90	-	일본
	흑화처리 설비	식	1	11	91	40	91	-	일본
	적층 설비	식	1	11	91	23	90	-	일본
검사설비	범용보드 검사기	대	1	11	90	34	90	-	일본
	PC Scope	대	1	11	91	18	91	-	일본
	Micro Scope Test Eguipments	대	1	11	92	82	91	-	일본
기타설비	포장설비	식	1	10	90	30	90		일본

㉡ 생산능력·생산실적·가동현황

구 분	설비증설 전 현황(1992)			설비증설 후 예상(1992)			생산능력 산출근거 (설비증설 전 기준)
	생산능력	생산실적	가동률	생산능력	생산실적	가동률	
양면(다층)	4,142	2,791	67.3	5,927	5,040	85.0	• 다층 90m2×25일×12월×@153,400=4,142백만 원 • 단면 210m2×25일×12월×@44,000=2,772백만 원
단면	2,772	1,861		3,953	3,360		
계	6,914	4,652	67.3	9,880	8,400	85.0	
특기사항	1992년 증설 계획 설비 자금조달 지연으로 1993년도에 대대적인 설비증설이 이루어질 계획임						

② 생산공정

㉠ 생산공정도

생산공정도는 제품이 원재료 상태에서 최종 제품으로 완성되기까지의 모든 생산 단계를 시각적으로 표현한 다이어그램입니다. 이를 통해 각 공정의 순서와 흐름을 명확하게 파악할 수 있다. 생산공정도를 작성하려면 다음 단계를 고려하여야 한다.

▶ 공정 파악: 원재료의 입고부터 최종 제품의 출하까지 모든 단계를 식별합니다. 각 단계의 세부 작업과 사용되는 장비를 명확히 기록하세요.

▶ 공정 도시 기호 활용: 공정도를 작성할 때는 표준화된 기호를 사용하여 각 공정을 표현합니다. 예를 들어, 가공, 운반, 저장, 검사 등의 기호가 있습니다. 이는 KS A 3002 표준에 정의되어 있습니다. (참고 : 네이버 블로그)

㉡ 생산공정상의 제 문제 및 개선대책

본 공정은 Pattern법 공정으로서 Tenting법의 연구 개발시 납도금 공정과정을 생략할 수 있어, 선진국 기술의 도입·연구가 절실하다. 그러나 일본 합작사인 스미모토전자(주)로부터 기술도입 계획으로 있어 Terting법 적용의 공정과정이 가능할 것으로 예상된다.

③ 원·부자재 사용 및 조달계획

㉠ 제품 단위당 소요원재료

(단위 : 원)

원·부자재명	단위당 소요원재료			주요 구입처	비 고
	단 위	수 량	금 액		
인쇄회로원판 (CCLS)	장(매)	1	29,000(116,000)	수입(일본, 미국) 신성기업(주) 한국카본(주)	
전기도금약품	ℓ	5	3,300	수입	
필 름	장	1	11,200(33,600)	수입	
기타 약품	ℓ	2	500	수입	
⋮					
계			44,000(153,400)		

주) ( ) 밖은 단면 1단위 금액이며, ( ) 안은 양면 1단위 금액임

㉡ 생산 및 판매계획

(단위 : 백만 원)

품 목	기준년도		1차년도		2차년도		3차년도	
	생산	판매	생산	판매	생산	판매	생산	판매
산업용 PCB	842	811	2,326	2,287	4,200	3,935	6,145	5,797
고정도(Fine Pattern형) PCB	505	486	140	1,372	2,520	2,361	3,687	3,478
표면실장형 PCB	337	326	2,186	915	1,679	1,575	2,458	2,319
계	1,684	1,623	4,652	4,574	8,399	7,871	12,290	11,594

㉢ 마케팅 전략

영업조직 및 마케팅 전략	마케팅 전략상 제 문제 및 해결방안
• 현재 총무이사 아래 영업과 형식으로 영업 담당 조직이 존재하나 창업 초기인 이유로 소규모이나, 향후 1단계로 영업부로 승격하고, 2단계로 영업부를 제품별·시장별로 세분할 계획임 • 마케팅 전략의 중점은 방문 또는 관련 회사를 이용한 고정판매처 확보에 두고, 대기업에 납품기회를 포착하여 매출의 획기적 시장에 주력할 계획임 • 또한 해외수출 전담과를 운용하여 외국 바이어와의 빈번한 접촉을 통해 수출통로의 다변화를 기할 계획임	• 기존 경쟁사가 제품시장을 선점하고 있으며 대기업이 참여를 확대하고 있어, 시장의 점유 확보가 용이하지 못함 • 이의 타개를 위해 제품의 질을 높이고, 목표시장을 차별화하여 마케팅부문에서 특화할 수 있도록 대책을 강구할 예정임 • 또한, 대기업과의 협약을 통해 대기업 상표로 매출하는 OEM매출방식을 실현하도록 만전을 기할 계획으로 있음

④ 시설투자 및 생산성 향상 계획

㉠ 시설투자 계획

(단위 : 백만 원)

종 별	시설명	규 격	수 량	설치예정년도	설치 및 제작		설치 구분	제작 구분
					소요금액	제작회사		
기본 시설	대지	평	1,500	95	450	신설		
	건물	평	800	95	1,100	한신공영	신설	
생산 설비	원도제작 설비	식	1	94	270	일본	신설	외산
	〃	식	1	96	310	〃	〃	〃
	원판 절단 및 천공 설비	식	1	95	220	인천양행	〃	국산
	동도금 설비	식	1	95	150	일본	〃	외산
	Laminating 설비	식	1	94	50	〃	증설	외산
	노광 및 현상 설비	식	1	95	25	〃	〃	〃
	단자도금 설비	식	1	96	152	〃	〃	〃
	적층 설비	식	1	93	27	〃	〃	〃
	〃	식	1	95	35	〃	〃	〃
검사 설비	Micro Scope Test Eguipments	식	1	94	105	〃	〃	〃
기타 설비	포장 설비	식	1	95	45	〃	〃	〃
계					2,939			

㉡ 생산성 향상계획

구 분	기준년도	연차별 목표		
		1차년도	2차년도	3차년도
노동생산성(천 원)	14,000	18,200	26,970	37,316
자본생산성(%)	0.4	21.9	25.8	26.3

(5) 판매계획

① 관련 산업, 동업계 및 경쟁회사 현황

㉠ 관련 산업 및 동업계 최근 상황

구 분	최근 상황
관련 산업	1991년 국내 전자산업의 총생산은 23조 8,000억 원으로 전년도 9.5%보다 높은 13.1% 성장하였으나, 외형상 기대 이상의 성장이었고 내용상으로는 좋지 못했음. 그러나 아직까지도 한국의 경제성장을 주도해가는 업종으로써 1988년부터 최대의 수출산업으로 자리잡고 있음
동업계	동업계 내의 신설기업 증가와 생산설비 확충으로 동업계 내의 가동률이 저하되고 있으며, PCB상장 대기업의 경우에도 평균가동률이 62% 수준이고 기타 기업의 경우 가동률이 50%에도 미달하는 업체들이 속출하고 있음

㉡ 경쟁회사 현황

주) 업체명 및 대표자는 편의상 가명을 사용함

㉢ 시장 총규모 및 자사제품 수요 전망 (단위 : 백만 원, 천 달러)

구 분	시장 총규모 예상	자사제품 수요전망		
		1차년도(1993)	2차년도(1994)	3차년도(1995)
내수 수출	334,325 107,879	2,744 2,346	4,722 4,037	6,956 5,946

② 판매실적 및 판매계획

㉠ 생산 및 판매 실적 (단위 : 백만 원)

품 목	직전년도				기준년도(2020년 말 현재)				특기사항
	생산실적	판매실적			생산실적	판매실적			
		내수	수출	계		내수	수출	계	
산업용 PCB 고정도(Fine Pattern형) PCB 표면실장형 PCB	1,100 360 224	623 210 106	295 70 37	918 280 143	2,320 710 285	1,600 512 168	670 173 127	2,270 685 295	
계	1,684	939	402	1,341	3,315	2,280	970	3,250	

ⓛ 원재료 조달조건, 조달상 문제점 및 대책

원재료 매입조건		원재료 조달상 특징	조달상 문제점 및 대책
현 금	외 상		
70%	30%	원재료의 수입의존도가 매우 큼	• 국산화율이 매우 낮아 거의 전량 수입에 의존하고 있고, 재료비의 내역이 국내업체(경쟁업체) 간에 거의 비슷하므로 업체별 조달 경쟁력이 성패를 좌우함 • 향후, 대기업의 신규참여와 국산화가 지속적으로 이루어질 경우 조달원가의 인하와 조달량 확보에 별 어려움이 없을 것으로 예상됨

ⓒ 원부자재 조달계획 및 전망

원·부자재명	단 위	연간 소요량 및 금액						조달전망
		연 간		국 산		외 산		
		물 량	금 액	물 량	금 액	물 량	금 액	
인쇄회로원판(CCLS)	장 (매)	35.267	1859	7653	372	27.614	1487	인쇄회로 원판은 수입선 다변화 품목으로 80% 정도를 일본, 미국으로부터 수입하고 있어 해외 원자재가의 영향이 큼
전기도금약품	ℓ	-	743			-	743	현재 일본, 미국으로부터 수입하고 있으나, 조달상 큰 문제점은 없음
필름	장	2.200	930			2.200	930	〃
기타 약품	ℓ	-	186			-	186	〃
계			3.718		372		3346	

(6) 재무 및 수익계획

① 재무 현황

㉠ 최근 결산기 주요 재무상태 및 영업실적 (단위 : 백만 원)

구 분	최근 2기(2019년)	최근 1기(2020년)	증감요인
자본금	700	1,000	증자
(자기자본)	(720)	(777)	
총자산	1,120	3,601	증자, 차입증가, 영업확대
부채 총계	400	2.,824	차입 증가
매출액	-	1,623	영업개시(1991. 8)
당기순이익	20	△243	1991년은 예금이자 수입에 의한 당기순이익임
(이월이익잉여금)	(20)	(△223)	

㉡ 금융기관 차입금 현황 (단위 : 백만 원)

거래은행	대출과목	이 율	대출일자	대출액	대출잔액	대출기한	상환조건 등
기업은행	장기차입금	14%	90.7.5	300	300	10년	5년 거치 5년 분할 상환
〃	〃	12%	90.10.3	100	50	4년	4년 균등 상환
국민은행	〃	15%	91.3.4	250	250	5년	3년 거치 2년 분할 상환
〃	〃	14.5%	91.8.1	150	100	3년	3년 균등 상환
제일은행	〃	13%	91.9.4	300	300	7년	일시상환
기업은행	단기차입금	15%	92.3.7	200	200	1년	〃
국민은행	〃	15.5%	92.7.4	100	100	〃	〃
신한은행	〃	16%	92.9.2	100	100	〃	〃
계				1,500	1,400		

② 추정 손익계산 (단위 : 백만 원)

연 도 / 항 목	실 적	추 정				
	2019년	2020년	2021년	2022년	2023년	2024년
매출액	1,623	4,572	7,872	11,595	17,685	25,195
매출원가	1,341	3,718	6,055	8,718	12,909	18,391
(+)기초제품재고액	-	343	421	949	1,645	2,353
(+)당기제품제조원가	1,684	3,796	6,583	9,414	13,617	19,442
(-)기말제품재고액	343	421	949	1,645	2,353	3,404
매출 총이익	282	854	1,817	2,877	4,776	6,804
판매비 및 일반관리비	504	643	751	903	1,164	1,527
영업이익	△222	211	1,066	1,974	3,612	5,277
영업 외 수익	14	25	48	59	71	97
영업 외 비용	35	255	347	470	706	1,016
경상이익	△243	△19	767	1,563	2,977	4,358
특별이익	-	-	-	-	3	-
특별손실	-	-	-	-	-	-
법인세 차감 전 손이익	△243	△19	767	1,563	2,980	4,358
법인세 등	-	-	-	689	999	1,468
당기순이익	△243	△19	767	874	1,981	2,890

㉠ 추정 제조원가 명세서 (단위 : 백만 원)

항 목 \ 연 도	실 적	추 정				
	2019년	2020년	2021년	2022년	2023년	2024년
원재료비	1,450	3,314	5,900	8,500	12,400	17,800
노무비	198	333	417	531	659	841
경비	36	149	266	383	558	801
당기 총제조비용	1,684	3,796	6,583	9,414	13,617	19,442
(+)기초재공품재고액	–	343	421	949	1,645	2,353
(-)기말재공품재고액	343	421	949	1,645	2,353	3,404
당기제품제조원가	1,341	3,718	6,055	8,718	12,909	18,391

㉡ 고용계획 및 인건비 명세 (단위 : 백만 원)

구 분		월평균임금 (천 원)	2020년		2021년		2022년		2023년		2024년	
			인원	금액	인원	금액	인원	금액	인원	금액	인원	금액
관리부문	임원	1,300	4	69	5	94	5	104	5	114	5	126
	사무직	1,100	8	116	9	144	11	193	15	290	19	404
	기타	450	18	107	19	124	21	151	23	182	30	260
	소계	2,850	30	292	33	362	37	448	43	586	54	790
생산부문	관리직	1,000	11	145	13	189	16	256	18	316	21	406
	생산직	750	19	188	21	229	23	275	26	343	30	435
	소계	1,750	30	333	34	418	39	531	44	659	51	841
총계		4,600	60	625	67	780	76	979	87	1,245	105	1,631

ⓒ 감가상각 및 이연자산상각 산출 근거 (단위 : 백만 원)

구분	상각대상	취득년도 또는 지출년도	내용년수 또는 상각기간	장부가격 또는 잔존가격	상각법	연도별 상각비				
						2020	2021	2022	2023	2024
감가상각비	건물	91	60	1,173	정액법	18	18	18	18	18
	건물	96	60	-	〃	-	-	-	8	17
	생산설비	91	8	510	〃	69	69	69	69	69
	검사설비	〃	11	29	〃	3	3	3	3	3
	기타설비	〃	10	78	〃	8	8	8	8	8
	생산설비	92	8	370	〃	44	44	44	44	44
	검사설비	〃	11	17	〃	2	2	2	2	2
	생산설비	93	8	367	〃	41	41	41	41	41
	검사설비	〃	11	82	〃	7	7	7	7	7
	생산설비	94	8	-	〃	-	1	3	3	3
	〃	95	8	-	〃	-	-	18	36	36
	검사설비	〃	11	-	〃	-	-	4	9	9
	생산설비	〃	8	-	〃	-	-	-	24	49
	기타설비		10	-	〃	-	-	-	2	3
	생산설비	97	8	-	〃	-	-	-	-	26
	차량운반구	91	5	29	〃	7	7	7	4	
	〃	92	5	38	〃	7	7	7	7	7
	소계			2,693		206	207	231	285	342
이연자산상각	창업비	91	5	8	정액법	2	2	2	1	-
	개업비	〃	3	2	〃	1				
	신주발행비	〃	3	8	〃	3	1	-	-	-
	〃	93	3		〃	1	2	2	2	-
	〃	94	3		〃	-	1	3	3	2
	〃	95	3		〃	-	-	3	5	5
	〃	96	3		〃	-	-	-	4	9
	〃	97	3		〃	-	-	-	-	3
	기술개발비	92	3		〃	5	5	2	-	-
	〃	93	3		〃	7	14	14	7	-
	〃	94	3		〃	-	12	24	24	13
	〃	95	3		〃	-	-	16	33	33
	〃	96	3		〃	-	-	-	27	54
	〃	97	3		〃	-	-	-	-	40
	소계			18		19	37	66	106	159
합계				2,711		225	244	297	391	501

㉣ 영업 외 비용 명세 (단위 : 백만 원)

구 분		금 액	이율(%)	금융비용 및 이연자산상각액				
				2020	2021	2022	2023	2024
지급이자	금융차입							
	1990. 7. 5	300	14.0	42	42	42	42	34
	1990. 10. 3	50	12.0	5	2	2		
	1991. 3. 4	250	15.0	38	38	28	10	
	1991. 8. 1	100	14.5	11	4			
	1991. 9. 4	300	13.0	39	39	39	39	39
	1992	600	14.0	41	84	84	84	84
	1993	400	13.0		26	52	52	52
	1994	750	13.5			51	101	101
	1995	1,500	14.0				105	210
	1996	800	12.0					48
	전환사채							
	1993	200	16.0		15	31	31	24
	1996	500	19.0					24
	단기차입등							
	1992	400	15.0	60				
	1993	400	15.0		60			
	1994	500	15.0			75		
	1995	900	15.0				135	
	1996	1,500	15.0					225
소계		9,540		236	310	404	600	841
이연자산상각				19	37	66	106	159
합계		9,540		255	347	470	706	1,000

③ 자금 수지 예상표

(단위 : 백만 원)

구 분		실 적 (2019)	재무추정					추정근거
			1차년도 (2020)	2차년도 (2021)	3차년도 (2022)	4차년도 (2023)	5차년도 (2024)	
자금의 원천	자본금	-	500	700	1,200	2,000	1,500	
	당기순이익	-	-	525	874	1,981	2,890	
	감가상각비	127	225	244	297	391	501	
	(고정자산)	(121)	(206)	(207)	(231)	(285)	(342)	
	(이연자산)	(6)	(19)	(37)	(66)	(106)	(159)	
	금융기관차입	700	1,000	800	1250	2,400	2,200	
	(장기차입)	(500)	(600)	(400)	(750)	(1,500)	(700)	
	(단기차입)	(200)	(400)	(400)	(500)	(900)	(1,500)	
	전환사채발행			200			500	
	주주차입		100	-	50	100	150	
	기타	27	47	59	71	92	102	
	이월현금예금	250	74	45	12	15	17	
합계		1,104	1,946	2,573	3,754	6,979	7,860	
자금의 운용	토지	-	-	-	-	450	-	
	건물	-	-	-	-	1,100	-	
	기계	410	449	27	425	475	462	
	차량운반구 기타	42	2	3	5	7	10	
	투자와 기타 자산	12	8	11	9	15	13	
	이연자산	16	52	88	(131)	(203)	(272)	
	(신주발행비)	(-)	(6)	(9)	(16)	(26)	(20)	
	(기술개발비)	(16)	(46)	(79)	(115)	(177)	(252)	
	장기차입금상환	75	275	450	450	675	1,075	
	단기차입금상환	150	200	400	400	500	900	
	사채의 상환						50	
	기타 자금의 운용			8			15	
	소요운전자금	325	915	1,574	2,319	3,537	5,039	
	기말현금예금	74	45	12	15	17	24	
합계		1,104	1,946	2,573	3,754	6,979	7,860	

④ 추정 대차대조표(예)

(단위 : 백만 원)

항 목 \ 연 도	실 적	추 정				
	2019	2020	2021	2022	2023	2024
유동자산	418	1,488	2,560	6,994	11,345	18,289
당좌자산	50	952	2,458	4,854	8,194	13,840
재고자산	343	421	949	1,645	2,353	3,404
기타 유동자산	25	75	153	495	798	1,045
투자와 기타 자산	17	85	135	196	357	480
고정자산	3,143	3,386	3,206	3,400	5,140	5,260
토지	450	450	450	450	900	900
건물	1,173	1,155	1,137	1,119	2,193	2,158
기계	1,453	1,728	1,580	1,806	2,033	2,195
기타 고정자산	67	53	39	25	14	7
이연자산	23	56	107	173	269	382
자산총계	3,601	4,975	7,008	10,763	17,111	24,411
유동부채	1,179	1,396	1,421	2,291	2,916	4,451
매입채무	870	770	760	1,433	1,496	2,207
단기차입금	200	400	400	500	900	1,500
기타 유동부채	109	226	261	358	520	744
고정부채	1,645	2,321	2,862	3,673	5,415	6,790
장기차입금	1,400	2,125	2,475	3,275	5,000	6,125
기타 고정부채	245	196	387	398	415	665
부채총계	2,824	3,717	4,283	5,964	8,331	11,241
자본금	1,000	1,500	2,200	3,400	5,400	6,900
잉여금	△223	△242	525	1,399	3,380	6,270
(당기순이익)	△243	△19	767	874	1,981	2,890
자본합계	777	1,258	2,725	4,799	8,780	13,170
부채와 자본총계	3,601	4,975	7,008	10,763	17,111	24,411

⑤ 손익분기분석 및 수익성 향상 계획

구 분	분석 및 계획내용
(1) 손익분기 매출액	손익분기점 매출액 = $\frac{고정비}{1-변동비율} = \frac{1,208}{1-0.738}$ = 4,611백만 원
(2) 연도별 이익계획 (필요시 부진원인 및 대책)	(단위 : 백만 원)

구 분	1차년도 (2020)	2차년도 (2021)	3차년도 (2022)	4차년도 (2023)	5차년도 (2024)
매출액	4,572	7,872	11,595	17,685	25,195
매출총이익	854	1,817	2,877	4,776	6,804
경상이익	△19	767	1,563	2,977	4,358
세전순이익	△19	767	1,563	2,980	4,358
당기순이익	△19	767	874	1,981	2,890

구 분	분석 및 계획내용
(3) 손익분기 전략 및 수익성 향상 계획	• 마케팅 수행을 강화하고 손익분기매출액인 4,611백만 원을 2차년도부터 달성하여 동년 이후에는 이익 달성이 가능하도록 할 계획임 • 또한 기술개발과 소비자 선호도 조사 등을 통해 원가 대비 판매 마진율이 해마다 상승할 수 있도록 세부항목을 관리할 계획임

(참고) 손익분기 매출액 산정 근거표 (단위 : 백만 원)

구 분		고정비		변동비		계	
제조경비	재료비		-	3,314	100%	3,314	100%
	노무비	167	50%	166	50%	333	100%
	경비	149	100%		-	149	100%
소 계		316	8.3%	3,480	91.7%	3,796	100%
재고조정		△6	8.3%	△72	91.7%	△78	100%
매출원가		310	8.3%	3,408	91.7%	3,718	100%
판매비와 일반관리비		643	100%		-	643	100%
영업 외 비용		255	100%		-	255	100%
합 계		1,208	26.2%	3,408	73.8%	4,616	100%

위 표에 의거,

$$손익분기점 = \frac{고정비}{1-변동비율} = \frac{1,208}{1-0.738} = 4,611백만\ 원$$

(7) 자금조달 및 운용계획

① 소요자금 및 조달계획(단기 총괄)

㉠ 단기 총괄자금 계획(1993) (단위 : 백만 원)

<table>
<tr><th colspan="3">소요자금</th><th colspan="3">조달계획</th></tr>
<tr><th colspan="2">내 용</th><th>금 액</th><th colspan="2">내 용</th><th>금 액</th></tr>
<tr><td rowspan="2">사업장</td><td>대지매입
공장건축
부대설비</td><td>-
-
-</td><td rowspan="2">자기자본</td><td>발기인
V.C회사</td><td>300
200</td></tr>
<tr><td>소계</td><td>-</td><td>소계</td><td>500</td></tr>
<tr><td>생산설비</td><td>기계시설
부대시설</td><td>367
82</td><td rowspan="4">차입금 및 특수금융</td><td rowspan="3">회사채 발행
(사채, 전환사채)
은행 차입
제2금융기관 차입
시설 대여
진흥공단 지원
주주 일시차입
기타</td><td rowspan="3">-
700
300
-
-
100
272</td></tr>
<tr><td rowspan="3">유형고정자산</td><td>소계</td><td>449</td></tr>
<tr><td>차량운반구
기구비품 기타</td><td>-
2</td></tr>
<tr><td>소계</td><td>2</td><td>소계</td><td>1,372</td></tr>
<tr><td rowspan="2">운전자금</td><td>원·부자재구입비
기타 운전자금</td><td>915
535</td><td colspan="2">B/S가용자금 기타</td><td>74</td></tr>
<tr><td>소계</td><td>1,450</td><td colspan="2" rowspan="2"></td><td rowspan="2"></td></tr>
<tr><td colspan="2">예비비</td><td>45</td></tr>
<tr><td colspan="2">합계</td><td>1,946</td><td colspan="2">합계</td><td>1,946</td></tr>
</table>

㉡ 시설자금 조달계획(2019~2024) (단위 : 백만 원)

계획시설 및 소요자금					조달계획	
시설구분	수량(평)	외 자	내 자	합 계	내 용	금 액
대지	1,500	-	450	450	은행 장기 차입	1,000
건물	800	-	1,100	1,100	제2 금융권 차입	200
생산 설비	9식	1,019	220	1,239	전환사채 발행	400
검사 설비	1식	105	-	105	자본금 증자	1,200
포장 설비	1식	45	-	45	기타	139
계		1,169	1,770	2,939	계	2,939

주) 연도별 시설자금 조달 계획은 각 연도별로 별도 작성

ⓒ 자금조달상 문제점 및 해결방안

구 분	내 용
자금 조달상 문제점	• 주 거래은행(중소기업은행)의 차입 한도는 3차년도 이후 최고 한도에 이를 전망이며, 대출담보도 기계 시설 비중이 높아 향후 추가 자금 조달상 어려움이 있음 • 매출액 증가에 따라 연도별로 추가적인 자금 소요가 예상됨
해결방안	• 주 거래은행 이외에 다양한 은행차입을 강구하고 제2금융권을 통한 소요자금조달량을 늘림과 동시에 기계나 리스가능시설은 시설대여 형식으로 이용할 계획임 • 창입분만 아니라 장기 안정자금으로서의 자본금 증자를 창업 투자회사 등을 통해 확대함으로써 계획된 자금이 원활히 조달될 수 있도록 만전을 기할 계획임

(8) 사업추진 일정 계획

추진계획	2022년				2023년				2024년			
	1/4	2/4	3/4	4/4	1/4	2/4	3/4	4/4	1/4	2/4	3/4	4/4
• 자본금 증자 • 조직 확대 • 공장 증축 • 공장 자동화 －1단계 －2단계												

Tip & Tip

앞쪽형 인간이 되려면

1. TV를 끄고 신문이나 책을 읽어라.
2. 읽기보다는 써라.
3. 듣기보다는 발표를 하라.
4. 외국어나 수화를 배워라.
5. 평소 적절한 단어와 표현을 찾는 노력을 하라.
6. 글쓰기, 그림 그리기, 조립하기 등 창작활동을 하라.
7. 평소 시간관리를 하라.
8. 사소한 일의 경우 틀리든 맞든 무조건 하나를 결정하는 습관을 들여라.
9. 논리적인 사고를 하라.
10. 예측하고 계획하는 습관을 들여라.

자료 : 동아닷컴

학습문제

1. 사업계획서의 주요 내용을 설명하시오.
2. 사업계획서 작성시 유의점을 설명하시오.
3. 사업계획서 작성의 목적과 원칙을 설명하시오.
4. 사업계획서의 종류를 설명하시오.

참고문헌

윤종록·문승렬 공저. 21세기 창업과 경영. 형설출판사. 2003, pp. 261~283.

김태호. 벤처창업절차와 사업계획서 작성요령 교재. 동명경영컨설팅. 2005.

쉬어가기

네오위즈 & 블루홀(크래프톤) 창업자 – 장병규 벤처 투자자

장병규는 대한민국의 대표적인 연쇄 창업가(Serial Entrepreneur)이자 벤처 투자자로, 네오위즈, 블루홀(현 크래프톤) 등을 창업하며 게임·IT 산업을 이끌어 온 인물이다. 특히, 배틀그라운드(PUBG)의 성공을 통해 크래프톤을 글로벌 게임 회사로 성장시켰으며, 한국 벤처 생태계 발전에도 기여하고 있다.

※ 장병규의 창업 스토리

■ **네오위즈 창업 (1997년)**

⇨ KAIST 전산학과 졸업 후 동문들과 네오위즈 창업

⇨ 국내 최초 온라인 음악 서비스 벅스뮤직 출시

⇨ 피망(Pmang)을 통해 온라인 게임 사업 확장

⇨ 네오위즈를 국내 대표 인터넷·게임 기업으로 성장시킨 후 퇴사

■ **블루홀(현 크래프톤) 창업 (2007년)**

⇨ MMORPG 테라(Tera) 개발 및 서비스

⇨ 초기에는 어려움을 겪었지만, 새로운 게임 개발에 도전

■ **배틀그라운드(PUBG)로 대박 (2017년)**

⇨ 배틀로얄 장르 게임 배틀그라운드(PUBG) 출시

⇨ 글로벌 대성공을 거두며 크래프톤을 세계적인 게임사로 성장

⇨ 2021년, 크래프톤 코스피 상장 (공모가 5.6조 원, 상장 후 기업가치 24조 원 돌파)

■ **벤처 투자 및 스타트업 지원**

⇨ 벤처캐피털 본엔젤스 설립 (국내 스타트업 투자 활성화)

⇨ 4차 산업혁명위원회 위원장(2017~2019) 역임

⇨ 다양한 스타트업 및 게임 산업 발전을 위한 투자 활동 지속

■ **장병규의 경영 철학**

➪ “실패를 두려워하지 말고 계속 도전해야 한다”

➪ “성공한 창업가가 다시 창업하거나 투자하는 선순환 구조가 중요하다”

➪ “게임 산업도 기술과 창의성이 핵심이며, 글로벌 시장을 노려야 한다”

장병규는 도전과 혁신의 아이콘으로, 대한민국 게임 및 IT 산업을 성장시키는 데 큰 역할을 해온 인물이다.

제7장

벤처기업 창업

I 벤처기업의 정의

벤처기업이라는 용어는 하이테크사업(High Technology Business), 신기술기반사업(NTBF : New Technology Based Firm), 모험기업(Risky Business) 등 다양한 용어로 사용되고 있으나 '고위험과 고성과를 특징으로 하는 기술집약형 중소기업'이라고 정의할 수 있다. 벤처기업의 주요 특징은 기업가정신, 첨단기술, 신생기업, 위험선호, 사회적 네트워킹 등으로 요약된다. 벤처기업의 정의는 연구개발이나 기술개발에 중점을 두는 기업, 소수의 핵심창업가 기술혁신으로 개발한 아이디어를 사업화하기 위해 설립된 기업, 위험성은 크나 성공할 경우 높은 기대수익이 예상되는 기술집약형기업으로 정의할 수 있다.

벤처기업(Venture Business)은 기술력과 혁신성을 기반으로 고성장 가능성이 높은 중소기업을 의미합니다. 일반적인 중소기업과 달리, 창의적인 아이디어나 첨단 기술을 활용하여 새로운 시장을 개척하거나 기존 시장을 혁신하는 것이 특징이라 할 수 있다..

한국에서는 「벤처기업육성에 관한 특별조치법」(벤처특별법)에 따라 일정 요건을 충족한 기업만이 공식적으로 '벤처기업'으로 인증받을 수 있다.

이노비즈기업은 혁신(Innovation)과 기업(business)의 합성어로 기업혁신형 평가메뉴얼(Oslo manual)에 근거한 기술혁신능력, 기술사업화능력, 기술혁신경영능력, 기술혁신성과의 4가지 평가지표에 따라 기술혁신역량을 평가하여 기술경쟁력과 성장가능성을 인정받은 기업으로 정의된다. 중소기업청은 2000년부터 기술경쟁력과 미래성장가능성을 갖춘 중소기업들을 이노비즈기업으로 선정하여 인증하고 있다.

경영혁신형(Main-biz)중소기업은 경영자의 리더십이 탁월하고 인적자원관리, 생산, 서비스 운영프로세스 개선 등 경영혁신활동을 통해 혁신성과를 창출한 기업으로 정의된다. 중소기업청은 2006년부터 OECD의 기업혁신성 평가메뉴얼(Oslo manual)에 근거하여 리더십, 지속적인 혁신, 인적자원관리 프로세스, 생산, 서비스 운영 프로세스, 생산설비 현황(제조), 측정 분석 및 지식/정보, 비계량지표(기업이 잠재적 가치평가), 계량지표(재무적 및 시장성과 평가)의 9가지 평가지표에 따라 경영혁신형 중소기업으로 발굴하여 육성하고 있다.

특 징	설 명
기술 및 혁신 중심	신기술, 신제품, IT, 바이오, 인공지능(AI) 등 첨단 산업과 관련됨
고위험·고수익 구조	투자 위험이 크지만, 성공하면 높은 수익을 기대할 수 있음
정부 및 투자 지원	창업 초기 정부의 세제 혜택, 금융 지원 및 벤처캐피털(VC) 투자 유치 가능
성장 가능성	단기간에 급성장하여 중견·대기업으로 발전할 가능성이 큼
스타트업과 차이점	스타트업은 초기 창업 기업을 의미하며, 벤처기업은 일정 조건을 충족해야 공식 인정됨

▶ 벤처기업의 주요 특징

1. 미 국

'중소기업투자법'에서 "위험성이 크나 성공할 경우 높은 기대수익이 예상되는 신기술 또는 아이디어를 독립기반 위에서 영위하는 신생기업(New Business With high risk-high return)"으로 규정하고 있다.

원래 미국에서는 다른 기업보다 상대적으로 사업의 위험성은 높으나 성공하면 높은 수익이 보장되는 기업으로 일반적으로 Venture Capital(모험자본)로부터 투자를 받은 기업을 의미하나, 다른 나라에서는 이와는 다른 개념으로 '신사업', '기술집약기업', '첨단기술기업' 등을 의미하는 것으로 사용되고 있다.

그림 7-1 우리나라 혁신형 기업

벤처기업

- ■ 연구개발 및 기술개발에 중점을 두는 기술집약형 기업 중심
- ■ 벤처인(www.venturein.or.kr)에서 5가지 유형에 따른 벤처신청
- ■ 확인기관에서 평가하여 B등급 이상 선정확인

이노비즈기업

- ■ 3년 이상 기업 기술경쟁력 기업으로서 미래 성장성 중심
- ■ 기술혁신능력, 사업화능력, 경영능력, 기술혁신성과 평가
- ■ 이노비즈(www.innobiz.net)에서 자가평가와 기술평가기관의 현장 평가 후 700점 이상 인증

경영혁신형기업

- ■ 3년 이상 기업, 경영혁신 활동 및 혁신성과 있는 기업 중심
- ■ 제품혁신, 공정혁신, 조직혁신, 마케팅 혁신 평가
- ■ 메인비즈(www.mainbiz.go.kr)에서 자가평가와 신용보증기금 현장평가 후 700점 이상 인증

또한 미국의 벤처기업(Startup)은 혁신적인 기술과 비즈니스 모델을 기반으로 빠르게 성장하는 기업을 의미합니다. 특히 실리콘밸리를 중심으로 한 테크 스타트업이 유명하며, 뉴욕, 보스턴, 시애틀, 오스틴 등 여러 지역에서도 활발하게 창업이 이루어지고 있습니다.

미국 벤처기업의 특징을 살펴보면 다음과 같다.

- ■ 혁신적인 기술 기반

⇨ 인공지능(AI), 블록체인, 바이오테크, 핀테크, SaaS, 전기차 등 다양한 분야에서 혁신을 주도함.

- ■ 강력한 벤처 투자 환경

⇨ 미국에는 세쿼이아 캐피탈(Sequoia Capital), 앤드리슨 호로위츠(a16z), 소프트뱅크 비전펀드와 같은 유명 벤처캐피털(VC)이 다수 존재함.

⇨ 엔젤 투자자, 크라우드 펀딩, 액셀러레이터 프로그램(Y Combinator, Techstars) 등이 창업을 적극 지원함.

■ 글로벌 시장 지향

⇨ 미국 벤처기업은 초기에 글로벌 시장을 겨냥하여 비즈니스 모델을 설계하는 경우가 많음.

⇨ 실리콘밸리 기업들은 전 세계에서 인재를 유치하고 있음.

■ 빠른 성장과 높은 실패율

⇨ 스타트업은 짧은 기간 내 급성장을 목표로 하며, 특히 '유니콘 기업(기업가치 10억 달러 이상 비상장 기업)'이 되기 위해 공격적인 확장을 진행함.

⇨ 하지만 벤처기업의 90%는 5년 내 실패할 정도로 경쟁이 치열함.

미국에서 성공한 벤처기업 사례

■ 테크 스타트업

⇨ 구글(Google) → 1998년 벤처기업으로 시작, 현재 글로벌 테크 대기업

⇨ 페이스북(Facebook, 현 Meta) → 2004년 창업, 소셜 미디어 혁명 주도

⇨ 우버(Uber) → 2009년 창업, 차량 공유 서비스 혁신

■ AI & 데이터 기업

⇨ 오픈AI(OpenAI) → ChatGPT를 개발한 AI 스타트업

⇨ 팔란티어(Palantir) → 빅데이터 분석을 기반으로 정부 및 기업에 솔루션 제공

■ 핀테크(Fintech)

⇨ 스트라이프(Stripe) → 온라인 결제 시스템 혁신

⇨ 로빈후드(Robinhood) → 주식 및 암호화폐 거래를 대중화

■ 바이오테크 & 헬스케어

⇨ 모더나(Moderna) → mRNA 백신 기술로 팬데믹 동안 급성장

⇨ 일루미나(Illumina) → 유전체 분석 기술 개발

■ 미국 벤처기업 창업을 위한 주요 팁

⇨ 법인 설립: 델라웨어(Delaware)는 스타트업 친화적인 법률 환경으로 법인 설립이 활발함.

⇨ 비자 및 이민: O−1, H−1B, E−2, L−1 등 창업자가 사용할 수 있는 비자 옵션 검토 필요.

⇨ 네트워킹 : 실리콘밸리 및 뉴욕 등의 스타트업 커뮤니티, 해커톤, 피칭 이벤트 참여.

⇨ 투자 유치 : VC, 엔젤 투자자, 크라우드 펀딩 활용하여 초기 자금 확보.

2. 일 본

'중소기업의 창조적 사업활동 촉진에 관한 임시조치법'에서 "중소기업으로서 R&D투자 비율이 총매출액의 3% 이상인 기업, 창업 후 5년 미만인 기업"으로 규정하고 있다.

- 일본 벤처기업(스타트업) 개요

일본의 벤처기업(스타트업)은 과거 보수적인 기업 문화와 대기업 중심의 경제 구조로 인해 상대적으로 성장 속도가 느렸으나, 최근에는 정부의 지원, 글로벌 시장 확대, 벤처캐피털(VC) 투자 증가 등의 영향으로 빠르게 성장하고 있습니다. 특히, AI, 로봇공학, 핀테크, 바이오테크, SaaS 등의 분야에서 혁신적인 기업들이 등장하고 있습니다.

1) 일본 벤처기업의 특징

■ 대기업과의 협력 모델

⇨ 일본은 대기업과 벤처기업 간 협력이 활발함.

⇨ 도요타(Toyota), 소니(Sony), 소프트뱅크(SoftBank) 같은 대기업이 스타트업과 협업하거나 직접 투자하는 경우가 많음.

■ 정부의 스타트업 육성 정책

⇨ 일본 정부는 "스타트업 창출 5개년 계획"(2022년 발표)을 통해 창업 활성화 및 글로벌 경쟁력 강화 추진 중.

⇨ 창업 지원금, 세금 혜택, 해외 창업자 유치를 위한 비자 제도 등 다양한 지원책 마련.

■ 기술 중심 스타트업 성장

⇨ 로봇, AI, 바이오테크, 블록체인, 핀테크 등의 분야에서 강점을 보임.

⇨ 일본 특유의 정밀 기술과 결합한 하드웨어 스타트업도 다수 등장.

■ 보수적인 문화로 인해 창업 활성화는 느린 편

⇨ 일본은 실패를 용인하지 않는 문화가 있어, 스타트업 창업보다는 안정적인 대기업 취업을 선호하는 경향이 있음.

⇨ 그러나 최근 젊은 세대와 해외 경험이 많은 창업가들이 증가하면서 변화 중.

2) 일본에서 성공한 벤처기업 사례

■ AI & 데이터 분석

⇨ Preferred Networks → 일본 AI 스타트업의 대표 주자. 자율주행, 헬스케어, 산업 자동화 등 다양한 분야에서 AI 기술 개발.

⇨ LeapMind → 경량화된 AI 솔루션을 개발하여 IoT, 반도체, 로봇 분야에 적용.

■ 로봇 & 하드웨어

⇨ GITAI → 우주 로봇 개발 스타트업. 국제우주정거장(ISS)에서 로봇 테스트 진행.

⇨ Mujin → 물류 자동화 로봇 개발. AI 기반 로봇 제어 기술을 활용하여 스마트 물류 시스템 구축.

■ 핀테크 & 블록체인

⇨ freee → 일본판 '퀵북(QuickBooks)'으로 불리는 클라우드 회계 서비스 제공.

⇨ bitFlyer → 일본 최대 암호화폐 거래소. 블록체인 기술을 기반으로 글로벌 시장 확장 중.

■ 바이오테크 & 헬스케어

⇨ PeptiDream → 신약 개발 플랫폼을 운영하는 바이오테크 기업. 글로벌 제약사와 협업.

⇨ SanBio → 뇌질환 치료를 위한 재생의학 기술 개발.

■ SaaS & 플랫폼 비즈니스

⇨ Mercari(메루카리) → 일본 최대의 중고거래 플랫폼. 미국 및 유럽 시장에도 진출.

⇨ SmartHR → 클라우드 기반 HR 관리 솔루션 제공. 일본 내 HR 테크 스타트업 중 가장 빠르게 성장.

3) 일본 벤처기업 생태계 및 투자 환경

■ 주요 벤처캐피털(VC) 및 액셀러레이터

⇨ 소프트뱅크 비전펀드(SoftBank Vision Fund) → 세계 최대 규모의 벤처펀드. 글로벌 스타트업 투자에도 적극적.

⇨ Mistletoe → 일본 및 해외 스타트업에 투자하는 유명 VC.

⇨ JAFCO → 일본 최대 벤처캐피털 중 하나. AI, 바이오테크 분야 투자 활발.

⇨ 500 Startups Japan → 글로벌 액셀러레이터 프로그램 운영.

■ 일본 정부의 스타트업 지원 프로그램

⇨ J-Startup 프로그램 → 일본 경제산업성이 지원하는 스타트업 육성 정책. 유망 스타트업 선정 후 글로벌 진출 지원.

⇨ 창업 비자(Startup Visa) → 일본에서 창업을 원하는 외국인 창업자를 위한 비자 제도.

■ 주요 스타트업 허브

⇨ 도쿄(시부야, 롯폰기, 마루노우치) → 일본 스타트업의 중심지. 많은 스타트업과 VC가 밀집.

⇨ 오사카 & 교토 → 하드웨어 및 바이오테크 중심의 스타트업 생태계 형성.

⇨ 후쿠오카 → 일본 정부가 "스타트업 특구"로 지정한 도시. 창업자 친화적인 환경 조성.

4) 일본에서 벤처기업 창업을 위한 팁

⇨ 법인 설립 → 일본에서 법인 설립 시 'GK(유한회사)', 'KK(주식회사)' 형태가 일반적이다.

- ➪ 비자 & 이민 → 외국인 창업자는 '스타트업 비자'를 활용 가능.
- ➪ 투자 유치 → 일본 내 VC 및 해외 투자자와 네트워킹 필수.
- ➪ 네트워킹 & 행사 → Tech in Asia Tokyo, Slush Tokyo, IVS(Inflection Point) 같은 스타트업 컨퍼런스 참여.
- ➪ 시장 특성 고려 → 일본 시장은 폐쇄적인 편이므로, 현지 파트너십 구축 및 언어/문화 적응이 중요.

일본의 벤처기업 생태계는 과거보다 활성화되고 있으며, 정부의 지원과 글로벌 시장을 겨냥한 창업이 증가하고 있습니다. 특히 AI, 로봇, 핀테크, 바이오테크 분야에서 강점을 보이며, 일본 특유의 기술력을 바탕으로 해외에서도 주목받는 기업들이 많아지고 있다.

3. OECD 국가

'R&D 집중도가 높은 기업' 또는 '기술혁신이나 기술적 우월성이 성공의 주요 요인인 기업'으로 규정하고 있다.

4. 우리나라

우리나라는 벤처기업을 미국의 전통적인 개념과는 다르게 다른 기업에 비해 기술성이나 성장성이 상대적으로 높아, 정부에서 우선 지원할 필요가 있다고 인정하는 기업으로서 '벤처기업육성에 관한 특별조치법'의 조건을 만족하는 기업을 의미하고 있다.

우리나라 벤처기업육성에 관한 특별조치법 제2조는 벤처기업을 "위험성은 크나 성공할 경우 높은 기대수익이 예상되는 신생기업(New Business high risk－high return)"으로 정의하고 있는데, 구체적인 내용은 다음과 같다.

- 벤처기업의 인증 기준 (한국 기준)

한국에서 벤처기업으로 인정받기 위해서는 다음 3가지 기준 중 하나 이상을 충족해야 합니다.

- ■ 벤처캐피털(VC) 투자기업 유형
- ➪ 벤처캐피털(VC) 또는 기관 투자자로부터 일정 금액 이상 투자받은 기업
- ■ 연구개발(R&D) 기업 유형
- ➪ 연구개발비가 총 매출액의 일정 비율 이상을 차지하는 기업
- ➪ 기업부설연구소 보유
- ■ 기술평가 보증기업 유형
- ➪ 기술보증기금 또는 신용보증기금으로부터 기술평가를 받고 일정 수준 이상을 충족하는 기업

※ 이 중 하나라도 충족하면 벤처기업 인증을 받을 수 있으며, 인증 시 정부의 다양한 지원 혜택을 받을 수 있습니다.

(1) 벤처투자기업

벤처투자기관인 중소기업창업투자회사, 중소기업창업투자조합, 신기술사업금융업자(조합) 또는 한국벤처투자조합, 투자전담회사, 기타 대통령령으로 정하는 기관 등으로부터 자본금의 10% 이상 투자받은 기업으로서 투자금액이 5,000만 원 이상인 기업에 벤처기업 확인을 하고 있다.

(2) 연구개발기업

기술개발촉진법 제7조 규정에 의한 기업부설연구소(한국산업기술진흥협회 인증)를 보유하고 있으며, 벤처확인 요청일이 속하는 분기의 직전 4분기의 연간 연구개발비가 5천만 원 이상이고, 연간 매출액 연구개발비 비율이 업종별 투자비율 기준 이상이어야 한다. 단, 창업 3년 미만 기업은 연구개발비 비율 적용을 제외한다.

(3) 기술평가보증기업

기술보증기금으로부터 기술성이 우수한 것으로 평가되고 기술신용보증기금, 중소기업진흥공단의 보증 또는 대출금액의 각각 또는 합산금액이 8천만 원 이상이고 당해기업의 총자산에 대한 보증 또는 대출금액 비율이 5% 이상이어야

한다. 단, 창업후 1년 미만 기업은 보증 또는 대출금액 4천만 원 이상으로 산정한다.

(4) 기술평가대출기업

중소기업진흥공단으로부터 기술성이 우수한 것으로 평가되고 중진공, 기보의 보증 또는 대출금액의 각각 또는 합산금액이 8천만 원 이상이고 총자산에 대한 보증 또는 대출금액 비율이 5% 이상이어야 한다. 단, 창업후 1년 미만 기업은 보증 또는 대출금액 4천만 원 이상으로 산정한다.

(5) 예비벤처기업

법인설립 또는 사업자등록을 준비중인 예비창업자로 기술 및 사업계획이 기술신용보증기금, 중소기업진흥공단으로부터 기술성이 우수한 것으로 평가된 기업을 예비벤처기업으로 확인한다.

이 같은 벤처기업은 사회적 또는 경제적 요구에 부응하는 새로운 지식이나 기술을 혁신적이고 모험적인 기업인에 의하여 창업되는 지식·기술 집약형 사업을 의미한다.

표 7-1 벤처기업 확인요건

구 분	요건기준
벤처투자기업	• 창업투자회사(조합)·신기술사업금융업자(조합) 또는 한국벤처투자조합으로 투자받은 금액이 자본금의 10% 이상일 것 • 투자금액이 5천만 원 이상일 것
연구개발기업	• 기업부설연구소 보유 • 창업 3년 이상 기업 : 벤처확인요청일이 속하는 분기의 직전 4분기의 연간 연구개발비가 5천만 원 이상, 연간 매출액 대비 연구개발비율이 업종별 투자비율 기준 이상일 것 • 창업 3년 미만 기업 : 벤처확인요청일이 속하는 분기의 직전 4분기의 연간 연구개발비가 5천만 원 이상일 것
기술평가보증기업	• 기술보증기금으로부터 기술성이 우수한 것으로 평가 • 기술보증기금, 중소기업진흥공단의 보증 또는 대출금액의 각각 또는 합산금액이 8천만 원 이상이고 당해기업의 총자산에 대한 보증 또는 대출금액 비율이 5% 이상일 것

기술평가 대출기업	• 중소기업진흥공단으로부터 기술성이 우수한 것으로 평가 • 기술보증기금, 중소기업진흥공단의 보증 또는 대출금액의 각각 또는 합산금액이 8천만 원 이상이고 총자산에 대한 보증 또는 대출금액 비율이 5% 이상일 것
예비벤처 기업	• 법인설립 또는 사업자등록 준비중인 자 • 예비창업자로 기술 및 사업계획이 기보, 중진공으로부터 기술성이 우수한 것으로 평가

이 밖에도 벤처기업은 신기술을 기업화하든가 또는 전문지식에 바탕을 두고 새롭고 독자적인 경영방법을 개발하는 등 창조적인 활동을 전개하는 파이어니어기업이라고 정의하는 경우도 있다.

따라서 벤처기업이란 고도의 기술수준과 모험심이 강한 인적 자원이 모여서 새로운 기술을 연구·개발하여 새로운 시장을 개척하거나 기존기업에 라이센스를 판매하는 기업이다.

일반적으로 기업규모와 기업 연륜이 짧지만, 새로운 시장에 도전해야 하기 때문에 그만큼 위험부담이 높으며 기술만을 바탕으로 기업을 세우는 경우가 대부분이기 때문에 자본력은 매우 약한 기업을 의미한다.

※ 벤처기업과 스타트업의 차이점

구분	벤처기업	스타트업
정의	고위험·고성장 기업으로 정부가 공식 인증한 기업	혁신적인 아이디어로 창업한 초기 기업
공식 인증 필요 여부	필요 (벤처기업 인증 기준 충족)	필요 없음
주요 산업	IT, 바이오, AI, 제조 등 고 기술 기반 산업	모든 분야 (기술, 플랫폼, 서비스 등)
정부 지원 여부	벤처 인증 시 세제 및 금융 혜택	창업 초기 지원은 받을 수 있음

알아두기

✻ 벤처기업 확인 절차 (전체 과정)

■ 사전 준비

⇨ 벤처기업 요건을 충족하는지 확인

⇨ 필요한 서류 준비 (사업자등록증, 재무제표, 연구개발 자료, 투자 증빙 등)

■ 온라인 신청 (벤처확인종합관리시스템)

⇨ 신청 사이트: 벤처확인종합관리시스템

⇨ 신청서 작성 및 필요 서류 제출

■ 심사 진행

⇨ 신청서 검토 후 벤처기업 인증기관에서 평가 진행

⇨ 유형별 요건 충족 여부 심사 (투자 확인, 연구개발비 비율 확인, 기술 평가)

■ 결과 통보 및 벤처기업 확인서 발급

⇨ 심사 결과 승인 시 벤처기업 확인서 발급

⇨ 벤처기업 인증 유효기간: 2년 (이후 갱신 필요)

표 7-2 벤처기업대상 제외업종

업 종	설 명
도·소매업	일반적인 유통·판매업 (온라인 쇼핑몰 포함)
부동산업	부동산 개발, 임대, 중개, 매매 등
숙박 및 음식점업	호텔, 모텔, 음식점, 카페 등
일반 서비스업	대형 프랜차이즈, 미용실, 세탁소, 학원, 렌탈 서비스
사행성 산업	카지노, 도박, 경마, 경륜, 복권 판매업
일반 금융업	대출, 보험, 신용조사, 투자 컨설팅 등
일반 엔터테인먼트업	연예 기획사, 일반 공연·이벤트 사업
일반 광고업	전통적인 광고 대행 및 홍보업

✻ 제외 업종이라도 벤처기업 인증이 가능한 경우

⇨ IT·기술 혁신이 적용된 경우 → 온라인 플랫폼, AI 기반 부동산 서비스, 스마트 농업 등은 예외적으로 인증 가능

⇨ 신기술을 활용한 스타트업 → 기존 산업과 차별화된 신기술(핀테크, 블록체인, AI 등)을 적용하면 가능

✻ 예외적으로 벤처기업 인증을 받을 수 있는 사례

⇨ 단순한 유통·서비스업이라도 기술 기반이면 가능

업 종	벤처기업 인증 가능 사례
온라인 쇼핑몰	AI 추천 알고리즘 기반 맞춤형 커머스
부동산 서비스	빅데이터·AI 활용한 부동산 시세 분석 플랫폼
금융업	핀테크(모바일 송금, 블록체인 기반 금융 서비스)
숙박업	스마트 호텔(사물인터넷 IoT 적용, AI 비서 도입)
광고업	AI 기반 타겟팅 광고 솔루션

Ⅱ 벤처기업의 형태와 역할

1. 벤처기업의 형태

(1) 로버트(Robert)의 분류

① 파생된 독립적 벤처기업(Venture Spin-off)

가장 전형적인 형태로서 대기업, 대학 및 연구소 등 창업 이전의 직장을 의미하는 배태조직으로부터 파생되어 독립하여 나온 사업의 형태이다.

② 합작벤처(New Style Joint Venture)

벤처기업은 고도의 기술을 제공하고, 대기업은 자본과 판매망 또는 기술개발결과의 활용과 적용 등 경영지원에 역점을 두는 경우이다.

③ 흡수 합병된 벤처기업(Venture Merging)

대기업이 전략적 필요에 의해 벤처기업을 흡수 합병하여 자회사나 사업부로 운영하는 것을 말한다.

④ 내부 벤처기업(Intra-company Venture)

대기업이 회사 내부에 벤처캐피털을 마련해 놓고, 기업 내부의 종업원들에게 사업 아이디어를 제안하게 하여 벤처기업을 스스로 하거나 참여하도록 지원하는 형태의 벤처기업을 말한다.

⑤ 벤처캐피털 회사(Venture Capital)

벤처캐피털은 금융회사로서 벤처기업에 투자 등 금융적 지원을 통한 자본참여를 하기 때문에 넓은 의미에서 벤처기업과 연관이 된다고 할 수 있는데, 벤처캐피털회사도 일종의 벤처기업으로 분류할 수 있다.

⑥ 경영참가형 벤처캐피털(Venture Nurturing)

벤처캐피털과 같이 벤처기업에 자본참여를 하지만, 이 경우에는 경영참여까지 하는 형태이다. 그러나 경영참가가 경영권 확보 자체를 목적으로 하기보다는 벤처기업을 정상적으로 운영하기 위한 과도기적 지원육성이 일반적이다.

(2) 벤처캐피털의 참여에 의한 유형분류

① 독립형 벤처기업

이는 벤처기업의 전형적인 형태로서, 첨단기술분야의 기술창업인이 대기업, 대학 및 연구소 등으로부터 이직한 후 특허나 기술을 바탕으로 독립적 벤처기업을 창업하여 경영하는 기업형태에 벤처캐피털이 참여하는 경우이다. 이러한 형태의 벤처기업은 기술창업인의 경영능력이 인정되는 경우이다. 그리고 벤처캐피털회사도 자본 외에 영업, 경영관리 및 기술지도 등을 실시하게 된다(기술창업인+벤처캐피털).

② 전문형 벤처기업

이는 기술창업인이 기술개발에 전념하고자 하거나 경영능력이 부족하여 전문경영인을 영입하여 기업을 경영하도록 하는 조건으로 벤처캐피털이 참여하는 경우이다. 대부분 전문경영인은 벤처캐피털 회사가 추천하고 기술창업인의 동의를 얻어 영입한다. 반면에 기술창업인이 초청하는 경우도 있지만, 대부분 전문경영인은 자본가의 신분을 갖게 된다(기술창업인+전문경영인+벤처캐피털).

③ 합작형 벤처기업

기술창업인은 창업한 후에 계속적으로 기술의 보완이나 개발에 전념하고, 기업경영의 총괄은 경영능력이 있는 자본가가 맡게 되는 경우이다. 벤처기업으로서 바람직한 형태이지만, 기술창업인과 자본가 사이에 상당한 이해관계가 조성되어야 한다. 양자 사이에 이해가 상충될 경우에 벤처캐피털 회사가 중재를 하게 된다.

④ 복합형 벤처기업

이 경우도 기술창업인은 창업한 후에 기술개발과 생산에 전념하고 영업과 경영관리는 전문경영인이 맡으며 재력 있는 자본가가 사업자금을 대는 경우로서, 다소 복잡한 구조이지만 마케팅 채팅 채널이나 대외섭외가 중요한 경우에 이러한 기업구조를 만들게 된다. 벤처캐피털은 이해관계 조정자 내지 경영의 감사기능을 추가적으로 부여받을 수 있다(기술창업인+자본가+전문경영인+벤처캐피털).

⑤ 도입형 벤처기업

주요 연구기관의 연구결과나 특허와 같은 공업소유권, 해외의 선진기술을 도입하여 기업화하는 경우이다. 이 경우는 대부분 벤처캐피털 회의 주도로 추진되고, 이에 관심이 있는 자본가를 구하여 벤처캐피털 회사와 합작투자를 하게 된다. 그리고 경영진과 경영자원을 조직화하는 사업구조도 벤처캐피털의 입장을 많이 반영하게 된다(기술→자본가+벤처캐피털).

⑥ 분리형 벤처기업

이는 ⑤의 경우에 전문경영인이 추가되는 구조로서, 초창기 기업을 운영하는 경우에 있을 수 있다. 이때 전문경영인이 자본의 일부를 분배받게 된다(기술→자본가+전문경영인+벤처캐피털).

⑦ 합병형 벤처기업

벤처기업의 자금부족이나 경영부실 또는 규모의 경제를 실현하고자 하는 경우와 대기업이 전략적 필요성에 따라 벤처기업을 흡수합병하여 자회사나 사업부로 운영하는 형태이다(벤처기업+벤처캐피털).

⑧ 내부 사업부형 벤처기업

대기업이 회사 내부에 벤처캐피털을 마련해 놓고, 기업 내부의 종업원에게 좋은 아이디어를 창출하도록 하고, 벤처사업에 참여하도록 하는 형태이다. 이는 기업이 기존의 사업을 확장하거나 새로운 사업을 추진하고자 할 때, 프로젝트팀을 운영하는 경우이다(대기업 → 기술창출인+벤처캐피털).

⑨ 컨소시엄형 벤처기업

앞의 모든 경우에 벤처캐피털회사가 컨소시엄을 구성하여 벤처기업에 투자하는 경우로서, 주식뿐만 아니라 전환사채와 같은 지분을 투자지분 대신 로열티만을 받는 조건부투자 등을 포함하여 공동으로 투자하는 형태이다.

벤처캐피털회사가 복합적으로 컨소시엄을 이루어 투자하는 경우는 프로젝트의 규모가 크거나 성공하면 큰 이익을 얻을 수는 있지만, 위험성도 크다는 점이 지적될 수 있다. 투자와 조건부투자를 혼합하여 지원하는 경우는 기술창업인 등 사업주체측에서 자본금을 많이 조달할 능력이 부족하거나 절세 방안으로, 또는 지분조정과정에서 이루어지는 경우이다(벤처기업+벤처캐피털 컨소시엄).

(3) 수행 주체와 기술 성격에 따른 유형

벤처기업은 사업의 수행 주체가 중소기업이냐 대기업이냐에 따라, 그리고 사업의 기술특성이 기존시장의 기술과 비교하여 혁신기술형, 축적기술형, 기존기술형이냐에 따라 다음과 같이 나눌 수 있다.

① 기술혁신형 창업은 중소기업이 혁신적인 기술에 기반하여 창업하는 형태

② 기술축적형 창업은 혁신적 기술보다는 품질이나 생산성을 높이는 개량기술에 기반하여 창업하는 형태

③ 내부 창업형으로, 혁신적 또는 개량기술에 기반한 아이템으로 대기업에

의해 추진되는 형태

④ 중소기업에 의한 사업참여형 창업과 대기업 내 신규사업부 설립형태는 기존 기술에 바탕을 두고 단순히 기존 사업 아이템에 참여하는 것으로서 주도하는 주체에 따라 사업참여형 창업과 대기업 내 신규사업부 설립으로 구분된다.

표 7-3 벤처기업 창업 형태에 의한 분류

구 분	중소기업 창업형	대기업 주도형
혁신기술형	① 기술혁신형 창업	④ 내부 창업형(사내 벤처)
축적기술형	② 기술축적형 창업	
기존기술형	③ 사업참여형 창업	⑤ 대기업 내 신규사업부

벤처기업은 창업이란 넓은 의미에서 창업과는 달리 새로운 기술이나 아이디어에 바탕을 둔 사업화를 의미하는 것으로 대기업에 의한 창업을 제외한 [표 7-3]의 ①, ②, ③에 해당된다.

2. 벤처기업의 역할

벤처기업은 무엇보다 새로운 기술, 첨단기술을 바탕으로 국민경제에 활력을 부여하고 미래지향적인 산업구조로의 이행을 주도하는 선도자적 역할을 수행한다는 점에서 큰 의의를 갖고 있다고 할 수 있다.

또한, 벤처기업은 혁신적인 기술과 창의적인 아이디어를 바탕으로 새로운 시장을 개척하고 경제 성장에 기여하는 기업입니다. 기존의 전통적인 기업과 달리 고위험·고성장을 특징으로 하며, 스타트업 생태계와 기술 발전을 선도하는 중요한 역할을 합니다.

※ 벤처기업의 주요 역할

역 할	설 명
신기술 개발 및 혁신 선도	새로운 기술과 비즈니스 모델을 창출하여 산업 혁신을 주도
일자리 창출	빠르게 성장하며 고용 기회를 창출하고 경제 활성화에 기여
경제 성장 기여	신산업을 개척하고 국가 경제에 활력을 불어넣음

대기업과의 협력 및 상생	대기업과 협력하여 혁신 생태계를 조성
글로벌 시장 개척	국내를 넘어 해외 시장에서도 경쟁력을 키우며 수출 증대
사회적 문제 해결	환경, 헬스케어, 교육 등 다양한 사회 문제를 기술로 해결

※ 기술 혁신 및 산업 발전

■ 벤처기업은 기존의 대기업이 쉽게 도전하지 못하는 혁신적인 기술을 개발

■ 인공지능(AI), 바이오테크, 핀테크, 자율주행, 친환경 기술 등 첨단 산업 발전을 선도

■ 기존 산업을 디지털화(Digital Transformation)하여 새로운 시장을 창출

➾ 예시:

➪ 벤처기업 확인 진행 절차네이버, 카카오 → 검색·메신저 플랫폼 혁신

➪ 벤처기업 확인 진행 절차배달의민족, 쿠팡 → 온라인 유통·배송 혁신

➪ 벤처기업 확인 진행 절차토스, 뱅크샐러드 → 핀테크 혁신

벤처기업이 국민경제에서 수행하는 역할을 살펴보면 다음과 같다.

첫째, 벤처기업은 세계의 산업구조가 소비패턴의 변화, 첨단기술의 발전 등으로 컴퓨터, 정보통신, 신소재, 유전공학 등 첨단산업부문의 발전과 더불어 종전의 양 중심의 생산체제에서 질 중심으로, 거대화에서 소형화로, 소품종 대량생산에서 다품종 소량생산 등으로 이행함에 있어 기반기술의 강화에 중요한 역할을 수행하게 된다.

둘째, 기술집약적인 벤처기업은 특정 산업분야의 태동기에서 제품혁신을 주도하고 있으며, 이 과정에서 기존 중소기업의 모방적인 기술개발과는 달리 창조적인 기술개발을 이룩함으로써 기술혁신의 선도적 역할을 수행하게 된다.

셋째, 벤처기업은 대기업의 경우와는 달리 다양화되고 세분화된 기술영역에서 독자적으로 사업화하는 경향이 많기 때문에 다양한 분야에서 새로운 영역을 확보하면서 대기업과 상호 보완적인 관계를 형성하는 등 산업구조의 건실화·고도화에 기여하게 된다.

넷째, 벤처기업은 일반 중소기업이 기존 산업의 고부가가치화에 어려움을

겪는 것과는 달리 신기술을 기반으로 새로운 산업분야에 진출하게 됨에 따라 중소기업의 활성화, 신규고용의 창출, 수입대체 및 수출촉진을 통한 국제수지 개선에 기여하게 된다.

다섯째, 그동안 우리 경제의 발전과정에서도 보여 준 바와 같이 대기업 위주의 성장·발전은 집중화의 성격을 갖게 되어 생산거점이 지방에 위치하더라도 중앙에 예속되는 경향이 있으나 벤처기업은 지역에 뿌리를 두는 경우 지역소재 연구소, 대학과의 상호 작용을 통해 지역경제를 활성화하고 지역의 기술혁신을 촉진시키는 역할 등을 수행하게 된다.

이와 같이 벤처기업은 신기술 및 신규고용의 창출, 산업구조 변화에의 대응, 기업가 정신의 고양 그리고 지역경제의 활성화 등을 통해 대기업에서 기대하기 어려운 많은 경제·사회적 역할을 수행할 것이 기대된다. 따라서 향후 우리 경제에 새로운 활력을 불어 넣고, 미래지향적인 산업구조로의 전환을 도모해 나가기 위해서는 벤처기업이 성장할 수 있는 여건을 적극 확충해 나갈 필요가 있다. 특히 IMF 체제하에서 우리 산업의 기반 강화를 통해 자립성장 기틀을 마련하기 위해서는 기술·지식집약적인 벤처기업 육성이 중요할 것으로 보인다.

(1) 중소기업 활성화의 선도적 역할

어느 나라를 막론하고 중소기업의 경제적 역할은 실로 지대한 것이며 그 때문에 많은 국가들에서 중소기업의 창업과 육성을 지원하기 위한 제도들을 실시하고 있다. 그러나 기존시장의 경쟁체제하에서 중소기업의 성장은 기업가적 인재의 등장과 그들의 적극적인 시장개척의지, 기술개발을 위한 의지의 투지를 요구하고 있다. 이러한 면에서 벤처기업의 성장은 기업가적 의지를 지니고 있는 사람들의 창업의지를 고취시키고 중소기업을 활성화시키는 역할을 한다. 그러나 우리나라의 경우 벤처기업은 선진국에 비하여 아직 후진적 상황을 벗어나지 못하고 있는 현실이다. 따라서 앞으로 벤처기업의 활성화를 통하여 미래 지식사회에 대응하고 한국중소기업의 발전에 원동력이 되어야 할 것이다.

(2) 기술개발 기반의 강화

산업화 초기 우리나라의 경제발전은 주로 대기업에 의해 선진국의 진보된 기술을 도입하여 이를 응용하거나 개량하고 대량생산체제를 갖추어 원가절감을 추구하는 형태가 대부분이었다. 그러나 80년대 이후부터는 기술의 세분화와 함께 첨단기술의 응용현상이 나타나기 시작하여 90년대부터는 혁신적인 중소기업을 중심으로 더욱 가속화되고 있다.

(3) 산업조직의 활성화에 대한 기여

벤처기업은 독창성이 강하여 특정대기업의 지배를 거부, 독창적인 시장을 지향하고 있다. 또한 기술개발에 있어서도 대기업과 독립된 분야 혹은 대등한 분야를 개척함으로써 대기업으로부터 중소기업으로의 기술이전을 배격하고 있다. 이와 같이 벤처기업의 발전은 대기업과 중소기업 간 상호 대등한 위치에서의 발전을 지향하기 때문에 산업조직 간의 경쟁을 촉진함으로써 산업조직의 활성화에 크게 기여한다.

(4) 지역경제의 활성화에 대한 기여

대기업 중심의 경제성장정책을 추구함에 따른 부정적 측면, 특히 지역 간 경제적 격차의 심화와 같은 경제현실하에서 지방의 벤처기업은 지역 간 산업격차를 해소시키고 나아가 해당 지역만의 특화된 산업발전을 통한 지역 경제성장에 기여하게 된다.

(5) 고용창출

한국은 IMF 경제체제하에서 100만 명 이상을 상회하는 대량실업사태에 직면하게 되었으며, 이를 타개하기 위해서는 새로운 일터를 만들어 고용을 창출하는 것이 대단히 시급한 과제가 되었다. 이와 같은 차원에서 벤처기업은 가장 효율적인 대안이 될 수 있을 뿐만 아니라 IMF를 극복한 후에도 미래 산업사회의 창출과 이에 걸맞는 고용환경창출을 위해서는 벤처기업의 창업과 발전이 대단히 중요하다.

(6) 지식사회의 희망

벤처기업은 두뇌기업이라 할 수 있으며, 미래사회는 두뇌경쟁의 시대이다.

그러므로 자본은 없지만 기술과 경영에 뛰어난 젊은 전문가 집단들의 희망의 기업이기도 하다. 한국사회도 이러한 바람이 불고 있다. 정부의 효율적인 지원을 통해서 이들의 벤처기업 창업과 경영이 활성화된다면 이는 앞으로 한국의 지식사회에 큰 희망이 될 수 있다. 돈이 아닌 기술과 경영을 가지고 백만장자가 될 수 있는 것이 바로 벤처기업이기 때문이다.

Ⅲ 벤처기업의 창업 및 육성

1. 벤처기업 창업의 의의

벤처기업 창업은 단순한 사업 개시를 넘어, 혁신적인 기술과 창의적인 아이디어를 바탕으로 새로운 시장을 개척하고 경제·사회적 가치를 창출하는 활동입니다. 특히, 벤처기업은 기존의 전통적인 산업과 차별화된 고위험·고성장 모델을 추구하며, 국가 경제 발전과 산업 혁신을 주도하는 중요한 역할을 합니다.

■ 벤처기업 창업의 주요 의의

구 분	설 명
기술 혁신과 신시장 창출	신기술 및 비즈니스 모델을 도입하여 기존 산업을 혁신하고 새로운 시장을 형성
경제 성장과 일자리 창출	벤처기업의 성장은 국내총생산(GDP) 상승과 청년층 및 전문 인력 고용 창출로 이어짐
대기업과의 협력 및 경쟁	혁신적인 스타트업이 대기업과 협력하거나 경쟁하며 산업 전반의 혁신을 촉진
글로벌 경쟁력 강화	국내뿐만 아니라 해외 시장을 개척하며 국가 경제에 기여
사회 문제 해결 및 지속가능한 성장	친환경 기술, 헬스케어, 교육 등 다양한 분야에서 사회적 가치를 창출

미국은 1980년대의 장기적 경기침체 속에서 대기업들이 대폭적인 인원감축을 단행할 때 중소기업들이 새로운 일자리를 창출함으로써 큰 무리없이 산업구

조 조정을 단행할 수 있었다. 이렇게 미국이 1987년 블랙먼데이로부터 시작된 불황을 벤처기업 활성화로 극복하여 오늘날에 이른 데 반해, 일본은 불황기에 미국과는 정반대의 대응을 하였다.

즉, 1990년 불황이 도래했을 때 일본은 사회 전체가 기존업체의 보호에 전력함으로써 벤처에 대한 자금투입을 게을리하였고 기존업체가 어느 정도 안정에 들어선 이후에야 벤처기업에 대한 투자를 하였던 것이다. 이러한 불황기의 대처능력 차이가 현재 미국과 일본 경제의 격차를 초래하였다는 분석이 지배적이다.

미국의 사례에서도 나타났듯이 벤처기업은 고용창출효과가 매우 뛰어나다. 특히 3C(Computer, Communication, Control)와 3S(System Engineering, Software Engineering, Service Engineering) 등 신분야를 주요 대상으로 하여 고용창출효과가 매우 크다.

이처럼 벤처기업은 불황기에 있어 경제에 활력을 불어 넣고 새로운 돌파구를 찾을 수 있는 한국 상황에서 벤처기업 창업이 가지는 의미는 더욱 크다고 하겠다.

※ 한국과 미국의 벤처기업 성장 모델 차이

구분	한국	미국
창업 초기 자금 조달	정부 지원금, 정책자금 대출	엔젤투자, 벤처캐피털(VC)
벤처기업 성장 방식	정부 연구개발(R&D) 지원, 국내 시장 중심	민간 투자 유치, IPO · M&A 활성화
규제 환경	상대적으로 강한 규제 (산업별 제한)	규제 완화 및 신산업 법 개정 빠름
성공 후 시장 확장	국내 기업 간 협력 및 공공 조달 시장 활용	글로벌 시장 확장 및 대기업 인수 합병

2. 벤처기업 창업의 중요 요소

벤처기업 경영의 성공비결은 무엇일까?

외국의 경우 Timmons(1994)는 벤처경영을 '창업인이 기회파악과 필요자원

확보를 통해 기회를 실현하는 과정의 효과적인 경영'이라고 정의하고 벤처기업 창업과정의 핵심성공요인으로 창업인, 기회, 필요자원 세 가지 요소를 제시하고 있다.

이 세 가지 요소를 자세히 살펴보면 다음과 같다.

첫째, 창업인에게 있어서는 선천적인 에너지와 지능이 중요하다고 말하고 있으나 성공적인 창업인이 가져야 할 핵심특성은 ① 헌신도 및 결단력, 리더십, ② 기회에 대한 집착, ③ 위험, 모호성 및 불확실성에 대한 수용, ④ 창의성, 자기신뢰 및 적응력, ⑤ 남보다 앞서려는 동기의 다섯 가지이다.

둘째, 창업인이 가지는 기회인식 측면에서 기술적 가능성뿐만 아니라 기술이 시장에서까지 수용가능한 것인가를 고려할 수 있는 기회를 인식하고 이를 실천에 옮길 수 있어야 한다. 기회의 창을 잘 포착해야만 한다. 기회의 적절성을 평가하기 위한 기준으로는 산업과 시장, 경제성, 경쟁우위, 경영팀, 결정적 결함, 개인, 전략적 차별성이 있다.

셋째, 필요자원의 확보측면에서 벤처기업은 대기업에 비해 사람, 자본, 기술이나 정보 및 경영능력 등 경영자원이 매우 부족한 것이 사실이다. 따라서 이러한 현실을 감안한 필요자원의 확보가 사업성패의 중요한 열쇠이다. 벤처기업이 이러한 자원을 확보하기 위해서는 다단계에 걸친 자원확보, 외부 자원의 적극활용 등을 고려해야 한다.

이장우(1997)의 사례연구 등에 의해 우리나라 성공벤처기업의 특성이 잘 설명되고 있다. 즉, 이들 성공적인 벤처기업들은 학력수준이 높고, 전문적인 기술분야에서의 능력을 가진 기술창업자들에 의해 창업되어 명확한 비전과 경영목표를 가지고 발전되어 왔다. 이들의 사업분야는 변화가 심하고 기술경쟁이 심한 성장산업에서 기회를 포착하지만 그 중에서도 틈새시장에 집중하여 출발하되 거점 확보 후에는 관련 분야나 상위분야로 진출하여 국내 대기업이나 외국기업과 직접 경쟁하는 적극성을 나타내고 있다.

이러한 벤처기업들은 매출액 대비 10% 내외의 높은 연구개발투자를 통해 기술혁신에 의한 차별화를 추구하고 있고 시행착오를 통해 진화적 방식으로 발전해 왔다.

이 외에도 5,000건에 가까운 기술사업 프로젝트를 지원하면서 기술창업에 대한 종합적 금융지원을 제공하는 한국종합기술금융이 펴낸 [벤처기업의 성공이야기]에서 나타난 벤처기업의 성공요인은 이장우의 연구(1997)와 비슷하게 요약되어 고도의 기술력, 강력한 기업가정신, 발로 뛰는 마케팅 전략, 독특하고 건전한 기업문화, 높은 이상과 냉철한 현실인식 등 5가지로 제시되었다.

이러한 국내 및 국외 벤처기업 성공요인들로 비추어 볼 때, 우리나라 상황에서 벤처기업의 활성화를 위해서는 기업가정신을 갖춘 창업가들이 사업기회를 현실화하기 위한 필요자원을 확보해 나가는 과정을 체계적으로 지원할 필요가 있다. 즉, 창업 이전단계에 있어서 사업기회를 추구하는 창업자들이 철저히 준비할 수 있도록 기술적 지도뿐만 아닌 경영지도와 사회적 지원이 필요하며, 사업기회를 포착하거나 필요한 자원을 확보할 수 있는 각종 제반정보들이 자유롭게 유통되도록 해야 한다. 특히 기술창업인이 많이 배출될 수 있는 국가적 연구개발의 활성화 및 지원강화, 이를 위한 제도, 예를 들어 미국의 SBIR(Small Business Innovation Research)과 같은 지원책이 큰 도움이 될 것이다.

3. 벤처기업 활성화 방안

먼저, 벤처기업은 혁신적인 기술과 창의적인 아이디어를 바탕으로 경제 성장, 일자리 창출, 산업 혁신을 이끄는 핵심 주체입니다. 그러나 초기 자금 부족, 규제 장벽, 시장 경쟁 등 다양한 어려움이 존재하기 때문에 이를 극복할 수 있는 체계적인 활성화 방안이 필요합니다.

벤처기업은 지식정보화에 부응하여 지식과 기술이 가치창출의 핵심원천으로 고부가가치형 구조로 이끌어 가는 향도가 되어야 한다. 이렇게 볼 때 벤처기업에게 가장 중요한 요소는 기술·지식이라 할 수 있다. 벤처기업 육성전략의 기본방향은 신기술 창출기반의 확충과 벤처캐피털의 기능활성화로 집약할 수 있다. 이 같은 벤처기업 육성방향에 부응할 수 있도록 보다 중점을 두어야 할 방안을 제시해 보면 다음과 같다.

첫째, 신기술 창출기반의 강화가 요구된다. 벤처기업의 본질적 특성은 지식·기술로부터 비롯된다고 할 수 있으므로 기술적 요소는 벤처기업 육성의 성패를 결정한다고 할 수 있다. 따라서 벤처기업 육성을 위해서는 무엇보다 신기술 창출기반을 공고히 하는 것이 중요하다 하겠다. 이를 위해서는 벤처기업 창업보육센터의 설치확대와 함께 기술력이 갖는 자산가치를 적극적으로 인정하여 평가해 줌으로써 새로운 기술에 적극적으로 도전할 수 있는 유인을 제공할 필요가 있다. 신기술을 보유, 획득하는 주체인 기술인력에 대한 유인체계도 신기술 창출기반의 강화를 위한 중요한 수단이 될 수 있다.

둘째, 벤처자금이 획기적으로 확충되어야 한다. 벤처기업은 고위험 - 고수익의 성격을 갖고 있으나 위험에 대한 평가가 용이하지 않기 때문에 간접금융 활용에 심한 어려움을 겪고 있다. 그 결과 벤처캐피털 회사가 벤처기업에 대한 주요 자금공급원으로서의 역할을 수행하고 있다. 또한 벤처기업들은 시중 여유자금을 벤처자금으로 유입함으로써 벤처자금이 확충되기를 요망하고 있다. 따라서 벤처기업의 활성화를 위해서는 무엇보다 벤처자금을 획기적으로 확충할 수 있는 방안이 강구되어야 할 것으로 보인다.

셋째, 창업투자회사의 기능강화가 필요하다. 벤처자금은 주로 벤처캐피털 회사를 통하여 벤처기업에 공급된다는 점에서 벤처기업 발전을 위해서는 벤처캐피털의 역할이 대단히 크다고 할 수 있다. 특히 창업투자회사는 신기술사업금융회사에 비하여 벤처캐피털 본연의 기능에 상대적으로 더 충실한 것이 사실이다. 따라서 향후 벤처캐피털이 활성화되려면 창업투자회사의 자금 애로를 해소시켜줌으로써 투자능력을 확충시켜야 한다. 또한 창업투자회사는 주로 벤처기업에 대한 투자를 하지만 벤처캐피털로서의 역할을 충분히 수행하려면 단순한 투자기능뿐만 아니라 경영자문, 투자중개 등 복합적인 서비스를 제공하여야 하며, 리스, 팩토링 등의 유관업무도 수행할 필요가 있다. 즉, 창업투자회사가 금융기관 및 경영자문기관으로서의 기능이 보다 다양해지고 확충될 필요가 있다 하겠다. 이를 위해서는 창업투자회사의 대형화 추진, 창업투자회사의 업무영역 확대(리스, 팩토링 등 일부 여신기능 부여), 창업투자회사에 대한 벤처기업 주식의 인수·공모 및 시장조성자 역할 허용 등의 방안이 강구되어야 할 것이다.

넷째, 창업지원자금의 벤처기업 지원기능이 강화되어야 한다. 정부의 중소기업 창업지원 자금은 주로 창업투자회사 및 창업투자조합에 투자 혹은 융자되어 중소기업 창업자금으로 활용되고 있다. 그런데 창업투자회사의 투자대상이 벤처기업에 국한되어 있지 않기 때문에 창업투자회사가 투자하는 기업 가운데는 벤처기업이 아닌 기업들도 다수 포함되어 있다. 따라서 창업투자회사의 벤처캐피털 성격을 보다 강화하기 위해서는 중소기업 창업지원자금의 지원을 창업투자회사의 벤처기업 투자실적 및 내용과 연계하여 운용할 필요가 있을 것이다. 이와 함께 창업 초기의 벤처기업이 자금조달에 큰 어려움을 겪고 있다는 사실을 감안하여 정부 및 지방자치단체가 미국의 SBIC와 같이 공적인 벤처캐피털회사의 설립을 통해 창업 후 5년 이내의 벤처기업을 중점적으로 지원하는 방안도 강구될 필요가 있을 것으로 보인다.

다섯째, 직접금융시장의 활성화가 요구된다. 대부분의 벤처기업은 여건이 허락한다면 직접금융시장을 이용할 의사가 있음을 보인다. 그러나 벤처기업들은 기존의 주식시장이 갖고 있는 현실적인 한계로 인하여 직접금융시장을 적절하게 이용하지 못하고 있는 것으로 나타나고 있다. 거래소시장은 상장요건이 엄격하여 대부분 벤처기업이 상장요건을 충족시키기 곤란하며 장외시장(KOSDAQ)은 거래소시장의 전단계 시장의 성격을 갖고 있다는 점 때문에 벤처기업의 자금조달 시장으로서 충분한 역할을 수행하지 못했던 것이 사실이다. 이 같은 문제점을 해소하기 위해 1998년부터 기존의 코스닥 시장을 일반법인부, 벤처법인부, 외국기업부의 3개부로 구분하고 벤처기업에게는 공모요건을 대폭 완화하여 운용하고 있다. 그렇지만 코스닥 시장이 아직 기대한 만큼의 성과를 나타내지 못하고 있는 것으로 볼 때, 향후에는 코스닥 시장이 미국의 NASDAQ 시장과 같이 거래소 시장과 대등한 지위를 가질 수 있도록 하기 위한 추가적인 조치들이 강구되어야 할 것으로 여겨진다.

여섯째, 입지 지원형태의 다양화가 이루어져야 한다. 벤처기업들은 입지 문제와 관련해서 업종별로 다른 선호도를 나타낸다. 즉, 제조업의 경우 저렴한 공장 용지 공급과 벤처단지 조성을 선호한 반면, 비제조업에서는 저렴한 사무실의 공급과 벤처빌딩 건설을 선호하였다. 특히 제조업 중에서도 컴퓨터 관련 업종에서 벤처단지 조성을 가장 선호하였는데, 이는 집적 효과가 크기 때문인 것으로 생각된다.

※ 한국과 미국의 벤처기업 지원 정책 비교

구분	한국	미국
지원 방식	정부 주도	민간 중심
주요 자금 조달 방식	정부 R&D 지원, 정책자금 대출, 벤처캐피털(VC) 투자	벤처캐피털(VC), 엔젤투자, IPO(기업공개), M&A 활성화
스타트업 인프라	정부 창업 지원 기관, 창조경제혁신센터	실리콘밸리, 스타트업 액셀러레이터(와이콤비네이터 등)
규제 환경	상대적으로 강한 정부 규제 (핀테크·바이오 등)	자유로운 규제 환경 및 규제 샌드박스 활성화
세제 혜택	창업 기업 및 연구개발(R&D) 세금 감면	스타트업 및 벤처 투자자 대상 감세 혜택 확대
M&A (인수·합병)	상대적으로 미흡	활발한 M&A 시장 형성

Ⅳ 벤처기업가의 특성

1. 벤처기업가의 일반적 특성

벤처기업을 한다는 것은 아이디어는 있지만 자금력이 부족한 사람이 모험심을 발휘하여 새롭게 시작하는 길이다.

벤처기업을 성공시킨 많은 스타들을 보면 이 일이 개인적인 희생을 얼마나 요구하는 일인지 알 수 있다. 심지어는 가정생활도 희생하는 예가 많다. 그들은 수년 동안 하루 중 대부분의 시간을 회사 일에 몰두하게 된다. 벤처기업가들은 변화의 추세와 기업 위주의 기존 제품, 서비스 공급체계가 감당하지 못하는 자리를 볼 수 있는 눈을 가진 사람들이다. 그들은 이런 빈 자리를 메울 아이디어나 기술을 가진 사람들이다. 나아가 그들은 이런 모험에 인생을 걸 만큼 용기가 있는 사람들이기도 하고 창업에 필요한 돈을 끌어 모을 수 있는 사람들이다.

따라서 벤처기업가의 일반적 특성을 요약해 보면 다음과 같다.

첫째, 기업가로서 사회적 변동에 도전하고 모험을 적극적으로 받아들이면서 창조력을 갖는다.

둘째, 높은 학력을 지니고 있으며 대기업으로부터 뛰쳐나온 자가 많다.

셋째, 비교적 젊은 층이 많고 새로운 기업관을 갖고 있다.

참고로 우리나라 벤처기업가들의 개인적 배경을 요약해 보면 <표 7-4>와 같다.

표 7-4 벤처기업가의 배경 특성 (단위 : %)

구 분	중소기업 창업형	대기업 주도형
창업 동기	Spin-off형(44.1), 독자형(12.8), 모방형(15.5), Hive-off형(18.8), 기타(8.8)	④ 내부 창업형(사내 벤처)
학력	대학원 이상(18.4), 대졸(60.2), 전문대졸(9.8), 고졸 이하(11.6)	
전공	이공계(53.3), 비이공계(46.7), 대기업 및 중소기업(69.2), 제조업 경영(12.4), 상업 및 서비스업(8.4)	⑤ 대기업 내 신규사업부
창업 전 직업	연구기관 및 교육기관(2.8), 공무원 및 정부투자기관(1.8), 기타(5.6)	④ 내부 창업형(사내 벤처)
기업체 출신 창업자의 전 근무부서	일반관리(27.9), 판매(17.1), 생산(25.2), 연구개발(16.2), 기타(13.6)	
연령	41세 이상(32.0), 31~35세(31.5), 36~40세(28.6), 30세 이하(7.9)	⑤ 대기업 내 신규사업부

2. 벤처기업가의 창업가적 특성

① 기회에 초점을 둔 전략적 성향

② 포착한 기회의 과감한 추구

③ 다단계에 걸친 지원확보 방식

④ 비공식 네트워크를 통해 전문가 그룹을 적극 활용한다.

⑤ 가치창조 중심의 보상체계

어떤 동기와 배경에서 벤처창업을 하던 벤처기업가는 자신의 아이디어를 성공적으로 실현하기 위하여 기꺼이 인내할 수 있는 사람들이며, 자신의 노력에 대한 큰 보상을 기대한다.

최근 미국에서 최고의 주가를 날리고 있는 네스케이프의 창업자인 마크 엔드리센과 짐 클라크는 창업 당시 자기 자본 200만 달러로 20%의 주식만 가지고 시작했는데, 그 후 회사를 잘 키워 상장하여 8억 달러를 벌게 되면서 부와 명예를 한꺼번에 움켜쥐었다고 한다.

벤처기업가는 바로 벤처 스타가 될 것을 꿈꾸며 인내하고 실천하는 자가 아니겠는가?

V 벤처기업의 현황 및 문제점

1. 벤처기업의 현황

벤처기업은 혁신적인 기술과 창의적인 아이디어를 바탕으로 성장하는 기업으로, 한국 경제에서 중요한 역할을 하고 있습니다. 특히, 4차 산업혁명과 디지털 전환이 가속화되면서 벤처기업의 영향력은 더욱 커지고 있습니다. 그러나 여전히 자금 조달, 규제, 글로벌 경쟁력 등의 문제점이 존재합니다.

또한, 벤처기업의 성장은 1980년대 초반 신기술 금융회사가 등장하고 1980년대 후반 창업투자회사가 대거 설립되면서 벤처기업의 창업열기가 고조되었으며, 1990년대 초 자본시장의 위축과 많은 중소기업의 도산과정을 겪으면서도 벤처기업은 계속 성장하여 장외 시장의 활성화와 함께 경제활력 회복의 주체로서 새로운 관심을 불러일으켰다. 하지만 2006년 이후 꾸준한 성장으로 현재는 안정적인 기업군으로 성장해가고 있다.

※ **한국 벤처기업의 현황** (2024년 기준)

- 벤처기업 수 증가 → 2024년 기준 벤처기업 약 40,000개 존재
- 벤처투자 활성화 → 2023년 벤처투자액 약 7조 원 (2021년 대비 감소)
- 유니콘 기업(기업가치 1조 원 이상) 증가 → 쿠팡, 야놀자, 마켓컬리 등 20개 이상
- 주요 산업 분야 → IT, 바이오·헬스케어, AI, 핀테크, 친환경 에너지

□ 한국 벤처기업 주요 성장 트렌드

➪ 벤처기업 확인 진행 절차AI 및 데이터 기반 스타트업 활성화

➪ 벤처기업 확인 진행 절차바이오·헬스케어 분야 투자 증가

➪ 벤처기업 확인 진행 절차친환경·ESG 기반 벤처기업 성장

표 7-5 벤처기업 현황(2024년 7월 기준) (벤처기업 수 : 38,216개)

항목	현황	비고
벤처기업 (2024년)	38,216	
총 매출액 (2024년 벤처 기업정밀실태조사)	241,786,451,000,000원	
고용인원 (2024년 벤처 기업정밀실태조사)	934,708명	
벤처천억기업 (2023년 벤처 천억기업 실태조사)	908개사	
유니콘 기업 중 벤처기업	2022년 유니콘 기업 22개사	19개사
코스닥 상장 벤처기업	2023년 코스닥 상장사 1,661개사	1,222개사

표 7-6 업력별 벤처기업 현황(2023년 7월 기준)

항목	현황	비고
벤처투자	6,930개	17.3%
연구개발	6,931개	17.3%
혁신성장	25,953개	64.8%
예비벤처	267개	0.7%

2. 벤처기업의 육성방향

정부는 벤처기업의 성장지원을 위한 벤처기업육성특별법을 제정하였고, 중소벤처기업 전용의 주식공개의 3부 시장을 개설하여 창업한 지 얼마되지 않는 벤처기업에게 기업공개의 길을 보다 용이하게 하는 길을 모색중에 있다. 새로운 아이디어와 독자적 기술에 의한 창업기업형인 중소기업이 21세기의 한국경제를 주도해야 한다는 생각은 올바른 방향인 듯하다. 벤처기업들은 미래산업의 총아

로 불리는 정보통신 등 첨단기술분야에 집중되고 있어 이 분야의 발전여부가 경제의 성패를 가르는 주요 척도가 될 전망이다. 첨단기술분야의 벤처기업이 급변하는 환경변화에 잘 적응하여 성장할 수 있도록 인프라 구축과 제도정비가 선행되어야 할 것이다.

최근 우리나라에서 불황타개책으로 논의되고 있는 하이테크 창업기업 육성정책에서 자금지원 못지않게 중요한 것은 새로운 아이디어를 갖춘 기업가들을 발굴할 수 있는 제도에 초점을 맞추어야 한다는 것이다. 이런 점에서 우리나라에서 첨단기술을 바탕으로 창업에 성공한 벤처기업들을 중심으로 창업투자회사의 벤처캐피탈을 지원받아 성공한 중견의 벤처기업들이 이제는 역으로 창업투자회사를 설립해 신진 벤처기업 육성에 나섰다는 것은 벤처기업을 통한 천단산업의 육성발전을 앞당길 수 있다는 것을 의미한다.

1995년 12월에 벤처기업협회가 창립되어 미래의 성장기업 발굴과 공동과제 연구 등을 진행하고 있어 벤처기업의 관심열기와 더불어 이 분야의 성장가능성을 보다 밝게 해주고 있다.

특히 창업투자회사도 리스와 팩토링업무를 할 수 있게 되고 창업투자조합에 외국인의 참여를 점차 확대할 것으로 전망된다. 이 조합출자자에 대한 세제지원이 대폭 강화될 것으로 보여 벤처사업의 발전에 필요한 유인책은 어느 정도 마련되고 있는 것으로 보인다.

최근 산업의 고비용 구조 극복을 위해 고효율, 고부가가치 산업의 태동이 요구되고 있으며 산업의 구조적 정체에서 탈피해 유연성있는 산업구조로의 전환을 위해 벤처기업의 중요성은 더욱 커지고 있다. 이에 따라 각국 정부는 창업을 권장하고 있으며 세제 및 행정지원 등 제도적인 뒷받침을 하고 있다. 한국 정부의 벤처기업 활성화 추진시책을 보면 대학생 창업경연대회 개최, 벤처 로드쇼 개최, 창업보육센터 건립 확대, 창업정보 종합지원시스템 구축, 창업자에 대한 신용보증 특례지원, 창업투자조합에 대한 외국인 출자허용, 창업투자회사의 해외 단독투자 허용, 신기술사업 금융회사의 벤처기업투자 의무화, 벤처캐피탈회사의 대손충당금 손금산입한도 확대, 벤처캐피탈회사의 사채발행한도 확대, 창업투자회사 또는 투자조합 출자금 등에 대한 세제지원, 창업투자자금에 대한 자금출처조사 면제, 장외시장등록 벤처기업의 범위확대, 대기업의 벤처기업에 대한 출자한도 완화 등 광범위하게 벤처기업 창업을 육성하고 있다(중소기업청, 1999). 한편 기존의 대기업들도 기업가정신이 자신의 경쟁력에 미치는 영향을 간파하고 기업 내부에서 벤처비즈니스를 운영하게 하는 등 기업가정신의 내부고취에 커다란 관심을 보이고 있다.

벤처캐피탈은 새로운 사업을 개발 운용하는 창조적이고 모험적인 소규모 기업인 벤처사업에 대해 투자된 자본이기 때문에 벤처캐피탈을 결코 종래의 금융산업에서 창업투자 회사의 업무를 단순히 확장시키는 일로 생각해서는 안된다. 벤처캐피탈의 원산지이며 오늘날 첨단산업의 첨병인 미국의 실리콘밸리 문화를 살펴보는 것은 앞으로 우리나라가 벤처기업을 어떻게 육성해야 할 것인가 하는 차원에서 매우 유익할 듯하다. 80년대 반도체, 자동차 등 전략산업의 주도권을 일본에 내주면서 미국경제는 내리막을 걷기 시작했다. 그러나 90년대 들어 마이크로소프트, 넷스케이프, 선마이크로시스템 등으로 대표되는 벤처기업들이 미국의 경쟁력을 되살려 미국경제의 재도약 계기를 마련했다. 미국에서는 매년 많은 벤처기업들이 창립되고 이들 중 시행착오를 거쳐 성공하는 기업들은 소수라는 사실은 이 분야가 얼마나 큰 위험을 감수해야 하는지를 보여주고 있다.

미국의 벤처캐피탈 건당 액의 자본규모는 창업기업으로서는 크지 않은데 비해 인적자원이 매우 중요한 역할을 하고 있다. 밤낮없이 컴퓨터 프로그래밍과 네트워크 칩에만 매달려 사는 젊은이들은 한 회사에 장기간 근무하기보다는 기회가 주어지면 어느 곳이든 옮겨가서 자기 뜻을 실현하는 기업문화가 정착된 것이 오늘날 미국의 벤처기업 문화이다.

우리나라는 외자도입 확대와 재정긴축이 당장 발등에 떨어진 불을 끄기 위한 단기대책이라면 벤처기업의 육성을 통한 경제활력의 제고는 장기적이고 미래지향적인 장기정책이다. 첨단기술 개발능력과 창의적 도전정신을 갖춘 모험적 기업가와 위험은 있지만 큰 수익을 노릭 투자하는 모험자본이 결합된 벤처기업이야말로 우리가 처한 난국을 돌파하는 계기가 될 수도 있다.

대기업의 벤처기업에 대한 투자를 공정거래법상 출자총액 한도에서 제외하고 전용 창업단지를 조성하는 등의 각종 지원조치 이외에도 정부의 벤처기업 발전을 위한 환경조성 노력 등은 시장경제활성화에 저해요인으로 작용하는 규제철폐와 더불어 지속적으로 시행되어야 할 것이다. 물론 경우에 따라 대기업이 필요한 기술을 벤처기업으로부터 얻고 벤처기업은 대기업으로부터 마케팅 지원을 받을 수 있는 상호 이득적인 전략적 제휴관계도 배제할 필요는 없다. 이 같은 제도개선은 인프라구축을 통한 벤처기업 육성과 더불어 우리나라의 산업구조 조정방향도 기술과 지식집약적인 벤처기업을 포괄하는 차원에서 이루어질 수 있도록 노력해야 할 것이다.

벤처기업의 육성 방향은 국가 경제의 혁신과 성상을 촉진하기 위해 중요힌 요소입니다. 효과적인 벤처기업 육성을 위해 다음과 같은 방향이 필요합니다.

※ 정부의 정책 및 지원 강화
➪ 벤처기업 전용 금융 지원 (창업 자금, R&D 지원, 세제 혜택)
➪ 규제 완화 및 신속한 행정 절차 도입
➪ 창업 인프라 구축 (스타트업 허브, 창업 지원 센터 등)

※ 투자 및 자금 조달 활성화
➪ 벤처캐피털(VC), 엔젤투자 확대
➪ 크라우드펀딩 및 정책 금융기관의 역할 강화
➪ IPO(기업공개) 및 M&A 활성화를 통한 투자 회수 환경 조성

※ 기술 혁신 및 연구개발(R&D) 지원
➪ 대학, 연구소와의 협업 강화
➪ 신기술 및 핵심 산업(인공지능, 바이오, 친환경 기술 등) 지원
➪ 지식재산권(IP) 보호 및 활용 촉진

※ 창업 생태계 조성
➪ 스타트업과 대기업 간 협력 모델 구축 (오픈 이노베이션)
➪ 창업 교육 및 멘토링 시스템 강화
➪ 글로벌 시장 진출 지원 (해외 네트워크, 수출 지원)

※ 인재 양성 및 기업가 정신 함양
➪ 창업 교육 프로그램 운영 (학교, 기업, 공공기관 협업)
➪ 벤처기업 확인 진행 절차 해외 우수 인력 유치 및 국내 인재의 창업 유도

⇨ 벤처기업 확인 진행 절차 실패 후 재도전이 가능한 환경 조성

이와 같은 전략적 육성 방향을 통해 벤처기업이 지속 성장하고, 국가 경제에 기여할 수 있도록 지원하는 것이 중요하다.

3. 최근 경제전망과 벤처기업의 대응전략

최근 한국 경제는 정치적 불안정성과 대외 환경의 변화로 인해 성장 둔화와 불확실성이 증대되고 있습니다. 이러한 상황에서 벤처기업은 다음과 같은 대응 전략을 고려해야 합니다.

한국은행은 2025년 경제 성장률 전망치를 기존 1.9%에서 1.6~1.7%로 하향 조정하였으며, 이는 정치적 불확실성과 소비 심리 위축에 기인합니다.

※ 벤처기업의 대응 전략

⇨ 리스크 관리 강화 : 정치적 불안정성과 환율 변동성에 대비하여 재무 구조를 안정화하고, 비용 효율화를 통해 외부 충격에 대한 대응력을 높여야 합니다.

⇨ 해외 시장 다변화 : 미국의 보호무역주의 강화로 인한 수출 환경 변화에 대응하기 위해 아시아, 유럽 등 새로운 시장을 개척하고, 현지화 전략을 통해 시장 진입을 모색해야 합니다.

⇨ 기술 혁신 및 R&D 투자 : 경쟁력 유지를 위해 인공지능, 바이오 등 미래 유망 산업 분야에 대한 연구개발 투자를 지속하고, 혁신적인 제품과 서비스를 개발하여 시장에서의 입지를 강화해야 합니다.

⇨ 정부 지원 프로그램 활용 : 중소벤처기업부는 2025년 중소기업의 글로벌화를 지원하기 위한 다양한 정책을 추진하고 있습니다.

이러한 프로그램을 적극 활용하여 성장 기회를 모색해야 합니다.

⇨ 인재 확보 및 조직 역량 강화 : 불확실한 경영 환경에서도 우수한 인재를 확보하고, 조직의 유연성과 대응력을 높여 변화에 신속하게 대응할 수 있는 체계를 구축해야 합니다.

현재의 경제 및 정치적 불확실성 속에서 벤처기업은 위와 같은 전략을 통해 리스크를 최소화하고 지속 가능한 성장을 추구해야 합니다.

4. 벤처기업의 새로운 대응전략

이러한 산업환경의 변화는 과거와 달리 초변화와 초혁신의 과정을 보여준다는 점에서 과거와 같은 비용절감, 효율성 강화 등과 같은 기존 전략과 관행만으로는 경쟁력을 키울 수 없고, 벤처기업의 경우 더욱 그러하다. 따라서 최근 국내 경제전망과 산업 환경의 변화 속에서 벤처기업은 기존의 대응전략만이 아닌 다음과 같은 새로운 대응전략이 필요하다.

첫째, 전사적 관점에서 변화와 혁신을 최적화하려는 노력을 강구하여야 한다. 풀(Pull)과 푸시(Push) 방식의 혁신을 추진하는 것이 필요한데, 전사 메시지를 구성원에게 정확하게 전하는 것(Push)은 물론 변화에 솔선수범하고 적극적으로 참여하는 분위기(Pull)를 만드는 것이 중요하다. 아울러 모든 부서가 예외 없이 벤처기업 경영자의 혁신의지에 동참하도록 한다. 왜냐하면, 변화회피 등 혁신에 반대하는 조직과 구성원을 설득하지 않으면 전사적인 혁신을 성공적으로 실현시킬 수 없기 때문이다.

둘째, 벤처기업은 대기업 및 중소기업과의 전략적 마케팅 연계전략을 수립하고 실시하여야 한다. 왜냐하면, 이미 대기업이 비용절감을 위해 중국, 아시아, 인도 등 저비용 생산이 가능한 지역을 생산기지화하고 있는 가운데 대기업처럼 경영자원이 열악한 상황이지만 벤처기업도 독자적인 생존전략 및 시장 확대, 그리고 전략적인 마케팅 연계전략을 추구해야 하기 때문이다.

셋째, 산업환경변화에 대응한 혁신과 이해관계기업과의 전략적 네트워킹과 함께 대내적 혁신을 추구하는 데 있어 벤처기업이 보다 더 경쟁력을 강화하기 위해서 경영자의 솔선수범과 함께 자사만의 목표 관리제도와 업무 및 성과에 대한 오너십 확립으로 신바람 나는 벤처기업 경영문화를 구축할 필요가 있다.

넷째, 벤처기업이 경쟁력을 제고하기 위해서는 앞서 제시한 혁신, 전략적 네트워킹 및 마케팅연계전략과 더불어 미래를 위한 투자라는 대응전략이 필요하다. 만일 벤처기업이 자금유동성이 있다면 핵심 자산을 확보하도록 하고, 자금이 부족한 경우에는 고객, 조직 구성원의 신뢰성을 유지하는데 전력투구를 하여야 한다.

끝으로, 점차 지식재산이 국가의 경제성장의 원천이자 기업의 경쟁력을 좌우하는 핵심요건으로 부각되면서 지식재산(IP : Intellectual Property)의 중요성이 한층 커지고 있다. 이에 따라 벤처기업들도 지식재산 창출, 확보, 권리화, 보호 및 활용 등에 초점을 맞춘 IP경영을 확립하여야 한다.

이상에서 글로벌 산업환경 변화와 최근 국내 경제 전망속에서 벤처기업의 대응전략을 간략히 기술하였는데, 무엇보다 중요한 것은 글로벌 위기 이후 빛의 속도로 변하는 초변화 시대, 벤처기업이 1위 기업을 무너뜨리고 새로운 강자로 부상하는 초혁신 시대에는 블루오션의 새로운 영역을 찾아내고 선점하려는 노력이 절실하다는 것이다.

5. 벤처창업자가 느끼는 문제점과 정책지원

벤처 드라이브라는 말이 나올 정도로 벤처기업에 대한 정부의 지원책이 쏟아져 나오고 있고 벤처기업 경영인들도 정책성과를 높이 평가하고 있다. 그럼에도 불구하고 업계에서는 보다 효율적이고 실효성이 있는 지원책을 바라고 있다. 현장 벤처기업 창업자들이 바라는 정책 지원 방안을 정리해 보면 다음과 같다.

(1) 기술개발 출연사업 확대

기술개발 성공 때 일부 상환하고 실패 때에는 상환하지 않도록 하는 기술개발 출연사업을 확대해 달라. 기술개발 실패에 따른 벤처기업의 부담이 완화되어야만 기술개발을 촉진할 수 있다.

(2) 기술담보 정책자금 융자지원 확대

정부 정책자금은 융자 규모가 적고 담보 또는 보증서가 없으면 전혀 사용할 수 없으므로 기술 담보에 의한 정책자금 융자지원을 확대해야 한다.

(3) 기술 및 사업성 평가기관 설립

창업투자회사들이 신뢰할 수 있는 사업계획서를 저렴한 가격에 작성 위탁할 수 있는 기관을 설립해 창업기업과 창업투자회사가 계획서를 믿고 적정한 투자 조건에 합의할 수 있는 체제를 구축해야 한다.

(4) 기술평가기관에 전문인력 양성, 배치

기술평가기관에 전문인력이 부족해 기술력이 있는 창업자들이 기술을 제대로 평가받을 수 없을 뿐만 아니라 기술 담보에 의한 자금조달에 어려움을 겪고 있다. 기술 평가 기관에 전문인력을 확대하는 한편 체계적으로 양성하는 교육프로그램이 필요하다.

(5) 기업 및 제품홍보 지원 강화

벤처창업자의 대부분이 엔지니어 출신으로 기술개발에 성공해도 마케팅과 제품 홍보에 어려움이 있다. 공신력 있는 기관에서 벤처기업에 대한 전문적인 홍보 지원 시스템을 구축해야 한다.

(6) 창업보육센터의 질적 지원 강화

창업보육센터는 대학교수의 자문 등이 비교적 수월한 입지 여건을 가지고 있으나 제대로 활용되고 있지 않다. 창업보육센터의 입주 여건을 최대한 활용할 수 있도록 창업보육센터별로 전담 애로 상담 요원을 지정, 운영해야 한다.

VI 21세기 벤처 유망산업

21세기 벤처기업이 주목해야 할 유망산업은 기술 혁신, 글로벌 트렌드, 환경 변화 등을 기반으로 빠르게 성장하는 분야를 살펴보면 다음과 같다.

1. 인공지능(AI) 및 빅데이터

- ➪ AI 솔루션 : 자율주행, 챗봇, 추천 시스템, 의료 진단 AI
- ➪ 빅데이터 분석 : 마케팅, 금융, 보안 등 다양한 산업에서 데이터 활용 증가

⇨ 자동화 및 로보틱스 : 스마트 팩토리, 물류 자동화

▶ AI 기반 SaaS(Software as a Service), AI 교육 솔루션, 맞춤형 AI 컨설팅

2. 바이오테크 및 헬스케어

⇨ 유전자 치료, 신약 개발 : CRISPR 유전자 편집 기술, 맞춤형 의료
⇨ 디지털 헬스케어 : 원격 진료, 헬스케어 AI, 헬스 트래킹 기기
⇨ 바이오 연료 및 친환경 생명공학

▶ AI 기반 질병 예측, 디지털 치료제(DTx), 개인 맞춤형 건강 관리 서비스

3. 친환경·탄소중립 산업(Green Tech & ESG)

⇨ 재생에너지 : 태양광, 풍력, 수소 에너지
⇨ 탄소 포집 및 활용(CCUS) : 온실가스 감축 기술
⇨ 스마트 그리드, 에너지 저장장치(ESS)
⇨ 지속가능한 식품 산업(대체육, 배양육, 식물성 단백질)

▶ 탄소 저감 기술 스타트업, 전기차 충전 솔루션, 지속가능 패키징 개발

4. 메타버스 및 XR(확장현실)

⇨가상현실(VR)·증강현실(AR) : 게임, 교육, 헬스케어, 부동산
⇨디지털 휴먼·아바타 경제 : AI 인플루언서, 가상 캐릭터
⇨NFT 및 블록체인 기반 콘텐츠 거래

▶ 메타버스 기반 원격 협업 툴, 몰입형 교육 플랫폼, NFT 기반 IP(지적재산권) 비즈니스

5. 모빌리티 & 스마트시티

⇨ 자율주행 및 전기차(EV): 완전 자율주행 기술, 배터리 혁신

⇨ 드론 및 UAM(도심 항공 모빌리티): 드론 택시, 물류 드론
⇨스마트시티 인프라: IoT 기반 교통, 에너지 관리, 스마트 빌딩

▶ AI 기반 교통관리 솔루션, 전기차 충전 네트워크, 모빌리티 데이터 분석

6. 퀀텀 컴퓨팅 & 차세대 IT

⇨ 양자 컴퓨팅 : 초고속 연산, 금융, 신약 개발, AI 최적화
⇨ 클라우드 컴퓨팅 & 엣지 컴퓨팅 : 데이터 처리 속도 혁신
⇨ 사이버 보안 및 블록체인 : 데이터 보호, 신뢰 기반 네트워크

▶ 보안 강화 블록체인 서비스, 양자 보안 스타트업, 클라우드 최적화 서비스

7. 콘텐츠 & 크리에이터 이코노미

⇨ 스트리밍 & 미디어 플랫폼 : 개인화된 콘텐츠, 1인 미디어 경제
⇨ AI 콘텐츠 생성 : 자동 영상 편집, AI 기반 음악·소설 창작
⇨ 인터랙티브 엔터테인먼트 : 게임, 가상 팬덤, 디지털 굿즈

▶ AI 기반 콘텐츠 생성 플랫폼, NFT 기반 창작자 지원 서비스

벤처기업이 유망산업에서 성공하려면 기술 혁신, 시장 트렌드 분석, 차별화된 비즈니스 모델을 갖추는 것이 중요합니다. AI, 바이오, 친환경 기술, 모빌리티 등 미래 성장 가능성이 높은 분야를 선점하는 전략이 필요하다 할 수 있다.

쉬어가기

벤처인의 기업가정신 실천 선언

하나. 도전과 혁신으로 벤처대국 실현에 매진하겠습니다.

- 끊임없는 연구개발과 열정으로 항상 최고의 신기술에 도전하겠습니다.
- 지속적 혁신과 창의경영으로 세계 최고의 기업으로 성장하겠습니다.

하나. 고객과 공동체로부터 신뢰받는 벤처인이 되겠습니다.

- 최고의 기수력과 독창적 비즈니스모델로 인류의 삶을 향상시키겠습니다.
- 혁신가치 창출과 지속가능경으로 사회와 기업 구성원으로부터 사랑받는 기업을 만들겠습니다.

하나. 미래 신산업과 글로벌시장 개척으로 국가경제를 견인하겠습니다.

- 끊임없는연구개발과 열정으로 항상 최고의 신기술에 도전하겠습니다.
- 지속적 혁신과 창의경영으로 세계 최고의 기업으로 성장하겠습니다.

하나. 기업가정신의 확산과 실천에 앞장서겠습니다.

- 사회 각 영역으로의 기업가정신 확산으로 <기업가정신 1천만 네트워크> 구축에 기여하겠습니다.
- 후배 창업자들에게 올바른 기업가정신을 전수하여 계승, 발전하도록 하겠습니다.

하나. 사회적 책임을 다하며, 함께 동반성장하겠습니다.

- 기업경영에 의한 사회공헌과 더불어, 사회적 가치 창출과 나눔에 적극 참여하겠습니다.
- 이해관계자들과 상생문화 조성 동반성장으로 새로운 기업가치를 실천하겠습니다.

출처 : (사) 벤처기업협회. 2025

Tip & Tip

벤처기업 성공의 10계명

1. 틈새시장이나 새로운 개념을 노려라.
2. 세계 최고가 될만한 기술과 아이디어를 가져야 한다.
3. 기업의 공공성을 우선적으로 생각하라.
4. 경쟁력 있는 소품종으로 시작하라.
5. 시장동향과 경쟁회사의 전략을 명확히 파악하라.
6. 기회를 놓치지 않아야 한다.
7. 기회이익의 최대화보다는 기회손실의 최소화에 노력하라.
8. 과감한 의사결정과 결코 포기하지 않는 투자가 필요하다.
9. 기술 및 상품개발에서 독불장군은 망하기 쉽다.
10. 불투명한 시장상황을 순발력과 통제력으로 커버하라.

학습문제

1. 벤처기업의 정의를 설명하시오.
2. 벤처기업의 역할을 설명하시오.
3. 벤처기업 창업의 요소를 설명하시오.
4. 벤처기업가의 창업가적 특성을 설명하시오.
5. 벤처기업가의 현황 및 문제점을 설명하시오.

참고문헌

윤종록·문승렬 공저. 21세기 창업과 경영. 형설출판사. 2003, pp. 284~333.

이상석 저. 창업론. 도서출람 청람. 2011. pp. 133~134.

동아닷컴. 1999.

벤처인. www.venturein.or.kr

사)벤처기업협회. VENTUR

쉬어가기

무신사 안정환 & 이윤호 공동 창업자

안정환과 이윤호는 대한민국의 대표적인 패션 플랫폼 무신사(MUSINSA)를 창업한 인물들입니다. 스트리트 패션 커뮤니티에서 시작해 국내 최대 온라인 패션 플랫폼으로 성장시켰으며, MZ세대 중심의 패션 시장을 선도하고 있다.

※ 무신사의 창업 스토리

■ **패션 커뮤니티에서 시작 (2001년, 안정환 창업)**

⇨ 안정환은 2001년 **'무진장 신발 사진이 많은 곳(무신사)'**이라는 온라인 커뮤니티 개설

⇨ 스트리트 패션 정보 공유 및 커뮤니티 운영으로 젊은 층의 관심을 끌며 성장

■ **온라인 쇼핑몰로 확장 (2009년, 무신사 스토어 오픈)**

⇨ 단순한 패션 커뮤니티에서 온라인 패션 스토어로 변신

⇨ 국내 신진 디자이너 브랜드 및 스트리트 브랜드 입점

⇨ 입점 브랜드의 홍보 및 브랜딩을 적극 지원하며 성장

■ **본격적인 플랫폼 비즈니스 전환 & 성장 (이윤호 합류, 2016년)**

⇨ 이윤호 합류 후, 사업 구조 개선 및 공격적 성장 전략 추진

⇨ 브랜드, 소비자, 무신사가 윈-윈하는 생태계 구축

⇨ 빅데이터 기반 추천 시스템 및 자체 브랜드 론칭

■ **유니콘 기업 등극 (2019년, 기업가치 2조 원 돌파)**

⇨ 글로벌 투자사 세쿼이아 캐피털 투자 유치

⇨ 2019년, 기업가치 2조원 이상 평가받으며 유니콘 기업으로 성장

■ **무신사의 주요 혁신**

⇨ 온라인 패션 플랫폼의 혁신 (디지털 중심의 브랜드 마케팅)

- ➪ 신진 브랜드 발굴 & 지원 (브랜드 성장 프로그램 운영)
- ➪ 빅데이터 기반 개인화 추천 서비스 (사용자 취향 반영)
- ➪ 자체 브랜드 운영 (무신사 스탠다드)
- ➪ 글로벌 시장 확장 (일본, 동남아 진출)

■ **안정환 & 이윤호의 경영 철학**

- ➪ "패션 플랫폼은 단순한 쇼핑몰이 아니라 브랜드와 소비자가 함께 성장하는 공간"
- ➪ "신진 브랜드의 성장을 지원하는 것이 무신사의 경쟁력"
- ➪ "데이터와 커뮤니티 기반의 패션 시장 혁신이 중요하다"

안정환과 이윤호는 패션 시장의 디지털 혁신을 주도하며, 무신사를 대한민국 대표 패션 플랫폼으로 성장시켰다.

제8장

e-Business 창업

I e-Business의 개념

인터넷은 인쇄기술의 발견, 신대륙의 발견, 르네상스 문화와 비교되기도 하고 1760년대 영국의 산업혁명보다 훨씬 더 환희의 충격으로 받아들여지고 있다. 이는 행복지수를 높여 주는 새로운 세상이 열리고 있는 것이다.

인터넷의 가장 큰 특징은 시간과 공간의 경계가 없어진다는 것이며, 세계의 모든 사람들이 물리적으로 떨어져 있고 가치가 발생하고 있지만 인터넷에 접속하면 동일공간과 동일시간에 동일한 관심사항으로 가상세계에서 살아가는 과정들이 현실세계의 삶으로 실현되는 가상의 현실화가 이루어지는 것이라 할 수 있다. 인터넷의 기술적 환경이 개발되면서 인터넷의 특성이 파악되고 1992년 www(world wide web)라는 편리한 접속수단이 개발되면서 창의적인 사람들은 1994년부터 인터넷으로 사업기회를 창출, 이미 상당한 기업 가치를 인정받고 있다. 이러한 예로서 Dell Computer, Yahoo 등이 독창적인 신규기업모델로 성공을 거두고 있다.

이러한 신규 인터넷기업들의 성공을 보면서 기존기업모델도 주문접수, 연구개발, 구매, 생산, 물류, 판매, 고객 서비스로 이어지는 가치사슬상에서 인터넷으로 전환하면 비용이 절감되고 기업가치와 이익을 증대시킬 수 있는 부분이 있을 것이라는 생각으로 기존기업모델에 인터넷을 접목하기 시작하였다. 특히 GE, CISCO, DELL 등이 기존기업모델에서 인터넷을 도입하여 성공한 기업모델로 자주 거론되고 있다. 위에서 언급한 신규기업모델과 기존기업모델에서 인터넷을 통한 성공을 눈으로 확인한 후로 전산업무 분야에서 본격적인 e-Business의 시대가 도래하고 있는 것이다.

e-Business에 대한 정의가 분분하지만 넓은 의미로 본 e-Business란 개인, 기업, 단체, 기관이 인터넷과 기존 정보기술이 결합된 컴퓨터 네트워크 환경에서 핵심 업무 프로세스를 혁신함으로써 생산성과 경쟁력을 키우고 기존 고객관리 및 신규 창출을 극대화하기 위하여 기존의 오프라인 비즈니스 환경을 온라인 환경으로 변화시켜 놓은 비즈니스 방식이라 한다.

e-Business는 ERP, SCM, CRM 등을 인터넷을 기반으로 하여 재구축하면서 기업 내부를 혁신하는 e-Transformation의 방법론으로서 부각되면서 기업의 IT화와 단일 기업의 e-Transformation은 물론 산업의 정보화와 IT화의 수단 혹은 방법론으로서 중요성이 더욱 부각되었다.

e-Business란 전자적 기반(CALS, Intranet, Extranet 및 Internet)을 통해 이루어지는 개인, 기업 및 정부 등 경제활동의 주체들이 전자상거래, 포털서비스 및 콘텐츠 사업분야 등 상거래에서 경영관리활동에 이르기까지 웹 환경에서 수행하는 일련의 글로벌 정보경영활동 행위를 e-Business라고 정의할 수 있는데, 전통적 비즈니스에서는 사업 아이템이 될 수 없었던 대상들이 비즈니스 환경의 변화로 새로운 사업 아이템으로 될 수 있다는 것을 주지하여야 한다.

이러한 사업 아이템은 아이디어에 의해서 현실화시킬 수 있는 것이기 때문에 이는 전자, 정보기술과 함께 기획기술을 핵심으로 하는 지식경영이 강조되고 있는 것으로 볼 수 있다. 또한 e-Business는 광의의 전자상거래와 동일하거나 유사하며 협의의 전자상거래를 포함하는 것으로 정의내릴 수 있다.

II e-Business 사업의 종류

e-Business(전자 비즈니스)는 인터넷과 디지털 기술을 활용하여 상품 및 서비스를 제공하는 모든 비즈니스 활동을 의미합니다. 이는 전자상거래(e-Commerce)뿐만 아니라, 온라인 마케팅, 클라우드 서비스, SaaS, 디지털 콘텐츠, 핀테크 등 다양한 분야를 포함한다.

Tip & Tip

e-Business 성공전략 10계명

1. 고객을 사로잡아라.
2. 현금화할 수 있는 아이템을 찾자.
3. 이것저것 기웃거리지 마라.
4. 영업과 마케팅이 회사 사활의 제1요소이다.
5. 무료정보를 개발하자.
6. 경쟁업체를 눈여겨보자.
7. 새로운 기술이나 방법을 도입하는 데 주저하지 말라.
8. 인터넷 비즈니스도 장사다.
9. 웹은 아직 걸음마 단계다.
10. 해외 최신정보를 내 것으로 만들어라.

※ e-Business 주요 사업 유형

① 전자상거래(e-Commerce)

인터넷을 통해 제품이나 서비스를 사고파는 비즈니스 모델로, 가장 대표적인 e-Business 유형이다.

- ➪ B2C (기업 → 소비자) : Amazon, eBay, Coupang, 11번가
- ➪ B2B (기업 → 기업) : Alibaba, EC21 (기업 간 거래 플랫폼)
- ➪ C2C (소비자 → 소비자) : Mercari, 당근마켓, 중고나라
- ➪ D2C (Direct-to-Consumer, 제조업체 → 소비자 직접 판매) : 나이키(Nike), 애플(Apple) 공식 온라인 스토어

■ 특수 전자상거래 모델

- ➪ Dropshipping (드롭쉬핑) : 직접 재고를 보유하지 않고 제3자 공급업체를 통해 배송 (예: Shopify)

⇨ 구독 기반 커머스 : 정기적으로 제품을 배송하는 서비스 (예: 넷플릭스, 쿠팡 와우, 블루 에이프런)

② 온라인 마케팅 & 디지털 광고

인터넷을 활용하여 제품이나 서비스를 홍보하는 사업.

⇨ 검색 광고 (PPC, Pay-Per-Click) : Google Ads, Naver 광고

⇨ SNS 마케팅 : Facebook Ads, Instagram Ads, TikTok Ads

⇨ 콘텐츠 마케팅 : 블로그, 유튜브, 인플루언서 마케팅

⇨ SEO (검색 엔진 최적화) : 구글, 네이버에서 검색 노출 최적화

③ SaaS(Software as a Service) & 클라우드 서비스

인터넷을 통해 소프트웨어를 제공하는 모델.

⇨ 기업용 SaaS : Salesforce(CRM), Slack(협업툴), Zoom(화상회의)

⇨ 개인용 SaaS : Google Drive, Dropbox, Notion

⇨ 클라우드 컴퓨팅 : AWS, Microsoft Azure, Google Cloud

④ 핀테크(Fintech) & 디지털 금융

IT 기술을 활용한 금융 서비스 제공.

⇨ 온라인 결제 시스템 : PayPal, Stripe, 토스, 카카오페이

⇨ 디지털 은행 & 금융 : Revolut, 네이버페이, 애플페이

⇨ 가상화폐 & 블록체인 : 비트코인 거래소 (코인베이스, 업비트)

⇨ P2P 대출 & 크라우드펀딩 : 랜딘(LendingClub), 크라우디(Crowdy)

⑤ 디지털 콘텐츠 & 구독 서비스

온라인에서 제공되는 다양한 콘텐츠 및 구독형 서비스.

⇨ 스트리밍 서비스 : Netflix, YouTube Premium, Spotify

⇨ 온라인 강의 & 교육(E-learning) : Udemy, Coursera, 인프런, 클래스101

⇨ 전자책 & 오디오북 : Kindle, Audible, 윌라, 밀리의 서재

⑥ 온라인 플랫폼 & 공유 경제(Sharing Economy)

플랫폼을 통해 사용자 간 서비스를 연결하는 모델.

⇨ 공유 차량 & 모빌리티 : Uber, Lyft, 카카오T
⇨ 숙박 공유 : Airbnb, 야놀자, 부킹닷컴
⇨ 프리랜서 & 아웃소싱 플랫폼 : Upwork, Fiverr, 크몽
⇨ 온라인 구인구직 : LinkedIn, 원티드, 사람인

⑦ 메타버스 & VR/AR 비즈니스

가상공간에서 이루어지는 디지털 경제.
⇨ 메타버스 플랫폼 : Roblox, Zepeto, Horizon Worlds
⇨ VR/AR 쇼핑 : IKEA Place(AR 가구 배치), Sephora Virtual Artist(AR 메이크업)
⇨ NFT & 디지털 자산 : OpenSea(NFT 마켓플레이스), The Sandbox(가상 부동산)

e-Business는 단순한 온라인 쇼핑을 넘어, 다양한 형태로 확장되고 있습니다. 기존의 전자상거래(B2C, B2B)뿐만 아니라, SaaS, 핀테크, 디지털 콘텐츠, 공유 경제, 메타버스 등 다양한 분야에서 혁신적인 모델이 등장하고 있다.

1. 포털서비스(Portal Service)

포털이란 인터넷을 사용하기 시작할 때 가장 먼저 접속되어 관문의 역할을 하는 웹을 포털이라 하며, 포털사이트란 관문역할을 하는 웹 사이트를 일컫는 말이다. 용어정리를 하자면 다음과 같다.

포털서비스업이란 '첫 관문 역할을 하는 웹사이트를 활용하여 Business를 수행하는 업'이라 정의를 내리기로 한다. 이러한 포털서비스업은 종합 포털(Omnibus Portal)서비스업과 부분 포털(Partial Portal)서비스업으로 분류할 수 있는데, 우리가 흔히 포털서비스업이라 칭하는 것이 포털서비스업이고, 콘텐츠 사업이라 부르는 것을 부분 포털서비스업이라 설명하고자 한다. 부분 포털서비스업의 구체적 의미는 전문 특화 포털(Specification Portal)서비스업으로 보아야 한다. 포털사이트 요건은 e-Business 기업의 4C(Contents, Community, Connection, Commerce) 요소들을 충족시켜야 하며, 또한 포털사이트 중 방문자 또는 방문횟수로 볼 때 일정 상위 수준을 유지하여야 포털사이트라 할 수 있다. 종합 포털서비스업의 종류들을 살펴보면 다음과 같은 것들이 있다.

무료 e-mail 서비스, 커뮤니티 서비스, 보이스 메일 및 카드 서비스, 디렉터리 서비스, 금융, 보험, 뉴스, 주식, 날씨, 영화, 건강정보, 교육, 방송, 무료전화 등을 예로 들 수 있다. 단, 전자상거래 분야는 포털 서비스의 한 분야로 볼 수도 있겠지만 크게 한 분야를 형성하고 있기 때문에 전자상거래 분야로 분리하기로 하겠다.

(1) 포털서비스 분야별 현황

① 서비스 제공업체 검색시장

서비스 제공업체 검색시장이란 서비스 제공업체에 대한 리스트, 주소, 연락처뿐 아니라 가격, 규모, 신뢰도, 소비자 평가점수와 같은 다양한 비교항목들을 소비자에게 보여 줌으로써 최종적으로는 서비스라는 상품구매를 온라인상에서 유발시키는 비즈니스 모델을 말한다.

현재 서비스 제공업체 검색시장에서 나타나고 있는 가장 일반적인 수익모델은 콘텐츠와 커뮤니티를 적절하게 결합시키면서 최종적으로 쇼핑몰로 연결시키는 형태이다. 여기서 쇼핑몰이란 서비스, 콘텐츠, 상품 등을 모두 포함하고 있다. 여기서는 구매자가 자신이 원하는 서비스를 최종적으로 결정하기까지 필요한 정보를 모두 제공함으로써 거래를 활성화시킬 뿐만 아니라 고객의 마음속에 있는 또 다른 상품과 서비스의 거래까지도 가능하게 하고 있음을 의미한다. 또한 서비스 업체 검색시장이 발전하기 위해서는 커뮤니티를 통한 피드백효과가 적절하게 이루어져야 한다. 즉, 수많은 사용자들이 여기서 선택한 업체들의 서비스를 이용한 후 이에 대한 평가를 올리는 고객평가 커뮤니티가 활성화되어야만 사용자들로부터 강한 신뢰를 얻어낼 수 있는 것이다.

이러한 비즈니스 모델의 대표적인 예가 24몰과 move.com과 같은 이사전문사이트이다. 24몰의 경우 이사전문업체를 하나의 네트워크로 구성하여 이사견적서비스를 역 경매 형식으로 제공하고 있다. 즉, 자신의 이사지역과 가구, 물품 등에 대한 내용들을 입력해 놓으면 각 업체들이 견적가격을 제시하는 형태로 구성된다. 그리고 이러한 견적가격을 받아본 사용자는 고객평가 커뮤니티를 통해서 그 업체의 객관적인 신용도를 미리 체크해 볼 수 있다. move.com의 경우 이사와 관련된 모든 것을 해결할 수 있는 완벽한 메타미디어리 시장모델을 보여주고 있다.

여기서는 24몰과 같은 서비스는 물론 이사 후 발생하는 가구 및 생활용품구매를 위한 쇼핑몰을 운영하고 있으며, 임대 및 구입정보와 같은 부동산 서비스도 함께 제공하고 있다.

② 서비스 매매시장

서비스 매매시장이란 오프라인상 서비스를 온라인에서 자유롭게 상거래할 수 있도록 만드는 비즈니스 모델을 의미한다. 현재 서비스 매매시장은 일반 생활 관련 서비스에서부터 사무용 서비스까지 다양한 형태로 나타나고 있으며, 주로 공동구매나 역 경매방식을 통해서 거래되고 있다.

공동구매나 역 경매방식은 일반 쇼핑몰이 아닌 경매전문사이트에서 흔히 볼 수 있는 비즈니스 모델로서 다수의 구매자들이 참여하여 시중가격보다 저렴한 가격에 원하는 상품을 구매할 수 있다는 특성을 가지고 있다. 이러한 방식의 거래에서는 가격이 공급자가 아닌 수요자에 의하여 결정되고, 가격이 매우 탄력적으로 움직이면서 시장이 매우 효율적으로 동작할 수 있게 된다.

이러한 비즈니스 모델의 대표적인 예가 beMany.com에서 제공하는 전화서비스 공동구매와 eFrenzy.com에서 제공하는 서비스 역경매시장이다.

beMany.com의 경우 미국 내에서의 장거리, 국제전화, 미 시내통화 서비스에 대한 공동구매서비스를 운영하고 있으며, 앞으로 전기, 가스, 휴대전화, 초고속 인터넷 접속 서비스, 웹 호스팅, 오디오 컨퍼런싱, 웹 컨퍼런싱, 케이블 TV, 금융서비스 등에까지도 확장시킬 예정이다.

이 사이트의 가장 매력적인 요소는 가입자의 수가 늘어나면 해당 서비스의 이용요금이 지속적으로 낮아진다는 점이다. 이 외에도 고객편의를 위해 사용한 서비스에 대한 통합요금 고지서비스를 제공함으로써, 고객들로 하여금 모든 서비스에 대한 요금을 한번에 납부할 수 있도록 지원하고 있다. eFrenzy.com에서는 집안청소, 정원가꾸기 등 집안 잡일에서부터 춤, 골프, 테니스교습, 번역, 통역과 같은 전문적인 일에 이르기까지 매우 다양한 분야를 포함하고 있는데, 주로 사람의 노동력이 필요한 서비스를 중심으로 거래되고 있다.

③ 서비스 대행시장

서비스 대행시장이란 우리의 일상생활에서 힘들고 귀찮은 일들을 대행해 주는 오프라인 서비스를 온라인상에 옮겨 놓음으로써 좀 더 효율적인 거래를 촉진시키는 비즈니스 모델을 의미한다. 현재 서비스 대행시장에는 심부름, 허드렛일과 같은 개인을 대상으로 한 서비스에서부터 쇼핑몰반품업무, 병원조달업무와 같은 기업을 대상으로 한 서비스까지 매우 다양한 형태로 나타난다.

㉠ 개인을 대상으로 한 서비스 대행시장

개인을 대상으로 한 서비스 대행시장의 가장 대표적인 것이 mylackey. com 사의 심부름, 허드렛일 대행서비스와 move.com 및 beforemoving. com에서 제공하는 주소 변경대행서비스이다. mylackey.com의 경우 약간의 높은 가격을 유지하면서 최고의 고객서비스를 제공하는 데 초점을 맞추고 있다. 여기서 대행되는 서비스 내용을 보면 자동차청소 및 대여, 드라이클리닝 및 세탁, 개인적인 심부름, 집안청소, 정원청소 및 가꾸기, 쇼핑, 미용 등 우리가 생각할 수 있는 모든 일을 포함하고 있다.

㉡ 기업을 대상으로 한 서비스 대행시장

기업을 대상으로 한 서비스 대행시장의 가장 대표적인 것이 therReturn－Exchange.com과 EquipMD.com이다. therReturnExchange.com은 쇼핑몰 업체에 있어 가장 중요한 고객서비스 중의 하나인 반품업무를 대행해 주는 서비스이다. 쇼핑몰에서 물건을 구입한 고객이 물품을 다시 반납하기 위해서는 고객이 직접 소포나 택배를 이용해 반납해야 하며, 심지어 영세한 쇼핑몰의 경우에는 택배 등의 반품비용을 고객에서 부담시키는 경우도 있다.

반품된 상품의 재처리 비용이 발생하는 등 경영상 많은 부담을 주기 때문이다. 그러나 반품 처리는 고객만족을 위한 필수적인 요소이기 때문에 제공하지 않을 수도 없다.

2. 콘텐츠(Contents)업

콘텐츠업은 특화된 부분 포털서비스업으로 위에서 설명한 종합 포털서비스업에서 취급하는 각 종류들 중 특정분야에 전문화·특화시킨 포털서비스업에 해당된다.

콘텐츠업의 종류를 예로 들면 무료 e-mail 서비스, 커뮤니티 서비스, 보이스메일 및 카드 서비스, 디렉터리 서비스, 금융, 보험, 뉴스, 주식, 날씨, 영화, 건강, 교육, 방송, 무료전화 등 종합 포털서비스업과 중복되고 있는데, 모든 분야의 업무를 취급하면 포털서비스업으로, 일부분만 서비스하면 부분 포털서비스업으로 보아야 한다.

그 외에 e-Business는 인터넷과 디지털 기술을 활용하여 비즈니스 프로세스를 수행하는 모든 사업 활동을 의미합니다. e-Business는 여러 가지 형태로 나뉘며, 대표적인 사업 종류는 다음과 같습니다.

■ **전자상거래(e-Commerce)**

⇨ 온라인에서 상품 및 서비스를 거래하는 사업 형태

⇨ 예: B2C (Business to Consumer) – 쿠팡, 네이버 쇼핑

⇨ 예: B2B (Business to Business) – 알리바바, EC21

⇨ 예: C2C (Consumer to Consumer) – 번개장터, 중고나라

■ **온라인 마켓플레이스**

⇨ 여러 판매자가 입점하여 소비자에게 상품을 제공하는 플랫폼

⇨ 예: 아마존, 이베이, 네이버 스마트스토어

■ **온디맨드 서비스(On-Demand Service)**

⇨ 고객의 요청에 따라 즉시 제공되는 서비스

⇨ 예: 배달의민족(음식 배달), 우버(차량 호출), 야놀자(숙박 예약)

■ **디지털 콘텐츠 및 구독 서비스**

⇨ 온라인에서 콘텐츠를 제공하고 정기적으로 요금을 받는 사업

⇨ 예: 넷플릭스(영상), 멜론(음악), 리디북스(전자책)

■ **핀테크 (FinTech)**

⇨ 금융과 기술이 결합된 온라인 금융 서비스

⇨ 예: 카카오뱅크(디지털 뱅킹), 토스(송금 및 투자), 페이코(전자결제)

■ **온라인 광고 및 마케팅**

⇨ 디지털 광고 및 마케팅을 제공하는 사업

⇨예: 구글 애즈, 페이스북 광고, 네이버 검색 광고

■ **SaaS (Software as a Service)**

⇨ 클라우드 기반으로 소프트웨어를 제공하는 서비스

⇨ 예: 마이크로소프트 365(생산성 도구), 슬랙(협업 툴), 세일즈포스(CRM)

■ **공유 경제 플랫폼**

⇨ 자원의 공유를 기반으로 한 경제 활동

⇨ 예: 에어비앤비(숙박 공유), 타다(차량 공유)

■ **이러닝 (e-Learning)**

⇨ 온라인을 통해 교육 콘텐츠를 제공하는 서비스

⇨ 예: 코세라, 인프런, 클래스101

■ **원격 근무 및 협업 도구**

⇨ 비대면 업무 및 협업을 지원하는 서비스

⇨ 예: 줌(화상회의), 트렐로(업무 관리), 노션(문서 협업)

이와 같이 e-Business는 다양한 산업과 융합하여 지속적으로 발전하고 있으며, 새로운 비즈니스 모델이 계속 등장하고 있다.

Ⅲ e-Business의 경제적 효과

e-Business(전자 비즈니스)는 인터넷과 디지털 기술을 활용하여 경제 활동

을 혁신하는 비즈니스 방식입니다. 이를 통해 기업의 생산성과 효율성이 향상되며, 소비자와 시장 전반에 긍정적인 영향을 미친다.

(1) 기업 측면의 경제적 효과

■ **비용 절감**(Cost Reduction)

⇨ 오프라인 매장 운영 비용(임대료, 인건비, 재고 관리 비용 등)을 절감할 수 있음.

⇨ 클라우드 기반 시스템(SaaS, ERP 등)을 활용해 IT 인프라 유지 비용 감소.

⇨ 마케팅 비용 절감 (디지털 광고, SEO, SNS 마케팅 등 저비용 고효율 광고 가능).

■ **글로벌 시장 확대**(Market Expansion)

⇨ 전자상거래 및 온라인 플랫폼을 통해 전 세계 고객을 대상으로 사업 확장 가능.

⇨ 국경 없는 온라인 거래 활성화 (예: Amazon, Alibaba, Shopify).

⇨ 자동 번역, 다국적 결제 시스템, 해외 물류 발전으로 해외 진출이 쉬워짐.

■ **생산성 향상**(Productivity Enhancement)

⇨ 자동화(AI, RPA) 및 데이터 분석을 통해 업무 효율성 증가.

⇨ 원격 근무 및 협업 도구(Zoom, Slack, Microsoft Teams) 활용으로 인력 효율성 극대화.

⇨ 빅데이터 및 AI 기반 고객 맞춤형 서비스 제공으로 매출 증대.

(2) 소비자 측면의 경제적 효과

■ **편리성과 접근성 증가**(Convenience & Accessibility)

⇨ 24시간 쇼핑 가능(온라인 쇼핑, 모바일 결제, 무인점포).

⇨ 가격 비교 및 리뷰 확인이 쉬워 소비자의 합리적 구매 결정 가능.

⇨ 다양한 맞춤형 서비스 제공(추천 알고리즘, 구독 서비스).

■ **가격 경쟁력 강화**(Competitive Pricing)

⇨ 중간 유통 과정이 줄어들어 소비자 가격이 저렴해짐(D2C, 제조업체 직판

모델).

⇨ 실시간 가격 비교 서비스(예: 쿠팡, 네이버쇼핑)로 소비자에게 더 좋은 혜택 제공.

⇨ 경쟁이 치열해지면서 할인 및 프로모션이 많아짐.

■ **다양한 결제 방식 지원**(Payment Flexibility)

⇨ 신용카드, 모바일 결제(Apple Pay, Google Pay, 카카오페이 등) 지원.

⇨ BNPL(Buy Now, Pay Later) 등 할부 결제 옵션 확대로 소비자 부담 완화.

(3) 시장 및 산업 구조 변화

■ **전통 산업의 디지털 전환**(Digital Transformation of Traditional Industries)

⇨ 오프라인 중심이던 소매업, 금융업, 제조업 등이 온라인 중심으로 전환.

⇨ O2O(Online to Offline) 모델 확산 (예: 배달의민족, 요기요, Uber Eats).

⇨ 스마트 팩토리, 자동화 물류 시스템 등 기술 기반 혁신 증가.

■ **새로운 산업 및 일자리 창출**(New Industry & Job Creation)

⇨ AI, 빅데이터, 블록체인, 클라우드 등 IT 기반 신산업 성장.

⇨ 디지털 마케팅, 데이터 분석, UI/UX 디자인 등 새로운 직업 등장.

⇨ 프리랜서, 원격 근무 증가로 고용의 유연성 확대.

■ **공유 경제 및 플랫폼 경제 성장**(Sharing & Platform Economy)

⇨ 우버(Uber), 에어비앤비(Airbnb), 크몽 같은 플랫폼 비즈니스 확대.

⇨ 중개 플랫폼을 활용한 P2P 경제 활성화 (예: 중고거래, 프리랜서 시장).

⇨ AI 기반 자동화 플랫폼이 증가하면서 플랫폼 종속성이 높아지는 경향.

(4) 거시경제적 효과

■ **경제 성장 촉진**(Economic Growth Acceleration)

⇨ 전자상거래 및 디지털 서비스 산업이 국가 경제 성장에 기여.

⇨ 스타트업 및 중소기업이 쉽게 글로벌 시장에 진출하여 경제 활성화.

⇨ IT 및 디지털 기술 혁신으로 산업 전반의 생산성이 증가.

■ **무역 및 수출 증가**(Trade & Export Growth)

⇨ 온라인 기반의 글로벌 시장 접근성이 높아져 해외 판매 기회 증가.

⇨ 국경 없는 디지털 상품(소프트웨어, 콘텐츠, 구독 서비스) 수출 증가.

⇨ 크로스보더 전자상거래(Cross-border eCommerce) 활성화.

■ **금융 및 화폐 흐름의 변화**(Financial Transformation)

⇨ 디지털 결제 시스템, 암호화폐, 블록체인 기술을 활용한 새로운 금융 생태계 형성.

⇨ 핀테크 기술을 활용한 글로벌 금융 거래의 효율성 향상.

⇨ 기존 전통 금융기관과의 경쟁 심화 및 혁신적 금융 서비스 증가.

e-Business는 기업의 생산성을 향상시키고, 소비자에게 더 많은 혜택을 제공하며, 경제 전체에 긍정적인 영향을 미치고 있습니다. 이를 통해 글로벌 시장이 확장되고, 새로운 산업과 일자리가 창출되며, 전통적인 산업 구조가 변화하고 있다.

1. 비용의 절감 및 생산성 향상

새로운 거래 업체를 탐색하거나 거래를 완료하기 위한 협상 등 여러 가지 조정 활동에 소요되었던 비용을 e-Marketplace를 통해 해결함으로써 거래 비용을 줄일 수 있게 되었으며 결과적으로 구매 비용의 절감을 가져왔다.

B2B(Business-to-Business) 전자상거래 및 디지털 솔루션 활용은 다양한 산업에서 운영 효율성을 높이고 비용을 절감하는 데 중요한 역할을 합니다. 주요 산업별 비용 감소 효과를 정리하면 다음과 같습니다.

(1) 제조업

① 공급망 관리 최적화 : 자동화된 발주 및 재고 관리 시스템을 통해 원자재 조달 비용 절감

② 구매 비용 감소 : B2B 마켓플레이스를 통한 대량 구매 및 경쟁입찰 도입으로 비용 절감

③ 생산 효율성 향상 : IoT 및 AI 기반 예측 시스템 활용으로 유지보수 비용 절감

(2) 유통 및 물류업

① 운영비 절감 : 디지털 물류 플랫폼 활용으로 운송 경로 최적화 및 연료 비용 절감
② 재고 비용 감소 : 실시간 재고 관리 및 자동 발주 시스템 도입으로 과잉 재고 방지
③ 중개 비용 절감 : B2B 전자상거래를 통한 직거래 활성화로 중개 수수료 절감

(3) 금융업

① 운영 비용 절감 : 클라우드 기반 금융 서비스 및 자동화 솔루션 도입으로 IT 인프라 비용 절감
② 거래 비용 절감 : 블록체인 및 스마트 컨트랙트 활용으로 금융 거래 및 계약 체결 비용 절감
③ 리스크 관리 비용 감소 : 빅데이터 및 AI 분석을 활용한 신용평가 고도화로 부실채권 관리 비용 절감

(4) 의료 및 제약 산업

① 공급망 비용 절감 : B2B 전자조달 시스템 도입으로 의료 장비 및 의약품 조달 비용 절감
② 운영 비용 감소 : 클라우드 기반 환자 관리 시스템 및 원격 의료 서비스 활용으로 병원 운영 비용 절감
③ 연구개발(R&D) 비용 절감 : 협업 플랫폼을 통한 연구 데이터 공유로 개발 기간 단축 및 비용 절감

(5) 건설 및 부동산 산업

① 자재비 절감 : 온라인 B2B 건설 자재 플랫폼 활용으로 경쟁입찰 및 대량 구매를 통한 비용 절감

② 프로젝트 관리 비용 감소 : BIM(Building Information Modeling) 및 클라우드 협업 시스템 도입으로 인건비 및 설계 오류 비용 절감

③ 유지보수 비용 절감 : IoT 및 데이터 분석을 활용한 스마트 빌딩 솔루션 도입으로 에너지 및 유지보수 비용 절감

(6) IT 및 소프트웨어 산업

① 소프트웨어 개발 비용 절감 : 클라우드 및 SaaS 기반 개발 툴 활용으로 초기 인프라 비용 절감

② 운영 비용 감소 : 자동화된 고객지원(Chatbot, AI 기반 분석) 도입으로 고객 서비스 비용 절감

③ 협업 비용 절감 : 원격 근무 및 프로젝트 관리 툴 도입으로 출장비 및 운영 비용 절감

B2B 솔루션 도입을 통해 기업들은 원가 절감, 운영 효율성 향상, 경쟁력 강화 등의 효과를 기대할 수 있다.

또한 풍부한 정보를 포함하고 있는 전자 카탈로그와 검색엔진을 가진 B2B 시장을 활용하여 최선의 재화를 최선의 가격으로 구매가 가능하게 되었으며 잦은 구매, 대량구매 및 비효율적인 구매에 대한 정보 확보와 분석, 그에 대한 대응 등 구매절차의 비용절감과 전 세계를 대상으로 조달기업의 탐색이 가능해짐으로써 경쟁 입찰을 통한 조달비용의 인하를 실현할 수 있다.

오프라인 시장에서는 지역적 한계로 인해 구매자 확보가 제한되었으나 e-Marketplace를 통해 이러한 지역적 한계를 극복하고 새로운 채널을 확보함으로써 더 많은 고객과 더 넓은 시장 접근이 가능하며 소량주문의 통합 및 고객 발굴 비용, 판매비용의 감소, 시간과 공간의 제약을 받지 않는 시장의 확대를 통한 생산 및 판매 기회 등이 증가하고 기존 대리점 및 영업사원, 판촉 광고물의

인터넷으로의 대체를 통한 고정비용의 절감의 효과와 지면이나 시간, 비용의 제약 없이 다양한 정보를 제공할 수 있어 새로운 고객개발 비용 및 판매사원의 교육비용 절감 등이 가능하다(전자상거래 도입 : 판매비의 2% 절감, 자료 : Med iOne).

표 8-1 B2B 활용에 따른 주요 산업별 비용감소 효과 (단위 : %)

화 학	종 이	미디어&광고	의 료	전자부품	화물운송
10	10	10~15	5	29~39	15~20

주) 비용감소가 전체 투입비용에서 차지하는 비중
자료 : Goldman Sachs, "The Shocking Economic Effect of B2B." 2000.

또한 거래 및 재고비용의 절감 효과를 얻을 수 있는데, 재고 수준의 적정운용으로 운영비를 절감하고 서비스 향상을 도모하며 SCM 등을 통해 주문과정의 정확성 제고 및 제품개발 단계의 단축 등으로 개발비용 및 판매비용의 감소와 효율적인 재고 관리로 거래비용을 감소시키는 효과를 가져오고 있다.

2. 산업구조의 변화

e-Business는 신흥 산업군을 형성·발전시키고 있으며 정보통신 기술 및 각종 정보통신 인프라의 발전과 더불어 새로운 유형의 기업들을 출연시키고 있다. e-Business는 좁은 의미의 인터넷 서비스 산업을 넘어 인터넷 기반 위의 정보시스템을 바탕으로 디지털 정보서비스를 비즈니스 모델의 핵심 가치로 자리잡고 있으며 정보기술 발전을 근간으로 한 e-Business 원리가 기존산업에 침투하면서 기존산업의 변형을 촉발시키고 있다. 산업전반에 걸친 e-Business화는 신흥 산업 성장과 기존산업의 변형을 촉발하고 더 나아가 양자 간 융합과 재편을 통한 산업구조의 변화를 일으키고 있는 것이다. e-Business의 확산 및 침투에 따른 신흥 산업의 성장과 기존산업의 변형, 기존산업과 신흥 산업의 융합과 재편이라는 산업구조의 변화는 궁극적으로 지식기반 디지털 경제의 발전을 유도하고 있다.

표 8-2 e-서비스 산업의 비즈니스 유형

유 형	개 념	사 례
아고라형(Agora)	구매자와 판매자의 정보교환을 통해 가격을 형성시키는 전자시장 제공	이베이
집합형 (Aggregation)	인터넷 정보서비스를 통해 새로운 부가가치를 창출하는 중개상 역할	e-Trade
가치체인형 (Value Chain)	웹을 통해 고객에게 직접 반응해 솔루션 제공	시스코 델
동맹형(Alliance)	자발적 에이전트들의 참여를 토대로 오픈소스를 추구	리눅스
분산네트워크형 (Distribute Network)	정보와 제품, 서비스의 총체적인 교환과 전달을 촉진	UPS

자료 : 홍길표, e-Business로 인한 산업구조의 변화, eBizKorea, 2003.

3. 고용창출의 효과 및 고용구조의 변화

정보화가 일부 고용을 대체하는 효과가 있음에도 불구하고 e-Business는 전반적으로 고용 증가에 영향을 주며 농·축·수산물, 의료, 건설 등을 중심으로 제조업 수준의 e-Business 확산을 통해 유통구조 혁신 및 국민생활의 편익을 증진시키고 있다.

새로운 산업의 등장, 시장 확대로 컴퓨터 통신 분야의 인프라 설계, 프로그래밍, 유지보수인력의 증가 등은 새로운 직업탄생과 신규 일자리를 생성, 특히 최근 3년간 성장률이 정체되고 있던 반면 e-Business의 지속적인 성장 및 고용을 확대하고 있는 추세이다. 또한 e-Business 산업의 발전에 따라 고용시장의 인재상도 변화를 가져왔는데, 고용시장은 무엇보다 JIT(Just In Time)로 일하는 민첩함과 실력을 갖춘 인재를 요구하고 있으며 물리적인 환경과 사이버공간을 융합한 새로운 워크플레이스의 진행이 가속화되고 있다.

4. 전자무역의 발달과 무역의 증대

국제무역에 인터넷이 도입됨에 따라 국경의 개념이 없어지고, 정보의 흐름과 물류운송의 분리로 신속한 무역업무 처리가 가능하게 되었으며 이에 따라 거래 대상의 확보가 용이하게 되고 있으며, 유통망을 확보하여 전문적인 무역 정보를 수집·분석·가공하여 수출자와 수입자를 연결시켜 주는 새로운 형태의 무역 중개상이 등장하여 효과적인 거래 알선 기능 및 수행이 가능하게 되었다. 또한 인터넷에 의해 형성된 새로운 단일 세계시장에서는 해외 각국에서의 원자재 조달 및 새로운 시장 진출 기회의 창출이 가능해졌다.

5. 물가의 안정과 경제성장

정보통신의 발달 및 e-Business의 활성화는 산업전반적인 비용하락을 통해 물가안정에 기여하고 있으며 정보통신 산업의 가격하락뿐 아니라 비정보통신 산업도 정보기술을 활용하여 원가를 절감하고 있기 때문에 e-Business의 활성화로 인한 물가의 안정 효과는 더욱 클 것으로 추정되고 있다. 1996년과 1997년 전체 산업 물가는 1.9%, 비정보통신 산업은 2.6% 상승한 반면 정보통신 산업의 물가는 7.0% 하락하여, 결과적으로 전체 물가 하락에 0.7% 기여한 것으로 나타났다.

또한 전자상거래의 발달과 e-Business의 활성화는 경제 전체의 비용 절감 및 생산성 향상, 무역량의 증대 등을 통해 결과적으로 우리 경제 성장에 긍정적인 영향을 미치고 있으며 전자상거래 분야의 가장 밀접한 전·후방 연관산업이라고 할 수 있는 IT산업이 최근 3년간 보인 성장속도를 보면, 1999~2001년 중 평균 경제성장률이 7.7%였던 데 반해 같은 기간 평균 26%의 성장을 보여 경제 성장을 주도하였다. 우리나라의 경우 2001년 제조업 성장률이 1.7%에 불과했음에도 GDP가 3%대의 성장을 기록한 것은 IT산업 등 전자상거래 관련 산업의 안정적인 성장이 뒷받침되었기 때문으로 분석되고 있다(산업자원부, 2003).

Ⅳ 전자상거래

1. 전자상거래의 정의

전자상거래(EC : Electronic Commerce)의 정의를 살펴보면 애티타 로센(Anita

깬두, 2000)은 "전자상거래란 기업과 기업 간, 기업과 소비자 간에 제품과 서비스에 대한 일련의 거래행위를 인터넷을 통하여 온라인상에서 실행하는 상거래이다."라고 정의하고 있으며 데이비드 시걸(David Siegle)은 "전자상거래는 가상의 쇼핑카트를 사용하여(그러나 실제로 발생되는) 거래하는 상거래이다."라고 정의하고 있다.

즉, 인터넷 및 디지털 기술을 활용하여 상품이나 서비스를 거래하는 모든 경제 활동을 의미합니다. 온라인 플랫폼을 통해 제품을 판매하거나 구매하는 과정뿐만 아니라, 결제, 배송, 고객 서비스, 데이터 분석 등의 다양한 활동을 포함하고 있다. 또한 전자상거래의 주요 특징을 살펴보면 다음과 같다.

- 비대면 거래 : 인터넷을 기반으로 판매자와 구매자가 직접 만나지 않고 거래 가능
- 글로벌 접근성 : 지리적 제약 없이 전 세계 어디서나 상품 및 서비스 거래 가능
- 자동화된 프로세스 : 주문, 결제, 배송 등의 과정이 자동화되어 운영 효율성 증가
- 데이터 중심 운영 : 고객 구매 패턴 분석, 맞춤형 추천, 마케팅 최적화 가능

레이포트 & 스비오클라는 1944년에 "전자상거래란 거래의 내용이 정보 중심으로 거래의 정황이 전자적 화면상에서 그리고 거래의 하부구조가 컴퓨터와 통신으로 바뀌는 것"으로 정의하고 있다.

미 국방성(1966)은 "전자상거래란 종이문서를 사용하지 않고 전자문서교환(EDI), 전자우편, 전자게시판, 팩스, 전자자금이체(EFT) 등 정보기술을 이용한 상거래"라고 정의하고 있다. 칼라코타와 윈스톤(Kalakota & Whinston, 1997)에 의하면 "전자상거래란 컴퓨터 네트워크를 통한, 제품 및 서비스를 구매 및 판매하는 행위"라고 정의하고 있다. 플로흐와 피그누르(M. Bloch & Y. Pigneur)는 "전자상거래란 전자 인프라를 통해 어떤 형태의 사업거래를 지원하기 위해 인터넷을 사용하는 것"이라고 정의하고 있다.

OECD는 "전자상거래란 문서, 소리, 시각 이미지를 포함하여 디지털화한 정보의 전송·처리에 기초하여 이루어지는 모든 형태의 상업적 거래"라고 정의하고 있다. 또한 미국 국방성(DoD, Department of Defense)에서 운영하는 전자상거

래(E-Commerce)는 군수물자 및 방위 관련 물품, 서비스 조달을 디지털 방식으로 수행하는 시스템을 의미합니다. 이는 국방 조달 절차를 효율화하고, 공급망 관리 최적화, 비용 절감, 투명성을 강화하는데 중요한 역할을 하고 있다.

일본통상성은 "전자상거래란 각 경제단체 간의 모든 경제활동을 여러 컴퓨터 네트워크를 이용하여 실행하는 시스템으로서, EDI와 CALS는 물론 더욱 광범위한 정보시스템 또는 그것을 실현하는 사회"라고 정의하고 있다.

일본 경제산업성의 전자상거래 관련 주요 내용으로는

※ **전자상거래 시장 규모 분석**

➪ METI는 매년 일본의 B2B, B2C, C2C 전자상거래 시장 규모 및 동향을 조사하여 발표

➪ 글로벌 전자상거래 동향과 비교하여 일본 기업의 경쟁력 강화 방안 연구

※ **전자상거래 활성화 정책**

➪ 중소기업 및 전통 산업의 디지털 전환(DX, Digital Transformation) 지원

➪ 크로스보더(Cross-Border) 전자상거래 촉진: 중국, 동남아, 미국 시장과의 연계 강화

➪ 전자결제 시스템 개선 및 디지털 인프라 구축

※ **보안 및 법적 규제 정비**

➪ 소비자 보호 및 개인정보 보호 강화 (예: 개인정보보호법 개정)

➪ 전자상거래 플랫폼 운영자의 책임 강화

➪ 사이버 보안 및 해킹 방지를 위한 정책 추진

일본의 경제산업성이 구분하는 전자상거래 유형으로는

※ **B2B (기업 간 거래)**

➪ 일본 전자상거래 시장의 약 90% 이상 차지

➪기업 간 부품, 원자재, 소프트웨어 거래 활성화 (예: 제조업, IT, 유통업)

※ **B2C (기업과 소비자 간 거래)**

➪대표적인 플랫폼: 라쿠텐(Rakuten), 아마존 재팬, 야후 쇼핑(Yahoo!ショッピング)

➩ 온라인 쇼핑, 디지털 콘텐츠, 음식 배달, 여행 서비스 등 포함

※ **C2C (소비자 간 거래)**

➩ 개인 간 중고 물품 거래, 경매 및 리셀링 플랫폼 증가

➩ 주요 플랫폼: 메르카리(Mercari), 야후 옥션(Yahoo!オークション)

일본 전자상거래의 특징 및 발전 방향으로는

➩ 모바일 전자상거래 확대: 스마트폰 기반 쇼핑 및 결제 서비스 활성화 (페이페이, 라인페이 등)

➩ 무역장벽 완화 및 해외시장 진출: 일본 브랜드의 해외 전자상거래 진출 지원

➩ ESG 및 지속가능한 전자상거래 강화: 친환경 포장, 탄소중립 배송 시스템 도입

➩ AI 및 빅데이터 활용: 추천 알고리즘 최적화, 소비자 행동 분석 강화

일본 경제산업성(METI)은 전자상거래를 국가 경제 성장의 중요한 요소로 인식하고 있으며, 기업 및 소비자가 안전하고 효율적으로 활용할 수 있도록 정책적 지원을 확대

우리나라는 산업자원부에서 제정하여 1999년 7월 1일부터 시행되고 있는 '전자상거래기본법'에서는 전자상거래 대신 전자거래라는 용어를 쓰고 있는데, 정보통신기술을 바탕으로 컴퓨터와 같은 정보처리장치와 네트워크를 통하여 전자기적인 방식으로 이루어지는 거래로 정의하고 있다. 전자거래는 민간부문을 중심으로 금전적인 대가를 전제로 하는 유상 거래와 금전적인 대가를 지불하지 않는 공공적 성격의 무상 거래를 모두 포괄하고 있다는 점에서 유상 거래를 전제로 하는 전자상거래보다 상위의 개념이라고 할 수 있다.

전자상거래란 컴퓨터 등의 정보처리시스템을 이용한 전자문서에 의하여 재화나 용역의 거래에 있어서 그 전부 또는 일부가 처리되는 거래라고 할 수 있고, 여기에는 그에 부수적인 활동을 포함한다고 본다. 이러한 개념 정의는 다음과 같은 구성요소를 갖는다.

첫째, 컴퓨터 등의 정보처리시스템을 이용한 전자문서에 의하여 이루어지는 거래

둘째, 재화나 용역의 소유권이나 사용권의 이전 기타 이에 부수하는 거래

셋째, 거래의 전부 또는 일부가 전자문서에 의하여 이루어지는 거래('전자거래기본법' 제2조 제1호)

그러므로 소비자가 인터넷서점에서 책을 구입하는 행위, 인터넷 경매에서 물품을 구입하는 행위, 재화나 용역거래와 관련된 인터넷 뱅킹 등이 모두 전자상거래 범위에 해당된다. 그러나 전자우편에 의한 주주총회 소집통지, 인터넷에 의한 민원서류 발급신청행위 등은 단순한 의사의 통지(각종의 최고, 거절 등)나, 관념의 통지(채권양도의 통지와 승낙 등) 행위 등이므로 전자상거래에 해당되지 않는다. 이처럼 전자상거래는 사회·경제적 환경의 변화와 함께 계속적으로 발전되어가고 있다. 이로 인해 각 학자마다 전자상거래를 접근하는 방식의 차이와 범위를 설정하는 시각의 차이로 인하여 정의를 달리 하고 있는 것이다.

전자상거래, 즉 EC(Electronic Commerce)에 대해 전자거래, Internet-commerce 등으로 다양하게 부르고 있으나 이들 용어는 엄밀한 의미에서는 차이가 있다. 그러나 대체로 기업, 개인, 정부 등 경제 주체 간에 기존의 종이서류나 물리적인 이동 대신 컴퓨터와 통신망을 이용하여 사무실 또는 집에서 각종 상거래를 하는 것을 의미한다.

2. 전자상거래(EC : Electronic Commerce)의 유형

전자상거래는 거래 주체에 따라 여러 가지 유형으로 나뉩니다.

(1) B to B(Business to Business)

기업과 기업 간의 전자상거래로 가장 오래된 모델이며 EDI를 활용하면서부터 도입되었다. 처음에는 VAN을 사용하였으나 익스트라넷이 일부기업을 중심으로 활용 중이며 거의 매년 배 정도 늘어나는 실정이다(인터넷 사용자 수 증가와 비슷하다). 즉, 기업 간의 거래 (예: 알리바바, 도매 B2B 플랫폼, 기업용 소프트웨어 구매(SaaS)

(2) B to C(Business to Customer or Consumer, 기업 간 소비자 간 거래)

Cyber Shopping Mall과 같이 물리적 상품과 디지털 상품(전자책, MP3, 어플리케이션, 콘텐츠 등)을 제공하는 것을 말한다. 서비스를 전문적으로 제공하는 사업도 있는데, 보통 물리적 상품은 전자적으로 주문되어 물리적으로 배달되고, 사이버 증권 등은 전자적으로 배달된다. 보통 두 가지 유형을 들 수 있는데, 공급자가 직접 운영하여 상품을 파는 경우와 유통업체를 통한 경우가 있다.

즉, 기업과 소비자 간의 거래 (예: 아마존(Amazon), 쿠팡(Coupang), 네이버 스마트스토어, 넷플릭스(Netflix)

(3) B to G(Business to Government) & B to A(Business to Administration)

현재 많이 쓰이는 정부의 전자거래유형은 정부의 조달업무 분야이다. 정부가 조달 예상 상품을 사이버상에 공시하고 기업들은 상품공급을 하는 것을 말한다. 물론 조달업무만이 B to G에 속하는 것은 아니고 기업과 정부 간의 전자적 거래를 모두 포함한다. 정부에서 보면 막대한 비용절감을 할 수 있다.

미국은 오래전부터 연방조달전산망(FACNET)을 구축했다. 우리나라의 경우도 EDI 시스템을 기반으로 구매하고, 계약과 관련한 기반을 구성하여 지방자치단체, 정보투자기관 등이 실시하는 입찰 과정에 자격을 가진 기업을 중심으로 인터넷을 통한 조달업무를 시행하고자 계획 중에 있다.

(4) G to C(Government to Commerce)

일부 업무는 오래전부터 실시해 오고 있는데, 행정업무 전산망(EDI)에 의하여 전국 어디에서나 주민등록업무를 편리하게 수행하는 혜택을 보고 있는 경우가 이에 해당 된다.

디지털정부(전자정부) 구현 사업으로 추진되고 있는 디지털 행정서비스가 구현되면 다른 전자상거래와 더불어 빠르게 발전할 것이다. 이를 위해서는 정부의 통합이 우선 과제이다. 세금이나 4대 보험(의료, 산재, 고용, 국민연금) 등을 처리할 수 있다.

즉, 정부와 국민 간의 거래 (예: 온라인 세금 납부, 전자 민원 서비스)

(5) P to P(Peer to Peer)

P to P는 전자상거래의 거래방식이면서 전자상거래의 기반기술이기도 하다. P to P는 개인 대 개인 전자 상거래를 의미하기도 한다고 PC 대 PC 간의 네트워크 거래를 의미하기도 하는데, 이것을 구분하는 것은 별로 중요하지 않다. P to P방식이 기존의 거래솔루션에서 해당 사이트를 방문한 후 프로그램을 다운로딩하여 자신의 컴퓨터로 옮겨 상거래 행위를 수행하는 것이라고 이해하면 될 것이다.

기존의 상거래 솔루션의 단점이 회원의 증가 또는 회원들의 동시 접속량이 많을 경우 트래픽체증(병목) 현상이 발생하는 것이었는데, 이런 현상을 최소화하기 위해 엔진개발 기술 분야에서 한발 앞선 방식으로 인텍정보통신(주)이 Lovetuner2.1엔진 등을 속속 개발 중에 있다.

표 8-3 전자상거래의 유형

유형	설명	예시 플랫폼
B2B	기업 간 거래	Alibaba, 다나와 B2B
B2C	기업 → 소비자	Amazon, 쿠팡, 네이버 스토어
C2C	소비자 간 거래	eBay, 당근마켓, Mercari
D2C	제조업체 직접 판매	나이키, 애플 공식몰
G2C	정부 전자상거래	정부24, 홈택스
모바일 전자상거래	스마트폰 기반 거래	카카오페이, 배달의민족
소셜 전자상거래	SNS 기반 판매	인스타그램 쇼핑, 틱톡 마켓
크로스보더 전자상거래	해외 직구 및 수출입	AliExpress, Amazon Global
O2O 전자상거래	온라인 주문 → 오프라인 이용	배달의민족, 요기요

전자상거래는 계속해서 발전하고 있으며, 새로운 기술(AI, 블록체인, IoT 등)과 결합하여 더욱 다양한 형태로 변화하고 있다.

3. 전자상거래의 결제방법

전자상거래 결제 및 대금지급방법으로는 인터넷 신용카드지급, 전자화폐에 의한 지급, 전자수표에 의한 지급, 인터넷 가상계좌나 실질계좌를 이용한 인터넷 뱅킹 대금이체, 은행창구나 ATM기 등을 통한 대금이체, 휴대폰 결제, 마일리지나 포인트 결제 등이 있다. 신용카드결제의 편리함으로 이용률이 전체 결제의 70%를 넘는 현실에서 개인정보보호와 결제 안전이 요구된다.

(1) 현재 이용되고 있는 국내의 결제안전장치

① SSL(Secure Socket Layer)

SSL(Secure Socket Layer)는 인터넷을 통해 데이터를 안전하게 전송하기 위한 암호화 보안 프로토콜입니다. 웹사이트와 사용자의 브라우저 간 통신을 보호하여 해커가 데이터를 도청하거나 변조하지 못하도록 합니다.

현재는 TLS(Transport Layer Security)가 SSL의 후속 버전으로 사용되고 있지만, 여전히 "SSL"이라는 용어가 널리 사용 된다

소비자가 인터넷쇼핑몰에서 신용카드로 물건을 구매시 웹브라우저(http://)를 통해 사업자에게 제공하는 신용카드정보(카드번호 16자리, 주민번호 뒤 7자리, 비밀번호 앞 2자리, 유효기간)를 자동으로 암호화하여 사업자의 웹 서버로 전송하는 것을 말한다. 대부분의 웹브라우저(MS Explorer, Netscape Navigator 등)가 이 프로토콜(통신규약)을 내장하고 있으며, 지급정보와 보안용으로 널리 쓰이고 있는 방식이다. 거래를 위해 소비자가 제공한 소비자의 신용카드 관련 정보가 쇼핑몰에 유출되는 단점이 있다.

② ISP(Internet Secure Payment)

ISP(Internet Secure Payment, 인터넷 안전결제)는 온라인 신용카드 결제 시 보안을 강화하기 위한 인증 서비스입니다. 한국에서 국민카드, BC카드 등이 제공하며, 신용카드 정보 도용 및 부정 사용을 방지하는 데 목적이 있다.

국민카드와 비씨카드사가 설립한 (주)한국버추얼 페이먼트에서 만든 전자상거래용 결제서비스(지불인증)다. 인터넷 쇼핑시 신뢰할 수 있는 기관에서 부여된 한 쌍의 공개키와 개인키를 사용하며, 소비자의 신용카드 관련 주요 정보를 입력하지 않고 소비자가 사전에 정한 패스워드를 거래의 안전을 위해 별도의 창에 입력해 거래한다. 인터넷에서 위의 2개 해당 카드로 결제하려면 금액에 상관

없이 필수적으로 이용해야 한다.

거래를 위해 소비자가 제공한 소비자의 신용카드 관련 정보가 쇼핑몰에 유출되지 않는 장점이 있다.

③ 안심클릭서비스

안심클릭(Verified by Visa, 3D Secure)은 온라인 신용카드 결제 시 보안을 강화하기 위한 추가 인증 서비스입니다. 카드 정보 도용 및 부정 사용을 방지하기 위해 카드사에서 제공하며, 신용카드 결제 시 카드 비밀번호 대신 별도의 인증(비밀번호, OTP 등)을 요구하는 방식입니다.

주요 카드사 지원: 신한카드, 삼성카드, 현대카드, 롯데카드, 우리카드 등

대체 서비스: ISP(국민·BC카드), 3D Secure 2.0(국제표준 보안 인증) 등

주요 신용카드사 협력하여 개발한 온라인 전자상거래용 결제서비스다.

온라인 쇼핑시 소비자의 신용카드 관련 주요 정보를 입력하지 않고 소비자가 사전에 정한 패스워드를 거래의 안전을 위해 별도의 창에 입력해 거래한다. 거래를 위해 소비자가 제공한 소비자의 신용카드 관련 정보가 쇼핑몰에 유출되지 않는 장점이 있다.

④ 공인인증서

정부(금융감독원)에서는 인터넷 쇼핑시에 10만 원(2004년 10월 1일부터, 이전에는 30만 원 이상) 이상의 고액 결제건에 대해서는 본인확인을 위해 법적인 효력을 지닌 공인인증서를 사용할 것을 권장하여 이용하게 된 것으로, 국가공인인증기관(금융결제원, 한국정보인증, 한국증권전산, 한국전산원, 한국전자인증, 한국무역정보통신)에서 발행한 인증서다.

공인인증서 vs 민간 인증서 비교

구분	공인인증서(폐지됨)	민간 인증서(대체)
발급 기관	공인인증기관(금융기관, 한국전자인증 등)	네이버, 카카오, 통신사(PASS) 등
보안 방식	비밀번호 기반 (암호화 파일)	생체인증, PIN, 블록체인 등
사용 편의성	USB, PC 저장 필요	클라우드 기반, 모바일 연동 가능
	유효기간 1년 (갱신 필요)	최대 3년 (서비스별 상이)

인증서 발급시 사용자가 정해 인증받은 패스워드를 인터넷 신용카드 거래시 입력하는 것으로 금융기관에서 발급한다. 즉, 인터넷으로 신용카드결제금액이 10만 원 미만이면 안전결제(ISP)서비스나 안심클릭서비스만 이용하면 되고, 10만 원 이상이라면 각각의 결제서비스로 신용카드를 결제한 후 공인인증서로 본인확인을 받아야 한다. 이 외에 신용카드 회사인 VISA 카드사와 Master 카드사가 공동으로 개발하여 발표한 신용카드지급시스템 보안 프로토콜로 신용카드번호를 상인이 보지 못하도록 암호화한 것이 특징인 SET(Secure Electronic Transaction) 방식이 있다.

쉬어가기

무섭게 성장하는 온라인 시장규모

그림 최근 10년간(2014~2023년) 소매 업태별 판매액 연평균 성장률(%)

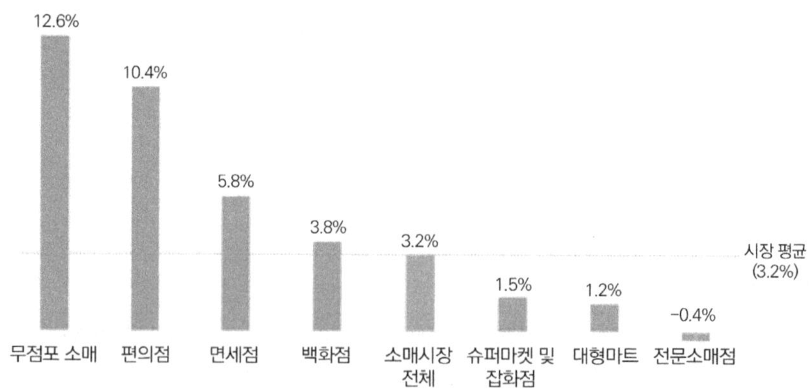

출처 : 통계청 / 제공: 대한상공회의소

V 쇼핑몰 창업

1. 쇼핑몰 만들기

쇼핑몰 창업의 첫 번째 단계로서 인터넷이라는 가상공간에서 쇼핑몰을 운영하려면, 무엇을 팔지를 결정한 후 결정된 제품과 서비스를 소비자들이 찾아와 둘러볼 수 있는 공간을 만들어야 하며 인터넷매체에서의 해당 웹 브라우저가 제공하는 네트워크 환경상에서 사업자가 운영하는 쇼핑몰을 찾아올 수 있도록 할당 혹은 지정된 주소도 만들어 연결해 주어야 한다.

(1) What : 무엇을 팔 것인가를 결정

쇼핑몰 운영은 해당 제품 혹은 서비스에 대한 흥미와 관심, 해박한 지식은 기본이어야 할 만큼 운영자가 잘 아는 제품 혹은 서비스이어야 한다. '쇼핑몰 운영'의 계획을 세우기 이전에 잘 아는 분야여도 좋고, 계획을 세운 후의 연구와 정보습득을 통해 잘 알게 된 분야여도 좋다. 이는 남들보다 한발 앞선 시작을 뜻한다. 여기에 최근 지식과 신제품경향 등을 파악하여 트렌드를 읽어낼 줄 아는 등 부단한 노력이 필요하다. 그러나 단순하게 지식과 정보만으로는 끊임없이 새롭게 변화하는 소비자의 욕구에 맞추기 어려우며 해당분야에 대한 관심과 애정이 기반이 되어야만 열정이 생기고, 판매가 많이 될 만한 제품이나 소비자의 욕구를 미리 예견할 수 있다. 무엇을 상품으로 거래할 것인지는 사실상 창업의 가장 기본이자 시작이라고 할 수 있으며 그 '무엇'의 기본 역시 우선 좋은 제품의 품질이다. 즉, 좋은 제품만을 취급해야 한다. 물론 구매과정시 선택의 의사결정에서 가격을 최우선으로 두는 소비자가 있지만, 품질은 소비자만족의 중요한 부분임을 간과해서는 안 된다. 물건을 파는 것이 중요한 것이 아니라, 소비자가 물건을 받았을 때 만족을 해야 반품이 안 되고 실질적인 매출로 이어진다는 점을 기억해야 하며 전문의약품, 무기, 술, 담배 등을 제외하고는 전자상거래로 거래되지 않는 품목은 거의 없다고 볼 수 있을 만큼 그 수나 종류가 많다고 볼 수 있다. 그러나 어떤 유형의 상품이나 특성을 가진 제품을 팔아야 매출이 좋을지를 생각해 볼 필요가 있다. 즉, 수요가 많은 제품이 무엇이며, 언제 공급해야 할 것이냐의 문제인데, 이는 '희소성'과 '공급시기'의 개념과도 맞물려 있다. 즉, 한정제품 혹은 전문제품을 유일하게 공급하고, 다른 사업자가 아직 경쟁시장에 공급하지 않은 제품시장을 선점하는 것을 뜻한다.

(2) Mall : 소비자가 쇼핑할 수 있는 공간확보

다음 단계로는 거래를 할 수 있는 Mall을 만들어야 하는데, 몰을 만드는 방법은 3가지 방법이 있다.

첫 번째 방법으로는 쇼핑몰을 전문적으로 제작해 주는 웹 에이전시 업체에 쇼핑몰 제작을 일괄 대행시키는 방법으로, 편리하고 높은 품질을 보장받을 수 있으나 고비용이 소요된다.

두 번째 방법으로는 운영자 자신이 직접 제작하거나 시중에 나와 있는 쇼핑몰 구축 솔루션 제품을 이용해 직접 쇼핑몰을 구축할 수 있다.

세 번째 방법으로는 대형 호스팅 업체에서 제공하는 전문 쇼핑몰 호스 팅 서비스를 이용함으로써 전문지식 없이도 쉽게 쇼핑몰을 구축, 운영할 수 있다. 여기에서 '웹 호스팅'이라는 단어가 등장을 하는데, '웹 호스팅'이란 오프라인상에서의 집의 '주소'는 인터넷상에서 도메인, '집'은 소비자들에게 보여지는 제품정보와 이를 구현해 내는 기술, 즉 쇼핑몰, 그리고 이 둘을 묶어 줄 인터넷이라는 가상공간 안에서의 서버 영역은 '땅'이라고 보면 되는데, 이 중 '집'이나, '땅'을 제공하는 것을 의미한다. 쇼핑몰을 만드는 3가지의 방법 중 첫 번째와 두 번째는 완료된 쇼핑몰이 인터넷상에서 보여지기 위한 가상공간의 '땅'을 사용할 수 있도록 별도 웹 호스팅 서비스를 받아야 하며, 세 번째 방법은 쇼핑몰 운영이 가능하도록 호스팅 서비스 - 지원 공간인 '땅'도 제공함은 물론 '쇼핑몰'이라는 '집'도 제공하는 통합서비스라고 보면 된다.

(3) Domain : 주소를 만들고 소비자가 찾아올 수 있게 연결

① step 1 : 도메인 이름 만들기

도메인이란 인터넷이라는 가상공간에서 해당 홈페이지를 찾을 수 있는 주소를 의미하므로 도메인 이름을 만들 때는 이용자들이 홈페이지를 쉽게 기억하고 이해해, 방문이 용이하도록 기억하고 발음하기 쉽고 문자 수가 길지 않으며 홈페이지의 성격을 나타낼 수 있는 이름이 좋다. 이는 목이 좋은 곳에 상점을 개업하는 것과 마찬가지이므로, 아이디어가 필요하나 방문자의 입장에서 생각해보고 주소를 만드는 것이 좋다.

② step 2 : 도메인 등록하기

국내에서 kr 도메인에 대한 총체적인 등록 및 관리는 한국인터넷진흥원(NIDA)에서 수행하고 있으며 전 세계의 국가코드별 도메인 등록처는 www.alldomains.com에서 확인할 수 있다. 일반도메인 com, net, org는 미국 NSI에서 운영하는 www.nsi.com에서 신청가능하며, kr도메인은 www. nida.or.kr의 홈페이지에서 신청하면 된다.

③ step 3 : 도메인 연결하기

도메인을 등록했다고 해서 바로 운영홈페이지와 연결되는 것은 아니며 도메인을 구축된 홈페이지와 연결하기 위해서는 반드시 다음의 절차를 순서대로 이행해 완료해야만 홈페이지와 도메인이 정상적으로 연결할 수 있다.

㉠ 홈페이지가 운영될 수 있는 서버 네트워크 환경을 구축해야 하며 이는 개인이 구축하기에 어려움이 있고, 전문업체의 웹 호스팅서비스를 이용하는 것이 일반적인 추세이므로, 이용료를 내고 이용하면 된다.

㉡ 웹 호스팅 업체마다 자신만의 고유 네임서버 주소가 있으므로 자신이 도메인을 신청한 사이트에 로그인 한 후 해당 도메인의 네임서버 정보를 입력하는 곳에 신청한 호스팅 업체가 공시한 네임서버 정보를 입력해야만 한다. 이러한 도메인의 네임서버 정보변경은 오직 해당 도메인의 소유자만이 할 수 있고, 호스팅 업체는 할 수 없다.

㉢ 네임서버 정보를 입력완료한 후 해당 호스팅 업체에게 유무선상으로 DNS(Domain Name Space)등록을 요청하면 된다.

2. 신고하기

쇼핑몰 창업을 시작하려면 국가에 해당사업을 하겠다는 등록 및 신고를 함으로써 국가로부터 법적인 보호를 받음과 동시에 해당 의무를 부여받게 되며 쇼핑몰 창업을 위해 의무적으로 해야 되는 법률신고의 종류에는 크게 통신판매업 신고, 사업자등록 신고, 부가통신사업자 신고가 있으며 각각의 법률신고는 관련 법규에 의해 '해당 사업자의 의무사항'으로 규정되어 있다. 통신판매업 신고의 경우 인터넷상에서 전자상거래(거래대상이 제품과 서비스는 물론 정보제공업도 포함)를 하고자 한다면, 관련법 '전자상거래 등에서의 소비자 보호에 관한 법률'에 의거해 통신판매업 신고를 사업장이 소재한 각 구청의 해당과로 해야 한다. 또한 사업자로서 인터넷상에서의 거래를 하는 주된 목적은 이윤추구이므로 발생된 이윤에 대해 나라가 정한 법률에 근거해 일정부분을 세금으로 내야 하는데, 사업자가 어떤 내용으로 사업을 하겠다고 '사업자등록'을 해야 나라에서 영업사실에 대해 확인이 가능하므로, 이 사실은 세금을 부과(감면이나 공제도 포함)하는 기준이 된다. 또한 사업자로서 관련 규정에 근거해 국가로부터 보호를 받거나 영업에 필요한 행정서비스를 받을 수 있다. 또한 부가통신사업자로서 영업을 하고자 한다면 관련법에 근거하여 사업자등록을 해야 한다. 전자상거래는 인터넷상에서 주문과 결제가 이루어지는 사업이므로 '부가통신망 서비스'를 제공하는 부가통신사업이라 볼 수 있는데, 인터넷상에서 유료이든 무료이든 간에 제품과 서비스(예 : 원격송수신, 자료전송, 전자상거래, 화상회의, IP접속, VOD 등)를 제공하는 사업자는 부가통신사업자이며 관련법에 근거해 소관부서인 관할 체신청장에게 신고를 해야 한다.

3. 거래준비하기

전자거래의 성립은 대금결제와 제품 혹은 서비스의 인도까지인데, 이 과정에서 어떤 결제방식이 소비자에게 안전한지와 어떻게 제품을 전달해야 안전한지를 결정해야 하며 온라인쇼핑몰이라고 해도 입소문이 나면 방문과 구매가 많아지겠지만, 좀 더 적극적으로 많은 방문과 구매를 원한다면, 홍보나 기타 마케팅활동을 펼쳐야 한다.

(1) E-payment : 인터넷상에서 결제서비스 제공

전자상거래 쇼핑몰 거래 중 신용카드결제가 전체의 약 70%이다. 소비자들의 구매과정에서 결제시 결제과정이 불편하거나, 신뢰가 가지 않는다고 판단될 경우 소비자들이 쇼핑카트에 물건을 담았다가 비구매로 돌아서는 경우가 많으므로, 쇼핑몰을 운영하는 사업자들은 되도록이면 신용카드 결제 서비스와 연동하여 이용자들에게 서비스를 제공하는 것이 매출 향상 및 소비자의 신뢰도 증가 및 추후 피해발생시 거래안전에도 도움이 된다. 인터넷상에서 전자결제서비스(신용카드결제 포함)를 제공하려면, 각 은행이나 카드사별로 찾아다녀 신청을 할 필요는 없으며 전자지불결제대행사인 PG(Payment Gateway)사가 쇼핑몰 운영자와 카드사의 중간에서 전자결제수단별 일정 수수료를 받으면서 서비스를 제공하고 있다. 그러므로 PG사와 서비스 이용에 대한 계약을 해야 한다. 이들 업체와 처음 계약 체결시에는 초기 가입비, 연 관리비, 보증보험증권비 등이 소요되므로 서비스, 이용대금, 신뢰도 등을 따져 신중하게 PG사를 결정하면 된다.

(2) Delivery : 주문제품을 배송시 이용할 택배사 선택

유형의 재화를 '인터넷'이라는 매체를 통해 판매한 전자상거래 업체에게는 소비자가 주문한 제품을 소비자에게 직접 보내야 하므로 배송문제가 발생하게 된다. 배송비도 사업자 입장에서는 원가에 포함되므로 중요한 부분이지만, 배송비 절감만을 생각해서 아무 업체와 택배배송에 대한 계약을 체결하게 되면 배송기간, 배송서비스, 배송담당자와의 연락, 배송조회 등에 문제가 생길수도 있으며 이는 소비자의 만족도와 연결되므로 꼼꼼히 따져봐야 한다. 택배업체는 쇼핑몰 사업자를 일반고객, 즉 개인과 달리 기업고객으로 분류한다. 사업자등록증 사본을 제출하고, 물류배송의 조건에 대해 택배사와 계약을 해야 하는데, 이때 택배업체에서는 해당사업장을 담당하는 영업소의 직원과 계약을 하게 된다. 계약단가나 거래조건은 영업소의 재량권한이 될 수 있으므로 쇼핑몰에 대한 정보와 홍보, 앞으로 상품판매의 전망을 제시함으로써 택배비의 조절이나 협상이 가능하다. 택배업체는 사업자등록증사본으로 업체코드를 신청하고 월 단위로 마감 후 세금계산서를 발행하여 준다. 통상 배송비 가격은 2,500~3,500원(부가세 포함) 정도에서 결정이 되며 기준은 10kg 이하 가로+세로+높이=100mm 이하로 적용되고 단, 제주도는 항공료 3,000원, 섬은 도선비가 있어 별도로 5,000~10,000원이 부과되며 착불은 안 된다. 택배회사의 서비스를 이용할 경우 인터넷 등으로 배송추적이 가능하고, 배송담당자 휴대폰 확인이 가능한 시스템을 갖춘 곳이 많아 편리하며 배송이 빠른 것이 장점일 수 있으나 우체국택배에 비해 배송비가 비쌀 수 있다. 또한 우체국택배는 가격이 가장 저렴하며 잘 갖춰진 시스템으로 안정적이나, 배송담당자인 집배원과의 연락이 쉽지 않고, 주소가 약간 틀리면 반송이 되는 단점이 있다.

(3) Promotion : 방문자와 구매자가 많게 할 방법연구

① 유용한 정보 제공, 기타 서비스 활용

인터넷상의 쇼핑몰의 성공을 위한 첫 번째 요소는 '이용자들에게 먼저 좋은 정보를 많이 주어야 한다.'이다. 해당 사이트에서 많은 것을 이용하여 유용하게 실생활에서 적용한 이용자들은 해당 홈페이지에 대한 신뢰는 물론 마음을 열게 되는데, 해당 사이트를 방문했다는 그 행위는 관심도를 나타내 주는 것으로, 그러한 관심을 잠재고객으로 정성을 들여 감동을 시켜야 하는 것이다. 그러므로 전문적인 정보, 즉 이용자들이 원하는 정보를 깊고 넓게 제공하여야 한다. 오프라인상에서도 좋은 물건이 있으면 주위에 추천하듯이, 온라인상에서도 구전활동은 여전히 중요한 방법이다. 또한 할인쿠폰, 마일리지, 사은품, 이벤트 등 서비스를 제공하는 방법이 있는데, 이는 기존고객은 물론 새로운 고객을 만드는 데 좋다. 그러므로 이용자나 고객의 특성을 분류한 후에 이러한 서비스를 제공해야 효과적이라 할 수 있다.

② 검색엔진 사이트 등록, 키워드 등록

대형 검색엔진 사이트(네이버, 네이트, 네띠앙, 다음, 라이코스, 심마니, 알타비스타, 엠파스, 야후, 한미르 등)의 검색 카테고리에 자기 쇼핑몰의 인터넷 주소를 등록시키는 것을 말하는데, 재화나 서비스를 거래할 목적으로 개설되는 사이트의 경우는 20만~30여 만 원의 등록비용이 필요하며, 등록심사에 걸리는 시간이 어느 정도냐에 따라 비용이 달라진다. 등록비는 처음 등록시 한 번만 비용을 지불하면 되고, 등록 검색엔진 사이트는 이용자들이 많은 여러 군데에 등록을 하는 것이 좋으며 등록방법은 각 검색엔진 사이트의 '홈페이지 등록' 메뉴를 이용하면 된다. 검색사이트에서 검색하고자 하는 '키워드'를 입력하면 관련 상품을 구매할 수 있는 쇼핑몰이 보여지도록 등록시키는 것을 말하며 구축된 쇼핑몰이 해당 키워드 검색결과의 첫 페이지에 위치할 경우 이용자의 접근성이 좋아 방문이나 구매횟수가 많아질 수 있다. 등록 비용은 해당 키워드의 조회 수 및 검색결과 위치에 따라 매번 달라진다. 등록방법은 각 검색엔진 사이트의 '키워드 광고' 메뉴를 이용하면 된다. 키워드 선정시 남들이 많이 하는 키워드를 등록하면 검색결과 맨 앞에 나오기 어려우므로, 방문자의 입장에서 키워드를 선정하고, 경쟁 쇼핑몰이 선정한 키워드와 비슷한 형태이나 다른 키워드를 선정하여, 키워드 검색 후 검색창에 뜨는 쇼핑몰에 대한 정보가 다른 쇼핑몰과 비교해 보았을 때 방문하고 싶도록 해당 쇼핑몰에 대한 정보를 주는 것이 필요하다.

③ 배너나 CPA 광고, 커뮤니티 게시판 광고

방문자가 많은 사이트에 해당 쇼핑몰의 홍보를 목적으로 배너를 게시하는 방법도 있다. 그러나 광고의 효과가 높은 대신 방문자가 많은 유명한 사이트일수록 고비용이 소요되며 '배너의 홍수'라고 표현할 정도로 많은 수의 베너 광고가 넘치는 인터넷환경과 이러한 배너 광고를 바라보는 사용자들의 부정적인 인식으로 홍보의 효과가 크지 않을 수도 있다. 배너 광고의 경우 해당 광고를 클릭해서 본 사람의 숫자에 상관없이 비용을 받으나, 배너 광고의 일종인 CPA(Click Per Action) 광고는 클릭해서 본 사람의 숫자기준으로 비용을 받으므로 해당 쇼핑몰 홍보시에 고려해 볼 만한 홍보수단으로 볼 수 있다. 또한 쇼핑몰에서 팔려는 제품과 관련이 깊은 인터넷 동호회, 포털 사이트의 커뮤니티 등의 게시판을 이용하는 방법이 있는데, 이는 자신이 운영하는 쇼핑몰을 직접 홍보하는 효과적인 방법으로 별도의 비용이 발생되지 않지만 광고란 사실을 기반으로 해야 하므로, 판매되는 제품의 특성을 객관적으로 판단하여 홍보를 해야 한다. 추후에 책임지지 못할 과대표현은 삼가며, 해당 사이트로 자연스럽게 이동해서 방문할 수 있도록 길목을 열어 주고, 좋은 제품을 저렴한 가격에 사고자 하는 소비자의 구매의사결정단계에서 해당 사이트를 알려 줌으로써 구매정보를 제공한다고 생각하면 된다.

④ 가격비교 사이트, 경매 사이트 이용

제품구매에서 가장 민감한 부분은 가격이라고 할 수 있는데, 특정제품에 대한 가격을 비교해 주는 전문사이트(마이마진, 베스트바이어, 에누리 등)를 이용하는 구매행태가 많으므로, 가격 면에서 다른 쇼핑몰과 비교 시 자신 있다고 판단되거나, 마진을 줄여서 판매수량을 늘리고자 한다면, 이러한 가격비교 사이트에 별도로 입점해 상품판매를 하는 것도 좋다. 그러나 등록하려는 제품의 가격이 최저가이거나 근접하지 않을 경우 큰 효과가 없으며, 가격비교 사이트 입점 비용은 가격비교 사이트마다 다르며 누구나 물건을 사고 팔 수 있는 경매 사이트(옥션 등)를 이용해 상품을 판매하는 것으로, 많은 이용자들에게 상품을 소개하는 유용한 방법이다. 일반적으로 물건을 팔기 전에 소요되는 비용의 내역을 보면 입점비는 무료, 상품등록비는 판매 여부를 떠나 수수료 부과, 부가서비스를 이용할 경우도 수수료가 부과된다. 등록수수료는 제품의 수량과 가격에 따라 달라지며 2,000~3,500원까지도 부과된다. 물건을 판매한 후에는 낙찰수수료(카드결제인 경우 해당 결제시 따르는 비용추가)와 경매 사이트에서 물건을 판 사람에게 대금 입금시 드는 송금수수료가 제해지게 된다.

4. 쇼핑몰 홈페이지 구축시 유의할 점

쇼핑몰 사업에서 홈페이지 주소는 매우 중요하다. 대다수 많은 홈페이지의 주소들이 회사 상호를 영문화하여 그대로 쓰고 있는 경우가 있다. 영문회사 이름을 그대로 쓰게 되면 고객이 찾기 어렵고 기억하거나 불편해 할 수 있기 때문이다. 홈페이지는 고객이 찾아오는 이정표 같은 것이므로 복잡하고 불편하게 해서는 안 된다.

그리고 초기 홈페이지 구축시 유의해야 할 몇 가지를 제시하고자 한다.

① 홈페이지는 디자인이 좋아야 한다?

홈페이지는 화려한 디자인을 자랑하는 장소가 아니다. 고객이 요구하는 정보와 상품을 보여 주고 고객 정보수집 및 마켓의 장소이다. 초기에 화려한 플래시와 고급 기능들이 들어간 홈페이지는 메인 페이지만 많은 자금이 요구된다. 소규모의 소상공인은 초기에 실속 있고 효율적인 홈페이지 디자인 구축이 중요하다.

② 게시판이 많아야 한다?

홈페이지 구축시 본인의 사업규모와 유사한 쇼핑몰 사이트를 다양하게 방문하여 게시판 등 활용도를 체크해 보고 벤치마킹 하되 과다한 모방은 피하는 것이 좋다. 처음에는 최소의 게시판을 만들어 활성화시키는 것이 좋지만, 활성화되지 않은 게시판이 있다면 활성화 방안을 적극 노력하든지 과감히 폐쇄 시키는 것이 효과적이다. 활성화가 되지 않은 게시판은 오히려 기업의 이미지를 실추시키고 기업 신뢰도를 하락시켜 없는 게 나을 수도 있다.

③ 홈페이지는 세부 페이지가 많아야 한다?

홈페이지는 꼭 필요한 만큼의 세부 페이지만 만드는 것이 초기에는 효과적이다. 고객은 다양한 것을 좋아할 수는 있어도 복잡한 것은 싫어한다. 최대한 단순화 해서 고객의 입장에서 구축하도록 해야 한다.

④ 홈페이지는 운영하기 어렵다?

홈페이지 운영이 처음에는 어려워 보이고 실제로 어려운 부분도 있다. 하지만 그보다 더 어려운 일들이 산재하고 있는 것이 홈페이지 운영관리 실체이다. 예를 들어 주문상품을 택배로 보내기 위해 포장하고, 택배용지 붙이는 일, 까다로운 고객 전화 받는 일 등 모든 것이 어렵지만 생각하기 나름이다. 항상 긍정적인 사고와 즐거운 마음으로 생각하면 희망이 보인다. 홈페이지 운영관리에 시간을 투자하여 기능에 관한 다양한 사전 공부가 필요하다. 사전에 기능들을 잘 익히게 되면 홈페이지 운영하기는 어려운 일이 아니다.

⑤ 홈페이지에는 다양한 상품들이 올려져 있어야 한다?

홈페이지 쇼핑몰 상품은 초기에는 핵심적이고 경쟁력 있는 품목으로 적을 수록 좋다. 상품이 많다는 얘기는 고객이 많다는 얘기이나 얼핏 들으면 좋을 것 같지만 고객이 많다는 얘기는 마케팅대상이 넓다는 것이고, 비용이 많이 소요된다는 것이다.

초기 소규모 소상공인 쇼핑몰은 다양한 상품보다 경쟁력 있고 비교가능한 상품이 중요하므로 상품 숫자로 승부하려 해서는 안 된다. 홈페이지에 상품 수가 많으면 그만큼 상세 페이지가 많아지고 그만큼의 추가 비용이 들어간다.

⑥ 홈페이지는 글로벌화 하기에 넓은 지역을 영업대상으로 한다?

쇼핑몰 홈페이지는 영업지역이 넓고 다양하다는 특성이 있다. 그렇다고 무조건 전국을 대상으로 해서는 안 된다. 넓은 지역을 대상으로 하면 대상 고객이 많아지고 비용이 많이 들게 되므로 지역마다 특색 있는 상품의 특성을 고려하여 지역을 한정하고 그 지역에 집중하는 것이 소규모 소상공인의 쇼핑몰 운영관리의 마케팅 원칙이다.

⑦ 잘 만들어진 홈페이지에는 저절로 매출이 일어난다?

위험스러운 발생이다. 홈페이지는 온라인상의 매장이다. 매장을 잘 꾸민다고 저절로 매출이 일어나지는 않는다.

매출의 기준은 고객이다. 고객이 많이 들어와야 한다. 홈페이지를 잘 만들면 매출에 도움은 되겠지만 기본적으로 고객을 홈페이지로 끌어들이는 마케팅이 병행되어야 한다는 사실을 명심해야 한다.

⑧ 홈페이지에 좋은 상품을 올려놓으면 잘 팔린다?

쇼핑몰 홈페이지를 구축한 대다수의 사업자들이 이렇게 생각한다. 한번 생각해보자. 본인이 기발한 아이디어로 볼펜심 교체 없이도 평생 쓸 수 있는 볼펜을 만들었다고 생각해보자. 얼마나 좋은 상품인가?

이 상품을 홈페이지에 올려놓기만 하면 잘 팔릴까? 아마 그렇지 않을 것이다. 상품이 좋다고 팔리는 것이 아니다. 팔리도록 해야 팔리는 것이다.

좋은 상품을 홈페이지에 올려 놓았으면, 왜 이 볼펜이 좋은지, 특성이 무언지, 다른 제품과의 비교, 먼저 사용한 사람의 추천 등의 정보를 알려 이 볼펜을 필요로 할 만한 잠재고객을 확보해야 구매가 이루어지는 것이다.

Tip & Tip

쇼핑몰 홈페이지의 핵심정리

1. 홈페이지 주소는 간단하고 알기 쉽게 정하자.
2. 홈페이지는 디자인보다 정보가 중요하다.
3. 게시판은 활성화시킬 수 있는 만큼만 만들자.
4. 세부 페이지는 최대한 단순화시키자.
5. 홈페이지 운영관리 사전지식을 잘 익히자.
6. 홈페이지에 올릴 상품을 한정하자.
7. 홈페이지 영업지역을 초기에는 제한하자.
8. 쇼핑몰은 마케팅이 필수이다. 효율적인 마케팅 전략을 수립하자.
9. 상품력(품질)만 믿지 말고 고객이 관심 갖는 마케팅에 집중하자.

학습문제

1. e-Business 사업의 종류를 설명하시오.
2. e-Business의 경제적 효과를 설명하시오.
3. 전자상거래의 유형을 설명하시오.
4. 쇼핑몰 홈페이지 구축시 유의사항을 설명하시오.

참고문헌

김기홍 외. 전자상거래의 국민 경제적 효과. 산업연구원, 2000.

권오복. e-Business. 두남출판사. 2005, pp. 17~21.

이준한. e-Business 이해. 대명출판사. 2006, pp. 46~49.

한국 e-Business 정보센터. 전자상거래 표준화 포럼, 2005.

한국경제신문, 2006. 1.

한국일보, 2005. 11.

홍길표. 비즈니스로 인한 산업구조의 변화. eBizKorea, 2003.

Goldman Sachs. "The Shocking Economic Effect of B2B", 2000.

통계청, 2023

쉬어가기

직방(Zigbang) : 안성우 대표 대한민국 대표 부동산 플랫폼

직방은 2012년 설립, 직방은 '모바일 원룸·오피스텔 중개 서비스'를 시작, 직방은 대한민국의 대표적인 부동산 플랫폼으로, 온라인과 모바일을 통해 아파트·오피스텔·원룸·빌라 등의 매물을 확인하고 중개사와 연결할 수 있는 서비스를 제공한다.

※ 직방의 창업 스토리

■ **초기 성공 (2012~2015년) : 원룸 · 오피스텔 시장 장악**

직방은 초기에 대학생과 사회 초년생을 타겟으로 원룸·오피스텔 매물을 쉽게 검색할 수 있는 서비스를 제공

※ 특징 기능

➪ 360도 VR 매물 사진 → 방문 없이 내부 확인 가능

➪ 사용자 리뷰 기능 → 실제 거주자의 후기 제공

➪ 위치 기반 검색 → 지도에서 원하는 지역 매물 검색

➪ 2014년 다운로드 수 500만 돌파

➪ 2015년 원룸·오피스텔 시장 점유율 80% 달성

■ **아파트 시장 진출 & 빅데이터 활용, 원룸 · 오피스텔 시장에서 아파트 시장 사업 확장**

➪ 아파트 매물 서비스 오픈

➪ 부동산 중개업소와 협력 강화

➪ 빅데이터 기반의 시세 정보 제공

➪ 2019년 '호갱노노' 인수 → 부동산 시세·분석 서비스 강화

■ **프롭테크(PropTech)란 부동산(Property)과 기술(Technology)의 결합을 의미, 직방은 단순한 부동산 중개 플랫폼을 넘어, 부동산 시장의 디지털 전환을 선도하는 기업으로 변화함.**

➪ VR/메타버스 부동산 서비스 → '메타폴리스' 개발
➪ 스마트 건물 관리 서비스 → '우주(WOOWZOO)' 출시
➪ AI · 빅데이터 기반 부동산 분석
➪ 2021년 다방(경쟁사) 운영사 '스테이션3' 인수
➪ 부동산 중개업 디지털화(중개사 없는 거래 서비스 실험)

※ **직방이 바꾼 부동산 시장**

➪ 기존 오프라인 중심의 부동산 거래를 온라인 · 모바일로 전환
➪ VR · 빅데이터 · AI 등 최신 기술을 활용한 혁신적 서비스 제공
➪ 전 · 월세뿐만 아니라 매매, 신축 분양, 건물 관리까지 확장

현재 직방은 대한민국을 대표하는 프롭테크 기업으로 자리 잡았으며, 앞으로도 부동산 시장의 디지털 혁신

제9장

대학생 창업

I 대학생 창업의 정의

대학생 창업(Campus Entrepreneurship)은 다양한 학문적 배경을 기초로 다양성과 융합성이 결합하여 기업가 정신을 바탕으로 창의적 수익창출을 이루는 것이다. 대학에서의 이종(異種)학문의 결합과 융합은 대학생들에게는 새로운 학문의 기회인 동시에 새로운 비즈니스 모델 창출의 기회이기도 하다.

창업만큼 다양한 분야와 결합하고 융합하는 것은 없을 것이다. 더군다나, 글로벌 경쟁시대에 접해 있는 대학생들이 졸업을 전·후하여 사회에 진출하는 방법 중에 취업과 창업으로 양분되는 현실에서는 창의적 수익창출을 할 수 있는 것이 대학생 창업이다.

잠재적 창업자인 대학생들의 창업의지를 지속시켜 실질적인 창업으로 실현되기 위해서는 지속적이고 체계적인 창업지원프로그램 참여의사가 중요하며, 대학, 지방자치단체, 민간단체, 기업, 창업전문가, 창업한 졸업생 등의 유기적인 네트워킹이 필요하다.

이를 실현하기 위하여 산학연이 대학 창업에 관련된 창업지원프로그램의 참여를 높여 창업에 관련한 다양한 국내외 정보를 대학생들에게 제공하고 적극적으로 대학생들이 참여할 수 있는 대학의 창업문화를 만들어 나가야 한다. 이러한 대학생 창업활성화를 위해서는 대학생 창업문화를 이해하고 이를 해결하려는 다양한 연구가 필요하다.

미국의 경우 대학에서는 물론 유치원부터 고등학교까지 창업지원 프로그램을 실시하여 나이와 학력 그리고 성별에 제한 없이 창업을 장려하며 창업문화를 만들어 가고 있다.

Ⅱ 대학생 창업 배경과 발전과정

산업사회가 다양하고 복잡해질수록 창업분야는 다양한 방면의 아이템이 개발되고 폭넓은 층으로 관심이 증가하고 있다.

1997년 IMF 외환위기 전에는 청·장년 중심의 30~40대 창업이 주류를 이루었으나 2000년대 중반 이후에는 청년층 중 대학생들이 창업에 많은 관심을 보이며 다양한 아이템과 아이디어로 진입하고 있는 추세이다.

정부에서는 창업에 도전하는 대학생들을 보다 체계적이고 효과적으로 지원하기 위해 대학생 창업지원사업 제도를 도입하고 매년 대학을 선정하여 신규 창업동아리 발굴·지원, 우수 창업아이템에 대한 개발 지원, 국내외 현장견학을 통한 창업훈련, 대학생 창업스쿨 개설, 창업동아리 간 네트워크 강화, 대학생 창업경진대회 등을 주요 내용으로 대학생 창업을 적극적으로 지원하고 있다.

매년 선정되는 각 대학의 창업지원단은 대학 산학협력단 또는 창업보육센터 내에 설치하여 창업강좌, 창업동아리, 창업경진대회, 창업사업화, 경영관리, 기술개발 등을 일괄 지원하여 사업간 연계효과를 높이고 실제적으로 사업화 기반구축을 통한 성공 창업가를 발굴 육성하고 있다.

Ⅲ 대학생 창업의지

창업의지는 창업과 관련하여 예비창업자가 취하는 첫 번째 단계의 행동이자 새로운 조직을 구성하기 위한 토대이며 창업까지의 단계에서 중요한 변수 중의 하나로 작용한다. 대학생 창업은 빠르게 변화하는 기술 환경과 창의적인 아이디어를 바탕으로 성장하고 있으며, 정부 및 대학의 적극적인 지원을 통해 점차 활성화되고 있습니다. 아래에서 대학생 창업의 배경과 발전 과정을 살펴보겠습니다.

1. 대학생 창업의 배경

(1) 기술 발전과 디지털 혁신

⇨ 4차 산업혁명(인공지능, 블록체인, IoT 등)의 발전으로 창업 장벽이 낮아짐
⇨ 온라인 플랫폼(유튜브, 인스타그램, 스마트스토어 등)을 활용한 창업 증가
⇨ 대학 내 창업 관련 강좌 및 프로그램 증가

(2) 정부 및 대학의 창업 지원 정책

⇨ 정부가 청년 창업을 적극적으로 지원 (창업진흥원, 중소벤처기업부, 창업선도대학 등)
⇨ 대학 내 창업지원단 운영 (스타트업 인큐베이팅, 창업펀드 제공)
⇨ 창업 장학금, 창업 학점제 도입으로 창업 장려

(3) 청년 실업 문제와 대안적 진로 모색

⇨ 취업 경쟁이 치열해지면서 창업을 새로운 대안으로 고려
⇨ 성공적인 대학생 창업 사례(배달의민족, 마이리얼트립 등)로 창업에 대한 관심 증가

(4) 스타트업 문화 확산

⇨ 스타트업 생태계가 발전하면서 대학생 창업도 활성화
⇨ 다양한 창업 경진대회 및 해커톤 개최 (도전 K-스타트업, 창업경진대회 등)

2. 대학생 창업의 발전 과정

(1) 2000년대 초반 : 창업 관심 증가

⇨ 인터넷 및 IT 기술 발전으로 창업 환경 변화

- ➩ 대학 내 창업 동아리 및 창업지원 프로그램 등장

(2) 2010년대 : 스타트업 붐과 창업 지원 확대

- ➩ 스마트폰 및 SNS의 확산으로 온라인 기반 창업 활성화
- ➩ 정부의 창업지원 정책(창업선도대학, 청년창업사관학교) 본격 시행
- ➩ 대표적인 대학생 창업 성공 사례 등장 (쿠팡, 배달의민족 등)

(3) 2020년대 이후 : 디지털 전환과 글로벌 창업

- ➩ 비대면 서비스 및 플랫폼 기반 창업 증가 (이커머스, 콘텐츠, 공유경제 등)
- ➩ 대학별 창업 펀드 및 액셀러레이터 프로그램 확대
- ➩ 메타버스, AI, 헬스테크 등 혁신 기술 기반 창업 증가
- ➩ 글로벌 창업 생태계 진출 (K-스타트업 글로벌 챌린지 등)

3. 대학생 창업의 미래 전망

- ➩ 비대면·플랫폼 창업 지속 증가: 온라인 기반 비즈니스 모델이 더욱 활성화
- ➩ 기술 중심 창업 강화: AI, 로봇, 바이오테크 등 첨단기술을 활용한 창업 확대
- ➩ 대학 내 창업 생태계 확장: 창업학과, 창업 펀드, 글로벌 진출 지원 증가
- ➩ 사회적 기업 및 ESG 창업 활성화: 지속 가능성을 고려한 창업 트렌드 확산

즉, 창업의지는 창업에 필요한 네트워크를 형성하기 위하여 예비창업자가 노력하는 창업과정이며 가장 핵심 포인트이다. 창업의지의 중요성은 잠재적 창업가들이 국가나 조직의 경제적 활력에 미치는 영향에서도 찾아볼 수 있다.

창업의지가 있고 창업에 대한 올바른 지식을 가지고 있으면 창업은 20대 후반과 30대 중반까지의 전문교육을 받은 혁신적인 사람들에게서 많이 성취된다고 한다. 그러므로 대학생들에게 창업교육과 창업지원프로그램을 체계적이며 지속적으로 실시하면 다양한 분야에 대학생 창업이 증가하여 새로운 부가가치를 창출하여 국가경쟁력의 초석이 될 것이며, 기술의 발전과 정부 및 대학의 지원으로 꾸준히 성장하고 있으며, 앞으로도 디지털 전환과 글로벌 진출을 중심으로

더욱 발전할 것으로 예상된다.

Ⅳ 대학생 창업절차

대학생 창업은 예비창업자의 꿈과 비전을 밑바탕으로 미래에 내가 어떻게 살아야 할 것인가? 나름대로 자기 삶의 방향을 설정하고 준비해 가야 한다. 아래 와같이 좋아하고 잘할 수 있는 아이템을 선택하여 분야별 활동을 하고 교수와 전문가, 부모의 적극적인 지지에 의하여 진행해 가며 창업해야 리스크를 줄이고 성공적으로 진입할 수 있다.

대학생이 창업을 준비하는 절차는 일반적인 창업 절차와 유사하지만, 대학생만의 장점(정부 및 대학 지원, 창업동아리, 창업경진대회 등)을 활용하는 것이 중요합니다. 다음은 대학생 창업 절차를 단계를 살펴보면 다음과 같다.

※ 아이디어 구체화 및 사업 계획 수립

➪ 창업 아이디어 발굴 (관심 분야, 문제 해결형 아이디어 등)

➪ 시장 조사 및 경쟁사 분석

➪ 비즈니스 모델 수립 (BM 캔버스 활용)

➪ 사업 계획서 작성

➪ 대학 창업지원단, 창업 동아리, 창업 경진대회 등을 통해 아이디어 검증

➪ 창업 관련 서적 및 강의 수강

※ 지원 프로그램 및 자금 확보

➪ 정부 및 지자체 창업 지원 프로그램 활용

➪ 청년창업사관학교

➪ 창업진흥원 초기창업패키지

➪ 중소벤처기업부 창업지원사업

➪ 대학 내 창업보육센터(BI) 및 창업지원단 프로그램 참여

- ➪ 창업 경진대회 참가 (상금 및 멘토링 지원)
- ➪ 크라우드 펀딩 또는 엔젤 투자 유치
- ➪ 대학별 창업 장학금, 학점 인정 프로그램 활용
- ➪ K－Startup, 창업진흥원 등에서 지원사업 확인

※ 사업자 등록 및 법적 절차 진행

- ➪ 창업 형태 결정 (개인사업자 vs 법인사업자)
- ➪ 사업자등록 신청 (국세청 홈택스)
- ➪ 법인 설립 시 등기 및 법인 계좌 개설
- ➪ 세무 및 회계 관리 준비 (세금 신고, 노무 관리 등)
- ➪ 창업선도대학의 법률·회계 컨설팅 지원 활용

※ 제품/서비스 개발 및 테스트

- ➪ MVP(최소 기능 제품) 제작 및 사용자 피드백 수집
- ➪ 베타 테스트 진행 및 개선
- ➪ 브랜딩 및 마케팅 전략 수립
- ➪ 대학생 네트워크를 활용한 테스트 진행 (SNS, 커뮤니티 활용)
- ➪ 대학 내 실험실, 창업공간 이용

※ 시장 진입 및 성장 전략 수립

- ➪ 초기 고객 확보 및 마케팅 실행
- ➪ 유통 및 판매 채널 구축 (오프라인, 온라인, B2B 등)
- ➪ 지속적인 데이터 분석 및 피드백 반영
- ➪ 창업 멘토링 프로그램 및 액셀러레이터 활용
- ➪ 정부 지원사업 및 투자 유치 적극 활용

※ 성장 및 확장

- ➪ 추가 투자 유치 및 글로벌 시장 진출 고려
- ➪ 조직 확대 및 경영 시스템 정비
- ➪ 지속적인 수익 모델 개선 및 확장 전략 실행

➩ 해외 진출 시 K-Startup Grand Challenge, KOTRA 지원 프로그램 활용

※ 대학생 창업 시 활용할 수 있는 지원제도

➩ 대학 창업지원단: 창업 공간 제공, 시드머니 지원

➩ 창업진흥원 초기창업패키지: 자금 및 멘토링 지원

➩ TIPS(팁스) 프로그램: 기술 기반 스타트업 지원

또한, 대학생 창업은 비교적 적은 리스크로 도전할 수 있으며, 다양한 지원 프로그램이 존재합니다. 아이디어 구체화부터 실행까지 차근차근 단계를 밟아 나가면서 성장하는 것이 중요함.

V 대학생의 창업 실태 분석

유연호 박사의 대학생을 대상으로 창업의지에 대한 실증연구 분석자료 중 응답자들의 일반적인 특성을 살펴보면 다음과 같다.

① 성별의 경우, 남자가 305명(76.4%), 여자가 92(23.1%) 그리고 무응답 2명(0.5%)이였고,

② 전공계열은 경상계열이 204명(51.1%), 공학계열이 190명(47.6), 무응답 5명(1.3%)이며,

③ 3학년 학생이 202명(50.6%), 4학년 학생이 195명(48.9%), 무응답 2명(0.5%),

④ 거주 지역은 서울 199명(49.9%), 수도권 140명(35.1%), 지방 59명(14.8%)으로 대부분이 서울과 수도권에 거주하는 것으로 나타났다.

1. 창업이 실업문제의 대책

창업이 실업문제를 해결할 수 있는 하나의 대책인가에 대하여 예/아니오(55.9%/43.1)로 [표 9-1]과 같다. 이는 대학생들이 창업을 하므로 실업을 해결할 수 있는 대책 중 하나로 생각하고 있음을 보여준다.

청년실업의 대책으로 창업이 도움이 되리라 생각된다.

표 9-1 창업이 실업문제 해결의 대책

구 분	빈 도	퍼센트(%)
예	223	55.9
아니오	172	43.1
합계	395	99.0
시스템 결측값	4	1.0
합계	399	100.0
10	10	15~20

2. 창업하려는 시기

창업하려는 시기는 언제인가에 대하여 졸업 전 3.3%, 졸업 후 1년 이내 7.8%, 졸업 후 3년 이내 8.0%, 졸업 후 5년 이내 31.8%, 창업할 생각이 없다 47.9%로 [표 9-2]와 같다. 이는 졸업 후 창업이 50.9%이고 창업하지 않겠다가 47.9%로 이므로 대학생들은 창업에 대하여 긍정적으로 생각하고 있으며, 대학에서 창업지원프로그램이 활성화시켜 잠재적 창업자인 대학생들이 실질적으로 창업까지 연결될 수 있도록 해야 한다.

표 9-2 창업하려는 시기

구 분	빈 도	퍼센트(%)
졸업 전	13	3.3
졸업 후 1년 이내	31	7.8
졸업 후 3년 이내	32	8.0
졸업 후 5년 이내	127	31.8
창업할 생각이 없다	191	47.9
합계	394	98.7
시스템 결측값	5	1.3
합계	399	100.0

3. 창업자금

창업자금은 어느 정도인가에 대하여 1천만원~3천만원 미만 6.8%, 3천만원~5천만원 미만 22.8%, 5천만원~7천만원 미만 18.3%, 7천만원~1억원 미만 17.8%, 1억원~3억원 미만 18.7%, 3억원~5억원 미만 11.0%, 5억원 이상 4.6%로 [표 9-3]과 같다. 이는 대학생 창업은 3천만원에서 1억원 사이의 창업자금이 필요하다는 것을 시사한다.

표 9-3 창업자금

구 분	빈 도	퍼센트(%)
1천만원~3천만원 미만	15	6.8
3천만원~5천만원 미만	50	22.8
5천만원~7천만원 미만	40	18.3
7천만원~1억원 미만	39	17.8
1억원~3억원 미만	41	18.7
3억원~5억원 미만	24	11.0
5억원 이상	10	4.6
합계	219	100.0

4. 창업자금의 조달 형태

창업자금의 조달형태는 무엇인가에 대하여 자기자금 33.5%, 부모님 15.8%, 친구나 지인 6.9%, 금융권 37.9%, 기타 5.9%로 [표 9-4]와 같다. 이는 자기를 중심으로 한 주변사람들로부터의 자금조달이 56.2%이고, 금융권이 37.9%라고 볼 수 있다. 이로써 대학생들에게 금융권에 대한 정보를 제공할 필요가 있다는 것을 알 수 있다.

표 9-4 창업자금의 조달 형태

구 분	빈 도	퍼센트(%)
자기자금	68	33.5
부모님	32	15.8

친구나 지인	14	6.9
금융권	77	37.9
기타	12	5.9
합계	203	100.0

5. 창업준비 계획의 의논대상

창업준비 계획은 누구와 상의하고 싶은가? 에 대하여 부모 11.6%, 교수 8.7%, 선배 10.6%, 친구 12.6%, 창업전문가 47.3%, 기타 9.2%로 [표 9-5]와 같다. 교수가 8.7%이고 창업전문가 47.3%로 나타나 교수보다는 창업전문가를 신뢰하는 것을 알 수 있다. 이는 창업전문가와 대학의 유기적인 네트워킹이 필요성을 의미한다.

표 9-5 창업준비계획의 의논 대상

구 분	빈 도	퍼센트(%)
부모	24	11.6
교수	18	8.7
선배	22	10.6
친구	26	12.6
창업전문가	98	47.3
기타	19	9.2
합계	207	100.0

6. 창업형태

창업할 겨우 창업형태는 무엇인가에 대하여 독자적 창업 36.3%, 동업형태의 공동창업 63.7%로 [표 9-6]과 같다. 이는 그동안 우리에게 뿌리 깊게 나타났던 동업에 대한 부정적 이미지를 바꾸는 것으로 다양한 형태의 창업이 이루어질 수 있다는 의미이기도 하다.

표 9-6 창업 형태

구 분	빈 도	퍼센트(%)
독자적 창업	78	36.3
동업형태의 공동창업	137	63.7
합계	215	100.0

7. 창업의 장애요인

창업의 장애요인은 무엇인가에 대하여 사회적 경험부족 26.7%, 사회문화적 분위기 5.6%, 창업자금 조달 27.2%, 사업아이템 및 업종선정 12.8%, 창업관련지식 10.3%, 창업의지 5.1%, 사업의 시장 · 수익 · 가치성 11.3%, 인맥 1.0%로 [표 9-7]과 같다. 이는 창업자금 조달과 사회경험부족이 창업에 최대 걸림돌이며 창업을 주저하는 이유로 볼 수 있으므로 대학에서 현장체험의 기회를 만들어 주고, 창업자금에 대한 다양한 정보를 제공하여야 할 것이다.

표 9-7 창업의 장애요인

구 분	빈 도	퍼센트(%)
사회경험부족	52	26.7
사회문화적 분위기	11	5.6
창업자금조달	53	27.2
사업아이템 및 업종선정	25	12.8
창업관련지식	20	10.3
창업의지	10	5.1
사업의 시장 수익 가치성	22	11.3
인맥	2	1.0
합계	195	100.0

8. 창업을 한 후 실패했을 경우 대응방안

만약 창업을 한 후 실패했을 경우 대응방안은 무엇인가에 대하여 실패요인을 분석해서 다시 창업 52.1%, 취업준비 29.5%, 잘 모르겠다 18.4%로 [표 9-8]

과 같다. 창업에 실패한 후 다시 창업을 할 것이라는 것은 창업에 대한 의지가 강하다는 것으로 해석할 수 있다.

표 9-8 창업한 후 실패시 대응방안

구 분	빈 도	퍼센트(%)
실패요인을 분석해 다시 창업	113	52.1
취업준비	64	29.5
잘 모르겠다	40	18.4
합계	217	100.0

9. 희망하는 창업업종

희망하는 창업업종은 무엇인가에 대하여 외식업 10.5%, 유통업 7.2%, 서비스업 24.4%, 인터넷쇼핑몰 16.7%, 재택소호업 4.3%, 제조업 1.0%, 프랜차이즈 9.6%, 취미관련사업 9.1%, 교육사업 3.3%, 스포츠레저관련사업 3.3%, 기타 10.5%로 [표 9-9]와 같다. 이는 다양한 분야에 관심을 가지고 있으며, 특히 제조업보다는 서비스업분야에 더욱더 많은 관심을 가지고 있음을 알 수 있다.

표 9-9 희망하는 창업업종

구 분	빈 도	퍼센트(%)
외식업	22	10.5
유통업	15	7.2
서비스업	51	24.4
인터넷쇼핑몰	35	16.7
재택소호업	9	4.3
제조업	2	1.0
프랜차이즈	20	9.6
취미관련사업	19	9.1
교육사업	7	3.3
스포츠레저 관련 사업	7	3.3
기타	22	10.5
합계	219	100.0

10. 창업의 성공요인

창업하려고 할 때 가장 중요한 성공요인은 무엇이라 생각하는가에 대하여 창업자의 창업의지 8.9%, 철저한 사전준비 61.7%, 적절한 업종선정 20.6%, 창업자금 7.0%, 기타 1.9%로 [표 9-10]과 같다. 철저한 사전준비가 61.7%로 높게 나타난 것은 창업지원프로그램의 체계적이고 지속적인 진행이 필요하다는 것을 시사한다.

표 9-10 창업하려 할 때 성공요인

구 분	빈 도	퍼센트(%)
창업자의 창업의지	19	8.9
철저한 사전준비	132	61.7
적절한 업종선정	44	20.6
창업자금	15	7.0
기타	4	1.9
합계	214	100.0

Ⅵ 대학생 창업 지원제도

1. 대학생 창업경연대회

(1) 대한민국 벤처·창업대전

- 주최 : 중소기업청
- 주관 : 창업진흥원, 벤처진흥원, 소상공인진흥원
- 후원 : 지식경제부, 기획재정부, 중소기업중앙회 등

(2) 대한민국 대학생 벤처창업경진대회

- 참가자격 : 대한민국 대학교(원) 재학(휴학)생으로 구성된 팀으로 참신하고 발전성 있는 아이템을 보유한 사람

- 주최 : 중소기업청
- 주관 : 창업진흥원
- 후원 : 지식경제부, 기획재정부

(3) 대한민국 대학생 온라인 쇼핑몰 창업경연대회

- 주최 : 서울대학교 경영대학
- 주관 : (주)대학생창업대회
- 후원 : 고용노동부, 교육과학기술부, 지식경제부, 한국장학재단, MBC, 매일경제

(4) 대학생 우수아이템 창업경진대회

- 목적 : 사업화 역량을 갖춘 대학생 창업동아리의 우수 창업아이템을 발굴, 지원하여 청년창업을 촉진하고 미래 성장 가능한 사업을 육성함으로써 일자리 창출 및 청년실업 해소에 기여
- 참가자격 : 대한민국 대학교(원) 재학(휴학)중으로 사업화 가능한 우수 아이템을 보유한 대학 창업동아리 또는 팀(팀 구성은 5인 이하로 제한). 단, 응모 아이디어로 기 창업한 후 1년 이상 경과한 경우, 동일 창업아이템으로 타 대회에서 입상한 경우 등은 응모 불가
- 주최 : 신용보증기금

(5) 기타 대학, 지방자치단체별 대학생 창업경연대회 실시

2. 청소년 비즈쿨(Biz-Cool) 지원사업

(1) 사업개요

청소년의 창업 및 비즈니스 마인드 함양을 위한 체험학습, 참여 프로그램 활동비 등 창업교육에 필요한 운영비 지원을 통해 지역별 비즈쿨 운영 학교를 육성하고 있다.

(2) 신청자격

초·중등교육법 제2조의 각 호에 해당하는 학교

(3) 지원규모 및 예산

선정학교 : 100개 선정(초등 10개, 중등 10개, 고등 80개 학교)

※ 창업특화, 지역거점학교는 발표평가를 통해 최종 선정

구 분	주요 내용
고등학교	6대 광역권 단위 경쟁으로 80개 학교 선정
초·중학교	지역 구분 없이 전국 단위 경쟁으로 20개 학교 선정

* 6대 광역권 : 서울, 수도권(경기·인천), 충청권, 호남권(호남+제주), 대경권(대구·경북+강원), 동남권

(4) 학교 지원내용

① 학교 지원금

㉠ 지원내용 : 교육비, 운영비 등

㉡ 청소년 비즈쿨 프로그램 운영 학교는 최소 34시간 이상 교육

(5) 세부지원내용

① 지원신청 방법 : 온라인(인터넷)을 통한 사업계획서 접수

환경 변화의 내용 예시
※ http://www.changupnet.go.kr/jiwon→회원가입→로그인 →사업신청(온라인 내용입력 및 사업계획서 등록)

② 창업교육 기반 지원

창업교육역량 강화를 위한 프로그램 지원을 통해 비즈쿨 운영의 기초토대 마련 지원

㉠ 교사연수

- 지원 시기 및 인원 : 3월(교사워크샵) 및 8월(교사연수), 학교당 2명
- 교사연수는 미니 MBA 형태의 비즈니스 관련 과목 및 계열별 특화 교육을 융합하여 지원

㉡ 온라인 교육기반 지원

- 지원내용 : e-러닝 시스템, 수업용 동영상(부교재), YES-리더스 온라인 특강 등
- 지속적인 컨텐츠 갱신 및 프로그램 개발·보강을 통한 온라인 교육 지원

㉢ 창업교육 관계자 워크샵

학교장, 장학관(사) 및 지방청 담당자와의 워크샵 개최

㉣ 교재 지원

비즈쿨 교재 개발(학교 계열별 교재) 및 2010년 개발 교재의 교육청 인정 도서 추진

㉤ 교수기법 교류 지원

비즈쿨 전국교사협의회, 지방청별 간담회 및 계열별 교류회 개최

③ 체험학습 및 참여 프로그램 지원

㉠ 비즈쿨 페스티벌

- 학교별 창업동아리 활동 결과물 전시 및 창업 경진대회 개최
- 부대행사 지원 : 창업 활동사례 경진대회, 창업아이템 경진대회, 특강, 빛냄이 선발대회, 창업골든벨, 비즈쿨 캐릭터 공모전 등

㉡ 어린이 경제·창업캠프(초등학교)

창업 및 기업운영 가상체험, 리더십 개발 등의 내용으로창업캠프 개최(총 6회)

㉢ 학부모 경제·창업교실(초등학교)

학부모와 어린이가 함께하는 창업교실 개최(2회)

㉣ 비즈쿨 창업캠프(중·고등학교)

여름 및 겨울방학을 이용하여 창업 시뮬레이션을 경험할 수 있는 창업캠프 개최(총 7회)

㉤ YES-리더스 특강

학교당 연간 1~2회의 YES-리더스 초청 특강 개최

3. 기타 대학생 창업지원사업

① 대학생 CEO아카데미
② 대학생 창업 Idea Contest
③ 청년 CEO Speech
④ 청년사관학교
⑤ 대학생 창업동아리

쉬어가기

미국 대학생 창업지원 사례

Babson College의 창업지원프로그램
"마음껏 실패할 기회 준다" 10년간 교내 벤처 5000개 탄생…

Roger Babson에 의해 1919년에 설립된 Babson College는 2008년 U.S.News & World Report의 평가에서 창업(entrepreneurship)부문에서 10년 연속 1위를 차지했다. 학부에서의 창업교육은 1971년부터 창업관련 과목이 개설되었고, 1979년부터 Business Administration 학위를 수여하면서 3학년 과정부터 창업과정을 본격적으로 연구하게 된다.

1학년부터 3학년 1학기까지는 18학점을 이수할 수 있고, 3학년 2학기부터는 16학점을 이수할 수 있으며, 총 126학점을 취득해야 졸업이 가능하다.

학부과정은 난이도에 따라 기초과정과 중급과정 그리고 고급과정으로 나누어져 있다. 기초과정(Foundation)인 기초경험경영(Foundation Management Experience: FME)과 중급과정(Intermediate)인 창업속성교육과정(Accelerated Curriculum for Entrepreneurship: ACE) 그리고 고급과정(General College/Advanced Electives)인 Entrepreneurship & New Venture와 Integrated Strategic Management로 나누어져 있다.

Babson College의 창업지원프로그램은 단순한 지식이나 절차 주입식이 아닌 핵심 성공요인을 구체화하고 대학 특성에 맞는 차별화된 창업시스템으로 점진적으로 체계화하여 실질적인 창업으로 연결되도록 아래의 표와 같이 구성되어 있다.

창업지원프로그램은 대학생들에게 실질적인 창업기회를 가질 수 있도록 하고, 대학에 창업 열기를 확산시켜 창업분위기를 조성을 통해 예비창업자를 지원하고 성공한 창업자들은 대학의 교육발전과 지역경제활성화 그리고 국가발전에 중요한 역할모델이 되고 있다.

Babson College의 창업지원프로그램의 특징을 살펴보면 다음과 같다.

첫째, 창업교육과 유기적으로 연계된 창업현장의 다양한 프로그램 등이 있다.
둘째, 이론적 배경을 바탕으로 한 사례연구와 발표와 현장체험이 조화를 이룬다.
셋째, 기초·중간·고급 과정의 학부과정과 MBA과정이 조화를 이룬다.
넷째, 예술, 법, 철학, 부동산 등의 이종학문간 융합을 한다.
다섯째, 다양한 분야의 전문가들로부터 단계별로 지원을 받을 수 있다.
여섯째, 창업연구소가 있어 새로운 정보와 발표 그리고 유기적인 교류가 가능하다.
일곱째, 졸업생과의 네트워크를 통해 창업현장체험을 할 수 있다.
여덟째, 창업 초기화자금, 즉 졸업생들이 조성한 Seed Money를 지원받을 수 있다.
아홉째, 무엇보다 중요한 것은 도전적이며 열정적인 차별화된 대학의 기업가 정신 창업문화가 있어 창업의 열기를 지속할 수 있다.

창업을 위한 여러 역량들은 선천적이기보다는 후천적으로 얻어지는 경우가 더 많기 때문에 창업교육을 통해 인터넷 모바일세대의 대학생들이 도전하는 기업가 정신으로 실질적인 창업까지 이루어질 수 있는 유기적이며 융합적인 시스템인 대학의 기업가 정신을 바탕으로 차별화된 창업문화를 만들어 나아가는 것이 매우 중요하다.

표 9-11 창업하려 할 때 성공요인

창업지원프로그램	명칭(내용)
Co-curricular Programs 강좌병행 프로그램	• Student organizations(학생자치조직) -Babson Chamber of Commerce(사업 환경 적응역할) -Babson Entrepreneurial Exchange(기회의 개발과 교환역할) -Babson Entrepreneurship Club(경연대회개최/준비학생서포트) -E-Tower at Babson(사업 실행력 증진) • Hatcheries(창업보육기관) • Brain Trust(자문단 운영) • Seed Fund(사업과 초기 자금) • Babson Entrepreneurial Review(창업관련 출판물의 발간)
Co-curricular Programs 강좌병행 프로그램	• Entrepreneurial Programs and Prizes(우수학생 포상제도) -The Frederic C. & Jane Hamilton Entrepreneurial Scholarship Program(MBA과정의 재학 중인 학생을 대상으로 학문적 성과에 기준으로 수여하는 교수상)
Entrepreneurship Events 창업경연대회	• Rocket Pitch(3분 동안 사업아이디어 발표경연대회) • Business Plan Competition(사업계획서 발표경연대회) -John H. Muller Competition(학부생 대상의 발표경연대회) -Douglass Foundation Competition(MBA학생 대상의 발표대회) -Alumni Evaluators(모든 학생 대상의 발표경연대회)
Entrepreneurship Research 창업연구소와 학회	• Arthur M. Blank Center for Entrepreneurship(창업교육연구) • Center for Women's Leadership(여성리더사업연구) • Innovation & Corporate Entrepreneurship Research(혁신 & 창업조직 연구) • W. F. Glavin Center for Global Management(글로벌창업연구) • Babson/HBCU Entrepreneurship Consortium(창업교육발전협회) • Babson College Entrepreneurship Research(창업학회)

출처 : 유연호 박사의 창업물꼬이야기. 대학생(청년)창업. 2010. 08.

학습문제

1. 대학생 창업의 정의를 설명하시오.
2. 대학생 창업에 맞는 창업절차를 설명하시오.
3. 대학생 창업의 장애요인을 설명하시오.
4. 대학생 창업지원제도를 설명하시오.

참고문헌

유연호 박사의 창업물꼬이야기(http://blog.naver.com/gatesceo). 대학생(청년)창업. 2010.08.

김태호. 대학생 창업 이렇게 하자 교재. 동명경영컨설팅. 2009.10.12.

중소기업청. 중소기업 성공 징검다리. 2011 중소기업 지원시책.

쉬어가기

당근마켓(Daangn Market) : 대한민국 대표 지역 기반 중고거래 플랫폼

※ 당근마켓의 창업 스토리

■ **창업 배경: 지역 커뮤니티의 부재**

■ 당근마켓은 김용현, 김재현 공동 창업자가 2015년 설립했다. 두 사람은 원래 카카오(Kakao) 출신 개발자로, 2011년 캐나다에서 '조인마켓'이라는 지역 기반 중고거래 서비스를 운영한 경험이 있었습니다. 하지만 한국에서는 아직 동네 주민 간 거래 문화가 정착되지 않은 상황이었다.

■ 당시 중고거래 플랫폼으로 '중고나라(네이버 카페 기반)'가 있었지만, 택배 거래가 많고 사기 위험이 높았습니다. 이를 해결하기 위해 "동네에서 믿을 수 있는 거래"를 목표로 2015년, '당근마켓(당신 근처의 마켓)을 개발하게 되었다.

■ **핵심 특징**

⇨ 내 주변 6km 이내의 동네 사람들과만 거래 가능

⇨ 실명 기반 + 동네 인증(위치 인증) 시스템 → 신뢰성 확보

⇨ 채팅을 통한 간편한 직거래

⇨ 초기에는 판교 지역에서만 운영되었지만, 점차 전국으로 확대

■ **빠른 성장 (2018~2020년)**

⇨ 2018년 전국 서비스 확장

⇨ 2019년 누적 다운로드 1,000만 돌파

⇨ 2020년 월간 활성 사용자(MAU) 1,000만 명 돌파

⇨ 당근마켓은 코로나19 이후 비대면 소비 증가 + 경제적 부담 감소 등의 영향으로 더 빠르게 성장

⇨ 현재 가입자 수 3,000만 명 이상
⇨ 국내 중고거래 앱 1위

■ **당근마켓의 확장 (2021~현재)**

당근마켓은 단순한 중고거래 앱을 넘어, 지역 기반 커뮤니티 플랫폼으로 확장
⇨ "동네 생활" 탭 추가 → 지역 주민 간 소통 기능
⇨ "동네 업체" 서비스 → 동네 가게 광고, 홍보 가능
⇨ "당근알바" 도입 → 지역 기반 단기 알바 매칭
⇨ "당근택배" 서비스 출시 → 편의점 택배와 제휴

■ **당근마켓이 바꾼 중고거래 문화**

⇨ "동네 거래"라는 새로운 패러다임 정착
⇨ 신뢰 기반의 안전한 중고거래 환경 구축
⇨ 단순 거래를 넘어 지역 커뮤니티 플랫폼으로 성장

현재 당근마켓은 한국을 넘어 영국, 캐나다, 일본 등 글로벌 시장에서도 서비스를 확장하고 있으며, "동네 기반 슈퍼 앱"으로 발전해 나가고 있다.

제10장

재택창업시스템

I 재택창업시스템의 의의

재택창업시스템이란, 개인이 별도의 오프라인 매장이나 사무실을 마련하지 않고, 자택에서 사업을 운영할 수 있도록 지원하는 시스템을 의미합니다. 이는 정보통신기술(ICT)의 발전과 함께 전자상거래, 플랫폼 경제, 프리랜서 및 1인 창업이 활성화되면서 더욱 주목받고 있다.

■ 재택창업시스템의 주요 의의

■ 비용 절감

⇨ 별도의 사무실 임대료, 유지 비용, 출퇴근 비용 등을 절약할 수 있어 초기 창업 비용 부담이 줄어든다.

■ 시간과 장소의 자유로움

⇨ 자택에서 일하기 때문에 근무 시간을 유연하게 조정할 수 있으며, 지리적 제약 없이 사업을 운영할 수 있다.

■ 디지털 경제와의 접목

⇨ 온라인 마켓, SNS, 전자상거래 플랫폼 등을 활용하여 다양한 비즈니스 모델(예: 온라인 쇼핑몰, 콘텐츠 제작, 재택 프리랜서 등)을 실현할 수 있다.

■ 소자본으로 창업 가능

⇨ 기존 오프라인 창업보다 적은 자본으로 시작할 수 있으며, 개인의 역량과 아이디어를 기반으로 사업을 확장할 수 있다.

■ 위기 대응력 향상

⇨ 팬데믹과 같은 외부 환경 변화에도 비교적 안정적으로 사업을 지속할 수 있으며, 글로벌 시장까지 타겟으로 할 수 있는 기회가 존재한다.

■ 대표적인 재택창업 유형

⇨ 온라인 쇼핑몰 운영 (스마트스토어, 쿠팡파트너스 등)

⇨ 블로그 및 유튜브 콘텐츠 제작

⇨ 원격 프리랜서(디자인, 번역, 개발, 마케팅 등)

⇨ 온라인 강의 및 컨설팅 사업

⇨ SNS 기반 개인 브랜드 운영

재택창업시스템은 현대적인 기술과 환경 변화에 맞춰 발전하는 창업 형태로, 누구나 도전할 수 있는 기회를 제공합니다. 하지만 성공적인 운영을 위해서는 철저한 시장 조사, 마케팅 전략, 지속적인 학습과 노력이 필요하다.

또한, 회사법인 창업시 30개 이상의 구비서류를 작성하여 법무사무소 등 7개 기관을 방문해 처리하던 회사 설립 업무를 재택창업시스템 온라인(http://www.startbiz.go.kr)으로 쉽고 빠르게 처리할 수 있는 회사 설립 시스템을 말한다. 즉, 컴퓨터가 있는 자택이나 사무실에서 법무사무소, 등기소, 세무서 등을 방문하지 않고도 온라인시스템에서 법인설립 후 사업자등록증을 교부받을 수 있는 법인창업시스템의 구조이다.

1. 재택창업시스템 운영계획

재택창업시스템은 2010년 1월 자본금 10억 미만의 주식회사 발기설립 서비스를 시작으로 시범적으로 운영하고 있으나, 주식회사 모집설립, 유한회사, 합명회사, 합자회사의 회사 설립 서비스를 점진적으로 확대해 나갈 예정이다.

2. 재택창업시스템 방향

재택 창업 시스템은 기술 발전과 변화하는 비즈니스 환경에 따라 다양한 방식으로 구현될 수 있습니다. 성공적인 재택 창업을 위해 아래와 같은 방향을 고려해야 합니다.

■ 재택 창업 시스템 구축 요소

➾ 비즈니스 모델 선정

➪ 디지털 제품: 전자책, 온라인 강의, 소프트웨어 개발 등

➪ 이커머스: 쇼핑몰, 드롭쉬핑, 중고거래 플랫폼 활용

➪ 서비스 제공: 컨설팅, 디자인, 번역, 마케팅, 코칭 등

➪ 콘텐츠 창작: 유튜브, 블로그, SNS 인플루언서, 팟캐스트

➪ 프리랜서 업무: IT 개발, 그래픽 디자인, 영상 편집, 글쓰기

➾ 온라인 기반 시스템 구축

➪ 홈페이지 및 쇼핑몰 운영: 자체 웹사이트, 스마트스토어, 쿠팡파트너스 활용

➪ 플랫폼 활용: 유튜브, 인스타그램, 네이버 블로그, 브런치 등

➪ 자동화 시스템: 챗봇, CRM, 이메일 마케팅 툴, AI 기반 고객 응대

➾ 비용 최소화 및 수익 최적화

➪ 초기 투자 최소화: 무자본 또는 소자본 창업 모델 선택

➪ 운영 효율화: 업무 자동화 도구 활용 (Zapier, Notion, ChatGPT 등)

➪ 다양한 수익원 확보: 광고 수익, 후원, 제휴 마케팅, 구독 서비스 등

■ 성공적인 재택 창업 전략

① 니치 시장(Target Niche) 공략

➪ 경쟁이 적고 수요가 있는 특정 분야 선택

➪ '반려동물 용품 리뷰', '디지털 노마드 교육'

② 브랜드 및 마케팅 전략

➪ 개인 브랜딩 강화 (SNS, 블로그, 유튜브 활용)

➪ SEO 최적화, 이메일 마케팅, 커뮤니티 구축

③ 지속적인 학습과 확장 가능성

➪ 트렌드 파악 및 기술 학습 (AI, 메타버스, 블록체인 등)

➪ 수익 모델 다각화 및 신규 시장 진출

■ 재택 창업 추천 아이템

⇨ 온라인 강의 판매 (강의 제작 후 플랫폼에 등록)

⇨ 유튜브 및 블로그 콘텐츠 제작

⇨ 이커머스 (스마트스토어, 아마존, 쿠팡, 이베이 등)

⇨ 디지털 제품 판매 (eBook, 템플릿, 소프트웨어 등)

⇨ 프리랜서 서비스 제공 (디자인, 개발, 카피라이팅 등)

⇨ 구독 서비스 (뉴스레터, 커뮤니티, 멤버십 등)

⇨ 인플루언서 및 SNS 마케팅 대행

또한, 재택 창업은 초기 비용을 절감하면서도 온라인을 활용해 높은 수익을 창출할 수 있는 기회입니다. 기술 및 시장 트렌드를 적극 활용하고, 지속적인 개선과 마케팅을 통해 성장을 도모하는 것이 중요하다 하겠다.

⇨ 명확한 비즈니스 모델 선정

⇨ 자동화 및 온라인 시스템 활용

⇨ 마케팅 및 브랜딩 강화

⇨ 지속적인 학습과 확장 가능성 고려

3) 재택창업시스템 이용시 사전준비사항

개인공인인증서	구성원 전체(대표이사, 사내이사, 감사, 발기인 등)
법인인감인영	법원 등기 신청시 등록할 법인인감인영(깨끗한 A4용지에 날인)
사업장 임대차계약서	사업장을 타인 또는 타법인으로부터 임대하는 경우
법인등록세 감면신청 서류	벤처기업확인서, 벤처기업 직접시설 또는 산업기술단지에 입주를 증명하는 서류 등
스캐너	임대차 계약서, 법인인감 인영, 감면 신청 서류 등을 스캔

4. 재택창업시스템 업무 절차

재택 창업을 성공적으로 운영하기 위해서는 체계적인 업무 절차를 수립하고 실행해야 합니다. 아래는 재택 창업 시스템을 운영하는 주요 업무 절차입니다.

(1) 창업 준비 단계

① 시장 조사 및 비즈니스 모델 선정

- ➪ 관심 있는 분야 및 가능성 높은 시장 조사
- ➪ 타겟 고객 분석 (연령, 성별, 관심사, 문제점 등)
- ➪ 경쟁사 분석 및 차별화 전략 수립

② 아이디어 검증 및 시제품 개발

- ➪ 제품 또는 서비스 아이디어 검토
- ➪ 고객 반응 테스트 (SNS, 설문조사, MVP 활용)
- ➪ 초기 시제품(서비스) 제작 및 피드백 수집

③ 법적 및 행정 절차 진행

- ➪ 사업자 등록 (개인/법인사업자 선택)
- ➪ 사업자 통장 및 세금 관련 등록 (전자세금계산서, 부가세 신고 등)
- ➪ 지적재산권 보호 (특허, 상표권, 저작권 등록)

(2) 시스템 구축 단계

① 온라인 플랫폼 구축

- ➪ 홈페이지, 쇼핑몰, 블로그, SNS 계정 개설
- ➪ 제품 상세페이지 제작 및 최적화
- ➪ 결제 시스템 설정 (PG사 계약, 카드결제, 계좌이체 등)

② 마케팅 및 홍보 전략 수립

- ➪ SEO(검색엔진 최적화) 및 키워드 리서치
- ➪ SNS 마케팅 (인스타그램, 유튜브, 네이버 블로그 등)
- ➪ 광고 운영 (페이스북, 구글 애즈, 네이버 키워드 광고)
- ➪ 이메일 마케팅 및 고객 커뮤니티 구축

③ 자동화 및 업무 효율화

- ➪ 주문 및 결제 자동화 시스템 구축
- ➪ 고객관리(CRM) 및 챗봇 도입
- ➪ 업무 관리 툴 활용 (Notion, Trello, Asana 등)
- ➪ 데이터 분석 및 성과 측정 도구 활용 (Google Analytics, Hotjar)

(3) 운영 및 성장 단계

① 고객 응대 및 서비스 개선

- ➪ 고객 문의 대응 (이메일, 채팅, 전화 등)
- ➪ 반품 및 환불 프로세스 운영
- ➪ 후기 및 피드백 반영하여 제품/서비스 개선

② 매출 분석 및 성장 전략 수립

- ➪ 판매 데이터 및 수익 분석
- ➪ 인기 제품 및 마케팅 효과 분석
- ➪ 신제품 개발 및 추가 수익 모델 탐색

③ 확장 및 다각화

- ➪ 해외시장 진출(해외 배송, 글로벌 마켓플레이스 입점)
- ➪ 구독 서비스 또는 멤버십 모델 추가
- ➪ 협업 및 제휴 마케팅 추진

(4) 최적화 및 지속적인 개선

- ➪ 주기적인 성과 분석 및 개선 방향 설정
- ➪ 고객 피드백 반영 및 제품 업그레이드
- ➪ 새로운 마케팅 트렌드 적용 (SNS, AI, 챗봇 활용)
- ➪ 법률 및 세무 관리 지속적 업데이트

※ 성공적인 재택 창업을 위한 체크리스트

- ➪ 시장 조사 및 수익 모델 검증 완료
- ➪ 홈페이지/SNS/마케팅 채널 구축
- ➪ 자동화 시스템 활용하여 업무 효율화
- ➪ 고객 서비스 및 지속적 개선 계획 수립
- ➪ 데이터 분석을 통한 전략적 확장 진행

Ⅱ 온라인 회사 설립 절차

1. 주식회사(발기설립)

(1) 설립의사 결정

회사를 설립하기 위해 자연인/법인이 모여 사업의 목적 및 출자방법, 상호 등을 결정하고 회사의 기본 규칙인 정관을 작성한다.

사원구성	• 회사를 설립하고자 하는 창업희망자가 회사의 사원(발기인)이 되어 발기인 조합을 구성
설립목적 및 출자방법 결정	• 회사의 영업내용을 뜻하므로 사회통념상 그 사업이 무엇인가를 알 수 있을 정도로 구체적으로 기재 • 발기인의 출자금액, 발기인 이외의 추가 주주 구성 여부 등을 확인하여 발기설립/모집설립 여부 결정
온라인 상호검색 및 상호결정	• 인터넷등기소의 등기열람/발급→상호찾기 메뉴를 통해 상호 검색 회사의 본점 소재지를 관할하는 등기소를 선택하고 검색하고자 하는 상호 입력 검색
정관작성 및 인증	• 발기인들이 모여 주식회사의 정관 작성 정관은 공증인의 인증이 있어야 효력이 발생하며 자본금 10억원 미만인 경우 공증인 인증 없이 발기인의 기명날인 만으로 효력 발생

(2) 자본 및 조직구성

발기인이 법인설립을 위하여 주식발행사항 결정, 주식인수를 통해 법인의 자본금을 구성하고, 발기인회, 이사회를 통해 회사의 임원(대표이사, 이사, 감사)을 결정하며, 이와 같은 일련의 절차에 대해 조사보고를 행하는 절차이다.

주식발행사항결정 / 발기인 주식 인수	• 회사가 발행할 총 주식수 및 설립 당시 발행할 주식수를 결정하고 이를 발기인이 모두 인수한다.
발기인 회의	• 주식을 인수한 발기인이 본점의 위치를 확정하고, 회사의 이사/감사를 선출한다.
이사회	• 선출된 이사는 대표이사를 선출한다. -이사가 1인인 경우 대표이사를 선출하지 않고 1인의 사내이사가 회사를 대표한다 -이사가 2인인 경우 원칙적으로 각각의 사내이사가 회사를 대표하며, 정관으로 정하는 바에 따라 대표이사를 선임할수 있다.
조사보고	• 선출된 이사/감사는 정관, 주식발행사항 및 인수, 의사회(발기인회의, 이사회)의 일련의 절차 등이 법률/정관에 의거하여 문제점이 없는지 확인/조사하여 발기인에게 보고한다. • 선출된 이사/감사가 모두 발기인인 경우 조사보고에 참여할 수 없기 때문에 외부의 공증인을 통해 조사보고를 실시한다.
의사록 인증	• 작성된 정관, 발기인회의사록, 이사회의사록을 공증인에게 인증받는다. • 회사의 자본금 총액이 10억 미만인 회사는 정관/의사록 인증을 받지 않아도 무방하다.

(3) 잔액(고)증명발급

회사의 자본금 총액이 10억 미만인 회사의 경우 기본의 주금납입보관증명 대신 대표자(대표이사)명의 계좌인 잔액(고)증명서를 제출하는 것이 가능하다.

주주별 주금납입	회사의 주식을 인수한 주주는 해당 주식에 대한 금액을 회사 대표자(대표이사) 명의의 계좌로 송금하여 주식금액을 납입한다.
잔액(고)증명 발급/계좌동결	• 대표자는 금융기관에 방문하여 주금이 납입된 계좌에 대한 잔액(고)증명을 요청하여 발급 받는다. • 잔액(고)증명을 발급받은 계좌는 해당 발급일자에 대하여 동결되며(1일), 따라서 차후 법인계좌로 활용할 만한 수시 입출금이 없는 계좌를 이용하여야 한다.

(4) 주금납입보관증명 발급

설립당시 회사의 자본금 총액이 10억 이상인 경우 '회사 자본금에 대한 증명서'를 주금을 납입할 은행 및 금융기관의 '납입보관증명서'로 제출하여야 한다.

1. 주금납입 수납대행 의뢰	회사 주식금액의 수납을 금융기관, 은행에 의뢰한다.
2. 주주별 주금 납입/주금계정 관리	• 회사의 주식을 인수한 주주는 지정한 금융기관에 방문하여 해당 주식에 대한 금액 받드시 현금/수표 등으로 납입한다(계좌이체 지원 안 됨). • 금융기관은 납입된 주금을 '유가증권 청약증거금'이라는 계정으로 관리하며, 이는 법인설립등기가 완료되기 전까지 인출할 수 없도록 관리된다.
3. 주금납입보관 증명 발급의뢰/ 발급	• 주금납입이 완료되면 대표자(발기인대표, 대표이사)는 해당 금융기관에 주금납입보관 증명에 대한 발급을 요청한다. • 요청할 자격이 있는 자(발기인 대표, 대표이사, 이사 등)가 발급을 의뢰하여야 한다.

(5) 법인등록세 납부

회사의 자본 및 조직구성이 완료되면 법인설립을 위하여 지방자치단체에 등록세를 신고/납부하여야 한다.

(6) 법인설립 등기

법인의 법인격 취득을 위하여 법인설립등기를 신청하는 절차이다. 법인설립등기, 법인인감신고 등을 통해 회사의 법인등기사항 증명서, 법인인감증명, 법인인감카드 등이 발급된다.

(7) 사업자등록 신청

법인설립등기 이후 세무서에 법인설립신고 및 사업자등록 신청을 하는 단계이며, 사업자등록 신청 후 사업자등록증이 발급되면 회사를 운영하여 영업활동 등의 사업행위가 가능해진다.

(8) 4대사회보험 신고

사업자등록이 완료된 회사에 대하여 국민연금, 건강보험, 산재/고용보험(4

대사회보험)에 사업장적용신고(보험관계 성립신고)를 하고, 1인 이상의 근로자에 대한 신고(법인대표 포함)가 이루어져야 4대사회보험 가입이 완료된다.

(9) 취업규칙 신고

성립된 회사가 근로자의 취업규칙을 작성하여 노동부에 신고하는 단계로 취업규칙 신고는 근로자가 10인 이상인 사업장만 실시한다.

※ 취업규칙신고는 재택창업시스템을 비롯한 온라인을 통한 신고는 불가능하며, 반드시 지방노동관서에 방문하여 신고하여야 한다.

2. 주식회사(모집설립)

(1) 설립의사 결정

회사를 설립하기 위해 자연인/법인이 모여 사업의 목적 및 출자방법, 상호 등을 결정하고 회사의 기본 규칙인 정관을 작성한다.

1. 사원구성	회사를 설립하고자 하는 창업희망자가 회사의 사원(발기인)이 되어 발기인 조합을 구성
2. 설립목적 및 출자방법 결정	• 회사의 영업내용을 뜻하므로 사회통념상 그 사업이 무엇인가를 알 수 있을 정도로 구체적으로 기재 • 발기인의 출자금액, 발기인 이외의 추가 주주 구성 여부 등을 확인하여 발기설립/모집설립 여부 결정
3. 온라인 상호 검색 및 상호결정	• 등기열람/발급→상호찾기 메뉴를 통해 상호 검색 • 회사의 본점 소재지를 관할하는 등기소를 선택하고 검색하고자 하는 상호 입력 검색
4. 정관작성 및 인증	• 발기인들이 모여 주식회사의 정관 작성 • 정관은 공증인의 인증이 있어야 효력이 발생

(2) 자본 및 조직구성

발기인의 법인설립을 위하여 주식발행사항 결정한 후 발기인 이외의 주주를 모집하여 주식청약/배정/인수 절차를 통해 법인의 자본금을 구성하고, 창립총회, 창립사항보고, 이사회를 통해 회사의 임원(대표이사, 이사, 감사)을 결정하며, 이와 같은 일련의 절차에 대한 조사보고를 행하는 절차이다.

1. 주식발행사항 결정	회사가 발행할 총 주식수 및 설립 당시 발행할 주식수를 발기인이 모두의 동의로 결정한다.
2. 발기인 주식 인수/주주모집	발기인은 주식을 인수하고 발기인이 인수한 주식을 제외한 나머지 주식에 대하여 주주를 모집한다.
3. 주식 청약, 배정 및 인수	• 주식을 인수하고자 하는 자는 발기인이 작성한 주식 청약서에 인수할 주식을 기재하고, 기명날인 하여 주식을 청약한다. • 발기인은 발기인과 주주에게 인수할 주식을 배정하고, 모집 주주에게는 주식 배정 통지서를 서면으로 발송하여야 한다. • 발기인과 주주는 배정된 주식에 대하여 서면으로 인수한다.
4. 창립총회	• 발기인은 초대 주주총회인 창립총회를 개최한다. 창립총회는 개최 2주전 서면 등으로 통지하여야 하지만, 주주 전원의 동의로 절차를 생략할 수 있다. • 주식을 인수한 발기인과 주주는 창립총회를 통해 본점의 위치를 확정하고, 회사의 이사/감사를 선출한다. ※창립총회에서 발기인은 창립사항에 대한 일련의 내용을 주주에게 보고할 의무가 있다.
5. 이사회	선출된 이사는 대표이사를 선출한다. -이사가 1인인 경우 대표이사를 선출하지 않고 1인의 사내이사가 회사를 대표한다. -이사가 2인인 경우 원칙적으로 사내이사가 회사를 대표하며, 정관으로 정하는 바에 따라 대표이사를 선임할 수 있다.
6. 조사보고	• 선출된 이사/감사는 정관, 주식발행사항 및 인수, 의사회(발기인회의, 이사회)의 일련의 절차 등이 법률/정관에 의거하여 문제점이 없는지 확인/조사하여 창립총회에 보고한다. • 선출된 이사/감사가 모두 발기인인 경우 조사보고에 참여할 수 없기 때문에 외부의 공증인을 통해 조사보고를 실시한다.
7. 의사록 인증	작성된 정관, 발기인회의사록, 이사회의사록을 공증인에게 인증받는다.

(3) 주금납입보관증명 발급

주식회사를 모집설립으로 설립하는 경우 '회사 자본금에 대한 증명서'를 주금을 납입할 은행 및 금융기관의 '납입보관증명서'로 제출하여야 한다.

1. 주금납입 수납대행 의뢰	회사 주식금액의 수납을 금융기관, 은행에 의뢰한다.
2. 주주별 주금 납입/주금계정 관리	• 회사의 주식을 인수한 주주는 지정한 금융기관에 방문하여 해당 주식에 대한 금액 받드시 현금/수표 등으로 납입한다. (계좌이체 지원 안 됨) • 금융기관은 납입된 주금을 '유가증권 청약증거금'이라는 계정으로 관리하며, 이는 법인설립등기가 완료되기 전까지 인출할 수 없도록 관리된다.
3. 주금납입보관 증명 발급의뢰/발급	• 주금납입이 완료되면 대표자(발기인대표, 대표이사)는 해당 금융기관에 주금납입보관증명에 대한 발급을 요청한다. • 요청할 자격이 있는 자(발기인 대표, 대표이사, 이사 등)가 발급을 의뢰하여야 한다.

(4) 법인등록세 납부

회사의 자본 및 조직구성이 완료되면 법인설립을 위하여 지방자치단체에 등록세를 신고/납부하여야 한다.

(5) 법인설립 등기

법인의 법인격 취득을 위하여 법인설립등기를 신청하는 절차이다. 법인설립등기, 법인인감신고 등을 통해 회사의 법인등기사항 증명서, 법인인감증명, 법인인감카드 등이 발급된다.

(6) 사업자등록 신청

법인설립등기 이후 세무서에 법인설립신고 및 사업자등록 신청을 하는 단계이며, 사업자등록 신청 후 사업자등록증이 발급되면 회사를 운영하여 영업활동 등의 사업행위가 가능해진다.

(7) 4대사회보험 신고

사업자등록이 완료된 회사에 대하여 국민연금, 건강보험, 산재/고용보험(4대사회보험)에 사업장적용신고(보험관계 성립신고)를 하고, 1인 이상의 근로자에 대한 신고(법인대표 포함)가 이루어져야 4대사회보험 가입이 완료된다.

(8) 취업규칙 신고

성립된 회사가 근로자의 취업규칙을 작성하여 노동부에 신고하는 단계로 취업규칙 신고는 근로자가 10인 이상인 사업장만 실시한다.

※ 취업규칙신고는 재택창업시스템을 비롯한 온라인을 통한 신고는 불가능하며, 반드시 지방노동관서에 방문하여 신고하여야 한다.

3. 유한회사

(1) 설립의사 결정

회사를 설립하기 위해 자연인/법인이 모여 사업의 목적 및 출자방법, 상호 등을 결정하고 회사의 기본 규칙인 정관을 작성한다.

1. 사원구성	회사를 설립하고자 하는 창업희망자가 유한회사의 사원이 된다.
2. 설립목적 및 출자방법 결정	• 회사의 영업내용을 뜻하므로 사회통념상 그 사업이 무엇인가를 알 수 있을 정도로 구체적으로 기재 • 사원의 출자 방법을 결정한다. 사원 중 현금출자 이외의 방법으로 출자(현물 등)하는 사원이 존재하면, 변태설립이 되어 추가 구비서류가 필요하다.
3. 온라인 상호검색 및 상호결정	• 인터넷등기소의 등기열람/발급→상호찾기 메뉴를 통해 상호 검색 • 회사의 본점 소재지를 관할하는 등기소를 선택하고 검색하고자 하는 상호 입력 검색
4. 정관작성	• 유한회사를 설립하고자 하는 사원이 모여 정관을 작성한다. 유한회사의 사원은 50명을 초과할 수 없지만, 법원의 인가를 받아 50명을 초과하는 사원을 구성할 수 있다. • 사원들은 작성된 정관에 기명날인 또는 서명을 해야 하며, 공증인의 공증을 받아야 효력이 발생한다. 하지만 자본금 총액이 10억 미만인 경우 사원의 기명날인만으로도 효력이 발생한다.

(2) 자본 및 조직 구성

유한회사의 정관을 작성하고 각 사원이 자신의 지분에 따라 출자금을 납입한 후 회사의 업무집행 조직을 구성하는 단계이다.

1. 회사의 이사, 감사선임	• 정관에서 초대이사를 선임한 경우에는 사원총회를 개최하지 않아도 되지만, 정관으로 이사를 정하지 않은 때에는 회사 성립 전에 사원총회를 열어 초대이사를 선임해야 한다. • 사원총회는 의사록을 작성하여 비치하여야 한다, 하지만 총 사원의 서면에 의한 동의가 있는 경우 서면에 의한 결의가 있는 것으로 판단하여 별도의 의사록을 작성할 필요가 없다.
2. 대표이사 선임	이사가 2인 이상이고 정관에 대표이사를 선임하지 않은 경우 회사를 대표할 대표이사를 선임하여야 한다. - 대표이사는 사원총회 혹은 이사 과반수 이상의 결의를 통해 선출한다. 사원총회와 별도의 유한회사 이사회를 통해 대표이사를 선출할 수 있으나, 유한회사의 이사회는 회사의 필수기관이 아니기 때문에 이사회를 구성하기 위해서는 정관에 해당 내용이 명시되어야 한다. - 이사회를 통해 대표이사를 선임하는 경우 이사회는 의사록을 작성하여 비치하여야 하며, 이를 통해 설립등기를 하기 위해서는 의사록에 대한 공증이 필요하다.

(3) 법인등록세 납부, (4) 법인설립 등기, (5) 사업자등록 신청, (6) 4대사회보험 신고, (7) 취업규칙 신고 등은 주식회사 설립과 동일

4. 합명회사

(1) 설립의사 결정

회사를 설립하기 위해 자연인/법인이 모여 사업의 목적 및 출자방법, 상호 등을 결정하고 회사의 기본 규칙인 정관을 작성한다.

1. 사원구성	회사를 설립하고자 하는 창업희망자가 회사의 무한책임사원이 된다.
2. 설립목적 및 출자방법 결정	• 회사의 영업내용을 뜻하므로 사회통념상 그 사업이 무엇인가를 알 수 있을 정도로 구체적으로 기재 • 합명회사 사원들의 출자 목적 및 출자 방법을 결정한다.
3. 온라인 상호 검색 및 상호결정	• 인터넷등기소의 등기열람/발급→상호찾기 메뉴를 통해 상호 검색 • 회사의 본점 소재지를 관할하는 등기소를 선택하고 검색하고자 하는 상호 입력 검색
4. 정관작성	합명회사를 설립하고자 하는 무한책임사원 2명 이상이 모여 정관을 작성한다. 합명회사의 사원은 2명 이상이어야 하며, 기타회사, 법인은 사원이 될 수 없다.

(2) 자본 및 조직 구성

합명회사의 사원들이 업무집행 사원, 대표사원을 선출하고 출자를 이행하는 단계이다.

1. 대표사원의 선임	정관을 통해 대표사원과 업무집행사원을 선임하도록 규정하고, 그 대표사원을 정관에 특정하지 않았다면, 총 사원의 동의를 통해 대표사원을 선임한다.
2. 본점의 구체적 위치 결정 등	정관에 본점의 소재지를 지, 번까지 구체적으로 정의 하지 않았다면, 업무집행 사원 과반 수 이상의 동의를 통하여 본점의 위치를 구체적으로 결정하여야 법인 설립등기를 할 수 있다.
3. 출자이행	합명회사 자본 구성을 위하여 사원 개개인이 정관에 명시된 출자의 의무를 이행한다. 합명회사의 출자 이행은 금전, 현물, 노무, 신용 출자 등 다양한 방법으로 할 수 있다. ※합명회사의 출자이행은 사원 개개인이 회사의 무한책임을 지기 때문에 반드시 회사 성립 전에 할 필요는 없다.

(3) 법인등록세 납부, (4) 법인설립 등기, (5) 사업자등록 신청, (6) 4대사회보험 신고, (7) 취업규칙 신고 등은 주식회사 설립과 동일

5. 합자회사

(1) 설립의사 결정

회사를 설립하기 위해 자연인/법인이 모여 사업의 목적 및 출자방법, 상호 등을 결정하고 회사의 기본 규칙인 정관을 작성한다.

1. 사원구성	회사를 설립하고자 하는 창업희망자가 합자회사의 무한책임사원이 되어 회사 설립 업무를 진행한다.
2. 설립목적 및 출자방법 결정	• 회사의 영업내용을 뜻하므로 사회통념상 그 사업이 무엇인가를 알 수 있을 정도로 구체적으로 기재 • 무한책임사원과, 유한책임사원의 출자방법 및 목적을 결정한다. 유한책임사원은 금전에 의한 출자만이 가능하다.
3. 온라인 상호 검색 및 상호결정	• 인터넷등기소의 등기열람/발급→상호찾기 메뉴를 통해 상호검색 • 회사의 본점 소재지를 관할하는 등기소를 선택하고 검색하고자 하는 상호 입력 검색

4. 정관작성	합자회사를 설립하고자 하는 무한책임사원, 유한책임사원이 모여 정관을 작성한다. 합자회사의 사원은 무한책임사원, 유한책임사원 각각 1명 이상이어야 하며, 무한책임사원의 경우 기타회사, 법인은 사원이 될 수 없다.

(2) 자본 및 조직 구성

합자회사의 사원들이 업무집행 사원, 대표사원을 선출하고 출자를 이행하는 단계이다.

1. 대표사원의 선임	정관을 통해 대표사원과 업무집행사원을 선임하도록 규정하고, 그 대표사원을 정관에 특정하지 않았다면, 총 사원의 동의를 통해 대표사원을 선임한다.
2. 본점의 구체적 위치 결정 등	정관에 본점의 소재지를 지, 번까지 구체적으로 정의 하지 않았다면, 업무집행 사원 과반 수 이상의 동의를 통하여 본점의 위치를 구체적으로 결정하여야 법인 설립등기를 할 수 있다.
3. 출자이행	합자회사 자본 구성을 위하여 사원 개개인이 정관에 명시된 출자의 의무를 이행한다. 합자회사의 출자 이행은 금전, 현물, 노무, 신용 출자 등 다양한 방법으로 할 수 있다. ※ 합자회사의 출자이행은 사원 개개인이 회사의 무한책임을 지기 때문에 반드시 회사 성립 전에 할 필요는 없다.

(3) 법인등록세 납부, (4) 법인설립 등기, (5) 사업자등록 신청, (6) 4대사회보험 신고, (7) 취업규칙 신고 등은 주식회사 설립과 동일

쉬어가기

"앞쪽형 인간"이 성공한다

■ 나덕렬 삼성서울병원 교수 이론 화제

충동조절 잘해 ……"많이 걷고 대화하면 효과"

나덕렬 삼성서울병원 신경과 교수가 출간한 '앞쪽형 인간'이 베스트셀러에 올랐다.

나 교수는 "현대인들이 생각하기를 싫어하고 충동이나 욕구에 좌우되는 삶을 사는 것은 앞쪽 뇌를 점점 쓰지 않기 때문"이라며 "적극적인 삶을 살기 위해서는 앞쪽 뇌의 훈련이 시급하다"고 주장한다.

뇌에는 앞쪽과 뒤쪽이 있는데 뒤쪽 뇌는 인간의 희로애락을 담당하는 곳으로 충동과 욕구를 느낀다. 반면 앞쪽 뇌는 뒤쪽 뇌에 저장된 정보를 종합 편집한다. 행동을 결정하고 충동이나 욕구를 조절하는 업무를 담당한다.

뒤쪽형 인간은 "남의 이목이 두려워서 남의 의견대로 따르거나, 자기 의견 없이 대세를 좇고, 문제 해결이나 결정을 할 때 자신이 곰곰이 생각하지 않고 다른 사람으로부터 답을 구하는 유형"으로 흔히 주위에서 보는 사람들의 모습이라는 것이다.

이동우 상계백병원 신경정신과 교수는 "사람은 바람직한 것을 취사선택하거나 우선순위를 정해서 중요한 것부터 처리해야 하는데 현대인은 이런 기능을 상실했다"면서 "인터넷에 각종 정보가 넘쳐나 받아들이는 것이 더 편하기 때문"이라고 말했다.

그러나 인생의 성패는 앞쪽 뇌의 역할에 좌우된다는 것이다. 앞쪽형 인간은 "자신이 나서서 문제를 해결하고, 틀을 깨는 창조적인 사고를 하며, 모니터링 능력이 있어 외부자극보다 내부의 소리에 귀를 기울이고, 자신만의 색깔을 갖고 자신이 좋아하는 것을 아는 유형"이라고 설명한다.

앞쪽형 인간이 되려면 TV나 자동차가 없는 시절을 떠올리면 좋다. 평소 신문이나 책을 많이 읽고 자기 생각을 글로 표현하는 방법도 앞쪽 뇌를 자극시킨다는 것이다.

나 교수는 "주 3번 정도 걸어서 출퇴근을 하고 밤에는 자신을 되돌아보기 위해 TV 대신 가족과 대화하는 데 시간을 보내는 것이 좋다"며 "많이 걷고 많은 대화를 하는 것은 앞쪽형 인간이 되기 위한 방법"이라고 말했다.

나 교수는 "앞쪽 뇌가 손상되면 삶이나 인간관계가 좁아지고 메마르게 된다"면서 "반대로 앞쪽 뇌를 많이 활용하면 자신의 능력을 잘 파악해서 발휘하게 되므로 개인은 물론 사회 전체가 풍요로워진다"고 말했다.

자료 : 동아닷컴, 2008.

학습문제

1. 재택창업시스템을 설명하시오.
2. 재택창업시스템의 절차를 설명하시오.

참고문헌

홈페이지. 온라인재택창업시스템. www.starbiz.go.kr

김태호. 벤처창업절차와 업종별 창업성공전략 교재. 동명경영컨설팅. 2010.

제11장

1인 창조기업

I 1인 창조기업이란?

개인이 사장이면서 직원인 기업을 의미한다. 자신이 가진 '지식, 경험, 기술' 등을 사용하여 보다 창조적인 서비스를 제공함으로써 이윤을 창출하는 경우 1인 창조기업이라 할 수 있는데 지식서비스업 및 제조업(전통식품 제조, 공예품 등) 분야에서 창의적인 아이디어, 전문기술 지식, 지식재산권을 사업화하는 프리랜서와 개인사업자 또는 법인으로서 대표자를 포함한 종사자가 1명인 기업을 말한다.

- 아이디어 : 對국민으로부터 공모한 창의성 있는 기초 지식부터 전문지식까지 포함하는 아이디어

※ Idea Biz Bank(www.ideabiz.or.kr)에 등록된 지식에 대해 평가하여 선정된 우수 과제

- 전문기술 지식 : 국가가 관련 산업의 보존·전수 등을 위해 지정한 인증자 및 국가자격자가 보유한 기술

※ 국가인증자(무형문화재, 명인, 명장, 기능전승자 등) 및 국가 자격보유자('국가기술자격법'에 의거한 기술사·기능장 등)

- 지식재산권 : 산업분야의 창작물과 관련된 산업재산권과 문화예술분야의 창작물과 관련된 저작권

※ 지식재산권(발명, 실용신안, 상표, 디자인, 신품종, 영업비밀, 저작 등)

1. 1인 창조기업 제도시행 배경

이제는 1인 창조기업의 시대가 열린다. 1인 창조 기업이란 차별화되는 아이디어나 기술을 찾아내 상품화한 1인 사업가/기술자를 망라하는 용어이다. 최근 우리 경제구조가 선진국으로 접근해 감에 따라 성장 패러다임이 모방형에서 창조형으로 변화되고 있어, 창조성과 신속성을 갖춘 1인 창조기업이 우리 경제에서 차지하는 역할은 더욱 증대될 것으로 예상된다.

정부는 신규 일자리를 창출함으로써 고용난을 극복하겠다는 의지를 밝히며 「중산층 키우기 휴먼뉴딜」정책의 후속책으로써 1인 창조기업에 대한 육성 전략을 발표했다. 이번에 마련된 1인 창조기업 활성화 방안은 경제위기로 어려움을 겪고 있는 중산층에게 아이디어를 바탕으로 손쉬운 창업을 할 수 있도록 맞춤형 정책위주로 수립되었다.

창업은 아이디어와 자본력, 조직력 중심으로 이루어 지고 있다. 기업은 유망한 아이템과 자본, 조직이 중심이 되어 성공할 수도 있지만, 자본과 조직력이 없어도 1인 사업자 개인이 가진 기술과 서비스 자원을 활용하여 성공적인 소규모의 기업을 경영할 수 있다.

정부에서는 소규모 1인기업도 가치있는 내실위주의 기업을 이룰 수 있어 선진형태의 1인 창조기업을 구성하고 지원제도를 마련하여 창업 활성화 기반을 구축하고자 본 제도를 시행하게 되었다.

2. 1인 창조기업의 3대분야

① 소프트웨어 개발과 같은 IT서비스 분야
② 만화, 드라마, 영화제작과 같은 문화컨텐츠 서비스 분야
③ 전통소재의 제조업

3. 1인 창조기업 두 가지 타입

① 1인 기업으로 시작해서 향후에 50인, 100인의 고용을 창출하는 기업가형

1인 창조기업

② 한 분야만을 깊이 있게 파고들어 그 분야의 최고가 되고자 하는 전문가형 1인 창조기업

표 11-1 제조업

관련업종	산업 세세분류 명칭
제조업	수산동물 건조 및 염장품 제조업, 떡류 제조업, 장류제조업, 탁주 및 약주 제조업, 청주 제조업, 기타 발효주 제조업, 장식용 목제품 제조업, 나전칠기 가구 제조업, 모조귀금속 및 모조장신용품 제조업, 국악기 제조업

표 11-2 지식서비스업

관련업종	산업 세세분류 명칭	
출판, 영상, 방송 통신 및 정보서비스업	출판업	교과서 및 학습서적 출판업, 만화 출판업, 기타 서적 출판업, 신문 발행업, 잡지 및 정기간행물 발행업, 정기 광고간행물 발행업, 기타 인쇄물 출판업, 온라인 모바일 게임 소프트웨어 개발 및 공급업, 기타 게임 소프트웨어 개발 및 공급업, 시스템 소프트웨어 개발 및 공급업, 응용 소프트웨어 개발 및 공급업
	영상 오디오 기록물 제작 및 배급업	일반 영화 및 비디오물 제작업, 에니메이션 영화 및 비디오 제작업, 광고 영화 및 비디오물 제작업, 방송 프로그램 제작업, 영화/비디오물 및 방송프로그램 제작 관련 서비스업, 음악 및 기타 오디오물 출판업, 녹음시설 운영업
	컴퓨터 프로그래밍, 시스템 통합 및 관리업	컴퓨터 프로그래밍 서비스업, 컴퓨터시스템 통합 자문 및 구축 서비스업, 컴퓨터 시설 관리업, 기타 정보기술 및 컴퓨터 운영 관련 서비스업
	정보서비스업	자료처리업, 호스팅 및 관련 서비스업, 토털 및 기타 인터넷 정보매개 서비스업, 뉴스 제공업, 데이터베이스 및 온라인정보 제공업, 그 외 기타 정보 서비스업
연구개발업		물리/화학 및 생물학 연구개발업, 농학 연구개발업, 의학 및 약학 연구개발업, 기타 자연과학 연구개발업, 전기 전자공학 연구개발업, 기타 공학 연구개발업, 경제학 연구개발업, 기타 인문 및 사회과학 연구개발업

건축기술, 엔지니어링 및 기타서비스업	건축기술/엔지니어링 및 기타서비스업, 도시계획 및 조경설계 서비스업, 건물 및 토목 엔지니어링 서비스업, 환경컨설팅 및 관련 엔지니어링 서비스업, 기타 엔지니어링 서비스업, 물질성분 검사 및 분석업, 기타 기술 시험/검사 및 분석업, 측량업, 제도업, 지질조사 및 탐사업, 지도 제작업
기타 전문, 과학 및 기술서비스업	인테리어 디자인업, 제품 디자인업, 시각 디자인업, 기타 전문 디자인업, 인물사진 및 행사용비디오 촬영업, 상업용 사진 촬영업, 사진 처리업, 번역 및 통역 서비스업, 사업 및 무형 재산권 중개업, 물품감정, 계량 및 견본 추출업, 그 외 기타 분류안된 전문과학 및 기술 서비스업
사업지원 서비스업	전시 및 행사 대행업
창작, 예술 및 여가 관련 서비스업	연극단체, 무용 및 음악단체, 기타 공연단체, 공연 예술가, 비공연 예술가, 공연 기획업, 공연 및 제작관련 대리업, 그 외 기타 창작 및 예술관련 서비스업

Ⅱ 지원 대상

① 1인 창조기업 사업자로 아이디어비즈뱅크의 1인창조기업(공급자) 회원가입자

㉠ IT, 방송, 디자인, 출판, 제조 등 84개 지정 업종 영위자

㉡ 아이디어 비즈 뱅크 : www.ideabiz.or.kr

② 프리랜서(1인창조기업(개인)) - 고용보험에 등록되어 있지 않는 일반 미취업자

※ 필수제출서류 : 최근 1년내 프로젝트 계약서, 실적증명서, 1인창조기업 업종 협·단체 회원증, 프리랜서 확인서 중 1개 선택, 신분증 사본

③ 1인 개인사업자(1인창조기업(사업자)) - 고용보험을 내야하는 직원이 없는 개인사업자

※ 필수제출서류 : 사업자등록증사본, 건강보험(자격득실확인서), 신분증 사본

④ 1인 법인사업자(1인창조기업(법인)) - 고용보험을 내야하는 직원이 없는 법인사업자

※ 필수제출서류 : 사업자등록증사본, 건강보험(자격득실확인서 or 사업장가입자명부), 신분증사본

⑤ 골드카드 소지자 - 신분증 확인 후 카드발급 가능(별도 제출서류 없음)

※ 단, 가족기업 또는 도제기업은 대표자를 포함해 최대 4명의 조직까지 지원 가능

Ⅲ 지원 내용

항 목	내 용
사무공간	• 개인전용사무(작업)실 : 입주비 지원 • 공동 사무(작업)공간 : 활용비 지원 • 회의실, 접견실, 휴게실 등 비즈니스 공간 지원
경영지원	• 세무 · 회계 · 법률 · 마케팅 · 특허 · 창업 등 전문가 상담 및 경영지원
시설이용	• 프린터, PC 등 사무용 집기 이용

Ⅳ 지원 방법

Step 1	자신의 1인 창조기업 업종 해당여부 확인	업종보기
↓		
Step 2	아이디어비즈뱅크 1인 창조기업(공급자)	회원가입
↓		
Step 3	1인 창조기업 확인서류 준비, 지참	필수제출서류
↓		
Step 4	르호봇 비즈니스센터 방문, 창조기업 카드발급 신청	센터위치
↓		
Step 5	르호봇 1인 창조기업 지원서비스 참여	지원내용

Ⅴ 1인 창조기업 지원 시책

정책방향	추진과제	주요내용(세부 과제)
아이디어 발굴 및 창조문화 확산	Idea Biz Bank 구축	• 창의성 및 상업화 가능성이 높은 아이디어 수집·발굴→등록·보호→거래 시스템 • e-서비스 거래몰 오픈
	아이디어 거래 활성화	• 아이디어 활용 촉진을 위해 이행보증제도, 대체인력제도, 수요자 평가결과 공개 • 지식거래 알선회사 활용
	사회적 창조문화 확산	• 1인 창조기업 성공포럼' 주기적 개최, '1인 창조기업거리' 조성 • 법·제도적 지원근거 마련, 1인 창조기업협회·만화가협회 등을 1인 창조기업연합회로 구성 • 정기적 실태조사, 미래유망창조직업군 정보제공

창업 활성화를 위한 제도혁신	1인 창업촉진을 위한 규제완화	• 최저자본금(5천만원) 및 감사선임 의무 폐지 등 소규모 법인 설립절차 간소화 • 식품위생법', '식품산업진흥법' 등의 개정을 통해 식품제조 1인 창조기업 창업 촉진
	세제/보험 지원강화	• 대도시 등록세 3배 중과제도 제외 • 고용보험 중 실업급여도 1인 창조기업 임의가입을 인정, '노란우산공제제도' 가입 유도
성장기반 확충	초기 수요 창출	• 지식서비스 분야 1인 창조기업 활용 중소기업에 '지식서비스 구매 바우처' 지원 • 국내외 이웃소싱 수·발주 정보 제공 및 해외 전시회 참가, 비즈니스 매칭 상담회등 지원
	자금, 인력 지원	• 창업자금 우선배정, '1인 창조기업 특례보증제도' 마련 및 벤처투자회사 프로젝트 투자대상에 패션디자인 등도 포함 • 1인 창조기업 견습생제도 도입 • 맞춤형 교육프로그램 운영 : (초기기업) 교육 멘토링, (우수기업)자기계발 Gold-Card 지원
	경영지원	• 1인 창조기업 지원센터 운영, 공공기관 유휴공간의 제공 등 • 1인 창조기업 전용 R&D인 C&BD(Creativity & Business Development) 도입 • 산업재산권 특허서비스 및 특허 출원비용 지원, 저작권 등록 비용 지원, 부가판권 범위 확대 등

학습문제

1. 1인 창조기업을 설명하시오.
2. 1인 창조기업의 3대분야를 설명하시오.
3. 1인 창조기업의 두 가지 타입을 설명하시오.

참고문헌

1인 창조기업 지원센터(http://www.soloffice.co.kr) 지원제도 홈페이지

중소기업청, 아이디어 비즈뱅크(http://www.ideabiz.or.kr) 지원사업 자료

쉬어가기

블록체인(Blockchain)은 데이터를 안전하고 투명하게 관리할 수 있는 분산형 데이터베이스 기술입니다. 이 기술은 주로 암호화폐(예: 비트코인)에서 사용되지만, 그 활용 범위는 점차 확장되고 있다. 블록체인의 핵심은 데이터를 여러 네트워크 참여자들이 동시에 공유하고 검증하는 방식으로 관리한다.

■ 블록체인의 기본 원리

- ➪ 블록 : 블록체인에서의 "블록"은 데이터를 담고 있는 구조입니다. 각 블록은 여러 거래 정보를 포함하고 있으며, 블록 내부에는 타임스탬프(시간 정보), 이전 블록에 대한 참조(해시값), 거래 내역 등이 기록된다.
- ➪ 체인 : 각 블록은 이전 블록과 연결되어 체인을 형성합니다. 이 연결은 해시값을 통해 이루어지며, 각 블록이 이전 블록의 해시값을 포함하고 있기 때문에, 한 블록의 내용이 변경되면 그 이후의 모든 블록이 영향을 받게 되어 보안성이 강화된다.
- ➪ 분산 네트워크 : 블록체인은 중앙 서버 없이 여러 참여자(노드)가 거래를 기록하고 검증하는 분산형 네트워크이다. 모든 참여자가 동일한 블록체인을 공유하고, 각 노드는 독립적으로 거래를 검증한다.
- ➪ 탈중앙화 : 블록체인은 중앙 관리자가 없이 거래가 이루어지기 때문에 "탈중앙화"된 시스템으로 불린다. 이는 중개인 없이 직접 거래를 할 수 있게 하여 투명하고 신뢰할 수 있는 거래 환경을 제공한다.
- ➪ 합의 알고리즘 : 블록체인 네트워크에서 거래를 기록하고 검증하는 과정에서 합의 알고리즘을 사용한다. 대표적인 합의 알고리즘으로는 PoW(작업 증명), PoS(지분 증명) 등이 있다. 이를 통해 거래의 유효성을 결정하고 네트워크에 기록한다.

■ 블록체인의 주요 특징

- ➪ 투명성 : 블록체인은 공개된 거래 원장을 기반으로 하므로 모든 거래는 네트워크 참여자들이 확인할 수 있습니다. 이는 모든 사용자가 거래 내

역을 확인할 수 있도록 해 신뢰성을 제공한다.

⇨ 변경 불가능성 : 블록체인에 기록된 데이터는 변경이나 삭제가 불가능합니다. 블록체인에 기록된 정보를 변경하려면 모든 블록을 다시 계산해야 하기 때문에, 이는 사실상 불가능하다고 볼 수 있다.

⇨ 보안성 : 블록체인은 암호화 기술을 이용하여 데이터를 보호합니다. 각 거래는 개인 키와 공개 키를 사용한 암호화 방식으로 보안이 강화된다.

⇨ 탈중앙화 : 블록체인에서는 중앙 관리자나 제3자의 개입 없이 사용자들끼리 직접 거래가 이루어지므로, 권한이 분산되고 시스템에 대한 의존도가 줄어든다.

■ **블록체인의 활용 분야**

⇨ 암호화폐 : 가장 잘 알려진 블록체인 활용 예는 비트코인과 같은 암호화폐입니다. 암호화폐는 블록체인 기술을 기반으로 중앙은행이나 정부 없이 개인들 간에 거래가 이루어지도록 한다.

⇨ 스마트 계약 : 블록체인을 이용해 계약을 자동으로 실행하는 "스마트 계약"이 가능해집니다. 예를 들어, 특정 조건이 충족되면 자동으로 계약이 실행되거나 결제가 이루어질 수 있다.

⇨ 공급망 관리 : 블록체인은 공급망 관리에도 활용됩니다. 거래의 모든 이력을 추적하고, 제품이 생산부터 소비자에게 도달하기까지의 과정을 투명하게 기록할 수 있어 신뢰성 있는 공급망 관리가 가능

⇨ 금융 서비스 : 블록체인은 은행, 증권, 보험 등 금융 분야에서도 활용됩니다. 특히 빠르고 안전한 송금, 거래 기록 관리 등에 유용함

블록체인은 그 구조적 특성 덕분에 투명하고 안전하며 신뢰성 있는 시스템을 제공한다. 또한 많은 산업에서 블록체인 기술의 잠재력을 인정하고 다양한 분야에 적용하고 있다.

부 록

중소기업창업 지원법
(약칭: 중소기업창업법)

[시행 2025. 1. 1.] [법률 제20626호, 2024. 12. 31., 타법개정]

중소벤처기업부

제1장 총칙

제1조(목적) 이 법은 국민 누구나 창의적인 아이디어와 혁신적인 기술을 바탕으로 기업가정신을 발휘하여 창업에 도전하고 글로벌 선도기업으로 성장할 수 있는 창업생태계를 조성하여, 디지털경제 시대에 새로운 국가경제의 성장동력과 일자리를 창출하는 창업국가 건설을 목적으로 한다.

제2조(정의) 이 법에서 사용하는 용어의 뜻은 다음과 같다. <개정 2024. 2. 27.>

1. “중소기업”이란 「중소기업기본법」 제2조에 따른 중소기업을 말한다.
2. “창업”이란 대통령령으로 정하는 바에 따라 중소기업을 새로 설립하는 것을 말한다.

2의2. “국외 창업”이란 대한민국 국민(대한민국 법률에 따라 설립된 법인을 포함한다)이 외국의 법률에 따라 보유 주식 총수나 출자 지분 총액 등 대통령령으로 정하는 실질적인 지배력을 가지는 법인을 외국에 새로 설립하는 것을 말한다.

3. “창업기업”이란 중소기업을 창업하여 사업을 개시한 날부터 7년이 지나지 아니한 기업(법인과 개인사업자를 포함한다)을 말한다. 이 경우 사업 개시에 관한 사항 등 창업기업의 범위에 관한 세부사항은 대통령령으로 정한다.

3의2. “국외 창업기업”이란 국외 창업하여 사업을 개시한 날부터 7년이 지나지 아니한 법인을 말한다. 이 경우 사업 개시에 관한 사항 등 국외 창업기업의 범위에 관한 세부사항은 대통령령으로 정한다.

4. “예비창업자”란 창업을 하려는 개인 등을 말한다.
5. “재창업”이란 중소기업을 폐업하고 새로운 중소기업을 설립하는 것을 말한다.
6. “재창업기업”이란 재창업하여 사업을 개시한 날부터 7년이 지나지 아니한 기업을 말한다. 이 경우 사업 개시에 관한 사항 등 재창업기업의 범위에 관한 세부사항은 대통령령으로 정한다.
7. “예비재창업자”란 재창업을 하려는 개인 등을 말한다.
8. “신산업창업”이란 기존 산업을 융복합하거나 시장성, 파급효과, 성장 잠재력 및 국민경제 발전에 기여도가 높을 것으로 예상되는 산업(이하 “신산업”이라 한다)을 기반으로 하여 창업하는 것을 말한다.
9. “기술창업”이란 창의적인 아이디어, 신기술, 과학기술 및 정보통신기술에 기반하여 문화 등 다양한 부문과의 융합을 촉진함으로

써 새로운 사업영역을 개척하거나 도전하는 창업을 말한다.
10. "초기창업기업"이란 창업하여 대통령령으로 정하는 기준에 따른 사업을 개시한 날부터 3년이 지나지 아니한 창업기업을 말한다.
11. "청년창업기업"이란 창업기업 대표자의 연령이 39세 이하인 창업기업을 말한다.
12. "예비청년창업자"란 창업을 하려는 39세 이하의 개인 등을 말한다.
13. "중장년창업기업"이란 창업기업 대표자의 연령이 40세 이상인 창업기업을 말한다.

제3조(정부와 지방자치단체의 책무) ① 정부는 창업국가 건설을 위하여 신산업창업 및 기술창업(이하 "신산업·기술 창업"이라 한다)을 활성화하고 창업기업의 사업화 촉진 및 국제화 역량 강화에 필요한 시책을 세우고 추진하여야 한다.
② 정부는 예비창업자, 창업기업, 예비재창업자, 재창업기업 등(이하 "창업기업등"이라 한다)의 기술성, 사업성, 혁신성, 성장 가능성 등을 두루 고려하여 지원대상의 특성에 맞는 창업지원방안을 마련하여야 한다.
③ 지방자치단체는 지역의 자원을 활용한 특색 있는 창업을 촉진하기 위하여 창업을 저해하는 규제를 완화하고 창업친화적인 환경을 조성하도록 노력하여야 하며, 지역단위의 창업생태계를 활성화하기 위하여 대학, 연구기관 등 지역 내 창업 관련 기관·단체와 교류 및 협력하여야 한다.
④ 정부와 지방자치단체는 상호간의 협력을 통하여 중소기업의 창업 및 창업기업등에 대한 지원의 효과를 높일 수 있도록 노력하여야 한다.

제4조(창업기업등의 책무) ① 창업기업등은 혁신적인 아이디어와 기술의 개발 및 활용을 통하여 글로벌 경쟁력을 확보하고, 지속적인 성장 및 발전을 위하여 노력하여야 한다.
② 정부와 지방자치단체의 창업지원사업에 참여하는 창업기업등과 그와 관련된 자는 정부와 지방자치단체의 창업정책 및 계획의 수립·시행에 공정하고 투명하게 참여하고 적극적으로 협력하여야 한다.
③ 창업기업등은 자신이 보유한 경험, 지식, 기술 등의 역량과 자원을 활용하여 새로운 창업기업의 발굴 및 성장, 창업생태계의 발전에 기여할 수 있도록 노력하여야 한다.

제5조(적용 범위) ① 이 법은 창업 및 창업기업등에 관하여 적용한다. 다만, 사행산업 등 경제질서 및 미풍양속에 현저히 어긋나는 업종의 창업 및 창업기업등에 관하여는 적용하지 아니한다.
② 제1항 단서에 해당하는 업종의 범위는 대통령령으로 정한다.

제5조의2(준용 규정) 국외 창업기업에 대해서는 제3조, 제7조, 제8조, 제10조, 제25조 및 제26조를 준용한다.

[본조신설 2024. 2. 27.]

제6조(다른 법률과의 관계) 창업 및 창업기업등에 관하여 다른 법률에 특별한 규정이 있는 경우를 제외하고는 이 법에서 정하는 바에 따른다.

제2장 창업정책의 수립 및 추진체계

제7조(창업지원종합계획의 수립 등) ① 중소벤처기업부장관은 창업의 촉진 및 창업기업등의 성장과 발전을 위하여 「중소기업기본법」 제20조의4에 따른 중소기업정책심의회의 심의를 거쳐 창업지원종합계획(이하 "종합계획"이라 한다)을 3년마다 수립·시행하여야 한다.
② 종합계획에는 다음 각 호의 사항이 포함되어야 한다.
1. 종합계획의 기본방향
2. 창업 촉진 및 창업기업등의 성장·발전 지원에 관한 사항
3. 청년창업기업, 중장년창업기업, 예비창업자, 재창업기업 등 대상별 창업지원 기반 조성에 관한 사항
4. 신산업·기술 창업 등 분야별 지원에 관한 사항
5. 창업기업등의 기술혁신역량 강화를 위한 사항
6. 창업기업등의 판로, 해외시장 진출 등에 관한 사항
7. 창업기업등과 창업지원기관 간 교류·협

력에 관한 사항
8. 해외의 우수한 창업기업 및 관련 인력의 국내 유치 등에 관한 사항
9. 창업 관련 제도 및 법령의 개선에 관한 사항
10. 그 밖에 중소벤처기업부장관이 필요하다고 인정하는 사항

제8조(창업지원시행계획의 수립 등) ① 중소벤처기업부장관은 종합계획을 시행하기 위하여 매년 관계 중앙행정기관의 장과의 협의를 거쳐 창업지원시행계획(이하 "시행계획"이라 한다)을 수립하여 공고하여야 한다.
② 중소벤처기업부장관과 관계 중앙행정기관의 장은 시행계획 중 소관 사항을 시행하고, 이에 필요한 재원을 확보하기 위하여 노력하여야 한다.
③ 중소벤처기업부장관과 관계 중앙행정기관의 장은 창업 촉진 및 창업기업등의 성장·발전을 지원하기 위하여 필요한 때에는 지방자치단체의 장에게 시행계획을 시행하는 데에 필요한 조치를 취하도록 요청할 수 있다.

제9조 삭제 <2023. 10. 31.>

제10조(창업 활성화 지원사업의 추진 등) ① 중소벤처기업부장관은 중소기업의 창업을 활성화하고 창업기업등의 성장·발전을 지원하기 위하여 다음 각 호의 사항에 관한 사업을 추진하거나 필요한 시책을 수립·시행할 수 있다.
1. 창업기업등의 발굴·육성 및 그에 대한 지원
2. 창업기업등의 우수한 아이디어 사업화에 대한 지원
3. 기업, 창업 관련 단체 등을 통한 창업기업등의 발굴·육성
4. 창업기업등의 판로개척 및 해외진출 지원
5. 창업기업등에 대한 창업교육 및 창업기반시설 확충
6. 해외인재 또는 해외기업 유치 활성화
7. 인터넷 등 정보통신망을 통한 창업정책 및 창업기업등과 관련한 지식·정보 등 데이터의 축적, 가공, 공유 및 활용 등의 촉진
8. 그 밖에 대통령령으로 정하는 사업
② 중소벤처기업부장관은 제1항에 따른 사업을 추진하는 경우에는 다음 각 호의 자를 우대할 수 있다.
1. 예비청년창업자 또는 청년창업기업
2. 여성 예비창업자 또는 여성창업기업(창업기업 대표자의 성별이 여성인 창업기업을 말한다)
3. 장애인(「장애인기업활동 촉진법」 제2조제1호의 장애인을 말한다) 예비창업자 또는 장애인창업기업(창업기업 대표자가 「장애인기업활동 촉진법」 제2조제1호의 장애인인 창업기업을 말한다)
③ 중소벤처기업부장관은 제1항에 따른 사업을 추진하기 위하여 필요하다고 인정하는 경우에는 예산의 범위에서 대학, 연구기관, 공공기관, 기업 등 해당 사업을 수행하는 자에게 사업을 수행하는 데에 드는 비용의 전부 또는 일부를 출연하거나 보조할 수 있다. <개정 2024. 2. 27.>
④ 제3항에 따른 출연·보조의 절차 및 방법 등에 관한 사항은 대통령령으로 정한다.

제11조(연령별 창업지원시책의 수립 등) ① 중소벤처기업부장관은 청년창업기업 및 중장년창업기업 등 창업기업의 연령별 특수성을 종합적으로 고려하여 창업지원시책을 수립·시행할 수 있다.
② 제1항에 따른 연령별 창업지원시책에는 다음 각 호의 사항이 포함되어야 한다.
1. 연령별 특성에 맞는 창업 활성화 기반 조성
2. 창업기업의 연령별 특수성을 고려한 성장·발전 지원
3. 청장년 융합창업 및 연령별 창업기업 간 교류·협력 촉진
4. 그 밖에 연령별 창업기업의 경쟁력 강화를 위하여 중소벤처기업부장관이 필요하다고 인정하는 사항
③ 관계 중앙행정기관의 장 또는 지방자치단체의 장은 제1항에 따른 연령별 창업지원시책에 필요한 행정적·재정적 지원을 할 수 있다.

제12조(창업지원정책의 효율화) ① 중앙행정기관의 장과 지방자치단체의 장은 국가와 지방자치단체의 재정지원에 따라 수행되는 창업지원사업(이하 "창업지원사업"이라 한다)이 기존 사업과 유사하거나 중복되지 아니하도록 노력하여야 하며, 창업지원사업

간 연계 및 협력을 강화하는 등 창업지원정책을 효율적으로 추진하여야 한다.

② 중소벤처기업부장관은 창업지원사업(「국가연구개발혁신법」의 적용을 받는 국가연구개발사업은 제외한다)을 효율적으로 추진·관리하기 위하여 관계 중앙행정기관과의 협의를 거쳐 다음 각 호의 사항에 관한 기준 등을 제시할 수 있다.

1. 창업지원사업의 기획, 공고 등에 관한 사항
2. 창업지원사업의 선정, 협약 등에 관한 사항
3. 창업지원사업의 정보 및 성과관리 등 지원사업 수행 등에 관한 사항
4. 그 밖에 창업지원사업의 기획, 관리 및 환류 등에 관하여 필요한 사항

③ 중소벤처기업부장관은 제1항의 창업지원정책(「국가연구개발혁신법」의 적용을 받는 국가연구개발사업은 제외한다)을 효율적으로 추진하기 위하여 「중소기업기본법」 제20조의3 및 제20조의5를 따른다.

④ 중소벤처기업부장관은 제2항에 따른 기준 등을 정하는 경우에는 그 내용을 고시하여야 한다.

위임행정규칙

제13조(실태조사 및 통계작성) ① 중소벤처기업부장관은 중소기업의 창업을 촉진하고 종합계획 및 시행계획을 효율적으로 수립·추진하기 위하여 매년 중소기업의 창업 및 창업기업등의 현황 및 실태 등에 대한 조사를 실시하여야 한다.

② 중소벤처기업부장관은 제1항에 따른 실태조사 등을 참고하여 중소기업의 창업 및 창업기업등에 관한 통계를 작성·관리하고 공표하되, 필요한 경우 통계청장과 협의할 수 있다.

③ 제1항에 따른 실태조사의 범위와 방법 및 그 밖에 필요한 사항은 대통령령으로 정한다.

제14조(창업정책정보의 수집 및 제공) 정부는 창업기업등에 대하여 창업 및 창업기업의 성장과 발전에 필요한 자금, 인력, 기술, 판로, 입지 등에 관한 정보를 수집 및 제공하기 위하여 필요한 시책을 강구하여야 한다.

제15조(창업종합관리시스템의 구축 및 운영) ① 중소벤처기업부장관은 창업 관련 정보를 종합적으로 관리하고 효과적으로 제공하기 위하여 창업종합관리시스템을 구축 및 운영할 수 있다.

② 제1항에 따른 창업종합관리시스템의 구축, 운영 및 그 밖에 필요한 사항은 대통령령으로 정한다.

제3장 창업저변 확대 및 환경 개선

제16조(기업가정신의 함양 및 확산) ① 중소벤처기업부장관은 창업기업등을 포함한 전체 국민이 경제환경 변화에 능동적으로 대응하면서 새로운 기회와 가치를 창출하기 위하여 창의적으로 도전하는 의지와 자세 및 사회적 책임 등(이하 "기업가정신"이라 한다)을 함양하도록 하고, 사회 전반에 기업가정신을 확산시키기 위하여 다음 각 호의 사항을 추진할 수 있다.

1. 기업가정신 함양을 위한 교육과정의 개발 및 운영
2. 창업기업등에 대한 기업가정신 관련 컨설팅·멘토링
3. 기업가정신 관련 협력·네트워크의 구축 및 운영
4. 해외 기업가정신 관련 교류·협력 및 국제연대 강화
5. 그 밖에 기업가정신의 함양 및 확산을 위하여 중소벤처기업부장관이 필요하다고 인정하는 사항

② 중소벤처기업부장관은 제1항에 따른 사항을 추진하는 데 필요한 경우 예산의 범위에서 그 비용의 전부 또는 일부를 출연하거나 보조할 수 있다.

제17조(청년기업가정신재단에 대한 출연 등) 중소벤처기업부장관은 국민과 창업기업등을 대상으로 기업가정신을 함양 및 확산하기 위하여 「민법」 제32조에 따라 중소벤처기업부장관의 설립허가를 받은 비영리법인으로서 다음 각 호의 사항을 주요 목적으로 하는 재단법인에 대하여 예산의 범위에서 출연 또는 보조할 수 있다.

1. 기업가정신 활성화 사업의 기획, 개발 및

연구
2. 기업가정신 실태조사 및 통계의 작성 및 관리
3. 기업가정신 교육과정 및 교재의 개발·보급, 교육사업의 관리·운영 지원
4. 기업가정신 모범사례의 발굴 및 전파 등 기업가정신 함양 및 확산을 위한 사회·경제적인 분위기 조성
5. 기업가정신 여건 확충 및 저해요인의 발굴 및 해소
6. 그 밖에 기업가정신의 함양 및 확산을 위하여 중소벤처기업부장관이 지정·위탁하는 사항

제18조(창업교육의 활성화) ① 중소벤처기업부장관은 창업저변의 확충 및 예비창업자의 준비된 창업을 위하여 아동·청소년, 대학생 및 청년 등 국민과 창업기업등에 창업교육을 할 수 있다.
② 중소벤처기업부장관은 제1항에 따른 창업교육을 효율적으로 추진하기 위하여 다음 각 호의 사항을 추진할 수 있다.
1. 창업교육의 내용·방법 등에 관한 연구
2. 창업교육 콘텐츠의 기획 및 개발
3. 지역별 창업교육의 활성화
4. 창업교육을 통한 창업인식 개선
5. 창업교육에 관한 국제협력
6. 창업교육 강사 등의 양성 및 활동 지원
7. 「초·중등교육법」 및 「고등교육법」 등에 따른 학교의 교육, 「직업교육훈련 촉진법」에 따른 직업교육훈련, 「진로교육법」에 따른 진로교육 및 「평생교육법」에 따른 평생교육 등과 창업교육 간 연계
8. 그 밖에 창업교육의 활성화를 위하여 중소벤처기업부장관이 필요하다고 인정하는 사항
③ 중소벤처기업부장관은 제2항 각 호에 따른 사항을 추진하는 경우에는 관계 중앙행정기관의 장과 지방자치단체의 장에게 협조를 요청할 수 있다. 이 경우 협조를 요청받은 자는 특별한 사유가 없으면 그 요청에 적극 협조하여야 한다.

제19조(창업대학원의 지정 등) ① 중소벤처기업부장관은 「고등교육법」 제29조제1항에 따른 대학원 중 창업분야 전문인력 양성을 목적으로 하는 대학원(이하 "창업대학원"이라 한다)을 지정하여 예산의 범위에서 그 운영 등에 필요한 경비를 출연하거나 그 밖에 필요한 지원을 할 수 있다.
② 중소벤처기업부장관은 창업대학원이 연합하여 물적·인적 자원 공유 등 교육과정을 효율화하는 경우 이에 필요한 경비를 지원할 수 있다.
③ 중소벤처기업부장관은 창업대학원의 지정·지원 등에 관하여 필요한 사항을 고시하여야 한다.

제20조(창업문화 및 분위기 확산) ① 중소벤처기업부장관은 창업에 대한 국민의 인식을 제고하고 사회 전반에 창업을 활성화하기 위하여 진취적이고 도전적인 문화 및 분위기 확산에 필요한 다음 각 호의 사항을 추진할 수 있다.
1. 일자리 창출 및 투자 유치 등의 성과가 우수한 창업기업의 발굴, 포상 및 홍보
2. 창업 활성화 등에 대한 지원 공로가 큰 공공기관과 소속 임직원 등에 대한 지원사례의 발굴 및 포상
3. 창업 활성화를 위한 학술대회 및 세미나 등의 개최
4. 창업기업 및 창업지원기관 간 교류·협력을 위한 국내외 행사 및 축제 등의 기획 및 추진
5. 그 밖에 창업문화 및 분위기 확산을 위하여 중소벤처기업부장관이 필요하다고 인정하는 사항
② 중소벤처기업부장관은 제1항에 따라 추진하는 사업이 국제화·대형화·전문화를 통하여 국제 경쟁력을 갖춘 사업으로 발전할 수 있도록 지원할 수 있다.

제21조(창업저해 규제의 발굴 및 개선) ① 정부는 창업을 저해하거나 창업기업등의 성장을 가로막는 불필요한 규제를 완화·제거하기 위하여 각종 규제를 발굴하여 개선하도록 노력하여야 한다.
② 중소벤처기업부장관은 제1항에 따른 규제의 개선방안을 「중소기업기본법」 제20조의4에 따른 중소기업정책심의회의 심의를 거쳐 의결할 수 있다. <개정 2023. 10. 31.>
③ 중소벤처기업부장관은 제1항에 따른 규

제의 개선방안을 수립·시행하는 데 필요하다고 인정하는 경우에는 관계 중앙행정기관의 장과 지방자치단체의 장에게 협조를 요청할 수 있다. 이 경우 협조를 요청받은 자는 특별한 사정이 없으면 그 요청에 따라야 한다.

제22조(창업절차 및 비용 등 부담 완화) ① 정부는 창업을 촉진하고 창업기업이 원활하게 성장할 수 있는 환경을 조성하기 위하여 창업기업등의 행정절차 간소화 및 비용부담 완화 등에 관한 제도적·절차적 조치를 마련할 수 있다.

② 제1항에 따른 조치에는 다음 각 호의 사항을 포함할 수 있다.

1. 창업 소요시간 단축을 위한 절차 간소화
2. 창업 관련 비용부담 완화를 위한 금융 지원 등
3. 그 밖에 창업기업등의 부담 완화를 위하여 필요한 사항

③ 중소벤처기업부장관은 제2항에 따른 조치를 시행하는 데 필요하다고 인정하는 경우에는 관계 중앙행정기관의 장과 지방자치단체의 장에게 협조를 요청할 수 있다. 이 경우 협조를 요청받은 자는 특별한 사정이 없으면 그 요청에 따라야 한다.

제23조(창업기업의 부담금 면제) ① 제45조에 따라 공장 설립계획의 승인을 받은 창업기업에 대하여는 사업을 개시한 날부터 7년 동안 다음 각 호의 부담금을 면제한다.

1. 「농지법」 제38조제1항에 따른 농지보전부담금
2. 「초지법」 제23조제8항에 따른 대체초지조성비
3. 「산지관리법」 제19조제1항에 따른 대체산림자원조성비
4. 「개발이익 환수에 관한 법률」 제7조에 따른 개발부담금

② 삭제 <2022. 10. 18.>

③ 대통령령으로 정하는 지식서비스업을 영위하는 창업기업에 대하여 사업을 개시한 날부터 7년 동안 다음 각 호의 부담금을 면제한다. <개정 2022. 10. 18.>

1. 제4항 각 호의 부담금 중 제2호, 제7호, 제15호 및 제16호를 제외한 부담금
2. 「농어촌 전기공급사업 촉진법」 제3조제1항제2호에 따른 전기사용자의 일시부담금

④ 「통계법」 제22조제1항에 따라 통계청장이 작성·고시하는 한국표준산업분류상의 제조업을 영위하기 위하여 중소기업을 창업하는 자에 대하여 사업을 개시한 날부터 7년 동안 다음 각 호의 부담금을 면제한다. 다만, 제8호부터 제11호까지의 부담금의 경우 부담금이 최초로 부과된 날부터 3년 동안 면제한다. <신설 2022. 10. 18., 2024. 12. 31.>

1. 「지방자치법」 제155조에 따른 분담금
2. 「농지법」 제38조제1항에 따른 농지보전부담금
3. 「초지법」 제23조제8항에 따른 대체초지조성비
4. 「전기사업법」 제51조제1항에 따른 부담금
5. 「대기환경보전법」 제35조제2항제1호에 따른 기본부과금(대기오염물질배출량의 합계가 연간 10톤 미만인 사업장만 해당한다)
6. 「물환경보전법」 제41조제1항제1호에 따른 기본배출부과금(1일 폐수배출량이 200세제곱미터 미만인 사업장에 한정한다)
7. 「자원의 절약과 재활용촉진에 관한 법률」 제12조제1항에 따른 폐기물부담금(연간 매출액이 20억원 미만인 제조업자만 해당한다)
8. 「한강수계 상수원수질개선 및 주민지원 등에 관한 법률」 제19조제1항에 따른 물이용부담금
9. 「금강수계 물관리 및 주민지원 등에 관한 법률」 제30조제1항에 따른 물이용부담금
10. 「낙동강수계 물관리 및 주민지원 등에 관한 법률」 제32조제1항에 따른 물이용부담금
11. 「영산강·섬진강수계 물관리 및 주민지원 등에 관한 법률」 제30조제1항에 따른 물이용부담금
12. 「산지관리법」 제19조제1항에 따른 대체산림자원조성비
13. 「도시교통정비 촉진법」 제36조에 따른 교통유발부담금
14. 「지하수법」 제30조의3제1항제1호에 따른 지하수이용부담금
15. 「오존층 보호 등을 위한 특정물질의 관

리에 관한 법률」 제24조의2에 따른 특정물질 제조·수입 부담금

16. 「해양심층수의 개발 및 관리에 관한 법률」 제40조에 따른 해양심층수이용부담금

⑤ 제1항, 제3항 및 제4항에 따른 부담금 면제의 절차 및 방법 등에 관하여 필요한 사항은 대통령령으로 정한다. <개정 2022. 10. 18.>

[법률 제19020호(2022. 10. 18.) 제23조제4항의 개정규정은 같은 법 부칙 제2조의 규정에 의하여 2027년 8월 2일까지 유효함]

제24조(온라인창업지원시스템의 구축 및 운영) ① 중소벤처기업부장관은 「전자정부법」 제2조제10호에 따른 정보통신망을 통하여 회사를 설립할 수 있는 시스템(이하 "온라인창업지원시스템"이라 한다)을 구축 및 운영할 수 있다.

② 관계 중앙행정기관 및 관련 기관은 해당 기관의 소관 업무를 신속하게 처리하고 관련 시스템을 효율적으로 연계하는 등 온라인창업지원시스템을 통한 창업 절차가 원활하게 진행될 수 있도록 협조하여야 한다.

③ 중소벤처기업부장관은 예산의 범위에서 관계 중앙행정기관 및 관련 기관이 온라인창업지원시스템에 연계되는 개별 시스템을 운영하는 데에 드는 비용의 전부 또는 일부를 지원할 수 있다.

④ 온라인창업지원시스템을 통하여 처리할 수 있는 업무는 대통령령으로 정한다.

제4장 신산업 · 기술 창업의 촉진 등

제25조(유망 신산업·기술 창업기업 집중 육성) ① 정부는 혁신창업 생태계 조성과 일자리 창출 등 국민경제 발전에 기여가 큰 유망 창업기업을 발굴·육성하기 위하여 신산업·기술 창업을 한 창업기업등(이하 "신산업·기술 창업기업"이라 한다)을 우선적으로 지원하는 등 신산업·기술 창업기업의 집중 육성에 필요한 시책을 수립할 수 있다.

② 정부는 신산업·기술 창업기업의 육성을 위하여 다음 각 호의 조치를 할 수 있다.

1. 신산업·기술 창업 촉진 및 사업화 지원
2. 혁신적 유망 신산업·기술 창업기업의 발굴·육성
3. 신산업·기술 창업기업 육성에 필요한 기반 조성
4. 그 밖에 신산업·기술 창업기업의 발굴·육성 등을 위하여 중앙행정기관의 장이 필요하다고 인정하는 사항

③ 정부는 창업지원사업을 추진하는 경우 신산업·기술 창업기업을 우선하여 지원할 수 있다.

④ 정부는 제2항에 따른 사업을 추진하는 경우 제2조제3호에 따른 규정에도 불구하고 중소벤처기업부장관이 정하여 고시하는 신산업 창업 분야의 중소기업에 대하여 사업을 개시한 날부터 10년 이내의 범위에서 지원할 수 있다.

⑤ 정부는 신산업·기술 창업 활성화와 관련한 기관 또는 단체의 조직 및 운영에 필요한 비용의 전부 또는 일부를 지원할 수 있다.

제26조(신산업 · 기술 창업촉진사업의 추진 등) 정부는 신산업·기술 창업을 촉진하고 신산업·기술 창업기업의 혁신역량을 강화하기 위하여 다음 각 호의 사항을 추진할 수 있다.

1. 신산업·기술 창업 분야 창업기업등의 발굴·육성
2. 신산업·기술 창업기업의 기술개발 및 기술혁신 성과의 사업화 지원
3. 신산업·기술 창업기업의 기술 및 사업모델 혁신을 위한 기술·경영 지도
4. 대학, 연구기관, 기업 등과 신산업·기술 창업기업 간 공동기술개발, 기술이전 및 이전받는 기술의 사업화 지원
5. 국내외 기업과 신산업·기술 창업기업 간 기술, 정보, 인력 등의 교류·협력 및 인프라 등의 공동활용 촉진
6. 신산업·기술 창업기업의 국내외 판로개척 지원
7. 신산업·기술 창업기업의 지식재산권 출원, 등록, 이전 및 활용 지원
8. 신산업·기술 창업 활성화에 필요한 전문인력의 양성
9. 그 밖에 신산업·기술 창업 촉진 및 창업기업의 혁신역량 제고 등을 위하여 중앙행정기관의 장이 필요하다고 인정하는 사항

제27조(신산업 · 기술 창업촉진 등을 위한 협의체 운영) ① 중소벤처기업부장관은 신산업·기술 창업촉진정책의 효율적인 수립 및 시행을 위하여 정부, 공공기관 및 창업 관련 전문가 등으로 구성되는 신산업·기술 창업지원협의체(이하 "지원협의체"라 한다)를 운영할 수 있다. 이 경우 중소벤처기업부장관은 지원협의체의 구성 및 운영에 필요한 경비를 지원할 수 있다.

② 지원협의체의 구성 및 운영에 필요한 사항은 대통령령으로 정한다.

제28조(지역특화형 신산업 · 기술 창업의 활성화) ① 정부와 지방자치단체는 지역에 특화된 자원과 특성을 기반으로 한 신산업·기술 창업의 촉진 및 관련 창업기업의 발굴·육성을 위한 지원사업 등을 추진할 수 있다.

② 정부와 지방자치단체는 「규제자유특구 및 지역특화발전특구에 관한 규제특례법」 제75조에 따라 지정·고시된 규제자유특구의 특성 및 완화된 규제환경 등을 고려하여 제1항에 따른 사업을 추진할 수 있다.

③ 정부와 지방자치단체는 지역경제 활성화를 위하여 지역의 자연환경과 문화적 자산 등을 기반으로 가치를 창출하는 창업기업등을 지원할 수 있다.

④ 정부와 지방자치단체는 제1항부터 제3항까지의 규정에 따른 사업의 수행에 필요하다고 인정하는 경우에는 관계 중앙행정기관의 장과 지방자치단체의 장에게 협조를 요청할 수 있다.

제29조(민관협력형 신산업 · 기술 창업기업의 발굴 · 육성) ① 정부는 신산업·기술 창업기업과 대기업, 중견기업 및 중소기업(이하 "대·중견·중소기업"이라 한다) 등 기업 간 상생협력 및 동반성장을 촉진하기 위하여 국내외 창업생태계를 구성하는 공공기관, 민간, 기관 및 단체 등과 긴밀한 협력체계를 구축하도록 노력하여야 한다.

② 정부는 제1항에 따른 민관협력형 창업을 촉진하기 위하여 다음 각 호의 사항을 추진할 수 있다.

1. 신산업·기술 창업분야 유망 창업기업등의 공동 발굴·육성
2. 신산업·기술 창업기업과 대·중견·중소기업 등 기업 간 기술·정보·인력 등의 교류·협력 및 인프라 등의 공동활용 촉진
3. 사업의 공모·제안, 공동마케팅 등 창업기업제품의 판로 확대를 위한 협력
4. 연구개발 및 성능인증 등에 필요한 시설·장비의 공동활용 및 공동기술개발
5. 해외의 창업기업, 기관, 단체 등과 공동기술개발 및 교류·협력
6. 신산업·기술 창업기업과 대·중견·중소기업 등 기업 간 상생협력 및 동반성장에 관한 문화 조성 및 분위기 확산
7. 그 밖에 민관협력형 창업기업의 발굴·육성 체계의 구축 및 활성화를 위하여 중앙행정기관의 장이 필요하다고 인정하는 사항

③ 정부는 민간과 협력하여 유망 창업기업, 투자자 및 보육기관 등이 교류·협력할 수 있는 보육공간을 설치 및 운영할 수 있다. 이 경우 정부는 필요한 비용의 전부 또는 일부를 지원할 수 있다.

④ 정부는 제2항 및 제3항에 따라 추진하는 사업을 통하여 발굴·육성된 예비창업자 및 창업기업 중 유망한 자에 대하여 연구개발비 또는 창업자금 등을 우선하여 지원할 수 있다.

[시행일: 2021. 12. 28.] 제29조

제30조(기업 간 개방형 혁신창업 활성화) ① 정부는 기업으로 하여금 내부의 역량과 자원을 활용하여 신산업·기술 창업을 촉진할 수 있도록 하고, 신사업 발굴과 신시장 창출을 위하여 기업 간 협업하는 개방형 혁신창업 생태계를 조성하도록 노력하여야 한다.

② 정부는 제1항에 따른 개방형 혁신창업 활성화에 필요하다고 인정하는 경우에는 예산의 범위에서 사업을 수행하는 데에 드는 비용의 전부 또는 일부를 출연하거나 보조할 수 있다.

③ 중소벤처기업부장관은 제1항 또는 제2항에 따른 개방형 혁신창업 활성화를 위하여 노력하는 기업에 대해서는 「대·중소기업 상생협력 촉진에 관한 법률」 제15조에 따른 대·중소기업 상생협력지수 산정 시 우대할 수 있다.

제31조(대학 · 연구기관 기반 신산업 · 기술 창업의 촉진) 정부는 신산업·기술 창업의 바탕

이 되는 대학·연구기관 기반 연구개발 성과물의 사업화와 대학·연구기관 내에서 교원, 학생 또는 연구원이 창업하는 창업기업의 성장·발전을 촉진하기 위하여 노력하여야 한다.

제32조(대학 내 창업지원 전담조직의 설립 등) ① 대학은 대학 내 창업지원사업을 수행하기 위하여 학교규칙으로 정하는 바에 따라 창업지원업무를 전담하는 조직(이하 "창업지원 전담조직"이라 한다)을 둘 수 있다.

② 창업지원 전담조직은 창업선도대학 육성 사업의 운영, 대학 기업가센터 운영 등의 사업을 할 수 있다.

③ 중소벤처기업부장관은 창업지원 전담조직의 운영 및 제2항에 따른 사업 수행에 필요한 경비를 출연하거나 그 밖에 필요한 지원을 할 수 있다.

④ 창업지원 전담조직이 이 법에 따른 지원을 받으려면 그 회계를 수입과 지출 내역이 명백하도록 대학 내 다른 회계와 구분하여 처리하여야 한다.

⑤ 창업지원 전담조직의 업무 및 제4항에 따른 회계 운영에 필요한 사항은 대통령령으로 정한다.

제33조(창업기업 육성 시설·지역의 지원 등) ① 정부와 지방자치단체는 창업기업의 입주공간을 마련하고 사업화를 지원하는 등 창업기업을 집중적으로 육성할 수 있는 시설을 설치·지원할 수 있으며, 대학·연구소 등 창업기업 육성과 관련한 기관·시설 등이 밀집한 지역을 지원할 수 있다.

② 정부와 지방자치단체는 제1항에 따라 설치·운영하고 있는 시설, 지역 등에 입주한 창업기업등에 대하여 우선 지원할 수 있다.

제5장 창업기업의 성장 및 재창업 촉진

제34조(창업기업의 성장촉진 지원 강화) ① 정부는 창업기업이 국제 경쟁력을 갖춘 기업으로 신속하게 성장할 수 있도록 자금 및 인력 등의 원활한 공급, 기술혁신 촉진, 판로 확대 및 해외진출 지원 등 성장촉진을 위한 제도를 마련하여야 한다.

② 정부, 지방자치단체, 공공기관 및 창업지원기관 등은 제1항에 따른 창업기업 성장촉진에 관한 제도를 효과적으로 추진하기 위하여 매출, 일자리 창출 등의 성과가 탁월한 성장유망 창업기업을 다른 창업기업등에 우선하여 집중 지원할 수 있다.

③ 제2항에 따른 성장유망 창업기업의 기준, 지원 절차·방법 등에 관한 사항은 대통령령으로 정한다.

제35조(창업기업 융자·투자 등 금융지원) ① 정부는 중소기업의 창업 및 창업기업등의 활동에 필요한 자금의 원활한 공급을 위하여 창업기업등과 창업지원사업을 하는 자에게 필요한 자금을 출연·보조·융자하거나 그 밖에 필요한 지원을 할 수 있다.

② 정부는 제1항에 따른 금융지원이 효과적으로 시행될 수 있도록 창업기업등에 대한 민간의 투자 촉진, 창업기업 연대보증채무의 감경·면제 등 금융지원 활성화를 위한 제도적 기반을 마련하도록 노력하여야 한다.

제36조(창업기업의 기술혁신 역량 강화) ① 정부는 창업기업등이 디지털경제 시대에 부응하는 신사업을 창출하고 중장기 경쟁력을 확보할 수 있도록 기술혁신 역량 강화와 기술혁신 결과물의 사업화 촉진에 필요한 지원을 할 수 있다.

② 정부는 제1항에 따른 지원을 효율적으로 추진하기 위하여 창업기업에 특화된 맞춤형 연구개발 지원방안을 강구하고, 대학·연구기관 등의 기술혁신 인프라에 대한 창업기업의 접근성·활용성을 높이기 위하여 노력하여야 한다.

제37조(창업기업의 인력 양성 및 활용) ① 정부는 창업기업등이 필요한 인력을 원활히 확보하고 유치할 수 있도록 창업 관련 인력의 양성 및 활용에 관한 다음 각 호의 사항을 추진할 수 있다.

1. 분야별·지역별 창업기업의 인력수요에 적합한 인력 양성
2. 창업·취업 예정자 및 희망자를 대상으로 시행하는 창업기업 현장연수
3. 창업기업 재직자의 역량강화를 위한 교육 및 훈련
4. 창업 관련 전문인력 활용에 관한 협력
5. 그 밖에 창업기업등에 필요한 인력의 양

성 및 활용을 위하여 중소벤처기업부장관이 필요하다고 인정하는 사항

② 정부는 제1항에 따라 추진하는 사업에 필요한 비용의 전부 또는 일부를 출연 또는 보조할 수 있다.

제38조(창업기업제품의 공공기관 우선구매) ① 공공기관(「중소기업제품 구매촉진 및 판로지원에 관한 법률」 제2조제2호에 따른 공공기관을 말한다)의 장은 창업기업이 직접 생산하는 물품, 제공하는 용역 및 수행하는 공사(이하 이 조에서 "창업기업제품"이라 한다)의 구매를 촉진하여야 한다.

② 공공기관의 장이 「중소기업제품 구매촉진 및 판로지원에 관한 법률」 제5조제1항에 따라 작성하는 구매계획에는 창업기업제품의 구매계획을 구분하여 포함시켜야 한다.

③ 제2항에 따른 창업기업제품의 구매계획에는 대통령령으로 정하는 비율 이상의 구매목표를 포함시켜야 하며, 공공기관의 장은 해당 구매계획을 이행하여야 한다.

④ 중소벤처기업부장관은 제3항에 따른 구매계획을 확인한 결과 개선이 필요하다고 인정되는 사항에 대하여는 해당 공공기관의 장에게 그 개선을 권고할 수 있다. 이 경우 해당 공공기관의 장은 특별한 사정이 없으면 구매계획에 이를 반영하여야 한다.

⑤ 제2항부터 제4항까지의 규정에 따른 구매계획과 구매실적의 통보에 관하여는 「중소기업제품 구매촉진 및 판로지원에 관한 법률」 제5조제5항을 준용한다.

제39조(창업기업의 확인 등) ① 제38조에 따라 공공기관의 우선구매에 참여하려는 자는 중소벤처기업부장관에게 기업이 창업기업에 해당하는지 여부를 확인하여 줄 것을 신청할 수 있다.

② 중소벤처기업부장관은 제1항에 따른 신청을 받으면 조사한 후 해당 기업이 창업기업에 해당하면 이를 확인(이하 "창업기업의 확인"이라 한다)하여 주어야 한다. 이 경우 3년 이내의 범위에서 대통령령으로 정하는 유효기간을 명시한 증명서류를 함께 발급할 수 있다.

③ 제40조제1호에 해당하여 창업기업의 확인이 취소된 자는 1년 이내의 범위에서 대통령령으로 정하는 기간 내에는 제1항에 따른 신청을 할 수 없다.

④ 중소벤처기업부장관은 창업기업의 확인, 증명서류의 발급 등 대통령령으로 정하는 업무를 수행하기 위하여 창업기업확인시스템을 구축·운영할 수 있다.

⑤ 그 밖에 창업기업의 확인 절차, 증명서류의 발급 등 창업기업의 확인에 필요한 사항은 대통령령으로 정한다.

제40조(창업기업 확인의 취소) 중소벤처기업부장관은 창업기업의 확인을 받은 자가 다음 각 호의 어느 하나에 해당하면 창업기업 확인을 취소할 수 있다. 다만, 제1호의 경우에는 창업기업 확인을 취소하여야 한다.

1. 거짓이나 그 밖의 부정한 방법으로 창업기업의 확인을 받은 경우
2. 제2조제3호에 따른 창업기업의 기준에 맞지 아니하게 된 경우
3. 폐업 등의 사유로 기업활동을 하지 아니하게 된 경우
4. 정당한 사유 없이 제60조제1항의 보고와 검사를 거부한 경우

제41조(창업기업 및 생태계의 국제화 촉진) ① 정부는 예비청년창업자 및 청년창업기업을 포함한 국내 창업기업등의 국제 경쟁력을 강화하고 창업생태계를 국제화하기 위하여 노력하여야 한다.

② 정부는 예비창업자 또는 창업기업에 대하여 다음 각 호의 사항에 관한 지원을 할 수 있다.

1. 예비창업자 또는 창업기업의 해외진출에 대한 교육, 컨설팅 및 사업화 지원
2. 예비창업자 또는 창업기업의 국제교류 촉진
3. 예비창업자 또는 창업기업의 해외 홍보·마케팅 지원 및 해외투자 유치
4. 해외 창업 관련 기관과의 협력관계 구축
5. 창업지원을 위한 해외 시설·공간 구축, 운영 및 서비스 제공
6. 창업기업의 해외 전시회 참가 지원 및 전시회 기획·운영
7. 그 밖에 예비창업자 또는 창업기업의 국제화를 촉진하기 위하여 중앙행정기관의 장이 필요하다고 인정하는 사항

③ 정부는 우수한 혁신역량과 성장 가능성을 보유한 해외 우수인력 및 창업기업의 국내 유치를 촉진 시키기 위하여 다음 각 호의 사항을 추진할 수 있다.
1. 해외 우수인력 및 창업기업의 국내 유치 활성화 전략 수립
2. 창업비자 발급요건의 완화 등 해외 우수인력 및 창업기업의 국내 유치를 위한 여건 개선
3. 기술, 인력, 금융, 경영 등 분야별 해외 전문가의 국내 파견·알선
4. 외국투자자본의 유입 촉진
5. 창업 관련 연구, 정보, 기술, 교육, 인력, 홍보 등 분야별 국제협력 촉진
6. 창업 관련 국제기구 및 국제행사의 국내 유치
7. 그 밖에 국내 창업생태계의 국제화를 촉진하기 위하여 중앙행정기관의 장이 필요하다고 인정하는 사항
④ 중소벤처기업부장관은 제2항에 따라 추진하는 창업기업등의 국제화 지원사업에 대한 전문적인 지원을 위하여 해외의 창업전문회사 또는 창업전문기관을 해외창업지원기관으로 지정하여 운영할 수 있다. 이 경우 중소벤처기업부장관은 해외창업지원기관의 업무 수행을 위하여 필요한 비용의 전부 또는 일부를 지급할 수 있다.
⑤ 제4항에 따른 해외창업지원기관의 지정, 운영 및 업무에 관한 구체적인 사항은 대통령령으로 정한다.

제42조(재창업지원계획의 수립 및 시행) ① 중소벤처기업부장관은 재창업을 활성화하고 재창업기업의 사업 성공률을 높이기 위하여 재창업기업의 특성을 고려한 중소기업 재창업지원계획을 수립하여야 한다.
② 중소벤처기업부장관은 제1항에 따른 계획에 따라 재창업지원에 필요한 다음 각 호의 사항을 추진할 수 있다.
1. 우수한 기술과 경험을 보유한 예비재창업자의 발굴 및 재창업 교육
2. 재창업에 장애가 되는 각종 부담 및 규제 등의 제도 개선
3. 조세·법률 상담 등 재창업을 위한 상담 지원
4. 교육센터의 지정·운영 등 재창업지원 시설의 확충
5. 재창업에 필요한 자금 지원 및 관련 정보 제공
6. 재창업 교육 및 상담을 위한 전문가 양성
7. 재창업 지원사업에 대한 정기 점검 및 평가
8. 재창업에 관한 종합 데이터베이스의 구축·관리
9. 그 밖에 재창업지원과 관련하여 중소벤처기업부장관이 필요하다고 인정하는 사항
③ 중소벤처기업부장관은 제2항에 따라 추진하는 사업에 대하여 필요하다고 인정하는 경우에는 예산의 범위에서 대학, 연구기관, 공공기관, 기업 등 해당 사업을 수행하는 자에게 사업을 수행하는 데에 드는 비용의 전부 또는 일부를 출연하거나 보조할 수 있다. ＜개정 2024. 2. 27.＞
④ 제3항에 따른 출연·보조의 절차 및 방법 등에 관한 사항은 대통령령으로 정한다.

제43조(재창업기업 성실경영 평가) ① 중소벤처기업부장관은 예비재창업자 또는 재창업기업의 대표자(대표이사, 업무집행조합원, 대표집행임원 등 대표권이 있는 임원으로 등기되어 있거나 대표자로 등록되어 있는 자를 말한다)가 재창업 전의 기업을 경영하면서 분식회계, 고의부도, 부당해고 등을 하지 아니하고 성실하게 경영하였는지 여부 등을 평가(이하 "성실경영 평가"라 한다)하여 출연, 보조, 융자 등 재정지원을 제한하거나 지원 대상자 선별에 활용할 수 있다.
② 관계 중앙행정기관의 장 또는 지방자치단체의 장은 성실경영 평가가 필요하다고 판단할 경우 중소벤처기업부장관과 협의를 거쳐 중소벤처기업부장관에게 그 평가를 요청할 수 있다.
③ 중소벤처기업부장관은 성실경영 평가에 필요한 경우 본인의 동의를 받아 대통령령으로 정하는 바에 따라 경찰청장, 관할 시·도경찰청장 또는 경찰서장에게 「형의 실효 등에 관한 법률」 제5조의2제2항에 따른 범죄경력자료 중 다음 각 호에 해당하는 자료의 제공을 요청할 수 있다.
1. 「형법」 제347조, 제356조, 제357조의 죄 등 대통령령으로 정하는 기업경영 관련 죄

에 관한 범죄경력자료

2. 「근로기준법」 등 대통령령으로 정하는 노동 관계 법률 위반의 죄에 관한 범죄경력자료

④ 중소벤처기업부장관은 성실경영 평가를 한 결과 성실한 경영을 하였으나 실패한 사업자(이하 "성실경영실패자"라 한다)로 판정된 경우에는 성실경영실패자의 재창업을 지원할 때 장애가 되는 각종 부담 및 규제를 개선할 수 있다. 이 경우 중소벤처기업부장관은 개선의 내용 및 기준 등을 정하여 고시할 수 있다.

⑤ 중소벤처기업부장관은 성실경영 평가에 필요한 기준을 정하여 고시할 수 있다.

제44조(재창업기업 성실경영 평가 전담기관의 지정 등) ① 중소벤처기업부장관은 성실경영 평가를 효과적으로 수행하기 위하여 이를 전담하는 기관(이하 "성실경영 평가 전담기관"이라 한다)을 지정할 수 있다.

② 중소벤처기업부장관은 성실경영 평가 전담기관으로 하여금 성실경영 평가를 효과적으로 수행하고 관리할 수 있도록 통합관리체계를 구축·운영하게 할 수 있다.

③ 정부와 지방자치단체는 예산의 범위에서 성실경영 평가 전담기관의 운영에 필요한 경비의 전부 또는 일부를 출연하거나 보조할 수 있다.

④ 성실경영 평가 전담기관의 장은 중소벤처기업부장관에게 성실경영 평가와 관련하여 제43조제3항 각 호에 해당하는 자료의 조회를 요청할 수 있다.

⑤ 제1항에 따라 지정된 성실경영 평가 전담기관이 아닌 자는 성실경영 평가 전담기관임을 표시하거나 이와 유사한 명칭을 사용하지 못한다.

⑥ 성실경영 평가 전담기관의 지정 및 운영 등에 필요한 사항은 대통령령으로 정한다.

제6장 창업기업의 공장 설립절차 특례

제45조(창업기업의 공장 설립계획의 승인) ① 제조업(「통계법」 제22조제1항에 따라 통계청장이 작성·고시하는 한국표준산업분류상의 제조업을 말한다)을 영위하려는 창업기업은 대통령령으로 정하는 바에 따라 공장 설립계획(이하 "공장 설립계획"이라 한다)을 작성하고, 이에 대한 시장·군수 또는 구청장(자치구의 구청장을 말한다. 이하 같다)의 승인을 받아 사업을 할 수 있다.

② 시장·군수 또는 구청장은 제1항에 따른 공장 설립계획의 승인을 할 때에는 그 공장의 건축면적이 「산업집적활성화 및 공장설립에 관한 법률」 제8조제2호에 따른 기준공장면적률에 적합하도록 하여야 한다.

③ 시장·군수 또는 구청장은 제1항에 따른 공장 설립계획의 승인 신청을 받은 날부터 20일 이내에 승인 여부를 알려야 한다. 이 경우 20일 이내에 승인 여부를 알리지 아니한 때에는 20일이 지난 날의 다음 날에 승인한 것으로 본다.

④ 제1항에 따라 공장 설립계획의 승인을 받은 사항 중 사업자 또는 공장용지의 면적 등 대통령령으로 정하는 중요 사항을 변경하려는 경우에는 변경승인을 받아야 하고, 중소벤처기업부령으로 정하는 경미한 사항을 변경하려는 경우에는 시장·군수 또는 구청장에게 신고하여야 한다.

⑤ 공장 설립계획의 승인을 받은 자가 공장 건설이나 제조시설 등의 설치를 완료하였을 때에는 중소벤처기업부령으로 정하는 기간 내에 시장·군수 또는 구청장에게 완료신고를 하여야 한다.

⑥ 중소벤처기업부장관은 공장 설립계획의 승인업무에 관한 지원 및 협의를 위하여 지방중소벤처기업청에 창업민원처리협의회를 둘 수 있다. 이 경우 창업민원처리협의회의 구성 및 업무 등에 필요한 사항은 대통령령으로 정한다.

⑦ 중소벤처기업부장관은 창업에 따른 절차를 간소화하기 위하여 제1항에 따른 공장 설립계획 승인에 관한 업무를 처리할 때 허가·인가에 관한 사항 등 대통령령으로 정하는 업무처리기준에 따라 처리하여야 한다.

제46조(설립승인의 사전협의) ① 창업기업은 제45조제1항에 따른 공장 설립계획 승인을 신청하기 전에 시장·군수 또는 구청장에게 공장 설립계획의 승인 가능성 등에 관하여 사전협의를 요청할 수 있다.

② 제1항에 따른 사전협의 절차 등에 필요한 사항은 대통령령으로 정한다.

제47조(공장설립 관련 인·허가 등의 의제) ① 제45조제1항에 따라 공장 설립계획의 승인을 할 때 다음 각 호의 허가, 인가, 면허, 승인, 지정, 결정, 신고, 해제 또는 용도폐지(이하 이 조에서 "허가등"이라 한다)에 관하여 시장·군수 또는 구청장이 제4항에 따라 다른 행정기관의 장과 협의를 한 사항에 대하여는 그 허가등을 받은 것으로 본다. <개정 2022. 12. 27.>

1. 「산업집적활성화 및 공장설립에 관한 법률」 제13조제1항에 따른 공장설립등의 승인
2. 「사방사업법」 제14조에 따른 벌채 등의 허가와 같은 법 제20조에 따른 사방지(砂防地) 지정의 해제
3. 「공유수면 관리 및 매립에 관한 법률」 제8조에 따른 공유수면의 점용·사용허가, 같은 법 제17조에 따른 점용·사용 실시계획의 승인 또는 신고 및 같은 법 제28조에 따른 공유수면의 매립면허
4. 「하천법」 제30조에 따른 하천공사의 허가와 같은 법 제33조에 따른 하천의 점용허가
5. 「산지관리법」 제14조에 따른 산지전용허가, 같은 법 제15조에 따른 산지전용신고, 같은 법 제15조의2에 따른 산지일시사용허가·신고 및 같은 법 제21조에 따른 용도변경 승인과 「산림자원의 조성 및 관리에 관한 법률」 제36조제1항 및 제5항에 따른 입목벌채 등의 허가와 신고
6. 「사도법」 제4조에 따른 사도(私道)의 개설허가
7. 「국토의 계획 및 이용에 관한 법률」 제56조제1항에 따른 개발행위의 허가, 같은 법 제86조에 따른 도시·군계획시설사업의 시행자 지정 및 같은 법 제88조에 따른 실시계획의 작성·인가
8. 「농지법」 제34조제1항에 따른 농지의 전용허가, 같은 법 제35조제1항에 따른 농지전용신고 및 같은 법 제40조제1항에 따른 용도변경의 승인
9. 「초지법」 제23조에 따른 초지의 전용 허가 또는 전용 신고
10. 「국유재산법」 제30조에 따른 행정재산의 사용허가 및 같은 법 제40조에 따른 도로, 하천, 도랑 및 제방의 용도폐지
11. 「도로법」 제61조제1항에 따른 도로의 점용 허가
12. 「환경영향평가법」에 따른 소규모 환경영향평가 협의
13. 「농어촌정비법」 제23조제1항 본문에 따른 농업생산기반시설의 사용허가
14. 「장사 등에 관한 법률」 제27조제1항에 따른 타인의 토지 등에 설치된 분묘 개장(改葬)의 허가
15. 「공유재산 및 물품 관리법」 제20조제1항에 따른 행정재산의 사용·수익허가 및 같은 법 제11조에 따른 행정재산의 용도폐지
16. 「부동산 거래신고 등에 관한 법률」 제11조에 따른 토지거래계약에 관한 허가
17. 「소하천정비법」 제14조에 따른 소하천점용허가
18. 「자연재해대책법」 제4조에 따른 재해영향평가등의 협의

② 제45조제1항에 따라 공장 설립계획의 승인을 받은 공장에 대하여 「건축법」 제11조에 따른 건축허가를 할 때 해당 시장·군수 또는 구청장이 다음 각 호의 허가, 인가, 승인, 동의, 심사 또는 신고(이하 이 조에서 "승인등"이라 한다)에 관하여 제4항에 따라 다른 행정기관의 장과 협의를 한 사항에 대하여는 그 승인등을 받은 것으로 본다. <개정 2021. 12. 28.>

1. 「도로법」 제61조제1항에 따른 도로의 점용 허가
2. 「하수도법」 제24조에 따른 점용허가와 같은 법 제27조제3항 및 제4항에 따른 배수설비의 설치 신고
3. 「하수도법」 제34조제2항에 따른 개인하수처리시설의 설치신고
4. 「소방시설 설치 및 관리에 관한 법률」 제6조제1항에 따른 건축허가등의 동의, 「소방시설공사업법」 제13조제1항에 따른 소방시설공사의 신고 및 「위험물안전관리법」 제6조제1항에 따른 제조소등의 설치허가
5. 「대기환경보전법」 제23조, 「물환경보전법」 제33조, 「소음·진동관리법」 제8조 및 「가축분뇨의 관리 및 이용에 관한 법률」 제11조에

따른 배출시설의 설치 허가 또는 신고
6. 「폐기물관리법」 제29조제2항에 따른 폐기물처리시설의 설치승인 또는 설치신고
7. 「수도법」 제52조 및 제54조에 따른 전용수도설치의 인가
8. 「전기안전관리법」 제8조에 따른 자가용전기설비의 공사계획 인가 또는 신고
9. 「총포·도검·화약류 등의 안전관리에 관한 법률」 제25조제1항에 따른 화약류저장소 설치허가
10. 「건축법」 제11조제1항에 따른 건축허가, 같은 법 제14조제1항에 따른 건축신고, 같은 법 제20조제1항·제3항에 따른 가설건축물의 건축허가 또는 건축신고 및 같은 법 제83조제1항에 따른 공작물 축조의 신고
11. 「토양환경보전법」 제12조에 따른 특정토양오염관리대상시설의 설치신고
12. 「액화석유가스의 안전관리 및 사업법」 제5조에 따른 가스용품 제조사업의 허가 및 같은 법 제8조에 따른 액화석유가스 저장소의 설치 허가
13. 「고압가스 안전관리법」 제4조에 따른 고압가스의 제조허가와 저장소의 설치허가, 같은 법 제5조제1항에 따른 용기·냉동기 및 특정설비의 제조등록, 같은 법 제20조제1항에 따른 특정고압가스 사용신고
14. 「산업안전보건법」 제42조제4항에 따른 유해위험방지계획서의 심사 및 같은 법 제45조제1항에 따른 공정안전보고서의 심사
③ 제45조제1항에 따라 공장 설립계획의 승인을 받은 공장에 대하여 「건축법」 제22조에 따라 건축물의 사용승인을 할 때 해당 시장·군수 또는 구청장이 다음 각 호의 검사, 신고, 동의 또는 신청(이하 이 조에서 "검사등"이라 한다)에 관하여 제4항에 따라 다른 행정기관의 장과 협의를 한 사항에 대하여는 그 검사등을 받은 것으로 본다. <개정 2021. 12. 28.>
1. 「하수도법」 제37조에 따른 개인하수처리시설의 준공검사
2. 「소방시설 설치 및 관리에 관한 법률」 제6조제1항에 따른 사용승인의 동의, 「소방시설공사업법」 제14조에 따른 소방시설공사의 완공검사 및 「위험물안전관리법」 제9조에 따른 제조소등의 완공검사
3. 「폐기물관리법」 제29조제4항에 따른 폐기물처리시설의 사용개시 신고
4. 「대기환경보전법」 제30조제1항 및 「물환경보전법」 제37조에 따른 배출시설 등의 가동개시 또는 가동시작 신고
5. 「총포·도검·화약류 등의 안전관리에 관한 법률」 제43조에 따른 완성검사
6. 「먹는물관리법」 제23조제1항에 따른 먹는샘물등의 제조업 조건부 영업허가
7. 「전기안전관리법」 제9조에 따른 자가용전기설비의 사용전검사
8. 「액화석유가스의 안전관리 및 사업법」 제36조제2항에 따른 저장시설 및 가스용품제조시설의 완성검사
9. 「고압가스 안전관리법」 제16조제3항에 따른 고압가스의 제조, 저장소 설치, 용기등의 제조시설 설치공사의 완성검사 및 같은 법 제20조제4항에 따른 특정고압가스의 사용시설 완성검사
10. 「국토의 계획 및 이용에 관한 법률」 제62조제1항 및 같은 법 제98조제2항에 따른 준공검사
11. 「공간정보의 구축 및 관리 등에 관한 법률」 제64조제2항에 따른 토지 이동 등의 등록 신청
④ 시장·군수 또는 구청장이 제45조에 따른 공장 설립계획의 승인 또는 「건축법」 제11조제1항 및 제22조제1항에 따른 건축허가와 사용승인을 할 때 그 내용 중 제1항부터 제3항까지에 해당하는 사항이 다른 행정기관의 권한에 속하는 경우에는 그 행정기관의 장과 협의하여야 하며, 협의를 요청받은 행정기관의 장은 대통령령으로 정하는 기간 내에 의견을 제출하여야 한다. 이 경우 다른 행정기관의 장이 그 기간 내에 의견을 제출하지 아니하면 의견이 없는 것으로 본다.

제48조(법령 제정 · 개정 시의 협의) 관계 행정기관의 장은 제45조에 따른 공장 설립계획의 승인, 창업기업의 공장에 대한 「건축법」 제11조제1항의 건축허가나 같은 법 제22조제1항의 사용승인과 관련되는 사항을 법령으로 제정하거나 개정하려면 미리 중소벤처

기업부장관과 협의하여야 한다.

제49조(창업기업 공장 설립승인의 취소 등) ① 시장·군수 또는 구청장은 공장 설립계획의 승인을 받은 자가 다음 각 호의 어느 하나에 해당하면 공장 설립계획의 승인과 공장 건축허가를 취소하거나 해당 토지의 원상회복을 명령할 수 있다.

1. 공장 설립계획의 승인을 받은 날부터 대통령령으로 정하는 기간이 지난 날까지 「건축법」 제21조제1항에 따라 착공신고서를 제출하지 아니하거나 공장착공 후 대통령령으로 정하는 기간 이상 공사를 중단한 경우
2. 공장 설립계획의 승인을 받은 공장부지 또는 해당 공장부지 내 건축물을 「산업집적활성화 및 공장설립에 관한 법률」 제15조에 따른 공장설립등의 완료신고를 하기 전에 다른 사람에게 양도한 경우(경매로 인한 경우를 포함한다). 다만, 창업기업에 양도한 경우에는 그러하지 아니하다.
3. 공장 설립계획의 승인을 받은 공장부지 또는 해당 공장부지 내 건축물을 다른 사람에게 임대하거나 공장이 아닌 용도로 활용하는 경우
4. 공장 설립계획의 승인을 받은 후 대통령령으로 정하는 기간이 지난 날까지 「산업집적활성화 및 공장설립에 관한 법률」 제15조에 따른 공장설립등의 완료신고를 하지 아니한 경우

② 시장·군수 또는 구청장은 제1항에 따른 원상회복명령을 위반하여 원상회복을 하지 아니하면 대집행(代執行)에 따라 원상회복을 할 수 있다.

③ 제2항에 따른 대집행의 절차에 관하여는 「행정대집행법」을 적용한다.

④ 시장·군수 또는 구청장은 제1항에 따라 공장 설립계획의 승인을 취소하려면 청문을 하여야 한다.

제50조(사업분리에 의한 창업기업의 공장등록 특례) 「법인세법」 제2조제1호에 따른 내국법인(이하 이 조에서 "내국법인"이라 한다)이 하는 사업의 일부를 분리하여 그 사업을 개시하는 중소기업이 다음 각 호의 요건을 모두 갖춘 경우에는 「부가가치세법」 제8조에 따라 발급받은 사업자등록증은 해당 사업을 개시한 날부터 2년 동안은 「산업집적활성화 및 공장설립에 관한 법률」 제16조에 따라 공장등록을 하였음을 증명하는 서류로 본다.

1. 내국법인의 임직원이었던 자가 대표자, 최대주주 또는 최대출자자일 것
2. 내국법인과 사업의 분리에 관한 계약 및 그 내국법인의 공장 전부 또는 일부의 공동사용에 관한 계약을 서면으로 체결할 것

제7장 창업지원 기반 구축

제51조(창업진흥원) ① 창업을 촉진하고 창업기업의 성장을 효율적으로 지원하기 위하여 창업진흥원을 설립한다.

② 창업진흥원은 법인으로 하며, 주된 사무소의 소재지에서 설립등기를 함으로써 성립한다.

③ 제2항에 따른 주된 사무소의 소재지는 정관으로 정하며, 창업진흥원은 정관으로 정하는 바에 따라 필요한 곳에 지원 또는 지부, 그 밖의 사무소를 둘 수 있다.

④ 창업진흥원은 다음 각 호의 사업과 업무를 수행한다.

1. 창업활성화를 위한 정책의 조사연구
2. 창업기업에 대한 자금(정책자금 융자는 제외한다), 인력, 판로 및 입지 등에 관한 정보제공 및 지원
3. 창업촉진을 위한 교육모델 개발 및 운영·보급
4. 창업실태조사 및 분석
5. 창업기업 및 창업생태계와 관련한 데이터의 수집, 가공, 분석, 활용 및 제공 등에 관한 사항
6. 국제기구 및 외국과의 창업 관련 교류 및 협력
7. 창업기업의 해외진출 지원 및 외국인의 국내창업 지원
8. 우수 예비창업자의 발굴 및 지원
9. 재창업기업의 교육 및 지원
10. 청년창업기업 및 중장년창업기업 교육 및 사업화 지원
11. 청소년 및 예비창업자 등에 대한 창업교육 등 기업가정신 제고

12. 대학 및 연구기관 등의 창업촉진 활동 지원
13. 창업분야 전문인력 육성 및 지원
14. 창업저변 확대 및 창업문화 조성을 위한 지원
15. 창업촉진을 위한 지원시설 등 창업기반 조성, 운영 및 지원
16. 제61조제2항에 따라 창업진흥원에 위탁한 업무
17. 그 밖에 중소벤처기업부장관 및 관계 중앙행정기관의 장이 위탁하는 사업 및 업무
⑤ 정부는 창업진흥원의 설립 및 운영에 필요한 경비를 예산의 범위에서 출연하거나 보조할 수 있다.
⑥ 중앙행정기관의 장과 지방자치단체의 장은 제4항 각 호의 사업 및 업무를 창업진흥원으로 하여금 수행하게 할 수 있고, 이에 필요한 비용의 전부 또는 일부를 출연 또는 보조할 수 있다.
⑦ 공공기관, 중소기업, 개인 또는 단체는 제4항 각 호의 사업 및 업무 수행에 필요한 경비를 지원할 수 있다.
⑧ 창업진흥원은 제1항의 목적 달성에 필요한 재원을 조달하기 위하여 대통령령으로 정하는 바에 따라 수익사업을 할 수 있다.
⑨ 이 법에 따른 창업진흥원이 아닌 자는 창업진흥원 또는 이와 유사한 명칭을 사용하지 못한다.
⑩ 창업진흥원에 관하여 이 법에서 정한 것을 제외하고는 「민법」 중 재단법인에 관한 규정을 준용한다.

제52조(지역창업전담기관의 지정 등) ① 중소벤처기업부장관은 지역의 혁신창업 생태계 활성화를 위하여 각 지역별로 전담기관(이하 "지역창업전담기관"이라 한다)을 지정할 수 있다.
② 지역창업전담기관은 다음 각 호의 사업과 업무를 수행한다.
1. 지역에 기반한 신산업·기술 창업 활성화와 기업가정신 고취를 위한 정책과제의 발굴 및 운영
2. 지역 창업기업의 기술혁신 역량 강화를 위한 지원과 이를 위한 관련 기관·프로그램과의 연계 및 총괄
3. 지역 창업기업의 투자 생태계 활성화를 위한 지원과 이를 위한 관련 기관·프로그램과의 연계 및 총괄
4. 지역의 예비창업자, 창업기업 또는 중소기업과 관련된 법률, 금융, 고용 및 특허 등 상담과 관련 사무의 지원
5. 창의적인 아이디어, 신기술 등을 활용한 지역의 청년고용 창출 지원 및 교육 프로그램 운영
6. 중소벤처기업부장관, 관계 중앙행정기관 또는 지방자치단체의 장으로부터 위탁받은 사업과 업무
7. 그 밖에 대통령령으로 정하는 사업과 업무
③ 정부 또는 지방자치단체는 예산의 범위에서 제2항에 따른 지역창업전담기관의 운영 및 사업 수행에 필요한 비용의 전부 또는 일부를 출연하거나 보조할 수 있다.
④ 제1항에 따른 지역창업전담기관의 지정 및 운영에 필요한 사항은 대통령령으로 정한다.

제53조(창업보육센터사업자의 지정 등) ① 창업의 성공 가능성을 높이기 위하여 창업기업에 시설·장소를 제공하고 경영·기술분야에 대하여 지원하는 것을 주된 목적으로 하는 사업장(이하 "창업보육센터"라 한다)을 설립·운영하는 자(설립·운영하려는 자를 포함한다. 이하 "창업보육센터사업자"라 한다)로서 이 법에 따른 지원을 받으려는 자는 다음 각 호의 요건을 갖추어 중소벤처기업부장관의 지정을 받아야 한다.
1. 다음 각 목의 시설 및 장소를 갖출 것
가. 창업기업이 이용할 수 있는 시험기기나 계측기기 등의 장비
나. 10개 이상의 창업기업이 사용할 수 있는 500제곱미터 이상의 장소
2. 경영학 분야의 박사학위 소지자, 「변호사법」에 따른 변호사, 그 밖에 대통령령으로 정하는 전문인력 중 2명 이상을 확보할 것
3. 창업보육센터사업을 수행하기 위한 사업계획 등이 중소벤처기업부령으로 정하는 기준에 맞을 것
② 중소벤처기업부장관은 창업보육센터사업자를 지정하는 경우 청년을 위한 창업보육센터사업자를 우선 지정할 수 있다.

③ 국가는 「국유재산법」 및 그 밖의 다른 법령에도 불구하고 창업의 성공가능성을 높이기 위하여 필요한 경우 창업보육센터에 입주한 자(이하 "입주자"라 한다)에 대하여 국유재산의 사용료를 감면할 수 있다.
④ 국가가 제3항에 따라 국유재산의 사용료를 감면하는 경우 입주자에 대한 국유재산의 연간 사용료는 해당 재산가액에 100분의 1 이상을 곱한 금액의 범위에서 대통령령으로 정하는 금액으로 한다.
⑤ 국유재산을 사용허가 하는 경우 그 기간은 「국유재산법」 제35조에서 정하는 바에 따른다.
⑥ 지방자치단체는 「공유재산 및 물품 관리법」 및 그 밖의 다른 법령에도 불구하고 입주자에게 공유재산의 사용료를 대통령령으로 정하는 바에 따라 감면할 수 있다.
⑦ 중소벤처기업부장관은 창업보육센터사업자가 「벤처투자촉진에 관한 법률」 제2조 제9호에 따른 창업기획자로 전환할 경우 필요한 비용의 전부 또는 일부를 지원할 수 있다.

제54조(중소기업상담회사의 등록 등) ① 중소기업의 사업성 평가 등 다음 각 호의 사업을 영위하는 회사로서 이 법에 따른 지원을 받으려는 자는 중소벤처기업부령으로 정하는 바에 따라 중소벤처기업부장관에게 중소기업상담회사로 등록하여야 한다. 중소기업상담회사가 등록한 사항 중 회사명과 소재지 등 중소벤처기업부령으로 정하는 중요 사항을 변경하려는 경우에도 또한 같다.
1. 중소기업의 사업성 평가
2. 중소기업의 경영 및 기술 향상을 위한 용역
3. 중소기업에 대한 사업의 알선
4. 중소기업의 자금 조달·운용에 관한 자문 및 대행
5. 창업 절차의 대행
6. 창업보육센터의 설립·운영에 관한 자문
7. 제1호부터 제6호까지의 사업에 딸린 사업으로서 중소벤처기업부장관이 정하는 사업
② 제1항에 따른 중소기업상담회사는 다음 각 호의 요건을 모두 갖추어야 한다.
1. 다음 각 목의 어느 하나에 해당하는 법인으로서 해당 각 목의 요건을 갖출 것
가. 「상법」에 따른 회사: 납입자본금이 대통령령으로 정하는 금액 이상일 것
나. 「협동조합 기본법」에 따른 협동조합등, 「중소기업협동조합법」에 따른 중소기업협동조합: 조합원이 납입한 출자금 총액이 대통령령으로 정하는 금액 이상일 것
2. 임원이 다음 각 목의 어느 하나에 해당하지 아니하는 자일 것
가. 미성년자 또는 피성년후견인
나. 파산선고를 받고 복권되지 아니한 자
다. 금고 이상의 실형을 선고받고 그 집행이 끝나거나(집행이 끝난 것으로 보는 경우를 포함한다) 집행이 면제된 날부터 3년이 지나지 아니한 자
라. 금고 이상의 형의 집행유예를 선고받고 그 유예기간 중에 있는 자
마. 금융거래 등 상거래에서 약정한 날짜 이내에 채무를 갚지 아니한 자로서 대통령령으로 정하는 자
3. 대통령령으로 정하는 기준에 따른 전문인력 및 시설을 보유할 것
③ 중소벤처기업부장관은 중소기업상담회사가 창업기업에 용역을 제공하면 대통령령으로 정하는 바에 따라 그 용역 대금의 일부를 지원할 수 있다.
④ 이 법에 따라 중소기업상담회사로 등록한 자는 정부기관의 명칭, 상징 등을 무단 사용하거나 그 밖에 정부기관으로 오인·혼동하게 할 우려가 있는 표시 또는 광고를 하여서는 아니 된다.

제55조(창업민원처리기구의 설치 등) ① 정부는 민원인의 편의를 위하여 특별시·광역시·특별자치시·도·특별자치도 또는 시·군·구의 창업에 관련된 민원을 종합적으로 접수하여 처리할 수 있는 기구(이하 "중소기업창업민원실"이라 한다)를 설치할 수 있다.
② 중소기업창업민원실의 설치 및 운영에 필요한 사항은 대통령령으로 정한다.

제8장 보칙

제56조(지정 등의 취소) ① 중소벤처기업부장관은 창업대학원이 다음 각 호의 어느 하나에 해당하면 지정을 취소하거나 5년의 범위에

서 대통령령으로 정하는 바에 따라 이 법에 따른 지원을 중단할 수 있다. 다만, 제1호에 해당하면 그 지정을 취소하여야 한다.
1. 거짓이나 그 밖에 부정한 방법으로 지정을 받은 경우
2. 지원받은 자금을 다른 목적으로 사용한 경우
3. 정당한 사유 없이 1년 이상 운영하지 아니한 경우
4. 스스로 지정의 취소를 원하는 경우
② 중소벤처기업부장관은 제41조제4항에 따른 해외창업지원기관이 다음 각 호의 어느 하나에 해당하면 지정을 취소하거나 5년의 범위에서 대통령령으로 정하는 바에 따라 이 법에 따른 지원을 중단할 수 있다. 다만, 제1호에 해당하면 그 지정을 취소하여야 한다.
1. 거짓이나 그 밖의 부정한 방법으로 지정을 받은 경우
2. 제41조제5항에 따른 지정 요건에 맞지 아니하게 되었거나 업무를 수행할 능력을 상실한 경우
3. 정당한 사유 없이 1년 이상 업무를 수행하지 아니한 경우
4. 스스로 지정의 취소를 원하는 경우
③ 중소벤처기업부장관은 제44조에 따른 성실경영 평가 전담기관이 다음 각 호의 어느 하나에 해당하면 대통령령으로 정하는 바에 따라 지정을 취소할 수 있다. 다만, 제1호에 해당하는 경우에는 그 지정을 취소하여야 한다. <신설 2024. 2. 27.>
1. 거짓이나 그 밖의 부정한 방법으로 지정을 받은 경우
2. 제44조제6항에서 정하는 지정 요건에 적합하지 아니하게 된 경우
3. 정당한 사유 없이 1년 이상 운영하지 아니한 경우
4. 스스로 지정의 취소를 원하는 경우
④ 제3항에 따라 지정이 취소된 성실경영 평가 전담기관은 그 지정이 취소된 날부터 2년 이내에는 성실경영 평가 전담기관으로 다시 지정받을 수 없다. <신설 2024. 2. 27.>
⑤ 중소벤처기업부장관은 지역창업전담기관이 다음 각 호의 어느 하나에 해당하는 때에는 지정을 취소하거나 5년의 범위에서 대통령령으로 정하는 바에 따라 이 법에 따른 지원을 중단할 수 있다. 다만, 제1호에 해당하면 그 지정을 취소하여야 한다. <개정 2024. 2. 27.>
1. 거짓이나 그 밖의 부정한 방법으로 지정을 받은 경우
2. 제52조제4항에 따른 지정 요건에 맞지 아니하게 되었거나 사업을 수행할 능력을 상실한 경우
3. 지정받은 사항을 위반하여 업무를 행한 경우
4. 스스로 지정의 취소를 원하는 경우
⑥ 중소벤처기업부장관은 창업보육센터사업자가 다음 각 호의 어느 하나에 해당하면 사업자의 지정을 취소하거나 5년의 범위에서 대통령령으로 정하는 바에 따라 이 법에 따른 지원을 중단할 수 있다. 다만, 제1호에 해당하면 그 지정을 취소하여야 한다. <개정 2024. 2. 27.>
1. 거짓이나 그 밖에 부정한 방법으로 지정을 받은 경우
2. 지원받은 자금을 다른 목적으로 사용한 경우
3. 창업보육센터를 중소기업 창업지원 외의 목적으로 사용한 경우
4. 창업보육센터의 운영 실적이 중소벤처기업부령으로 정하는 기준에 미치지 못한 경우
5. 스스로 지정의 취소를 원하는 경우
6. 제53조제1항에 따른 지정 요건에 맞지 아니하게 되었을 경우
⑦ 중소벤처기업부장관은 제54조에 따른 중소기업상담회사가 다음 각 호의 어느 하나에 해당하면 그 등록을 취소하거나 5년의 범위에서 대통령령으로 정하는 바에 따라 이 법에 따른 지원을 중단할 수 있다. 다만, 제1호에 해당하면 그 등록을 취소하여야 한다. <개정 2024. 2. 27.>
1. 거짓이나 그 밖에 부정한 방법으로 등록을 한 경우
2. 제54조제2항에 따른 등록요건에 맞지 아니하게 된 경우. 다만, 임원 중 같은 항 제2호 각 목의 어느 하나에 해당하는 자가 있는 경우 6개월 이내에 그 임원을 바꾸어 임

명한 경우에는 그러하지 아니하다.

3. 회사의 책임 있는 사유로 제54조제1항에 따른 사업수행이 어렵게 된 경우

4. 정당한 사유 없이 1년 이상 계속하여 사업을 하지 아니한 경우

제57조(청문) 중소벤처기업부장관은 다음 각 호의 지정이나 등록을 취소하려면 청문을 하여야 한다. <개정 2024. 2. 27.>

1. 제19조제1항에 따른 창업대학원의 지정

2. 제41조제4항에 따른 해외창업지원기관의 지정

3. 제44조제1항에 따른 성실경영 평가 전담기관의 지정

4. 제52조제1항에 따른 지역창업전담기관의 지정

5. 제53조제1항에 따른 창업보육센터사업자의 지정

6. 제54조제1항에 따른 중소기업상담회사의 등록

제58조(업무의 지도·감독) ① 중소벤처기업부장관은 창업진흥원 및 지역창업전담기관 등 창업지원기관의 업무를 지도·감독할 수 있다.

② 제1항에 따라 중소벤처기업부장관의 지도·감독을 받는 창업지원기관의 범위와 지도·감독에 필요한 사항 등은 대통령령으로 정한다.

제59조(업무기준의 고시) 중소벤처기업부장관은 대통령령으로 정하는 창업지원기관이 창업기업등을 효율적으로 지원할 수 있도록 창업지원 업무에 관한 기준 등을 정하여 고시할 수 있다.

제60조(보고와 검사) ① 중소벤처기업부장관은 제40조에 따른 창업기업 확인의 취소사유에 해당하는지 여부를 점검하기 위하여 필요하다고 인정하면 해당 기업에 대하여 관련 자료를 제출·보고하게 하거나 소속 공무원으로 하여금 검사하게 할 수 있다.

② 중소벤처기업부장관은 창업지원 전담조직, 제41조제4항에 따른 해외창업지원기관, 창업보육센터사업자, 제54조제1항에 따른 중소기업상담회사에 대하여 업무운용 상황 등에 관한 자료를 대통령령으로 정하는 바에 따라 제출·보고하게 하거나 소속 공무원으로 하여금 검사하게 할 수 있다.

③ 중소벤처기업부장관 또는 지방자치단체의 장은 지역창업전담기관에 대하여 관련 자료를 제출·보고하게 하거나 소속 공무원으로 하여금 검사하게 할 수 있다.

④ 제1항부터 제3항까지에 따른 검사를 하는 경우에는 검사 7일 전까지 검사 일시·목적·내용 등 검사계획을 검사받을 자에게 알려야 한다. 다만, 긴급하거나 증거인멸 등으로 검사 목적을 달성할 수 없다고 인정하는 경우에는 그러하지 아니하다.

⑤ 제1항부터 제3항까지에 따라 출입·검사하는 공무원은 그 권한을 표시하는 증표를 지니고 이를 관계인에게 내보여야 하며, 출입할 때 성명·출입시간·출입목적 등이 표시된 문서를 관계인에게 내주어야 한다.

제61조(권한 또는 업무의 위임·위탁) ① 이 법에 따른 중소벤처기업부장관의 권한은 대통령령으로 정하는 바에 따라 그 일부를 소속 기관의 장이나 지방자치단체의 장에게 위임할 수 있다.

② 중소벤처기업부장관은 제63조에 따라 이 법의 지원금에 대하여 행하는 환수, 제39조제4항에 따른 창업기업의 확인, 증명서류의 발급, 창업기업확인시스템의 구축·운영 등 대통령령으로 정하는 권한을 창업진흥원에 위탁할 수 있다. <개정 2023. 9. 14.>

③ 중소벤처기업부장관은 이 법에 따른 업무의 일부를 대통령령으로 정하는 바에 따라 다른 행정기관의 장, 창업진흥원, 「중소기업진흥에 관한 법률」 제68조에 따른 중소벤처기업진흥공단, 그 밖의 중소기업 관련 기관에 위탁할 수 있다.

제62조(자료의 요청) ① 중소벤처기업부장관은 다음 각 호의 업무를 수행하기 위하여 관계 중앙행정기관의 장, 지방자치단체의 장, 공공기관의 장, 「신용정보의 이용 및 보호에 관한 법률」 제25조제2항제1호의 종합신용정보집중기관의 장, 창업 및 창업기업 관련 기관·단체의 장 등(이하 "중앙행정기관의 장등"이라 한다)에게 필요한 자료 또는 정보의 제출이나 의견의 진술 등을 요청할 수 있다. 이 경우 요청을 받은 자는 특별한 사유가 없으면 이에 협조하여야 한다.

1. 종합계획 및 시행계획의 수립
2. 창업지원사업의 평가
3. 제13조에 따른 실태조사
4. 제15조에 따른 창업종합관리시스템의 구축 및 운영
5. 제35조에 따른 금융지원
6. 제39조제4항에 따른 창업기업확인시스템의 구축 및 운영
7. 제42조에 따른 재창업지원계획의 수립
8. 제45조에 따른 창업기업의 공장 설립계획의 승인

② 중앙행정기관의 장등이 제1항제4호 또는 제6호에 따른 자료 또는 정보를 제공하는 경우에는 제15조에 따른 창업종합관리시스템 또는 제39조제4항에 따른 창업기업확인시스템과 연계하는 방법으로 제공할 수 있다.

③ 중소벤처기업부장관은 제15조에 따른 창업종합관리시스템 및 제39조제4항에 따른 창업기업확인시스템의 구축 및 운영과 이 법에 따른 창업지원사업 시행을 위하여 필요한 경우 다음 각 호에 해당하는 자료·정보의 제공을 다음 각 호의 구분에 따른 자에게 요청하고 제공받은 목적의 범위에서 그 자료·정보를 보유·이용할 수 있다. 이 경우 요청을 받은 자는 특별한 사유가 없으면 그 요청에 따라야 한다. <개정 2024. 2. 27.>

1. 「국세기본법」 제81조의13에 따른 과세정보로서 당사자의 동의를 받은 다음 각 목의 정보: 국세청장
가. 개업일, 휴업일 및 폐업일
나. 매출액, 납입자본금, 자산총액, 부채총액, 영업이익 및 당기순이익
2. 「소득세법」에 따른 원천징수이행상황신고서의 근로소득 간이세액 인원: 국세청장
3. 「고용보험법」 제2조제1호에 따른 피보험자 수: 고용노동부장관
4. 「외국인투자 촉진법」 제21조제1항에 따른 정보로서 당사자의 동의를 받은 외국인투자금액: 산업통상자원부장관
5. 「대외무역법」 제2조제1호나목 및 다목의 무역에 대한 정보로서 당사자의 동의를 받은 다음 각 목의 정보: 산업통상자원부장관
가. 회사명 및 사업자등록번호
나. 수출 실적 확인기간, 수출품목명, 수출 실적 및 대상국가
6. 「관세법」 제241조제1항에 따른 정보로서 당사자의 동의를 받은 다음 각 목의 정보: 관세청장
가. 수출 신고서의 품명, 거래품명, 품목번호
나. 수출 신고서의 총신고가격, 목적국, 신고일자
7. 「출입국관리법」 제10조의2제1항제2호의 장기체류자격을 가진 자에 대한 정보로서 당사자의 동의를 받은 같은 법 제31조제5항에 따른 외국인등록번호: 법무부장관
8. 「출입국관리법」 제10조의2제1항제2호의 장기체류자격을 가진 자에 대한 정보로서 당사자의 동의를 받은 「부가가치세법」 제8조제7항 및 「소득세법」 제168조제3항에 따른 사업자등록번호: 국세청장
9. 그 밖에 제15조에 따른 창업종합관리시스템의 구축·운영을 위하여 필요한 자료·정보로서 대통령령으로 정하는 자료·정보: 해당 자료·정보를 보유한 관계 중앙행정기관의 장, 지방자치단체의 장, 공공기관의 장, 그 밖의 관계 기관·법인 또는 단체의 장

제63조(창업지원사업에 대한 참여제한 등) ① 중앙행정기관의 장 또는 지방자치단체의 장은 창업지원사업에 참여한 예비창업자, 기업, 학교, 기관, 단체 및 그 소속 임직원이 다음 각 호의 어느 하나에 해당하면 7년의 범위에서 이 법에 따른 창업지원사업(「국가연구개발혁신법」의 적용을 받는 국가연구개발사업은 제외한다)에 대한 참여를 제한할 수 있으며, 이미 교부한 지원금의 전부 또는 일부를 환수할 수 있다. 다만, 제2호에 해당하는 경우로서 사업을 성실하게 수행한 사실이 인정되는 경우에는 참여제한 기간을 감면할 수 있다. <개정 2023. 9. 14.>

1. 거짓이나 그 밖의 부정한 방법으로 지원금을 교부받거나 사업에 참여하여 수행한 경우
2. 정당한 사유 없이 사업 수행을 포기한 경우
3. 지원금을 지급 목적과 다른 용도로 사용한 경우
4. 자료 및 사업결과물을 허위 또는 표절하

여 제출한 경우
5. 정당한 사유 없이 환수금을 납부하지 아니하거나 「보조금 관리에 관한 법률」 또는 「공공재정 부정청구 금지 및 부정이익 환수 등에 관한 법률」에 따른 제재부가금을 납부하지 아니한 경우
6. 그 밖에 제12조제2항의 협약을 위반하는 등 사업을 수행하기 부적합한 경우로서 대통령령으로 정하는 경우
② 중앙행정기관의 장 또는 지방자치단체의 장은 제1항에 따라 참여제한 또는 환수조치를 결정한 때에는 지체 없이 당사자에게 참여제한 또는 환수조치의 내역과 사실 등을 통지하여야 한다. <개정 2023. 9. 14.>
③ 중앙행정기관의 장 또는 지방자치단체의 장은 제1항에 따른 지원금 환수 처분을 받은 자가 환수금을 기한 내에 납부하지 아니하면 기한을 정하여 독촉을 하고, 그 지정된 기간에도 납부하지 아니하면 국세강제징수 또는 지방세 체납처분의 예에 따라 징수할 수 있다. <신설 2023. 9. 14.>
④ 제1항에 따른 참여제한 및 환수 사유별 구체적인 기준과 참여제한 기간, 감면 등에 관하여 필요한 사항은 대통령령으로 정한다. <개정 2023. 9. 14.>
[제목개정 2023. 9. 14.]

제9장 벌칙

제64조(벌칙) 제43조제3항에 따라 취득한 정보(제44조제4항에 따라 취득한 정보를 포함한다)를 누설하거나 직무상 목적 외에 사용한 자는 5년 이하의 징역 또는 5천만원 이하의 벌금에 처한다.

제65조(양벌규정) 법인의 대표자나 법인 또는 개인의 대리인, 사용인, 그 밖의 종업원이 그 법인 또는 개인의 업무에 관하여 제64조의 위반행위를 하면 그 행위자를 벌하는 외에 그 법인 또는 개인에게도 해당 조문의 벌금형을 과(科)한다. 다만, 법인 또는 개인이 그 위반행위를 방지하기 위하여 해당 업무에 관하여 상당한 주의와 감독을 게을리하지 아니한 경우에는 그러하지 아니하다.

제66조(과태료) ① 다음 각 호의 어느 하나에 해당하는 자에게는 500만원 이하의 과태료를 부과한다.
1. 거짓이나 그 밖의 부정한 방법으로 제39조에 따른 창업기업의 확인을 받은 자
2. 제44조제5항을 위반하여 성실경영 평가 전담기관임을 표시하거나 이와 유사한 명칭을 사용한 자
3. 제51조제9항을 위반하여 창업진흥원임을 표시하거나 이와 유사한 명칭을 사용한 자
4. 제54조제4항을 위반하여 정부기관의 명칭, 상징 등을 무단사용하거나 그 밖에 정부기관으로 오인·혼동하게 할 우려가 있는 표시 또는 광고를 한 자
5. 제60조제2항 및 제3항에 따른 제출·보고를 하지 아니하거나 거짓된 보고를 한 자 또는 같은 항에 따른 검사를 거부·방해하였거나 기피한 자
② 제60조제1항에 따른 제출·보고를 하지 아니하거나 거짓된 보고를 한 자 또는 같은 항에 따른 검사를 거부·방해 또는 기피한 자에게는 300만원 이하의 과태료를 부과한다.
③ 제1항 및 제2항에 따른 과태료는 대통령령으로 정하는 바에 따라 중소벤처기업부장관이 부과·징수한다.

부칙 〈법률 제17893호, 2021. 1. 12.〉 조문목록 접기

부칙 〈법률 제17893호, 2021. 1. 12.〉 (지방자치법)

부칙 〈법률 제17893호, 2021. 1. 12.〉 보기

제1조(시행일) 이 법은 공포 후 1년이 경과한 날부터 시행한다.

제2조 부터 제21조까지 생략

제22조(다른 법률의 개정) ①부터 ㊼까지 생략
㊽ 중소기업창업 지원법 일부를 다음과 같이 개정한다. <개정 2021. 12. 28.>
제23조제2항제1호 중 "「지방자치법」 제138조"를 "「지방자치법」 제155조"로 한다.
㊾부터 <69>까지 생략

제23조 생략

부칙 〈법률 제18522호, 2021. 11. 30.〉
조문목록 접기
부칙 〈법률 제18522호, 2021. 11. 30.〉
(소방시설 설치 및 관리에 관한 법률)
부칙 〈법률 제18522호, 2021. 11. 30.〉
보기

제1조(시행일) 이 법은 공포 후 1년이 경과한 날부터 시행한다. <단서 생략>

제2조 부터 제13조까지 생략

제14조(다른 법률의 개정) ①부터 ㊼까지 생략
㊽ 중소기업창업 지원법 일부를 다음과 같이 개정한다. <개정 2021. 12. 28.>
제47조제2항제4호 및 같은 조 제3항제2호 중 "「화재예방, 소방시설 설치·유지 및 안전관리에 관한 법률」 제7조"를 각각 "「소방시설 설치 및 관리에 관한 법률」 제6조"로 한다.
㊾부터 <54>까지 생략

제15조 생략

부칙 〈법률 제18661호, 2021. 12. 28.〉
조문목록 접기
부칙 〈법률 제18661호, 2021. 12. 28.〉
부칙 〈법률 제18661호, 2021. 12. 28.〉
보기

제1조(시행일) 이 법은 공포 후 6개월이 경과한 날부터 시행한다. 다만, 제23조제2항 및 제29조의 개정규정은 공포한 날부터 시행하고, 부칙 제7조제26항은 2022년 12월 1일부터 시행하며, 부칙 제7조제27항은 2022년 1월 13일부터 시행한다.
제2조 삭제 <2022. 10. 18.>
제3조(창업기업의 부담금 면제에 관한 적용례) 제23조제1항부터 제3항까지의 개정규정은 이 법 시행 전에 사업을 개시하여 7년이 지나지 아니한 경우에 대하여도 적용한다. 다만, 이 법 시행 전에 납부하였거나 납부 의무가 발생한 분에 대하여는 적용하지 아니한다.
제4조(경과조치) ① 이 법 시행 당시 종전의 제4조의7에 따라 지정된 전담기관은 제52조의 개정규정에 따라 지정된 지역창업전담기관으로 본다.
② 제23조제2항의 개정규정의 시행에 필요한 부담금 면제 절차 및 방법은 이 법 공포 후 6개월이 경과하기 전까지는 종전의 제39조의3제3항에 따른다.
③ 이 법 시행 당시 종전의 제33조에 따라 승인받은 사업계획은 제45조의 개정규정에 따른 공장 설립계획의 승인을 받은 것으로 본다.
제5조(처분 등에 관한 일반적 경과조치) 이 법 시행 당시 종전의 규정에 따른 행정기관의 행위나 행정기관에 대한 행위는 그에 해당하는 이 법에 따른 행정기관의 행위나 행정기관에 대한 행위로 본다.
제6조(벌칙이나 과태료에 관한 경과조치) 이 법 시행 전의 행위에 대하여 벌칙이나 과태료 규정을 적용할 때에는 종전의 규정에 따른다.
제7조(다른 법률의 개정) ① 개발이익 환수에 관한 법률 일부를 다음과 같이 개정한다.
제7조제3항제2호 중 "사업계획"을 "공장 설립계획"으로 한다.
② 공유재산 및 물품 관리법 일부를 다음과 같이 개정한다.
제43조의8제1호 중 "「중소기업창업 지원법」 제2조제2호 및 제2호의2에 따른 창업자·재창업자"를 "「중소기업창업 지원법」 제2조제3호 및 제6호에 따른 창업기업·재창업기업"으로 한다.
③ 국가균형발전 특별법 일부를 다음과 같이 개정한다.
제16조의3제2항제4호를 다음과 같이 한다.
4. 「중소기업창업 지원법」 제45조에 따른 공장 설립계획의 승인
제18조의4제3항제4호를 다음과 같이 한다.
4. 「중소기업창업 지원법」 제45조에 따른 공장 설립계획의 승인
④ 국유재산법 일부를 다음과 같이 개정한다.
제65조의10제1호 중 "「중소기업창업 지원법」 제2조제2호 및 제2호의2에 따른 창업자·재

창업자"를 "「중소기업창업 지원법」 제2조제3호 및 제6호에 따른 창업기업·재창업기업"으로 한다.

⑤ 국유재산특례제한법 일부를 다음과 같이 개정한다.

별표 제137호 중 "「중소기업창업 지원법」 제6조"를 "「중소기업창업 지원법」 제53조"로 한다.

⑥ 기업활동 규제완화에 관한 특별조치법 일부를 다음과 같이 개정한다.

제8조제1항 중 "「중소기업창업 지원법」 제35조제1항"을 "「중소기업창업 지원법」 제47조제1항"으로 한다.

제9조제1항을 다음과 같이 하고, 같은 조 제2항 중 "창업자 외의 창업자"를 "창업기업 외의 창업기업"으로, "창업자가"를 "창업기업이"로, "사업계획"을 "공장 설립계획"으로, "「중소기업창업 지원법」 제33조제4항에 따라 고시된 지침"을 "「중소기업창업 지원법」 제45조제7항에 따른 업무처리기준"으로 하며, 같은 조 제3항 전단 중 "「중소기업창업 지원법」 제35조제1항"을 "「중소기업창업 지원법」 제47조제1항"으로 하고, 같은 조 제4항 전단 중 "「중소기업창업 지원법」 제2조제2호에 따른 창업자 또는 창업자가"를 "「중소기업창업 지원법」 제2조제3호에 따른 창업기업 또는 창업기업이"로, "사업계획을"을 "공장 설립계획을"로, "같은 법 제33조에 따른 사업계획"을 "같은 법 제45조에 따른 공장 설립계획"으로 한다.

① 「중소기업창업 지원법」 제45조부터 제47조까지의 규정에 따른 공장 설립계획의 승인에 관한 규정은 같은 법 제45조제1항에 따른 창업기업 외의 창업기업 및 같은 법 제2조제3호에 따른 창업기업이 아닌 중소기업자에 대하여도 준용한다.

제10조제1항 중 "「중소기업창업 지원법」 제35조제4항"을 "「중소기업창업 지원법」 제47조제4항"으로 하고, 같은 조 제2항 중 "「중소기업창업 지원법」 제38조"를 "「중소기업창업 지원법」 제55조"로 한다.

⑦ 대·중소기업 상생협력 촉진에 관한 법률 일부를 다음과 같이 개정한다.

제36조제1호를 다음과 같이 한다.

1. 「중소기업창업 지원법」 제35조제1항에 따른 금융지원

⑧ 법률 제17799호 독점규제 및 공정거래에 관한 법률 전부개정법률 일부를 다음과 같이 개정한다.

제11조제3항제1호 중 "「중소기업창업 지원법」 제2조제2호에 따른 창업자(이하 "창업자"라 한다)"를 "「중소기업창업 지원법」 제2조제3호에 따른 창업기업(이하 "창업기업"이라 한다)"으로, "창업자"를 "창업기업"으로 한다.

⑨ 벤처기업육성에 관한 특별조치법 일부를 다음과 같이 개정한다.

제2조제9항 중 "「중소기업창업 지원법」 제2조제2호에 따른 창업자(이하 "창업자"라 한다)"를 "「중소기업창업 지원법」 제2조제3호에 따른 창업기업(이하 "창업기업"이라 한다)"으로 한다.

제11조의2제4항제3호 중 "「중소기업창업 지원법」 제6조제1항"을 "「중소기업창업 지원법」 제53조제1항"으로 한다.

제15조의12 전단 중 "창업자"를 "창업기업"으로 하고, 같은 조 후단 중 ""창업자"로"를 ""창업기업"으로"로 한다.

제16조의2제1항 각 호 외의 부분 중 "「중소기업창업 지원법」 제2조제2호에 따른 창업자"를 "창업기업"으로 한다.

제17조의4제9항 중 "창업자나"를 "창업기업이나"로 한다.

제18조의3제1항제1호 중 "「중소기업창업 지원법」 제6조제1항"을 "「중소기업창업 지원법」 제53조제1항"으로 한다.

제16조제1항 각 호 외의 부분, 같은 조 제2항 각 호 외의 부분, 제16조의8제2항제2호, 제17조의2제1항, 제17조의4제2항 전단, 같은 조 제6항 전단, 같은 조 제9항, 제18조의3의 제목, 같은 조 제1항 각 호 외의 부분 전단 및 같은 조 제2항 중 "창업자"를 각각 "창업기업"으로 한다.

⑩ 벤처투자 촉진에 관한 법률 일부를 다음과 같이 개정한다.

제2조제3호 및 제4호를 각각 다음과 같이 한다.

3. "창업기업"이란 「중소기업창업 지원법」

제2조제3호에 따른 창업기업을 말한다.
4. "초기창업기업"이란 「중소기업창업 지원법」 제2조제10호에 따른 초기창업기업을 말한다.
제13조제1항 중 "창업자와"를 "창업기업과"로 한다.
제14조제2항제4호 본문 중 "「중소기업창업 지원법」 제2조제7호"를 "「중소기업창업 지원법」 제53조제1항"으로 한다.
제1조, 제2조제2호, 제8조제3호, 제10조제1항제1호, 제37조제1항제1호, 제66조제1항 및 제67조제1항제5호 중 "창업자"를 각각 "창업기업"으로 한다.
제2조제9호, 제13조제2항, 제24조제1항제1호·제2호, 제25조의 제목 및 같은 조 각 호 외의 부분, 제26조제1항 및 제51조제2항 중 "초기창업자"를 각각 "초기창업기업"으로 한다.
⑪ 산업융합 촉진법 일부를 다음과 같이 개정한다.
제24조제1항제1호 중 "「중소기업창업 지원법」 제2조제1호"를 "「중소기업창업 지원법」 제2조제2호"로 한다.
⑫ 산업입지 및 개발에 관한 법률 일부를 다음과 같이 개정한다.
제7조의3제5항제1호마목 중 "「중소기업창업 지원법」 세2조제7호"를 "「중소기업창업 지원법」 제53조제1항"으로 한다.
⑬ 산업집적활성화 및 공장설립에 관한 법률 일부를 다음과 같이 개정한다.
제13조의3제3항 중 "「중소기업창업 지원법」 제33조에 따른 사업계획"을 "「중소기업창업 지원법」 제45조제1항에 따른 공장 설립계획"으로, "같은 법 제37조에 따라 그 사업계획승인 또는 공장건축허가"를 "같은 법 제49조에 따라 그 공장 설립계획의 승인 또는 공장 건축허가"로, "같은 법 제37조에도"를 "같은 법 제49조에도"로, "창업자"를 "창업기업"으로 한다.
⑭ 소재·부품·장비산업 경쟁력강화를 위한 특별조치법 일부를 다음과 같이 개정한다.
제13조제1항제3호 중 "「중소기업창업 지원법」"을 "「벤처투자 촉진에 관한 법률」"로 한다.
제18조제1항제1호 중 "「중소기업창업 지원법」"을 "「벤처투자 촉진에 관한 법률」"로 한다.
⑮ 여성기업지원에 관한 법률 일부를 다음과 같이 개정한다.
제8조제1항 중 "「중소기업창업 지원법」 제4조제1항에 따른 중소기업 창업지원계획"을 "「중소기업창업 지원법」 제7조제1항에 따른 창업지원종합계획"으로 하고, 같은 조 제2항 중 "「중소기업창업 지원법」 제4조제2항에 따라 창업자 및"을 "「중소기업창업 지원법」 제35조제1항에 따라 창업기업등과"로 하며, 같은 조 제3항 중 "「중소기업창업 지원법」 제6조제1항을 "「중소기업창업 지원법」 제53조제1항"으로 한다.
⑯ 자본시장과 금융투자업에 관한 법률 일부를 다음과 같이 개정한다.
제9조제27항제1호 중 "「중소기업창업 지원법」 제2조제2호에 따른 창업자"를 "「중소기업창업 지원법」 제2조제3호에 따른 창업기업"으로 한다.
제249조의23제1항제1호를 다음과 같이 한다.
1. 「중소기업창업 지원법」 제2조제3호에 따른 창업기업. 다만, 해당 창업기업이 창업하거나 창업하여 사업을 개시한 중소기업이 「중소기업창업 지원법」 제5조제1항 단서에 해당하는 업종의 중소기업인 경우는 제외한다.
⑰ 장애인기업활동 촉진법 일부를 다음과 같이 개정한다.
제8조제1항 중 "「중소기업창업 지원법」 제4조제1항에 따른 중소기업 창업지원계획"을 "「중소기업창업 지원법」 제7조제1항에 따른 창업지원종합계획"으로 하고, 같은 조 제2항 중 "「중소기업창업 지원법」 제4조제2항"을 "「중소기업창업 지원법」 제35조제1항"으로 하며, 같은 조 제3항 중 "「중소기업창업 지원법」 제6조제1항"을 "「중소기업창업 지원법」 제53조제1항"으로 한다.
⑱ 조세특례제한법 일부를 다음과 같이 한다.
제6조제1항 각 호 외의 부분 중 "「중소기업창업 지원법」 제6조제1항"을 "「중소기업창업 지원법」 제53조제1항"으로 한다.
제13조제1항제1호 중 "창업자(이하 "창업자

"라 한다)"를 "창업기업(이하 "창업기업"이라 한다)"으로 한다.

제116조제1항제19호 중 "창업자(같은 법 제3조의 업종을 창업한 자만 해당한다)"를 "창업기업(같은 법 제5조에 따른 적용 범위 내의 창업기업만 해당한다)"으로 한다.

제13조제1항제3호 각 목 외의 부분, 같은 항 제4호, 같은 조 제2항 각 호 외의 부분 본문, 같은 조 제4항, 제13조의2제1항제1호 · 제2호, 제14조의 제목 및 같은 조 제1항제2호 · 제2호의3 · 제6호, 같은 조 제4항제1호 · 제1호의3 · 제4호, 제117조제1항제1호 · 제2호의2 · 제4호 중 "창업자"를 각각 "창업기업"으로 한다.

⑲ 중소기업 기술혁신 촉진법 일부를 다음과 같이 개정한다.

제2조제2호 후단 중 "「중소기업창업 지원법」 제2조제1호"를 "「중소기업창업 지원법」 제2조제2호"로 한다.

⑳ 중소기업 사업전환 촉진에 관한 특별법 일부를 다음과 같이 개정한다.

제27조제2항제3호 중 "「중소기업창업 지원법」 제2조제7호"를 "「중소기업창업 지원법」 제53조제1항"으로 하고, 같은 항 제5호 중 "「중소기업창업 지원법」 제2조제6호"를 "「중소기업창업 지원법」 제54조제1항"으로 한다.

㉑ 중소기업제품 구매촉진 및 판로지원에 관한 법률 일부를 다음과 같이 개정한다.

제14조의2제1항 중 "창업자(「중소기업창업 지원법」 제2조제2호에 따른 창업자를"을 "창업기업(「중소기업창업 지원법」 제2조제3호에 따른 창업기업을"로 한다.

㉒ 중소기업진흥에 관한 법률 일부를 다음과 같이 개정한다.

제67조제1항제1호 중 "「중소기업창업 지원법」 제6조제1항"을 "「중소기업창업 지원법」 제53조제1항"으로 하고, 같은 항 제4호 중 "「중소기업창업 지원법」 제31조"를 "「중소기업창업 지원법」 제54조제1항"으로 한다.

㉓ 지방세특례제한법 일부를 다음과 같이 개정한다.

제100조제1항 중 "「중소기업창업 지원법」 제6조제1항"을 "「중소기업창업 지원법」 제53조제1항"으로 한다.

㉔ 초지법 일부를 다음과 같이 개정한다.

제23조제1항제8호 중 "「중소기업창업 지원법」 제2조제1호"를 "「중소기업창업 지원법」 제2조제2호"로 한다.

㉕ 항만 재개발 및 주변지역 발전에 관한 법률 일부를 다음과 같이 개정한다.

제39조제1항제3호 중 "「중소기업창업 지원법」 제2조제7호"를 "「중소기업창업 지원법」 제53조제1항"으로 한다.

㉖ 법률 제18522호 화재예방, 소방시설 설치 · 유지 및 안전관리에 관한 법률 전부개정법률 일부를 다음과 같이 개정한다.

부칙 제14조제48항 중 "제35조제2항제4호 및 같은 조 제3항제2호"를 "제47조제2항제4호 및 같은 조 제3항제2호"로 한다.

㉗ 법률 제17893호 지방자치법 전부개정법률 일부를 다음과 같이 개정한다.

부칙 제22조제48항 중 "제39조의3제2항제1호"를 "제23조제2항제1호"로 한다.

제8조(다른 법령과의 관계) 이 법 시행 당시 다른 법령에서 종전의 「중소기업창업 지원법」 또는 그 규정을 인용한 경우 이 법 가운데 그에 해당하는 규정이 있는 때에는 종전의 규정을 갈음하여 이 법 또는 이 법의 해당 규정을 인용한 것으로 본다.

부칙 〈법률 제19002호, 2022. 10. 18.〉 조문목록 접기

부칙 〈법률 제19002호, 2022. 10. 18.〉 (오존층 보호 등을 위한 특정물질의 관리에 관한 법률)

부칙 〈법률 제19002호, 2022. 10. 18.〉 보기

제1조(시행일) 이 법은 공포 후 6개월이 경과한 날부터 시행한다.

제2조 부터 제4조까지 생략

제5조(다른 법률의 개정) ①부터 ③까지 생략

④ 중소기업창업 지원법 일부를 다음과 같이 개정한다.

제23조제4항제15호 중 "「오존층 보호를 위한 특정물질의 제조규제 등에 관한 법률」"

을 "「오존층 보호 등을 위한 특정물질의 관리에 관한 법률」"로 한다.
⑤ 생략

부칙 〈법률 제19020호, 2022. 10. 18.〉
조문목록 접기
부칙 〈법률 제19020호, 2022. 10. 18.〉
부칙 〈법률 제19020호, 2022. 10. 18.〉
보기

제1조(시행일) 이 법은 공포한 날부터 시행한다.
제2조(유효기간) 제23조제4항의 개정규정은 2027년 8월 2일까지 효력을 가진다.
제3조(제조업 창업기업의 부담금 면제에 관한 적용례) 제23조제4항의 개정규정은 이 법 시행 전에 사업을 개시하여 7년이 지나지 아니한 경우에 대하여도 적용한다. 다만, 법률 제18661호 중소기업창업 지원법 전부개정법률 제23조제2항 시행 전에 납부하였거나 납부 의무가 발생한 분에 대하여는 적용하지 아니한다.
제4조(제조업 창업기업의 부담금 면제에 관한 특례) 「통계법」 제22조제1항에 따라 통계청장이 작성·고시하는 한국표준산업분류상의 제조업을 영위하기 위하여 중소기업을 창업한 자에 대하여 2022년 8월 3일 이후 이 법 시행 전에 제23조제4항 각 호의 개정규정의 부담금의 납부 의무가 발생한 경우에는 같은 항의 개정규정을 준용하여 다음 각 호의 구분에 따라 해당 부담금의 납부를 면제한다.
1. 이 법 시행 당시 사업을 개시한 날부터 7년이 지나지 아니한 자: 2022년 8월 3일 이후 이 법 시행 전에 납부 의무가 발생한 부담금
2. 사업을 개시한 날부터 7년이 된 날이 2022년 8월 3일 이후 이 법 시행 전에 도래한 자: 2022년 8월 3일 이후 그 7년이 된 날까지 납부 의무가 발생한 부담금

부칙 〈법률 제19117호, 2022. 12. 27.〉
조문목록 접기
부칙 〈법률 제19117호, 2022. 12. 27.〉
(산림자원의 조성 및 관리에 관한 법률)
부칙 〈법률 제19117호, 2022. 12. 27.〉
보기

제1조(시행일) 이 법은 공포 후 6개월이 경과한 날부터 시행한다.
제2조 생략
제3조(다른 법률의 개정) ①부터 <78>까지 생략
<79> 중소기업창업 지원법 일부를 다음과 같이 개정한다.
제47조제1항제5호 중 "「산림자원의 조성 및 관리에 관한 법률」 제36조제1항 및 제4항"을 "「산림자원의 조성 및 관리에 관한 법률」 제36조제1항 및 제5항"으로 한다.
<80>부터 <98>까지 생략

부칙 〈법률 제19732호, 2023. 9. 14.〉
조문목록 접기
부칙 〈법률 제19732호, 2023. 9. 14.〉
부칙 〈법률 제19732호, 2023. 9. 14.〉
보기

제1조(시행일) 이 법은 공포 후 6개월이 경과한 날부터 시행한다.
제2조(지원금 환수에 관한 적용례) 제63조의 개정규정은 이 법 시행 당시 사업비를 지원받아 창업지원사업을 수행하고 있는 자에 대하여도 적용한다.
제3조(지원금 환수에 관한 경과조치) 이 법 시행 당시 종전의 지원금 환수처분에 관하여는 제63조의 개정규정에 따른 환수처분으로 본다.

부칙 〈법률 제19825호, 2023. 10. 31.〉
조문목록 접기
부칙 〈법률 제19825호, 2023. 10. 31.〉
(행정기관 소속 위원회 정비를 위한 여성기업지원에 관한 법률 등 4개 법률의 일부개정에 관한 법률)
부칙 〈법률 제19825호, 2023. 10. 31.〉
보기

제1조(시행일) 이 법은 공포 후 6개월이 경과한 날부터 시행한다.

제2조 생략

부칙 〈법률 제20364호, 2024. 2. 27.〉
조문목록 접기
부칙 〈법률 제20364호, 2024. 2. 27.〉
부칙 〈법률 제20364호, 2024. 2. 27.〉
보기

제1조(시행일) 이 법은 공포 후 6개월이 경과한 날부터 시행한다.
제2조(성실경영 평가 전담기관 재지정 제한에 관한 적용례) 제56조제4항의 개정규정은 이 법 시행 이후 성실경영 평가 전담기관 지정이 취소되는 경우부터 적용한다.

부칙 〈법률 제20626호, 2024. 12. 31.〉
조문목록 접기
부칙 〈법률 제20626호, 2024. 12. 31.〉
(지하수법)
부칙 〈법률 제20626호, 2024. 12. 31.〉
보기

제1조(시행일) 이 법은 2025년 1월 1일부터 시행한다.

제2조 부터 제4조까지 생략

제5조(다른 법률의 개정) ① 생략
② 중소기업창업 지원법 일부를 다음과 같이 개정한다.
제23조제4항제14호 중 "「지하수법」 제30조의3"을 "「지하수법」 제30조의3제1항제1호"로 한다.
③ 생략

부 록

찾아보기

ㅋ

ㅌ

ㅍ

ㅎ

저자 약력

문 승 렬(文昇烈)

조선대학교 경영학과 인사조직 전공으로 경영학 박사학위 취득하였으며, 前 KB국민은행 지역본부장 근무, 현재 조선대학교 미래융합대학 스마트비즈니스 전공 교수 재직, 자격증 한국코칭학회 상임이사, 한국코치협회 광주전남부지부장, 경영지도사, 신용분석사, 코칭KPC자격, 부동산개발전문인력자격, 창업상권입지분석지도사1급, 저서 2030 부자학, 적게 벌어도 확실한 부자설계, 한국부자들의 부자일지, 한국부자 세븐파워의 비밀, 백년기업의 성장 비결, 21세기 창업과 경영, 창업이론과 경영 등 다수가 있다.

장 제 훈(張諸訓)

조선대학교 경영학과에서 공부했으며, 인사조직 전공으로 경영학 박사학위를 받았다.
현) 한국경영학회 이사 및 평생 정회원, 대한경영학회 정회원, 한국창업학회 정회원, 전) 인적자원개발학회 이사, 현) 국제인문사회연구학회 정회원(편집위원), 사) 세계해양섬학회 정회원, 전) 동암의학연구소 상임이사, 전) 좌수영의료재단 이사장, 의료재단 광양우리병원 상임이사, 현) 한국경영기술지도자회 정회원, 전) IBS컨설팅리더십센터 이사, [대통령직속] 국가균형발전위원회 소통위원, 세움앤드키움파트너스(기업경영컨설팅) 대표로 활동하고 있다. 주요 자격증으로는 ESG컨설턴트1급, 커뮤니케이션전문가1급, 리더십지도사1급, 창업상권분석상담사 1급, 카운슬러 등 다수가 있으며, 현재 조선대학교에서 미래사회융합대학 스마트비즈니스 전공 초빙교수로 재직하고 있다. 또한, 영리 및 비영리(의료기관) 기업은 100년이 넘은 세월 속에서 대를 이어 생존한 장수기업은 어떻게 탄생하며, 그들의 특별한 점이 무엇이고, 나아가 장수기업이 현재 대한민국의 창업자와 기업가들에게 주는 가치가 무엇인지 집요하게 연구해 왔다.
집필 논문으로는 병원조직의 특성과 비정규직 활용방안에 관한 연구, 병원역량이 경영성과에 미치는 영향에 관한 연구, 의료서비스 질이 환자만족과 병원 재이용 의사에 미치는 영향에 관한 연구(한국인적자원개발학회), 환경불확실성, 차별화 전략, 조직구조가 벤처기업의 경영성과 미치는 영향에 관한 연구(한국창업학회), 창업보육매니저 특성이 지원서비스와 입주기업의 경영성과에 미치는 영향(한국경영컨설팅학회), 머신러닝 기법을 활용한 자영업자 폐업 예측 모형 연구: 서울시 25개 자치구를 중심으로(인문사회21), 국내학술지를 통한 소상공인 대상 창업 연구 동향 : DBpia 중심으로(인문사회21) 등 다수가 있으며, 저서로는 ≪백년기업 성장의비결≫, ≪병원경영실무≫, ≪병원경영학2판≫, ≪병원경영학3판≫ 외 다수가 있다.

창업경영학

초판 인쇄 2025년 2월 20일
초판 발행 2025년 2월 28일

지은이 문승렬 · 장제훈
펴낸이 박노일
총괄기획 최준규
편 집 이상민
펴낸곳 pnc publishing and culture 피앤씨미디어
경기도 고양시 일산동구 강송로 153 310-1501
등록 제396-2012-000203호
전 화 070)7550-3758 팩 스 02)6280-3758
홈페이지 www.pncmedia.co.kr 이메일 pnc@pncmedia.co.kr
ISBN 979-11-5730-980-1 93320

정 가 28,000원